Kindermann • Die Abrechnung in
Ehe- und Familiensachen

Die Abrechnung in Ehe- und Familiensachen

von

Rechtsanwältin Edith Kindermann

Verlag für die
Rechts- und
Anwaltspraxis

ISBN 3-89655-178-7

© ZAP Verlag für die Rechts- und Anwaltspraxis GmbH & Co. KG, 2005

Druck: Bercker, Kevelaer

Vorwort

Die Abrechnung in Ehe- und Familiensachen gilt allgemein als „überdurchschnittlich" schwierig. Dieses Buch soll dazu dienen, einen für das Alltagsleben praktischen Grad an Pfaden durch den vermeintlichen Dschungel zu legen. Es hat daher nicht die Zielsetzung, die letzte dogmatische Frage zu klären, sondern dem Praktiker zur Hand zu sein, wenn er auf die Schnelle eine Frage klären oder die hierzu vertretenen Argumente und unterschiedlichen Standpunkte kennen lernen will.

Der Praktiker weiß, dass gerade die Abrechnung in Familiensachen trotz bundeseinheitlicher Vorschriften in der Praxis in Teilen partikulares Landesrecht ist. Die unterschiedlichen Streitwerte in der Ehesache selbst legen davon ebenso beredtes Zeugnis ab wie die teilweise nicht mehr nachvollziehbare regional und teilweise auch innerhalb einzelner Gerichte unterschiedliche Handhabung bei der Bewilligung und Abrechnung von Prozesskostenhilfe.

Das In-Kraft-Treten des Kostenrechtsmodernisierungsgesetzes ist daher ein Anlass, sich auf die Grundstrukturen zurückzubesinnen. Ausgehend von diesen klären sich viele Zweifelsfragen in einem sehr frühen Stadium. Das Kostenrecht ist kein Selbstzweck. Rechtsanwälte und deren Mitarbeiter, Richter, Rechtspfleger und Urkundsbeamte der Geschäftsstelle sollen nicht gezwungen sein, einen gleichen Zeitaufwand mit Kostenfragen zu verbringen, wie sie ihn für die Bearbeitung der Sache selbst benötigen. Es geht daher nicht darum, Lücken, Auslegungsfragen etc. im „neuen" Recht zu suchen, sondern sich dessen Struktur zu verinnerlichen und es anzuwenden.

Wenige Monate nach dem In-Kraft-Treten des RVG und des GKG n.F. stellte sich mir die Frage, ob sowohl der alte als auch der neue Rechtszustand dargestellt werden sollten. Angesichts der Fülle der anstehenden Fragen erschien es sinnvoll, nur das neue Recht zu behandeln. Die Rechtslage bis zum 30.6.2004 wird dargestellt, soweit sie für das Verständnis der jetzigen Regelung von Bedeutung ist. Soweit Bestimmungen inhaltlich unverändert übernommen wurden, wird die bisherige Rechtsprechung und Literatur, die auch weiter maßgebend ist, aufgeführt.

Dogmatiker mögen es mir verzeihen, dass ich unter dem Begriff der „Abrechnung" auch den Blick auf sonstige rechtliche Fragen, wie die Hinweispflichten etc. geworfen habe. Sie bestimmen den Alltag und sind für den Praktiker nicht voneinander zu trennen.

Das Kostenrechtsmodernisierungsgesetz und insbesondere das RVG werden die Rechtsanwälte zu mindestens drei Verhaltensweisen stärker anhalten oder vielleicht sogar erziehen. Diese sind plakativ gesagt:

- Klären Sie, welcher Auftrag Ihnen erteilt wird
- Dokumentieren Sie Art und Umfang Ihrer Tätigkeit
- Sprechen Sie mit dem Mandanten über Geld

In diesem Sinne hoffe ich, dass Sie das Buch häufig zur Hand nehmen und es eine Antwort auf Ihre Fragen enthält. Möge es in den Fällen, in denen die Rechtslage noch nicht geklärt ist, zur Diskussion beitragen.

Lassen Sie mich mit dem Dank schließen an meinen Ehemann und meine Familie. Sie haben unendlich viel Verständnis aufgebracht für die Grenzen zeitlicher Verfügbarkeit und haben Unterstützung geboten, wenn das Gefühl aufkam, der zu erklimmende Berg sei doch mächtig hoch. Der Dank gilt auch dem gesamten Team des ZAP-Verlags für Geduld, Unterstützung und das stets offene Ohr, für die Bereitschaft zur Diskussion und den Glauben daran, dass ich – wenn auch spät – ein Manuskript abliefere.

Bremen, im November 2004 Edith Kindermann

Inhaltsverzeichnis

Seite

Literaturverzeichnis

I. Kommentare, Handbücher, Monographien

Anders/Gehle/Kunze, Streitwertlexikon, 4. Aufl., Düsseldorf 2002

Baumbach/Lauterbach/Albers/Hartmann, Zivilprozessordnung, 63. Aufl., München 2005

Bischof/Jungbauer/Podlech-Trappmann, RVG, Neuwied 2004

Bonefeld, Gebührenabrechnung familien- und erbrechtlicher Mandate nach dem RVG und GKG, Angelbachtal 2004

Borgmann/Haug, Anwaltshaftung, 3. Aufl., München 1995

Braun, Gebührenabrechnung nach dem neuen Rechtsanwaltsvergütungsgesetz (RVG), Recklinghausen 2004

Braun/Hansens, RVG-Praxis, Recklinghausen 2004

Brieske, Die anwaltliche Honorarvereinbarung, Neuwied 1997

ders., Haftungs- und Honorarfragen in der Mediation, in: Henssler/Koch, Mediation, 2. Aufl., Bonn 2004, Kapitel 12 und 1. Aufl., Kapitel 9, Bonn 2000

Burhoff (Hrsg.), RVG Straf- und Bußgeldsachen, Recklinghausen 2004

Burhoff/Kindermann, Rechtsanwaltsvergütungsgesetz 2004, Recklinghausen 2004

von Eicken/Hellstab/Lappe/Madert, Die Kostenfestsetzung, 18. Aufl., Neuwied 2003

Enders, RVG für Anfänger, 12. Aufl., München 2004

Finke/Garbe, Familienrecht in der anwaltlichen Praxis, 5. Aufl., Bonn 2003

Gebauer/N. Schneider, RVG Rechtsanwaltsvergütungsgesetz, Kommentar, 2. Aufl., Bonn 2004

Gerhardt/Heintschel-Heinegg/Klein, Handbuch des Fachanwalts Familienrecht, 4. Aufl., Neuwied 2003

Gerold/Schmidt/von Eicken/Madert/Müller-Rabe, Rechtsanwaltsvergütungsgesetz, 16. Aufl., München 2004

XV

Goebel/Gottwald, Rechtsanwaltsvergütungsgesetz, Freiburg 2004

Göppinger/Börger, Vereinbarungen anläßlich der Ehescheidung, 7. Aufl., München 1998

Göttlich/Mümmler, fortgeführt von *Rehberg/Xanke*, RVG – Rechtsanwaltsverordnungsgesetz, 1. Aufl., Neuwied 2004

Groß, Anwaltsgebühren in Ehe- und Familiensachen, München 1997

Hansens, BRAGO, 8. Aufl., München 1995

Hansens/Braun/Schneider, Praxis des Vergütungsrechts, Recklinghausen 2004

Harbauer, Rechtsschutzversicherung, 7. Aufl., München 2004

Hartmann, Kostengesetze, 34. Aufl., München 2004

Henssler/Koch (Hrsg.), Mediation in der Anwaltspraxis, 2. Aufl., Bonn 2004

Henssler/Prütting (Hrsg.), Bundesrechtsanwaltsordnung, 2. Aufl., München 2004

Hillach/Rohs, Handbuch des Streitwerts in Zivilsachen, 9. Aufl., Köln 1995

Hösl, Kostenerstattung bei außerprozessualer Verteidigung gegen unberechtigte Rechtsverfolgung, Köln 2004

Johannsen/Henrich, Eherecht, 4. Aufl., München 2004

Jungbauer/Mock, Rechtsanwaltsvergütung, 3. Aufl., Heidelberg 2004

Kalthoener/Büttner/Niepmann, Die Rechtsprechung zur Höhe des Unterhalts, 9. Aufl., München 2004

Kalthoener/Büttner/Wrobel-Sachs, Prozeßkostenhilfe und Beratungshilfe, 3. Aufl., München 2003

Kindermann (Hrsg.), Gebührenpraxis für Anwälte, Recklinghausen 2001

Korintenberg/Lappe/Bengel/Reimann, Kostenordnung, 15. Aufl., München 2002

Kronenbitter, BRAGO 94, Kissing 1994

Lappe, Kosten in Familiensachen, 5. Aufl., Köln 1994

Lauterbach, Kostengesetze, 16. Aufl., München 1971

Madert, Der Gegenstandswert in bürgerlichen Rechtsangelegenheiten, 4. Aufl., München 1999

ders., Die Honorarvereinbarung des Rechtsanwalts, 2. Aufl., Bonn 2002

Madert/Müller-Rabe, Kostenhandbuch Familiensachen, München 2001

Mathy, Rechtsschutz-Alphabet, 2. Aufl., Karlsruhe 2000

Mayer/Kroiß (Hrsg.), Rechtsanwaltsvergütungsgesetz, Baden-Baden 2004

Mayer/Kroiß/Teubel, Das neue Gebührenrecht, Baden-Baden 2004

Meyer, Gerichtskostengesetz, 6. Aufl., Berlin 2004

Notarkasse A.d.ö.R., Streifzug durch die Kostenordnung, 5. Aufl., München 2002

Oelkers, Sorge- und Umgangsrecht in der Praxis, Bonn 2000

Palandt, BGB, 63. Aufl., München 2004

Schneider, E./Herget, Streitwertkommentar für den Zivilprozeß, 11. Aufl., Köln 1996

Schneider, N./Mock, Das neue Gebührenrecht für Anwälte, Bonn 2004

Schnitzler, Münchener Anwaltshandbuch Familienrecht, München 2002

Schoreit/Dehn, Beratungshilfe, Prozeßkostenhilfe, 8. Aufl., Heidelberg 2004

Schumann/Geißinger, Bundesrechtsanwaltsgebührenordnung, 2. Aufl., Berlin 1974 ff.

Schwab, Handbuch des Scheidungsrechts, 5. Aufl., München 2004

Wendl/Staudigl, Das Unterhaltsrecht in der familienrichterlichen Praxis, 6. Aufl., München 2004

Zimmermann, Prozeßkostenhilfe in Familiensachen, 2. Aufl., Bielefeld 2000

Zöller (Hrsg.), Zivilprozessordnung, 24. Aufl., Köln 2004

Zugehör (Hrsg.), Handbuch der Anwaltshaftung, Herne 1999

II. Aufsätze

Brinkmann, Der Abzug vom Einkommen bei der Prozesskostenhilfe oder „Kein Auskommen mit dem Einkommen?", JurBüro 2004, 5 ff.

Brudermüller, Regelungen der Rechtsverhältnisse an Ehewohnung und Hausrat, FamRZ 2003, 1705 ff.

Decker, Die Beschwerdefrist im PKH-Verfahren der freiwilligen Gerichtsbarkeit, NJW 2003, 2291 ff.

von Eicken, Anwaltsgebühren bei Ansprüchen aus dem ehelichen Güterrecht, AGS 1999, 49 f.

Enders, Außergerichtliche Tätigkeit – Gegenstandswert Unterhalt – Teil 2, JurBüro 1996, 113 ff.

ders., Anwaltsgebühren im Prozesskostenhilfeverfahren – Teil 1, JurBüro 1997, 449 ff.

ders., Der Anwalt als Mediator und sein Vergütungsanspruch Teil I, JurBüro 1998, 57 ff.; Teil II, JurBüro 1998, 114 ff.

ders., Anwaltsgebühren rund um die Scheidungsvereinbarung, Gegenstandswerte Teil I, JurBüro 1999, 337 ff.; Gegenstandswerte Teil II, JurBüro 1999, 393 ff.

ders., Anwaltsgebühren rund um die Scheidungsfolgenvereinbarung, FuR 1999, 189 ff.

ders., Die anwaltliche Honorarrechnung in erbrechtlichen Angelegenheiten, JurBüro 2000, 505 ff.

ders., Umfang des Kostenerstattungsanspruches des Rechtsmittelbeklagten bei Rücknahme des Rechtsmittels oder Zurückweisung nach § 522 ZPO, JurBüro 2003, 561 ff.

ders., Gerichtliche Geltendmachung nicht anzurechnender Anwaltsgebühren – Erhöhung des Gegenstandswertes?, JurBüro 2004, 57 ff.

ders., Umfang der anwaltlichen Tätigkeit, JurBüro 2004, 459 ff.

ders., Durchsetzung nicht anzurechnender Teile der Geschäftsgebühr gegenüber dem Gegner, JurBüro 2004, 571 ff.

Groß, Prozesskostenhilfe – insbesondere die Gebühren des beigeordneten Anwalts, FPR 2002, 513, 517

dies., Das neue RVG im Familienrecht, FF 2004, 198 ff.

Gutdeutsch/Pauling, Beschwerdewert und Beschwerdebegründung beim Versorgungsausgleich, FamRZ 1998, 214 ff.

Hansens, Vergleichsgebühr aus der Staatskasse bei außergerichtlichem Vergleich, ZFE 2002, 51 ff.

ders., Der Forderungsübergang nach § 130 ZPO, ZFE 2002, 215 ff.

ders., Anrechnung der Geschäftsgebühr in Übergangsfällen, RVGreport 2004, 242 ff.

Hartmann, Hinweispflicht des Anwalts bezüglich Wertgebühren, NJW 2004, 2484 ff.

Hartung, Die neue Aufklärungspflicht des Rechtsanwalts nach § 49b Abs. 5 BRAO – auch ein vergütungsrechtliches Problem, MDR 2004, 1092 ff.

Hergenröder, Die Gebührenanrechnung nach dem RVG in Zivilsachen, RVGreport 2004, 362 ff.

Jungbauer, Tabelle Streitwerte in Ehe-, Familien- und Lebenspartnerschaftssachen, FuR 2004, 209 ff.

Keske, Die Änderung der Kosten in familiengerichtlichen Verfahren durch das Kostenrechtsmodernisierungsgesetz, FuR 2004, 193 ff.

Kleinwegener, Die Erstattung außergerichtlicher Kosten der Rechtsverfolgung durch den Unterhaltspflichtigen, FamRZ 1992, 755 ff.

Koch, Die Entwicklung der Rechtsprechung zum Zugewinnausgleich, FamRZ 2003, 197 ff.

Krause, Die Vergütung des Rechtsanwalts in Familiensachen ab Mitte 2004, FamRZ 2004, 148 ff.

Kundler, Die geregelte Mittelgebühr oder: Was bringt das RVG für den Familienrechtler?, ZFE 2004, 240 ff.

Lappe, Die Entwicklung des Gerichts- und Notarkostenrechts im Jahr 1987, NJW 1988, 3130 f.

ders., Erstberatung nach dem Kostenrechtsänderungsgesetz 1994, ZAP, Fach 24, S. 261 ff.

Müller, Prozesskostenhilfe und Anwaltswechsel – Bürgerliche Freiheit oder richterliches Almosen?, FuR 2004, 152 ff.

Oelkers, Formelle und materiell-rechtliche Fragen des Umgangsrechts nach § 1634 BGB, FamRZ 1995, 450 ff.

Otto, Die neue Geschäftsgebühr mit Kappungsgrenze nach dem Rechtsanwaltsvergütungsgesetz, NJW 2004, 1420 ff.

ders., Die Einigungsgebühr nach dem RVG, MDR 2004, 423 ff.

ders., Die Neuerungen des RVG in der familienrechtlichen Praxis, Teil I, FamRB 2004, 120 ff.; Teil II, FamRB 2004, 157 ff.; Teil III, FamRB 2004, 195 ff.

Philippi, Bedürftigkeit, Erfolgsaussichten und fehlende Mutwilligkeit als Voraussetzungen für die Bewilligung von Prozesskostenhilfe in Familiensachen, FPR 2002, 479 ff.

Römermann, Vereinbarung einer höheren Vergütung nach § 4 RVG, MDR 2004, 421 f.

Thalmann, Kosten in Familiensachen, ZAP, Fach 24, S. 275 ff.

Vogel, Ausgewählte praxisrelevante Entscheidungen zur Prozesskostenhilfe, FPR 2002, 505 ff.

Wax, Einzelfragen der Prozesskostenhilfe für familiengerichtliche Verfahren, FPR 2002, 471 ff.

Abkürzungsverzeichnis

A

a.A.	anderer Ansicht
a.a.O.	am angegebenen Ort
ABl.	Amtsblatt
abl.	ablehnend
Abs.	Absatz
Abschn.	Abschnitt
abzgl.	abzüglich
a.E.	am Ende
a.F.	alte Fassung
AG	Amtsgericht
AGS	Anwaltsgebühren spezial (Zs.)
Alt.	Alternative
Anh.	Anhang
Anm.	Anmerkung
AnwBl.	Anwaltsblatt (Zs.)
Anwkom	Anwaltkommentar
AO	Abgabenordnung
ArbG	Arbeitsgericht
Art.	Artikel
Aufl.	Auflage
Ausf.	Ausführung
AVAG	Anerkennungs- und Vollstreckungsgesetz
Az.	Aktenzeichen

B

BAG	Bundesarbeitsgericht
BayObLG	Bayerisches Oberstes Landesgericht
BayOblGZ	Entscheidungen des Bayerischen Obersten Landesgericht in Zivilsachen
BB	Betriebs-Berater (Zs.)
BerHG	Beratungshilfegesetz
BerHVV	Beratungshilfevordruckverordnung
BErzGG	Bundeserziehungsgeldgesetz
Beschl.	Beschluss
betr.	betreffend
BFH	Bundesfinanzhof

BGB	Bürgerliches Gesetzbuch
BGBl.	Bundesgesetzblatt
BGH	Bundesgerichtshof
BGHZ	Entscheidungen des Bundesgerichtshofs in Zivilsachen
BMJ	Bundesministerium der Justiz
BNotO	Bundesnotarordnung
BORA	Berufsordnung für Rechtsanwälte
BRAGO	Bundesrechtsanwaltsgebührenordnung
BRAGOreport	Informationsdienst zur Bundesrechtsanwaltsgebührenordnung 2000 – 2003 (ab 1/2004 fortgeführt als RVGreport)
BRAK-Mitt.	Mitteilungen der Bundesrechtsanwaltskammer (Zs.)
BRAO	Bundesrechtsanwaltsordnung
BR-Drucks.	Bundesratsdrucksache
BSHG	Bundessozialhilfegesetz
BT-Drucks.	Bundestagsdrucksache
Buchst.	Buchstabe
BVerfG	Bundesverfassungsgericht
BVerfGE	Entscheidungen des Bundesverfassungsgerichts
BVerwG	Bundesverwaltungsgericht
BVG	Bundesvertriebenengesetz
BVormVG	Berufsvormündervergütungsgesetz
bzgl.	bezüglich
bzw.	beziehungsweise

C

CCBE	Standesregeln der Rechtsanwälte der Europäischen Gemeinschaft

D

DB	Der Betrieb (Zs.)
ders.	derselbe
d.h.	dass heißt
dies.	dieselbe/n
DM	Deutsche Mark
DRiG	Deutsches Richtergesetz
DVBl.	Deutsche Verwaltungsblätter (Zs.)

E

EDV	Elektronische Datenverarbeitung

EFG	Entscheidungen der Finanzgerichte
EGBGB	Einführungsgesetz zum Bürgerlichen Gesetzbuch
EStG	Einkommensteuergesetz
etc.	et cetera
EU	Europäische Union
EuGH	Gerichtshof der Europäischen Gemeinschaften
EWG	Europäische Wirtschaftsgemeinschaft
EzA	Entscheidungssammlung zum Arbeitsrecht
EzFamR	Entscheidungssammlung zum Familienrecht
EzFamR aktuell	Sofortinformation zur Entscheidungssammlung zum Familienrecht

F

f.	folgende
FA	Finanzamt
FamG	Familiengericht
FamRÄndG	Familienrechtsänderungsgesetz
FamRB	Der Familien-Rechts-Berater (Zs.)
FamRZ	Zeitschrift für das gesamte Familienrecht
FAO	Fachanwaltsordnung
ff.	fort folgende
FF	Forum Familienrecht (Zs.)
FG	Finanzgericht
FGG	Gesetze über die Angelegenheiten der freiwilligen Gerichtsbarkeit
FGO	Finanzgerichtsordnung
Fn.	Fußnote
FPR	Familie, Partnerschaft, Recht (Zs.)
FuR	Familie und Recht (Zs.)

G

GewSchG	Gewaltschutzgesetz
GG	Grundgesetz
ggf.	gegebenenfalls
GKG	Gerichtskostengesetz
grds.	grundsätzlich
GVG	Gerichtsverfassungsgesetz
GVGA	Geschäftsanweisung für Gerichtsvollzieher
GvKostG	Gerichtsvollzieherkostengesetz

H

Halbs.	Halbsatz
HausratsVO	Hausratsverordnung
HGB	Handelsgesetzbuch
h.M.	herrschende Meinung
Hrsg.	Herausgeber
Hs.	Halbsatz

I

i.a.R.	in aller Regel
i.d.F.	in der Fassung
i.d.R.	in der Regel
i.H.d.	in Höhe des
i.H.v.	in Höhe von
InsO	Insolvenzordnung
i.S.d.	im Sinne des
i.S.v.	im Sinne von
i.Ü.	im Übrigen
i.V.m.	in Verbindung mit

J

JBeitrO	Justizbeitreibungsverordnung
JMBl. NW	Justizministerialblatt Nordrhein-Westfalen
JuMiG	Justizmitteilungsgesetz u. Gesetz zur Änderung kostenrechtlicher Vorschriften u. anderer Gesetze
JurBüro	Das Juristische Büro (Zs.)
JVEG	Justizvergütungs- und -entschädigungsgesetz
JW	Juristische Wochenschrift (Zs.)

K

Kap.	Kapitel
Kfz	Kraftfahrzeug
KG	Kammergericht
kg	Kilogramm
KGR	Kammergerichtsreport
KJHG	Kinder- und Jugendhilfegesetz
KostÄndG	Gesetz zur Änderung und Ergänzung kostenrechtlicher Vorschriften
KostG	Kostengesetze
KostO	Kostenordnung
KostRÄndG	Kostenrechtsänderungsgesetz

KostRMoG	Kostenrechtsmodernisierungsgesetz
KSchG	Kündigungsschutzgesetz
KV-GKG	Kostenverzeichnis zum Gerichtskostengesetz

L

LAG	Landesarbeitsgericht
LAGE	Landesarbeitsgerichtsentscheidungen
LG	Landgericht
LS	Leitsatz
LSG	Landessozialgericht
LwVfG	Gesetz über das gerichtliche Verfahren in Landwirtschaftssachen

M

m. abl. Anm.	mit ablehnender Anmerkung
max.	maximal
MDR	Monatsschrift für deutsches Recht (Zs.)
m.E.	meines Erachtens
Mio.	Million(en)
m. krit. Anm.	mit kritischer Anmerkung
m.w.N.	mit weiteren Nachweisen
m. zust. Anm.	mit zustimmender Anmerkung

N

Nds.Rpfl.	Niedersächsischer Rechtspfleger (Zs.)
n.F.	neue Fassung
NJW	Neue juristische Wochenschrift (Zs.)
NJWE-FER	NJW-Entscheidungsdienst Familien- und Erbrecht (Zs.)
NJW-RR	NJW, Rechtsprechungs-Report Zivilrecht (Zs.)
Nr.	Nummer
Nrn.	Nummern
NStZ	Neue Zeitschrift für Strafrecht
NStZ-RR	Rechtsprechungsreport der NStZ (Zs.)
n.v.	nicht veröffentlicht

O

o.a.	oben angegeben
o.Ä.	oder Ähnliches
o.g.	oben genannt
OLG	Oberlandesgericht

OLGR	OLG-Report
OpferRRG	Opferrechtsreformgesetz
OVG	Oberverwaltungsgericht

P

PKH	Prozesskostenhilfe
PKW	Personenkraftwagen

Q

qm	Quadratmeter

R

RAK	Rechtsanwaltskammer
RBeistand	Rechtsbeistand
RBerG	Rechtsberatungsgesetz
RGZ	Entscheidungen des Reichsgerichts in Zivilsachen
Rn.	Randnummer
Rpfleger	Der deutsche Rechtspfleger (Zs.)
RPflG	Rechtspflegergesetz
Rspr.	Rechtsprechung
RVG	Rechtsanwaltsvergütungsgesetz
RVGreport	Zeitschrift zum Rechtsanwaltsvergütungsgesetz (von 2000 – 2003 unter dem Titel „BRAGOreport" erschienen)

S

S.	Seite/Siehe
SG	Sozialgericht
SGB	Sozialgerichtsbuch
SGG	Sozialgerichtsgesetz
s.o.	siehe oben
sog.	so genannt/e/er/es
Std.	Stunde(n)
StGB	Strafgesetzbuch
StPO	Strafprozeßordnung
str.	streitig
s.u.	siehe unten

U

u.	und
u.a.	unter anderem
Unterabschn.	Unterabschnitt

Urt.	Urteil
USt.-Ident. Nr.	Umsatzsteuer-Identifikations-Nummer
UStG	Umsatzsteuergesetz
u.U.	unter Umständen

V

v.	von/vom
VAHRG	Versorgungsausgleichshärtenregelungsgesetz
v.g.	vorhergenannte
VG	Verwaltungsgericht
VGH	Verwaltungsgerichtshof
vgl.	vergleiche
v.H.	von Hundert
VO	Verordnung
Vorbem.	Vorbemerkung
VR	Verwaltungsrundschau (Zs.)
VAÜG	Versorgungsausgleichsüberleitungsgesetz
VV	Vergütungsverzeichnis
VwGO	Verwaltungsgerichtsordnung

W

WEG	Wohnungseigentumsgesetz

Z

ZAP	Zeitschrift für die Anwaltspraxis
z.B.	zum Beispiel
ZEV	Zeitschrift für Erbrecht und Vermögensnachfolge
ZFE	Zeitschrift für Familien- und Erbrecht
Zit./zit.	Zitat/zitiert
ZPO	Zivilprozeßordnung
ZPO-RefG	Zivilprozessreformgesetz
ZS	Zivilsenat
Zs.	Zeitschrift
ZSEG	Gesetz über die Entschädigung von Zeugen und Sachverständigen
zust.	zustimmend
zzgl.	zuzüglich
z.Zt.	zur Zeit

A. Allgemeine Fragen

I. Einleitung

Die Abrechnung familienrechtlicher Sachverhalte wird einfacher oder   1
vielleicht sogar einfach, wenn man sich vor der Abrechnung vor Augen
führt:

> Das Gebührenrecht läuft dem Verfahrensrecht hinterher.

Nachdem durch das Kostenrechtsmodernisierungsgesetz die Unter-   2
schiede hinsichtlich der Gebührentatbestände zwischen ZPO-Verfahren
und FGG-Verfahren und damit auch zwischen der Geltendmachung von
FG-Sachen im Verbund oder isoliert beseitigt wurden, sind diese Unterscheidungen heute noch weithin für die Ermittlung des zutreffenden
Streitwerts von Bedeutung.

Darüber hinaus bereitet das Nebeneinander von Maßnahmen des einst-   3
weiligen Rechtsschutzes und von Hauptsacheverfahren häufig Schwierigkeiten. Aber auch diese lassen sich dadurch beseitigen oder erleichtern, indem man diese Verfahren als gesonderte Verfahren erfasst und
jedes Verfahren dann auch für sich gesondert abrechnet.

II. Der erteilte Auftrag

Die Frage nach der Abrechnung ist die Frage nach dem vertraglichen   4
Vergütungsanspruch des Rechtsanwaltes. Am Anfang jeden Mandats
und vor jeglicher Tätigkeit eines Anwaltes steht daher die Frage an den
Mandanten: Was soll ich für Sie tun? Sie gibt in allgemeinverständlichen
Worten die Frage wieder:

> „Welchen Auftrag wollen Sie mir erteilen?"

Diese Frage ist nicht nur in haftungsrechtlicher Hinsicht von Bedeutung.   5
Sie ist vor allen Dingen bei der Abrechnung jeglicher Tätigkeit von Bedeutung. Die gleiche Tätigkeit des Anwaltes kann je nach dem Inhalt
des erteilten Auftrages zu völlig unterschiedlichen Gebührenansprüchen
führen.

Beispiele:

(1) Mandant M legt Rechtsanwalt R eine privatschriftliche Vereinbarung mit seiner Ehefrau vor, in der sich diese verpflichtet hat, an ihn einen Kapitalabfindungsbetrag von 5.000 € als nachehelichen Unterhalt zu zahlen. Er erklärt, er habe die Zahlung auch angefordert. Seine Ehefrau sei aber nicht bereit, diese zu zahlen. R soll nun sehen, dass M zu seinem Geld komme.

Diese Tätigkeit kann erbracht werden im Rahmen

- *eines Beratungsauftrages: 0,1 bis 1,0 nach Nr. 2100 VV,[1] begrenzt für ein erstes Beratungsgespräch auf 190 € nach Nr. 2102 VV;*

- *eines Auftrages zur außergerichtlichen Tätigkeit: 0,5 bis 2,5 nach Nr. 2400 VV;*

- *eines Prozessauftrages: 1,3 Verfahrensgebühr nach Nr. 3100 VV für den Fall der Klageinreichung bzw. 0,8 nach Nr. 3101 VV für den Fall vorzeitiger Erledigung;*

- *eines Auftrages zur Durchsetzung des Anspruches im Mahnverfahren: 1,0 Verfahrensgebühr nach Nr. 3305 VV bzw. bei vorzeitiger Erledigung 0,5 nach Nr. 3306 VV;*

- *eines Auftrages, im PKH-Bewilligungsverfahren zu vertreten: 1,0 Verfahrensgebühr nach Nr. 3335 VV und 0,5 nach Nr. 3337 VV für den Fall der vorzeitigen Beendigung des Verfahrens.*

Darüber hinaus stellt sich die Frage, ob bei einem so unklaren Auftrag auch bereits ein Auftrag zur Vertretung in der Zwangsvollstreckung erteilt wurde und wenn ja, ob dieser nur für eine Zwangsvollstreckungsmaßnahme oder für eine beliebige Anzahl von Vollstreckungsmaßnahmen erteilt wurde.

(2) Die Ehegatten sind zu je 1/2 Miteigentümer eines noch belasteten Grundbesitzes. Die Parteien leben im Güterstand der Zugewinngemeinschaft. Aufgrund beiderseitigen hohen Anfangsvermögens ist kein Zugewinnausgleich entstanden.

Wird der Rechtsanwalt damit beauftragt, die Zugewinnausgleichsansprüche zu klären, wird sich – mangels anderweitiger Vereinbarung – ein Gegenstandswert von 0 € und damit die Wertstufe bis 300 € ergeben. Erhält der Rechtsanwalt aber – zumindest auch – den Auftrag, die Vermögensauseinandersetzung mit

---

1 Bei Auftragserteilung bis zum 30.6.2006; danach sollte eine Vergütungsvereinbarung getroffen werden. S. hierzu die Ausführungen zur Beratung in Kap. B Rn. 309.

durchzuführen, ergibt sich der Gegenstandswert aus dem Wert des zu übertragenden Miteigentumsanteils.

Da die Frage der Auftragserteilung von zentraler Bedeutung ist, werden die weiteren typischen Fallgestaltungen und die dazu ergangene Rechtsprechung in den nachfolgenden Kapiteln im Einzelnen näher dargestellt.[2]   6

Im Familienrecht ist darüber hinaus darauf zu achten, dass die erteilten Aufträge häufig im Laufe der Zeit geändert, erweitert oder eingeschränkt werden. Hier sollte auch bei jeder späteren Änderung eine entsprechende Klärung herbeigeführt werden.   7

Mit dem Vergütungsanspruch macht der Rechtsanwalt die ihm nach dem erteilten Vertrag zustehenden Gebühren geltend. Spätestens wenn er diese Gebühren einklagen will, stellt er fest, dass er den ihm erteilten Auftrag nicht nur kennen, sondern auch noch beweisen muss.   8

Leider wird in den seltensten Fällen der Auftrag vom Mandanten schriftlich erteilt. Der Auftrag ist dann auf anderem Wege zu beweisen. In Diskussionen unter Kollegen hierzu ist immer der Satz zu hören: „Ich hab' ja die Vollmacht." Diese Auffassung kann sich für den Nachweis des erteilten Auftrages als trügerisch erweisen. Das **Vollmachtsformular** beweist nach ständiger Rechtsprechung des BGH nicht den Inhalt des Geschäftsbesorgungsvertrages zwischen Anwalt und Mandant,[3] sondern stellt allenfalls ein Indiz für diesen dar.[4] Wie aussagekräftig dieses Indiz ist, hängt u.a. davon ab, wie genau der Gegenstand der anwaltlichen Tätigkeit in der Vollmacht beschrieben wurde, ob mit unterschiedlichen Vollmachten für den gerichtlichen und den außergerichtlichen Bereich gearbeitet wird und wer die Vollmacht ausgefüllt hat.   9

---

2   Z.B. zur Trennungs- und Scheidungsfolgenvereinbarung in Kap. B 302.
3   Borgmann/Haug, Anwaltshaftung, Kap. III Rn. 87 ff.
4   So auch OLG Karlsruhe, OLGreport Karlsruhe 2003, 299: danach liegt auch dann ein Auftrag zu einer außergerichtlicher Tätigkeit und ein bedingter Prozessauftrag vor, wenn der Auftraggeber zwar eine Prozessvollmacht unterzeichnet; er den Rechtsanwalt aber beauftragt, zunächst außergerichtlich mit der Gegenseite zu korrespondieren und verhandeln und nur für den Fall des Scheiterns eine Klage einzureichen.

10   Die Vollmacht ist eben nur der Nachweis des rechtlichen Könnens im Außenverhältnis und muss sich mit dem rechtlichen Dürfen im Innenverhältnis nicht decken.

Hinweis:

Da der **Auftrag** die zentrale Frage jeder Abrechnung ist, sollte der erteilte Auftrag dokumentiert werden. Die optimale Lösung wäre ein vom Auftraggeber schriftlich erteilter Auftrag. In Betracht kommt aber auch die Bestätigung des Auftrags durch den Rechtsanwalt in schriftlicher Form. In das **Bestätigungsschreiben** könnten dann auch noch aufgenommen werden:

- eine kurze Zusammenfassung des wesentlichen Sachverhalts;

- die beigefügte Vorschussrechnung und

- die Bestätigung, dass der Hinweis auf die Abrechnung nach Gegenstandswert erteilt wurde.

III. Hinweispflicht bei Abrechnung nach Gegenstandswert

11   Durch das Kostenrechtsmodernisierungsgesetz ist **§ 49b Abs. 5 BRAO n.F.** eingeführt worden. Danach muss auf die Abrechnung nach Gegenstandswert **vor** Übernahme des Auftrags hingewiesen werden. Wörtlich heißt er: „Richten sich die zu erhebenden Gebühren nach dem Gegenstandswert, hat der Rechtsanwalt vor Übernahme des Auftrags hierauf hinzuweisen."

12   Da im Familienrecht praktisch alle Fälle nach Gegenstandswert abgerechnet werden, ist dieser Hinweis auch so gut wie immer zu erteilen. Dies gilt auch dann, wenn der Rechtsanwalt aufgrund einer Vergütungsvereinbarung abrechnen will und nicht auszuschließen ist, dass die gesetzliche Vergütung zu verlangen ist, etwa weil Rechtsanwalt und Mandant eine Zeitvergütung vereinbart haben mit dem Zusatz, dass mindestens die gesetzlichen Gebühren zu zahlen sind.

13   Nach **dem Wortlaut der Hinweispflicht** reicht es aus, darauf hinzuweisen, dass nach einem Gegenstandswert abgerechnet wird. Den

Gegenstandswert selbst muss der Rechtsanwalt ebenso wenig von sich aus benennen wie die Höhe der Gebühren. Insoweit hat der Gesetzgeber in die ständige Rechtsprechung des BGH,[5] wonach der Rechtanwalt in aller Regel[6] nicht ungefragt über die Höhe seiner Gebühren belehren muss, nicht eingegriffen.

Nach der Vorstellung des Gesetzgebers wird der auf diese Weise informierte Mandant, der hierzu weitere Informationen wünscht, von sich aus den Rechtsanwalt weiter befragen. Der Einstieg in das Gespräch über die Vergütung ist damit eröffnet. Es erscheint deswegen auch sinnvoll, wenn der Rechtsanwalt selbst den Mandanten auf die Abrechnung nach Gegenstandswert hinrechnet.   14

Die **Form des Hinweises** sollte zweckmäßigerweise darauf abgestellt sein, dass der Hinweis auf den Gegenstandswert dem Auftraggeber auch die Gelegenheit gibt, sich genauer nach den Berechnungsfaktoren der Vergütung zu erkundigen. Es erscheint deswegen nicht sinnvoll, den Hinweis mit in der Vollmacht „unterzubringen".[7] Ob ein derartiger Hinweis in der Vollmacht als überraschende Klausel i.S.d. § 305c Abs. 1 BGB anzusehen ist, bzw. ob die Bestätigung des Mandanten in der Vollmacht, er sei auf die Abrechnung nach Gegenstandswert hingewiesen worden, als unzulässige Beweislastvereinbarung nach § 309 Nr. 12b BGB unwirksam ist, muss vorliegend nicht entschieden werden. Im Interesse einer eigenen Absicherung sollte die Hinweispflicht dann aber deutlich von der Vollmacht abgesetzt sein und vom Mandanten auch gesondert unterschrieben werden. Der sicherste Weg wird die **Unterzeichnung der Belehrung in gesonderter Urkunde** sein.   15

Die Sanktion bei einer Verletzung der Pflicht ist umstritten. Gesetz und Gesetzesbegründung enthalten hierzu keine ausdrücklichen Angaben. Nach Ansicht einiger Autoren hat eine Verletzung der Pflicht „nur" be-   16

---

5   NJW 1998, 3487 m.w.N.
6   Wegen der Ausnahmefälle s. die Darstellung in Kindermann, Gebührenpraxis, Teil I Rn. 30 ff.
7   Hartung, MDR 2004, 1092, 1093.

rufsrechtliche Auswirkungen.[8] Andere gehen auch von einer zivilrechtlichen Bedeutung aus oder befürchten eine solche.[9] Leider spricht vieles für die letztgenannte Auffassung. Wenn eine gesetzlich normierte Hinweispflicht nicht erfüllt wird, liegt der Weg zu einem Verschulden bei Vertragsschluss nahe. Voraussetzung für einen sich daraus ergebenden Schadenersatzanspruch wäre aber darüber hinaus, dass dem Auftraggeber überhaupt ein Schaden entstanden ist und dass dieser zudem noch kausal[10] durch die Verletzung der Hinweispflicht verursacht worden wäre.[11] Davon ist bei einer Vertretung im gerichtlichen Verfahren kaum auszugehen, denn der Auftraggeber kann nicht mit dem Einwand gehört werden, er hätte diese Leistung bei einem anderen Rechtsanwalt zu günstigeren Preisen erhalten. Da aufgrund von § 49b Abs. 1 BRAO die RVG-Gebühren bei der Vertretung im Prozess Mindestgebühren sind, kann sich der Auftraggeber nicht auf anderweitiges rechtswidriges Verhalten berufen.

17 Im Bereich der außergerichtlichen Beratung und Vertretung sind allerdings über § 49b Abs. 1 BRAO i.V.m. § 4 Abs. 2 RVG Vergütungen denkbar, die unterhalb der gesetzlichen Gebühren liegen. Voraussetzung wäre aber auch hier, dass der Auftraggeber konkret schildert, zu welchem Preis er von wem den von ihm gewünschten Rat erhalten hätte. Ein Anscheinsbeweis kommt nicht in Betracht.[12]

> **Hinweis:**
>
> Da den Rechtsanwalt die Beweislast für die Erfüllung der Hinweispflicht trifft, sollte er für einen entsprechenden Nachweis sorgen. Dies

---

8   Burhoff, RVG, Stichwort „Hinweispflicht" im Vergütungs-ABC, Rn. 6 (S. 157).
9   Madert, in: Gerold/Schmidt/von Eicken/Madert/Müller-Rabe, RVG, § 4 Rn. 223 ff.; Hartmann, NJW 2004, 2484.
10 Bischof, in: Bischof/Jungbauer/Podlech-Trappmann, RVG, § 1 Rn. 18 geht davon aus, dass dem Mandanten der Kausalitätsnachweis schwer fallen wird, da er nur auf die Abrechnung nach Gegenstandswert, nicht aber auf die Höhe des Gegenstandswertes oder die Abrechnung als solche hingewiesen werden müsse.
11 Hartung, MDR 2004, 1092, 1094 beurteilt daher die Aussichten für den Mandanten, sich durch einen derartigen Einwand gegen eine Gebührenrechnung zu verteidigen, als gering.
12 Hartmann, NJW 2004, 2484.

> beugt jeglichen Auseinandersetzungen vor und spart nachträgliche unproduktive Arbeit.

IV. Abgrenzung der Angelegenheit/Abgeltungsbereich der Gebühren (§§ 15 ff. RVG)

1. Allgemeiner Überblick

Der Begriff der „Angelegenheit" ist für die Abrechnung zentral. Gleich-wohl enthält das RVG keine Definition dieses Begriffs. In der Rechtspre-chung haben sich jedoch drei Kriterien herausgebildet, die dazu heran-gezogen werden, um abzugrenzen, welche anwaltlichen Tätigkeiten je-weils mit einer Pauschgebühr abgegolten sind.[13] Eine **einheitliche An-gelegenheit** liegt vor, wenn

18

- ein einheitlicher Auftrag erteilt wurde;

- die Tätigkeit sich im gleichen Rahmen hält;

- zwischen den einzelnen Handlungen und/oder Gegenständen der anwaltlichen Tätigkeit ein innerer Zusammenhang besteht.

Der BGH[14] führt zum Begriff der Angelegenheit wie folgt aus:

„Unter einer „Angelegenheit" im gebührenrechtlichen Sinne ist das ge-samte Geschäft zu verstehen, das der Rechtsanwalt für den Auftragge-ber besorgen soll. Ihr Inhalt bestimmt den Rahmen, innerhalb dessen der Rechtsanwalt tätig wird. Wann eine und wann mehrere Angele-genheiten vorliegen, bestimmt das Gesetz nicht. Die Abgrenzung ist un-ter Berücksichtigung der jeweiligen Lebensverhältnisse im Einzelfall vor-zunehmen. Dabei ist insbesondere der Inhalt des erteilten Auftrages maßgebend. Sowohl die Feststellung des Auftrages als auch die Ab-grenzung im Einzelfall ist grundsätzlich Aufgabe des Tatrichters."

---

13   Schneider, in: Hansens/Braun/Schneider, Praxis des Vergütungsrechts, Teil 9 Rn. 77.
14   Urt. v. 9.2.1995 – IX ZR 207/94, NJW 1995, 1431.

19 Den Inhalt des Auftrages bestimmt der Mandant und nicht der Rechtsanwalt. Es ist dem Rechtsanwalt daher nach Auffassung des BGH[15] verwehrt, im „gebührenrechtlichen Interesse" aus einem objektiv zusammengehörenden Sachverhalt verschiedene Angelegenheiten zu machen. Es kommt daher darauf an, ob verschiedene Ansprüche eines Auftraggebers in einem Verfahren geltend gemacht werden könnten. Ist dies der Fall, ist es entscheidend, ob Sachgründe für eine Aufteilung in verschiedene Verfahren vorliegen. Derartige Sachgründe für die Geltendmachung außerhalb des Verbandes können z.B. im Ehescheidungsverfahren in Bezug auf den Zugewinnausgleich vorliegen, da der Ausgleichsberechtigte daran interessiert sein kann, seine Ausgleichsforderung verzinst zu bekommen. Voraussetzung hierfür ist aber die Fälligkeit des Anspruchs und mithin die rechtskräftige Ehescheidung. Ihm kann auch daran gelegen sein, das Risiko auszuschließen, dass sich sein Zugewinnausgleich verringert, weil sich das Endvermögen des Ausgleichspflichtigen auf einen Betrag unterhalb des Ausgleichsanspruches verringert (§ 1378 Abs. 2 BGB).

20 Auch diese Formulierungen sind notgedrungen abstrakt, da eine Definition des Einzelfalles ausgeschlossen ist.

21 Ein **einheitlicher Auftrag** liegt nicht nur dann vor, wenn dieser am gleichen Tag erteilt wird.[16] Er kann sich vielmehr auch über einen längeren Zeitraum erstrecken, wenn klar ist, dass die weitere Tätigkeit im Rahmen des bisherigen Auftrages erbracht werden soll. Eine Grenze für den zeitlichen Zusammenhang setzt § 15 Abs. 5 RVG. Danach liegt eine neue Angelegenheit vor, wenn der vorausgegangene Auftrag seit mehr als 2 Kalenderjahren beendet war. § 15 Abs. 5 RVG stellt nunmehr auch klar, dass in diesen Fällen keine Anrechnung erfolgt.

22 Kommt das **Verfahren länger als zwei Kalenderjahre zum Stillstand** – etwa dadurch, dass die Parteien das Verfahren zum Ruhen bringen

---

15   Urt. v. 11.12.2003 – IX ZR 109/00, MDR 2004, 715.
16   Bonefeld, Gebührenabrechnung familien- und erbrechtlicher Mandate, Rn. 28.

und dann fortsetzen – handelt es sich immer noch um die gleiche Angelegenheit. Dies gilt auch dann, wenn das Verfahren erst nach Ablauf von zwei Kalenderjahren fortgesetzt wird. Etwas anderes ergibt sich auch nicht aus § 15 Abs. 5 RVG.[17]

Für die Tätigkeit ist der **gleiche Rahmen** gegeben, wenn er auf einem einheitlichen Lebenssachverhalt beruht[18] und in der gleichen Weise geltend gemacht werden kann. Dies scheidet aus, wenn einzelne Ansprüche gerichtlich geltend gemacht werden sollen, während andere Ansprüche außergerichtlich verfolgt werden sollen.[19]   23

Nach h.M. kommt es darauf an, ob die Tätigkeit Angelegenheiten betrifft, die Gegenstand eines Verbundverfahrens sein könnten. Nicht in das Verbundverfahren einbezogen werden können, mit der Folge, dass es sich um eigenständige Angelegenheiten handelt   24

- Trennungsunterhaltsansprüche;

- die Vermögensauseinandersetzung;[20]

- der Anspruch auf Freistellung und Befreiung von Bürgschaftsansprüchen.[21]

Für **Scheidungsverfahren** gilt: Stellen beide Parteien im gleichen Verfahren wechselseitig Anträge auf Scheidung der Ehe, liegt nur eine Angelegenheit vor.

Reichen beide Parteien einen Antrag auf Scheidung der Ehe ein, ist zu unterscheiden. Wird der Antrag beim gleichen Gericht eingereicht (möglicherweise weiß keiner der Ehegatten, dass auch der andere einen Scheidungsantrag eingereicht hat, weil einzelne Gerichte inzwischen mehrere Monate für die Zustellung eines Scheidungsantrages benöti-   25

---

17 OLG Nürnberg, OLGreport Nürnberg 2004, 221 ff., in einem Fall, in dem während des Ruhens des Verfahrens über die Regelung der Scheidungsfolgen verhandelt wurde.
18 OLG München, OLGreport München 2003, 206.
19 Enders, JurBüro 2000, 508.
20 OLG Karlsruhe, OLGreport Karlsruhe 2003, 299.
21 OLG Karlsruhe, OLGreport Karlsruhe 2003, 299.

gen) und verbindet das Gericht beide Scheidungsanträge sogleich zu einem Verfahren, liegt nur eine Angelegenheit vor.

Reichen die Parteien die Scheidungsanträge jedoch bei unterschiedlichen Gerichten ein,[22] stellt jedes Verfahren einen eigenen Rechtszug nach § 15 Abs. 2 Satz 2 RVG dar, mit der Folge, dass auch zwei Angelegenheiten vorliegen.[23] Erst nach der Verbindung der Verfahren durch eines der Gerichte liegt eine Angelegenheit vor.

26   Verfahren auf Abänderung einer **Sorgerechtsregelung** nach § 1696 BGB, in denen zugleich § 1666 BGB geprüft wird, stellen eine kostenrechtliche Angelegenheit dar.[24]

27   Ein **innerer Zusammenhang** soll im Familienrecht fast immer vorliegen, da die Rechtswirkungen der Ehe oder der Verwandtschaft die Verbindung herstellen würden.[25]

2. Regelungen im RVG

28   Im RVG regelt § 15 den Abgeltungsbereich der Gebühren und übernimmt damit bis auf eine kleine Änderung den bisherigen § 13 BRAGO. Sämtliche Ausführungen zu den Angelegenheiten sind im RVG in Abschnitt 3 (§§ 16 – 19 RVG) zusammengefasst.

29   Die §§ 16 ff. RVG regeln Abgrenzungen für Fälle, in denen ohne diese ausdrückliche Regelung streitig sein könnte, ob es sich um dieselbe, verschiedene oder besondere Angelegenheiten handelt. Die Regelungen in den §§ 17 und 18 RVG sind abschließend.[26]

---

22   Ein solcher Fall kann z.B. eintreten, wenn die gemeinsamen minderjährigen Kinder je die Hälfte der Woche bei jedem Elternteil verbringen und deswegen jeder Elternteil für sich in Anspruch nimmt, die gemeinsamen minderjährigen Kinder hätten bei ihm ihren gewöhnlichen Aufenthalt und nach seinem Wohnsitz richte sich daher die Zuständigkeit nach § 606 Abs. 1 Satz 2 ZPO.
23   Groß, Anwaltsgebühren, Rn. 65.
24   OLG Frankfurt/M., OLGreport Frankfurt/M. 2002, 98.
25   Madert/Müller-Rabe, Kostenhandbuch, Kap. I Rn. 13.
26   BT-Drucks. 15/1971, S. 191 f.

Um **dieselbe Angelegenheit** i.S.d. § 16 RVG, mit der Folge, dass die   30
Gebühren nur einmal entstehen, handelt es sich

* beim PKH-Verfahren und dem Verfahren, für das PKH beantragt wird
  (§ 16 Nr. 2 RVG),

* der Scheidungssache und den Folgesachen (§ 16 Nr. 4 RVG),

* den Lebenspartnerschaftssachen und den Folgesachen (§ 16 Nr. 5
  RVG),

* Verfahren über einen Antrag auf Anordnung eines Arrestes einer
  einstweiligen Verfügung oder auf Erlass einer einstweiligen oder vorläufigen Anordnung und deren Aufhebung oder Abänderung (§ 16
  Nr. 6 RVG).

Verschiedene Angelegenheiten sind in § 17 RVG geregelt. Die dort   31
aufgeführten Angelegenheiten sind dabei immer voneinander abge-
grenzt worden. Dies sagt nichts darüber aus, in welchem Verhältnis diese zu sonstigen Angelegenheiten stehen. Für das Familienrecht sind bedeutsam:

* Mahnverfahren und streitiges Verfahren; dies hat der BGH[27] nunmehr
  auch noch für die BRAGO entschieden. Damit steht fest, dass die
  Auslagenpauschale nach Nr. 7002 VV bzw. § 26 Satz 2 BRAGO sowohl im Mahnverfahren als auch im Streitverfahren anfällt und auch
  erstattungsfähig ist. Die Frage, ob die Auslagenpauschale aus dem
  Gebührenaufkommen vor oder nach der Anrechnung zu berechnen
  ist, wurde offen gelassen (§ 17 Nr. 2 RVG);

* vereinfachtes Verfahren über den Unterhalt Minderjähriger und das
  streitige Verfahren (§ 17 Nr. 3 RVG); diese Regelung wurde notwendig, weil für beide Verfahren nunmehr die gleichen Gebührentatbestände nach Teil 3 Abschnitt 1 VV eingreifen.[28] Aus der Tatsache, dass es sich um verschiedene Angelegenheiten handelt, kann
  jedoch nicht geschlossen werden, dass es keine Anrechnungsbe-

---

27   Beschl. v. 28.10.2004 – III ZB 41/04, n.v.
28   Die Anrechnungsregelung zur Verfahrensgebühr findet sich in Nr. 3100 Anm. Abs. 1 VV.

stimmungen gibt. Diese sind vielmehr sämtlichst im Vergütungsverzeichnis geregelt;

- Verfahren in der Hauptsache und einstweiliges bzw. vorläufiges Anordnungsverfahren in allen Verfahren der freiwilligen Gerichtsbarkeit (§ 17 Nr. 4b RVG);

- Vermittlungsverfahren nach § 52a FGG und ein sich anschließendes gerichtliches Verfahren (§ 17 Nr. 8 RVG).[29] Die Regelung wurde notwendig, weil für beide Verfahren jetzt die gleichen Gebührentatbestände nach Teil 3 Abschnitt 1 VV eingreifen.

32 Die **„besonderen Angelegenheiten"** sind in § 18 RVG aufgeführt. Sie stellen immer eine eigene Angelegenheit dar, unabhängig davon, mit welcher sonstigen Angelegenheit diese zusammentreffen:

- Besondere Angelegenheiten sind die in § 18 Nr. 1 RVG aufgeführten **einstweiligen Anordnungen.** Es handelt sich um die einstweiligen Anordnungen, die bisher in § 41 Abs. 1 BRAGO aufgeführt waren. Für mehrere Verfahren, die unter einem Buchstaben aufgeführt sind, sind die Gegenstandswerte zusammenzurechnen. **Neu** ist, dass dies auch dann gilt, wenn die mehreren Verfahren denselben Gegenstand haben. Damit findet nunmehr eine Addition der Werte auch in den Abänderungs- oder Aufhebungsverfahren statt.

- § 18 Nr. 2 RVG bestimmt, dass auch **vorläufige Anordnungen** und die FG-Verfahren immer besondere Angelegenheiten bilden und zwar auch dann, wenn diese nicht in § 18 Nr. 1 RVG genannt sind.

- In § 18 Nr. 3 bis 20 RVG sind **Angelegenheiten der Zwangsvollstreckung** geregelt. Die Regelung entspricht § 58 BRAGO mit Ausnahme des gerichtlichen Verteilungsverfahrens (§ 18 Nr. 12 RVG), das zusätzlich aufgenommen wurde.

33 Verwirrung kann im Zusammenhang mit den **einstweiligen Anordnungen** und vorläufigen Anordnungen eintreten. Diese sind sowohl in § 16 RVG, als auch in § 17 RVG und in § 18 RVG erwähnt.

---

29 Die Anrechnungsregelung zur Verfahrensgebühr findet sich in Nr. 3100 Anm. Abs. 3 VV.

In den einzelnen Normen sind jedoch unterschiedliche Fallgestaltungen geregelt.

Nach § 16 Nr. 6 RVG stellen das **Verfahren auf Erlass einer einstwei-**   34
ligen Anordnung und das Verfahren auf deren Abänderung eine Angelegenheit dar. § 17 Nr. 4b RVG regelt nur das Verhältnis der einstweiligen und vorläufigen Anordnungen im Verhältnis zur Hauptsache. § 18 Nr. 1 und 2 RVG regeln demgegenüber auch das Verhältnis mehrerer einstweiliger oder vorläufiger Anordnungen untereinander.

§ 18 Nr. 1 RVG bestimmt nunmehr, dass die Gegenstandswerte der dort   35
hinter einem Buchstaben aufgeführten Gegenstände zu addieren sind, und zwar auch dann, wenn mehrere Verfahren denselben Gegenstand betreffen. Dies führt dazu, dass die Werte der Abänderungsverfahren zu den Werten des Ausgangsverfahrens zu addieren sind.

Beispiel:

Die Parteien streiten um Trennungsunterhalt im Hauptsacheverfahren und im einstweiligen Anordnungsverfahren nach § 644 ZPO. Die Verfahren werden im Jahr der Trennung eingeleitet. Der Unterhaltsanspruch wird mit 500 € monatlich beziffert. Der Berechnung liegt Steuerklasse III zugrunde. Die Parteien einigen sich auf Zahlung eines Betrages von monatlich 450 €. Im Januar des Folgejahres begehrt der Unterhaltsverpflichtete die Abänderung des Vergleichs mit der Begründung, aufgrund des Steuerklassenwechsels hätten sich seine wirtschaftlichen Verhältnisse verschlechtert. Er beantragt die Abänderung der einstweiligen Anordnung in analoger Anwendung des § 620b ZPO mit dem Antrag, den monatlichen Unterhalt auf 200 € herabzusetzen. Das Gericht entscheidet durch Beschluss, nachdem die Parteien sich jetzt nicht mehr einigen können.

Für die Abrechnung der Tätigkeit im einstweiligen Anordnungsverfahren ergibt sich folgende Berechnung, wenn über die Anträge jeweils mündlich verhandelt worden ist:

a) Verfahren auf Erlass der einstweiligen Anordnung

Wert: 3.000 €

1,3 Verfahrensgebühr nach Nr. 3100 VV	*245,70 €*
1,2 Terminsgebühr nach Nr. 3104 VV	*226,80 €*

1,0 Einigungsgebühr nach Nr. 1003 VV	*189,00 €*
Auslagenpauschale nach Nr. 7002 VV	*20,00 €*
Gesamtbetrag netto	***681,50 €***

b) Verfahren auf Abänderung

Dieses bildet mit dem Ausgangsverfahren dieselbe Angelegenheit. Die Werte des Ausgangsverfahrens von 3.000 € und der Wert der Abänderung von 1.500 € (6 x den Abänderungsbetrag von 250 €) sind zu addieren. Von den sich danach ergebenden Gebühren sind die Gebühren des Ausgangsverfahrens abzuziehen. Nur noch die Differenz kann berechnet werden.

Wert: 4.500 €

1,3 Verfahrensgebühr nach Nr. 3100 VV (4.500 €)	*354,90 €*
1,2 Terminsgebühr nach Nr. 3104 VV (4.500 €)	*327,60 €*
1,0 Einigungsgebühr nach Nr. 1003 VV (3.000 €)	*189,00 €*
Auslagenpauschale nach Nr. 7002 VV	*20,00 €*
Gesamtbetrag netto	***891,50 €***
Abzüglich bereits entstandener Gebühren nach a)	*681,50 €*
Verbleiben	***210,00 €***

> **Hinweis:**
>
> Das **selbständige Beweisverfahren** gehört nicht mehr zum Rechtszug. Es ist in der Auflistung derjenigen Tätigkeiten und Verfahren, die nach § 19 RVG zum Rechtszug gehören, nicht mehr aufgeführt. Die Fälle, in denen in Familiensachen selbständige Beweisverfahren eingeleitet werden, sind zwar sehr rar. Sie sind aber nicht ausgeschlossen.

V. Bestimmung der konkreten Gebühr (§ 14 RVG)

36 § 14 RVG erweckt auf den ersten den Eindruck, als sei er mit § 12 BRAGO identisch. Bei näherem Hinsehen stellen sich aber viele Detailänderungen heraus.

> **Hinweis:**
>
> Aufgrund des geänderten weiten Rahmens für die Geschäftsgebühr nach Nr. 2400 VV ist es für den Rechtsanwalt unumgänglich, sich im

Einzelnen mit § 14 RVG und damit mit der Bestimmung der konkreten Gebühr auseinanderzusetzen.

Da die Geschäftsgebühr nur noch teilweise auf die spätere Gebühr für   37
das gerichtliche Verfahren angerechnet wird, muss der Mandant die Angemessenheit der Gebühr ggf. zur Durchsetzung seines materiell-rechtlichen Erstattungsanspruchs gegen den Gegner in einem gerichtlichen Verfahren darlegen und beweisen.

Aufgrund des erweiterten Gebührenrahmens der Geschäftsgebühr und   38
vor allem aufgrund der geänderten Anrechnungsbestimmungen, wird
der Rechtsanwalt zukünftig Art und Umfang seiner Tätigkeit nachweisbar dokumentieren. Dazu gehören Aufzeichnungen über Datum, ggf.
Ort, Zeitpunkt, Inhalt der Tätigkeit.

Hinweis:

§ 14 RVG fordert die Berücksichtigung aller Umstände. Die dort aufgeführten Kriterien von Umfang, Schwierigkeit, Bedeutung der Angelegenheit für den Auftraggeber sowie seinen Einkommens- und Vermögensverhältnissen sind nur einzelne Kriterien. Auch ein besonderes Haftungsrisiko kann berücksichtigt werden. Die Aufzählung ist nicht abschließend.

Beispiele für die Berücksichtigung sonstiger Kriterien finden sich sogar   39
in der Literatur selten. Madert[30] schlägt Erhöhungen für die Tätigkeit an
Samstagen (0,3), Sonntagen (0,4) und Feiertagen (0,5) vor. Darüber
hinaus können auch die Tätigkeiten zur Nachtzeit, die teilweise auch
mit einem zusätzlichen Aufwand im Sekretariat verbunden sein können,
sowie Tätigkeiten mit besonderem Eilbedürfnis einen Zuschlag rechtfertigen.

---

30   In: Gerold/Schmidt/von Eicken/Madert/Müller-Rabe, RVG, § 14 Rn. 70.

40   Zu den einzelnen Kriterien des § 14 RVG ist Folgendes festzuhalten:

- **Umfang der anwaltlichen Tätigkeit:**

  Nach dem Gesetzestext des RVG kommt es auf den Umfang der anwaltlichen Tätigkeit und nicht auf den Umfang der Gerichtsakte an. Hierunter fallen insbesondere:

  - Besprechungen mit Mandanten,

  - findet auch eine Besprechung mit Dritten (Jugendämtern, Sozialbehörden, Notaren, Richtern, Gegner, Anwalt des Gegners etc.) statt, wird in aller Regel der durchschnittliche Umfang einer Tätigkeit überschritten sein,

  - Zeitaufwand für das Studium der Literatur,

  - für Recherche, Ortsbesichtigung,

  - Schriftverkehr (lesen und anfertigen).

- **Schwierigkeit der anwaltlichen Tätigkeit:**

  Maßgebend ist die **Intensität der anwaltlichen Arbeit.** Hierbei wird auf die Kenntnisse und Fähigkeiten eines durchschnittlichen Anwalts und nicht auf die Kenntnisse und Fähigkeiten des „Spezialisten" abgestellt. Auf das Familienrecht bezogen kommt es daher nicht auf die Kenntnisse eines Fachanwaltes, sondern auf die Kenntnisse des Allgemeinanwaltes an.

  Dieses Kriterium unterteilt sich in verschiedene typische Fallgruppen.

  - **juristische Schwierigkeiten;** teilweise wird hier die Auffassung vertreten, dass diejenigen Rechtsgebiete, die für den Nachweis der theoretischen Kenntnisse in einer Fachanwaltschaft benötigt würden, per se besondere Schwierigkeiten aufweisen würden. In dieser Allgemeinheit kann dies sicherlich keinen Bestand haben. Richtig ist aber, dass die Teilbereiche Unterhalt und eheliches Güterrecht; beide vor allen Dingen auch im Zusammenhang mit der selbständigen Tätigkeit bei einer oder beiden Parteien und den dadurch hervorgerufenen Bewertungsschwierigkeiten; besondere Schwierigkeiten enthalten. Dies gilt um so mehr, als gerade im Unterhaltsrecht eine sehr ausdifferenzierte Rechtsprechung vorhanden ist. Gleiches gilt für das Recht des Versorgungsausgleichs, insbesondere dann, wenn nicht nur Anwartschaften in der gesetzlichen Rentenversicherung zu berücksichtigen sind, sondern betriebliche Altersversorgungen, deckungskapitalgestützte Versorgungen, ausländische Anwartschaften etc.;

- Gleiches gilt auch, wenn ausländisches Recht zu prüfen ist;

- besondere Schwierigkeiten liegen auch vor, wenn die Rechtsfrage höchstrichterlich noch nicht geklärt ist;

- zu berücksichtigen sind ferner **außerjuristische Schwierigkeiten**. Diese kommen in Betracht, wenn **Sachverständigengutachten** ausgewertet werden müssen. Hier kann bereits die Frage, wie die Frage an den Sachverständigen zu formulieren ist, etwa wenn die Parteien ein Schiedsgutachten einholen wollen, besondere Schwierigkeiten aufwerfen.

Schwierigkeiten können auch in der **Person des Mandanten** liegen, etwa wenn sich dieser nicht auf freiem Fuß befindet und der Rechtsanwalt diesen zu sämtlichen Gesprächen aufsuchen muss. Die Schwierigkeiten können aber auch in einer **außergewöhnlichen emotionalen Betroffenheit** des Mandanten liegen. Zu berücksichtigen ist auch, ob **Fremdsprachenkenntnisse** zur Verständigung mit dem Mandanten notwendig sind oder ob mit dem Mandanten nur über einen Dolmetscher verhandelt werden kann.

- **Bedeutung der Angelegenheit für den Auftraggeber:**

  - Stellung des Auftraggebers im öffentlichen Leben;[31]

  - es handelt sich um eine wiederkehrende Leistung (mithin bei Unterhaltsforderungen).

---

31 Wobei es sinnvoll erscheint, diese Frage nicht in die Bewertung mit einzubeziehen, sondern die Frage mit dem Mandanten offen anzusprechen und den Gebührensatz ggf. durch eine Vergütungsvereinbarung festzulegen.

- **Einkommens- und Vermögensverhältnisse des Auftraggebers:**

  Auch hier setzt die Suche nach den „durchschnittlichen" Einkommens- und Vermögensverhältnissen ein. M.E. können solche überhaupt nicht bundeseinheitlich bestimmt werden, da die Einkommenssituation regional völlig unterschiedlich ist. Hier sind Unterschiede zwischen Nord und Süd, Ost und West, Stadt und Land zu verzeichnen, die es m.E. verbieten, einheitliche Werte anzunehmen.

  Gleichwohl werden in der Literatur Werte von monatlich brutto 2.000 € für Alleinstehende und 3.700 € brutto für Paare[32] ungenannt. Kundler[33] nennt einen Betrag von 2.400 €; führt jedoch nicht aus, ob es sich dabei um einen Brutto- oder Nettobetrag und ob es sich dabei um das Einkommen eines Alleinstehenden oder um Familieneinkommen handeln soll.

41 Durch das RVG wurde die Regelung eingeführt, wonach ein **besonderes Haftungsrisiko des Rechtsanwalts** berücksichtigt werden kann (§ 14 Abs. 1 Satz 2 RVG). Ein solches ist vor allem bei der Abfassung von Eheverträgen aber auch bei Abfassung von Trennungs- und Scheidungsfolgenvereinbarungen gegeben. Aufgrund der gesetzlichen Streitwertbegrenzung bei Unterhaltsforderungen für die Zukunft auf den Jahresbetrag, trägt der Streitwert dem Haftungsrisiko keine Rechnung. Dies gilt insbesondere, wenn in der Zukunft liegende Begrenzungen, Befristungen oder Verzichte vereinbart werden, die streitwertmäßig überhaupt nicht ins Gewicht fallen.

42 Besonders haftungsträchtig sind ferner **Regelungen zum Versorgungsausgleich.**

  Ein besonderes Haftungsrisiko ist vor allem beim Entwurf von Verträgen anzunehmen, mit denen zukünftige Sachverhalte geregelt werden sollen. Anders als bei der Tätigkeit im Prozess findet der Rechtsanwalt hier

---

32   Teubel, in: Mayer/Kroiß/Teubel, Das neue Gebührenrecht, § 4 Rn. 79.
33   ZFE 2004, 240, 242.

gerade keinen abgeschlossenen Sachverhalt vor, sondern muss mit seiner eigenen Phantasie und Lebenserfahrung erahnen, welche Situationen zukünftig auftreten können und einer Regelung bedürfen.

> **Hinweis:**
>
> Der Rechtsanwalt ist an sein einmal ausgeübtes Ermessen gebunden.[34] Ob die Bindung an das einmal ausgeübte Ermessen vermieden werden kann, wenn der Rechtsanwalt in der Rechnung aufführt, er behalte sich eine Änderung der Gebührensätze vor, ist umstritten. Es ist daher empfehlenswert und auch im Verhältnis zum Mandanten transparenter, wenn der Rechtsanwalt sich beim erstmaligen Abfassen der Rechnung Gedanken zur Ausübung des Ermessens macht und von vornherein den von ihm für angemessen erachteten Betrag in der Rechnung aufführt.

Es ist umstritten, ob die vom Rechtsanwalt getroffene Bestimmung bereits dann unbillig ist, wenn sie von dem Betrag abweicht, den der erstattungspflichtige Dritte für angemessen hält. Zutreffend ist die Auffassung der h.M.,[35] gemäß der es nicht auf eine „punktgenaue Landung" ankommt, sondern darauf, dass die Bestimmung auch dann nicht unbillig ist, wenn sie um mehr als 20 % abweicht. Ob der Betrag von 20 % angesichts des vergrößerten Gebührenrahmens ausreicht oder ob insoweit ein größerer Abweichungsgrad zulässig ist, ist derzeit ebenfalls in der Diskussion. Teubel[36] spricht sich aufgrund des geänderten weiten Gebührenrahmens dafür aus, von einer Unbilligkeit erst bei einer Abweichung um mehr als 30 % auszugehen. Er führt anschaulich aus, dass bereits eine Abweichung von 1,0 zu 1,3 30 % darstellt. Der Gebührenrahmen der Geschäftsgebühr nach Nr. 2400 VV schafft von der Mindestgebühr von 0,5 aus gesehen einen Höchstrahmen bis zu 500 %.

43

---

34 Madert, in: Gerold/Schmidt/von Eicken/Madert/Müller-Rabe, RVG, § 14 Rn. 6.
35 S. hierzu die Darstellung bei Hartmann, KostG, § 14 RVG Rn. 24 mit zahlreichen Nachweisen und einer ausführlichen Darstellung zu den verschiedenen hierzu vertretenen Auffassungen. Diese stützen sich aber zunächst noch auf die Rechtsprechung zu § 12 BRAGO.
36 In: Mayer/Kroiß/Teubel, Das neue Gebührenrecht, § 4 Rn. 95.

VI. Mehrere Auftraggeber (§ 7 RVG und Nr. 1008 VV)

44 Das RVG enthält in § 7 die allgemeinen Regelungen für die Vertretung mehrerer Auftraggeber, mithin Regelungen zur Haftung des einzelnen Auftraggebers für die entstehenden Rechtsanwaltsgebühren etc.

45 Demgegenüber enthält Nr. 1008 VV die Erhöhungsvorschrift für die **Vertretung mehrerer Auftraggeber**. Nach Nr. 1008 VV ist danach zu unterscheiden, ob es sich um einen Fall handelt, in dem nach dem **Gegenstandswert** abgerechnet wird. In diesem Fall erhöhen sich die Geschäftsgebühr und die Verfahrensgebühr nur dann, wenn der Rechtsanwalt die Auftraggeber wegen desselben Gegenstandes vertritt. Dieser Fall wird im Familienrecht selten vorliegen.

46 Macht ein Elternteil sowohl Ehegattenunterhaltsansprüche und auch als gesetzlicher Vertreter eines oder mehrerer Kinder deren Kindesunterhaltsansprüche geltend, handelt es sich jeweils um höchstpersönliche Ansprüche. Werden diese in einem Verfahren verfolgt, erfolgt zwar eine Addition der Gegenstandswerte (§ 22 RVG), eine Erhöhung nach Nr. 1008 VV findet aber nicht statt.

47 Soweit ein Elternteil die Kindesunterhaltsansprüche als gesetzlicher Prozessstandschafter geltend macht, erfolgt die Geltendmachung im eigenen Namen. In diesem Fall fehlt es bereits an einer Mehrzahl von Auftraggebern.

48 Dies gilt auch dann, wenn während des laufenden Verfahrens die gesetzliche Prozessstandschaft endet, weil das Kind volljährig wird und jetzt statt des Elternteils das Verfahren aufnimmt. In diesem Fall liegt zwar ein Parteiwechsel vor, dieser beruht aber auf gesetzlichen Vorschriften. Der bisherige gesetzliche Prozessstandschafter und das Kind verfolgen den Anspruch daher nicht gleichzeitig.

49 Mehrere Auftraggeber, die am selben Anspruch beteiligt sind, sind daher vor allem vorstellbar, wenn der Unterhaltspflichtige verstirbt und eine an seine Stelle tretende Erbengemeinschaft die Auseinandersetzung mit dem Unterhaltsberechtigten nach § 1586b BGB führt.

Praktisch relevant ist die Erhöhung für mehrere Auftraggeber in Fällen, 50
in denen nach dem VV **Festgebühren** entstehen. Dieser Fall liegt im Bereich der Beratungshilfe vor. Nach Nr. 2603 VV erhält der Rechtsanwalt
eine Geschäftsgebühr von 70 €. Die Mehrarbeit, die durch die Vertretung mehrerer Auftraggeber entsteht, kann mithin wegen der festen
Gebühr keine Berücksichtigung finden. In diesem Fall erhöht sich nach
Nr. 1008 VV die Geschäftsgebühr für jeden weiteren Auftraggeber um
30 %, mithin um 21 € bis zu einer Obergrenze der Erhöhung von 140 €
auf einen Gesamtbetrag von 210 €.

VII. Fälligkeit

Im Bereich der Allgemeinen Vorschriften ist darüber hinaus § 8 RVG für 51
die **Fälligkeit** und **Hemmung der Verjährung** von Bedeutung.

Für den Eintritt der Fälligkeit haben sich keine Änderungen gegenüber 52
der BRAGO ergeben Die Vergütung wird daher fällig, wenn

• der Auftrag erledigt ist;

• die Angelegenheit beendet ist;

• bei einer Tätigkeit in einem gerichtlichen Verfahren auch dann, wenn

 – eine Kostenentscheidung ergangen ist oder

 – der Rechtszug beendet ist oder

 – das Verfahren länger als drei Monate ruht.

Die Fälligkeit ist für jede eigenständige gebührenrechtliche Angelegen- 53
heit selbständig zu prüfen.

Hinweis:

Der Auftrag zur außergerichtlichen Tätigkeit ist in dem Augenblick
beendet, in dem der Mandant den Auftrag erteilt, den Anspruch im
Prozess geltend zu machen. In diesem Zeitpunkt beginnt auch die
Verjährung zu laufen. Dementsprechend sollte auch mit dem Ende
der außergerichtlichen Tätigkeiten abgerechnet werden.

---

54   Während sich bei der Fälligkeit mithin keine Veränderungen gegenüber der Rechtslage nach der BRAGO ergeben haben, ist mit § 8 Abs. 2 RVG eine „Vorsorge" vor der Verjährung für die in gerichtlichen Verfahren entstehenden Gebühren geschaffen worden. Hierbei ist allerdings vor allem im Familienrecht zu beachten, dass der „Segen" des § 8 Abs. 2 RVG nicht weiter reichen kann, als sein Wortlaut es zulässt.

Hinweis:

§ 8 Abs. 2 RVG gilt nur für die Vergütung der Tätigkeit in einem gerichtlichen Verfahren und damit nicht für eine noch nicht abgerechnete **außergerichtliche Tätigkeit**.

Die **einstweiligen Anordnungen** stellen selbständige gebührenrechtliche Angelegenheiten dar. Die Verjährung der in diesen Verfahren entstandenen Gebühren ist daher nicht durch ein noch anhängiges Hauptsacheverfahren gehemmt.

VIII. Rechnungsgestaltung

Nach § 10 RVG muss der Rechtsanwalt dem Auftraggeber eine Rechnung erteilen. Diese ist nicht Voraussetzung für die Fälligkeit der Gebühr. Diese wird vielmehr bereits fällig, wenn die Voraussetzungen des § 8 RVG eintreten.

55   In der Rechnung sind anzugeben:

- die einzelnen Gebühren und Auslagen,
- Vorschüsse,
- eine kurze Bezeichnung des jeweiligen Gebührentatbestandes,
- die Bezeichnung der Auslagen,
- die angewandten Nummern des Vergütungsverzeichnisses,
- bei Gebühren, die nach dem Gegenstandswert berechnet werden, auch dieser.

Hinweis:

Bei der Gestaltung der Rechnung sind darüber hinaus die Anforderungen des § 14 UStG zu beachten. Diese gelten zwar nur gegenüber vorsteuerabzugsberechtigten Mandanten. Es erscheint jedoch nicht sinnvoll, hier bei der Gestaltung der Rechnungen zu variieren.

Beispiel für eine Rechnung:

Rechtsanwälte .... und Kollegen   56

Postfach ....,

....

Frau

....,   *den ....*

Rechnungsnummer 200401789

Steuernummer: .... FA ....

Leistungszeitraum: .... bis ....

Kostenrechnung

in Sachen

..../. ....

wegen Vertretung im Verfahren .... AG ....
(Zugewinnausgleichsforderung)

Streitwert: 25.000 €	
1,3 Verfahrensgebühr nach Nr. 3100 VV	*891,80 €*
1,2 Terminsgebühr nach Nr. 3104 VV	*823,20 €*
Pauschale für Postgebühren und Telekommunikations-entgelte nach Nr. 7002 VV RVG	*20,00 €*
Zwischensumme Anwaltsgebühren netto	*1.735,00 €*
16 % USt nach Nr. 7008 VV	*277,60 €*
Gesamtanwaltskosten brutto	**2.012,60 €**

zzgl. Gerichtskostenvorschuss	<u>933,00 €</u>
Gesamtkosten	**2.945,60 €**
./.von Ihnen erstatteter Gerichtskostenvorschuss (7.7.2004)	933,00 €
./. von Ihnen gezahlter Vorschuss auf Anwaltsgebühren (7.7.2004 darin enthaltene Umsatzsteuer: 160,00 €)	<u>1.160,00 €</u>
Restbetrag	**852,60 €**

Diese Rechnung enthält Umsatzsteuer auf einen
Nettobetrag von 735,00 € i.H.v. 117,60 €.

Die Vorschussrechnung enthielt Umsatzsteuer
auf einen Nettobetrag von 1.000,00 € i.H.v. 160,00 €.
Für die Aufstellung:

....

(Rechtsanwalt)

IX. Umgang mit der eigenen Vergütung

1. Vorschuss (§ 9 RVG)

57 Auch das RVG enthält mit § 9 – ebenso wie die BRAGO bisher in § 17 – das Recht des Rechtsanwalts, einen Vorschuss zu verlangen. Dies ist eine von Rechtsanwälten immer wieder gegen die eigenen Interessen und teilweise auch gegen die Interessen des Mandanten nicht angewendete Bestimmung.

58 Nach § 9 RVG kann der Rechtsanwalt einen Vorschuss auf die zu erwartenden Gebühren und Auslagen verlangen.

Hinweis:

Bei Rahmengebühren ist damit nicht per se der Höchstbetrag zu fordern, sondern der Betrag, der im Zeitpunkt der Vorschussanforderung voraussichtlich in diesem Mandat verwirklicht wird.

Ein **Vorschuss in Höhe der Höchstgebühr** darf nach der Rechtspre-   59
chung des BGH[37] nur dann gefordert werden, wenn sich bereits abse-
hen lässt, dass bei der Durchführung des Mandats diese Gebühr entsteht wird. Anderenfalls ist zunächst ein niedrigerer Betrag zu fordern
und ggf. im Laufe der Tätigkeit eine weiterer Vorschuss anzufordern.

Die Anforderung des Vorschusses verdeutlicht dem Mandanten, dass der   60
Rechtsanwalt nur gegen eine entsprechende Vergütung für ihn tätig ist.

Zahlt der Mandant aufgrund des Vorschusses, begleicht er eine fällige   61
Verbindlichkeit. Soweit die Zahlungen in steuerlicher Hinsicht als außer-
gewöhnliche Belastungen geltend gemacht werden können, sind sie in
dem Jahr zu berücksichtigen, in dem diese geleistet werden. Nach § 11
EStG kommt es auf den Zeitpunkt der Zahlung und nicht auf den Zeitpunkt der Vorschussrechnung an.

2. Festsetzung der Vergütung gegen den eigenen Mandanten (§ 11 RVG)

Hat der Rechtsanwalt die Vergütung nicht vom Mandanten erhalten,   62
muss er sich überlegen, ob er seine Forderung titulieren will. Das Verfahren nach § 11 RVG ist jetzt auch zulässig für die zu ersetzenden Aufwendungen (§ 670 BGB), mithin auch für vom Rechtsanwalt **verauslagte Gerichtskosten.**

In Betracht kommt darüber hinaus nach dem Wortlaut eine Festsetzung   63
aller Aufwendungen, die zu den Kosten des gerichtlichen Verfahrens gehören, mithin derjenigen Kosten, die nach § 91 ZPO zu den Kosten des
Rechtsstreits gehören (z.B. Gerichtsvollzieherkosten für die Zustellung
einer einstweiligen Verfügung).

Bei **Rahmengebühren** kommt dies in Betracht, wenn die Mindestge-   64
bühren geltend gemacht werden oder der Auftraggeber der Höhe der

---

37   Urt. v. 11.12.2003 – IX ZR 109/00, MDR 2004, 715.

Gebühren ausdrücklich zugestimmt hat (§ 11 Abs. 8 RVG); die Zustimmungserklärung muss vom Rechtsanwalt mit dem Antrag vorgelegt werden (eine spätere Vorlage heilt den Mangel nicht; Ziel der Bestimmung ist es, dem Rechtsanwalt und dem Mandanten eine kostengünstige Möglichkeit zur Titulierung an die Hand zu geben).

65 Nur das Festsetzungsverfahren ist gerichtsgebührenfrei (§ 11 Abs. 2 Satz 4 RVG); im Beschwerdeverfahren werden Gerichtsgebühren erhoben. Anwaltskosten sind weder im Festsetzungsverfahren noch im Beschwerdeverfahren zu erstatten (§ 11 Abs. 2 Satz 6 RVG). Nur die **Zustellauslagen für den Beschluss** können im Beschluss hinzugesetzt werden.

66 Es ist umstritten, ob § 11 RVG bereits dann eingreift, wenn der Antrag auf die Vergütungsfestsetzung nach dem 30.6.2004 eingereicht wird[38] oder ob er nur eingreift für Gebühren, die nach dem RVG berechnet werden. Da in § 61 RVG davon ausgegangen wird, dass die BRAGO für die darin genannten Fälle gilt und – anders als in § 60 RVG – nicht nur die Rede von der Vergütung ist, spricht viel dafür, für das Verfahrensrecht keinen eigenen Anknüpfungspunkt zu wählen. Das Vergütungsfestsetzungsverfahren in der Fassung des § 11 RVG kommt danach für die nach dem RVG zu berechnenden Gebühren in Betracht.

3. Klage gegen den eigenen Mandanten

67 Kann der Anspruch gegen den Mandanten weder nach § 11 RVG festgesetzt, noch im Mahnbescheidsverfahren tituliert werden, bleibt nur der Weg, eine Klage zu erheben.

68 Hier stellt sich die Frage, welches Gericht **örtlich zuständig** ist. Der BGH[39] hat nunmehr entschieden, dass in aller Regel der Sitz der Kanzlei nicht als Erfüllungsort i.S.d. § 29 ZPO anzusehen sei. Dieser scheidet daher als besonderer Gerichtsstand de facto aus.

---

38 Schneider, in: Gebauer/Schneider, RVG, § 11 Rn. 251 f.
39 Beschl. v. 11.11.2003 – X ARZ 91/03, NJW 2004, 54 ff.

In Betracht kommt jedoch noch der Gerichtsstand des Hauptprozesses nach § 34 ZPO. § 34 ZPO bestimmt dabei aber nur die örtliche Zuständigkeit. Eine Bestimmung der funktionellen Zuständigkeit erfolgt nicht. Der Rechtsstreit wird daher vor der Zivilabteilung des Gerichts geführt, bei dessen Familiengericht die Familiensache in I. Instanz anhängig war.

X. Auslagen (Teil 7 VV)

Die Regelungen zu den Auslagen sind im Teil 7 VV zusammengefasst worden. Die Einzelheiten der dortigen Regelungen sollen hier nicht erörtert werden.   69

Festzuhalten ist nur, dass die **Dokumentenpauschale** nach Nr. 7000 Nr. 1 VV einheitlich abgerechnet werden muss. Dies bedeutet, dass in einem ersten Schritt zu ermitteln ist, wie viele Ablichtungen insgesamt abgerechnet werden können. Dann werden die sich daraus insgesamt ergebende Anzahl zu vergütender Ablichtungen mit den entsprechenden Beträgen je Seite berechnet. Die nachfolgende Matrix verdeutlicht dies: 70

Art der Ablichtung	Nicht abzurechnende Ablichtungen	Tatsächlich gefertigte Anzahl von Ablichtungen	Abzurechnende Ablichtungen
aus Behörden- und Gerichtsakten	0		
Zur Zustellung an Gegner oder Beteiligte	100		
Zur notwendigen Unterrichtung des Auftraggebers	100		
Sonstige Fälle; Einverständnis des Auftraggebers	0		

Gesamtzahl	
Für die ersten 50 Seiten hiervon	à 0,50 €
Für die weiteren Seiten	à 0,15 €

71 Im Familienrecht ist es vorstellbar, dass in vielen Fällen Ablichtungen nach Nr. 7000 Nr. 1c VV zur notwendigen Unterrichtung des Auftraggebers gefertigt werden müssen, etwa dann, wenn der Gegner zahlreiche Belege zum Zugewinnausgleich nur in einfacher Anzahl einreicht. Alternativ hierzu könnte der Auftraggeber gefragt werden, ob er sich die Kopien vielleicht selbst fertigen möchte. In diesem Fall würde der Rechtsanwalt nicht – ohne Vergütungsvereinbarung – die ersten 100 Kopien zu dieser Ziffer aus seinen Geschäftskosten bestreiten müssen.

72 Die Pauschale für **Post- und Telekommunikationsauslagen** wurde auf 20 % der Gebühren angehoben. Es bleibt aber bei der Obergrenze von 20 € (Nr. 7002 VV). An Stelle der Pauschale kann der Rechtsanwalt aber auch weiter nach Nr. 7001 VV die konkret entstandenen Auslagen abrechnen.

Hinweis:
Die Anm. zu Nr. 7001 VV stellt klar, dass keine Vergütung für die bloße Übersendung der Rechnung gefordert werden darf. Hierdurch ist auch klargestellt, dass die Übersendung der Rechnung über das erste Beratungsgespräch nicht die Postgebührenpauschale auslöst, wenn dem Rechtsanwalt nicht für das erste Beratungsgespräch selbst entsprechende Auslagen entstanden sind.

B. Tätigkeiten in streitigen Angelegenheiten

I. Definition der streiterledigenden Tätigkeiten

Unter den „Tätigkeiten im Streiterledigungsbereich" werden im Nach-   73
folgenden die Tätigkeiten in einem gerichtlichen Verfahren und diejenigen, die Gegenstand eines gerichtlichen Verfahrens sein könnten, verstanden. Sie sind sowohl für die zutreffende Ermittlung der Gebührentatbestände, als auch insbesondere für die Ermittlung der zutreffenden Streitwerte von einer Tätigkeit im Bereich der vorsorgenden Rechtspflege abzugrenzen.

II. Streitwerte

1. Regelungen der Gegenstandswerte/Einführung einer allgemeinen Wertgrenze (§§ 22 ff. RVG)

Die Ermittlung des „zutreffenden" Streitwertes ist nicht immer einfach.   74
Sie ist aber auch keine Geheimwissenschaft. Leider ist sie unumgänglich, da sich die Anwaltsgebühren grds. nach dem Gegenstandswert berechnen (§§ 2, 22 Abs. 1 RVG), es sei denn, dass das RVG etwas anderes bestimmt. Wer mit der Lektüre der Entscheidungen zu einzelnen Problembereichen beginnt, kann sich häufig des Eindrucks nicht erwehren, es herrsche im Kostenbereich noch partikulares Landesrecht. Dies gilt vor allem hinsichtlich der unterschiedlichen Gerichtsgewohnheiten bei den Streitwerten für die Ehesache selbst. Um nicht in der Flut der gerichtlichen Entscheidungen zu ertrinken, wird deshalb empfohlen, sich trotz der Hektik des Alltags einmal mit den Grundsätzen der Streitwertermittlung zu beschäftigen, um dann die ganze Bandbreite der Einzelstreitwerte auf sich wirken zu lassen.

a) Grundsätze der Streitwertermittlung

Alle Streitwertvorschriften des RVG befinden sich an einer Stelle im RVG   75
und zwar im Abschnitt 4 (Ausnahme nur für PKH-Verfahren in Anm. zu Nr. 3335 VV und für Verfahren auf Abänderung eines Vollstreckungstitels nach § 655 Abs. 1 ZPO in Nr. 3331 VV).

76   In § 23 Abs. 1 RVG wird für die Tätigkeiten in gerichtlichen Verfahren und für Tätigkeiten, die auch Gegenstand eines gerichtlichen Verfahrens sein könnten, auf die jeweiligen Wertvorschriften, die für die Gerichtsgebühren gelten, verwiesen.

Für **ZPO-Verfahren** wird damit auf das GKG und für **FGG-Verfahren** auf die KostO verwiesen.

77   Für **Beschwerden**, in denen Gerichtsgebühren unabhängig vom Ausgang des Verfahrens nicht erhoben werden oder sich nicht nach dem Wert richten (z.b. die Beschwerde gegen die Versagung der PKH), richtet sich der Wert nach dem Interesse des Beschwerdeführers nach Maßgabe des § 23 Abs. 3 Satz 2 RVG soweit das RVG nichts anderes bestimmt (§ 23 Abs. 2 Satz 1 RVG).

78   Neu eingeführt wurde eine **allgemeine Wertgrenze** von 30 Mio. € für jede Person, höchstens 100 Mio. € in einer Angelegenheit, die in familienrechtlichen Sachverhalten jedoch ohne praktische Relevanz ist.

79   Auch im Streitwertrecht gilt der Grundsatz, dass die speziellste Vorschrift vorgeht.

In erster Linie gelten daher die **Spezialvorschriften des RVG**. Für die Tätigkeit in familienrechtlichen Sachverhalten sind insoweit von Bedeutung:

- § 24 RVG: enthält Sondervorschriften für den Wert der darin aufgeführten einstweiligen Anordnungen;

- Nr. 3331 VV Anm.: Für den Wert einer Verfahrensgebühr betreffend einen Antrag auf Abänderung eines Vollstreckungstitels nach § 655 Abs. 1 ZPO wird auf § 42 GKG verwiesen;

- Nr. 3335 VV Anm.: betreffend die Streitwertbestimmung für die Vertretung im PKH-Verfahren. Hier ist eine Sonderbestimmung notwendig, da für das Verfahren keine Gerichtsgebühren anfallen und mithin für die Gerichtskosten kein Streitwert festgesetzt wird.

Aus allem ergeben sich folgende Fragen: 80
* Gibt es spezielle Streitwertvorschriften für diesen Fall im RVG?
* Werden die Ansprüche im Scheidungsverbund oder isoliert geltend gemacht?
* Bei isolierter Geltendmachung: Welche Verfahrensordnung ist einschlägig (ZPO oder FGG)?
* Liegt ein Hauptsacheverfahren oder ein Verfahren im einstweiligen Rechtsschutz vor?

Nach diesen Grundsätzen werden zunächst für alle Gegenstände die 81
Einzelstreitwerte ermittelt. In derselben Angelegenheit werden die Werte **addiert** (§ 22 Abs. 1 RVG).

Beispiel:

In einer Klage werden sowohl nachehelicher Ehegatten- als auch Kindesunterhalt geltend gemacht. Die Streitwerte sind zu addieren, und zwar unabhängig davon, ob der Kindesunterhalt in gesetzlicher Prozessstandschaft geltend gemacht wird oder nicht.

Die **Scheidungssache** und die **Folgesachen** (§§ 623 Abs. 1 bis 3, 5, 621 82
Abs. 1 Nr. 1 bis 9 ZPO) gelten als dieselbe Angelegenheit (§ 16 Nr. 4 RVG). Gleiches gilt für Verfahren über die Aufhebung der Lebenspartnerschaft und die Folgesachen (§§ 661 Abs. 2, 623 Abs. 1 und 5 ZPO).

Aus dem Wortlaut ergibt sich, dass die Scheidungssache und die Folgesache an und für sich eigenständige Angelegenheiten wären, die aber durch die Geltendmachung im Verbund zu einer einheitlichen Angelegenheit für die Abrechnung zusammengefasst werden. Hieraus folgt im Umkehrschluss, dass Angelegenheiten, die nicht im Verbund geltend gemacht werden, auch als eigenständige Angelegenheiten zu behandeln sind und insoweit gesonderte Angelegenheiten darstellen können. Auf die sich hieraus ergebenden Folgerungen für die Abrechnung im Einzelnen, die Auswirkungen einer Verbindung oder Abtrennung sowie die Kostenerstattung, wird nachfolgend bei den jeweiligen Einzelfragen Stellung genommen.

83 § 16 Nr. 4 RVG ist nur anzuwenden, soweit es sich um eine Scheidungssache und eine Folgesache i.S.d. ZPO handelt. Dies setzt die Anwendung des **nationalen deutschen Scheidungsrechts** voraus. Soweit
für die Scheidung das Recht eines anderen Staates maßgebend ist, können unterschiedliche Angelegenheiten vorliegen. So sind das Verfahren
auf Ehetrennung nach italienischem Recht und das Sorgerechts- und
Unterhaltsverfahren nicht nach § 22 Abs. 1 RVG zu einer Angelegenheit
zusammengefasst worden.[1]

b) Gerichtliche Streitwertfestsetzung

84 In zeitlicher Hinsicht kommt es nach § 40 GKG auf die **Verhältnisse bei
Einreichung des die Instanz einleitenden Antrages** an. Eine identi-
sche Regelung galt bereits seit der Neufassung des **§ 15 GKG a.F.** durch
das KostenrechtsÄnderG 1994. Veränderungen in den für die Berechnung des Wertes maßgebenden Verhältnissen werden seitdem nicht
mehr berücksichtigt. Ein wichtiger Anwendungsbereich dieses Grund-
satzes ist der **Streitwert der Ehesache.**[2]

85 Durch § 40 GKG nicht ausgeschlossen sind Veränderungen des prozes-
sualen Gegenstandes als solchem. Klageerweiterungen, Widerklagen,
Teilklagerücknahmen etc. verändern selbstverständlich den Streitwert.

86 Nach § 63 Abs. 1 Satz 1 GKG setzt das Gericht den Wert bei Eingang
eines Antrages vorläufig fest. Einwendungen gegen diese Wertfestsetzung sind im Verfahren nach § 67 GKG geltend zu machen (§ 63 Abs. 1
Satz 2 GKG).

87 Nach einer Entscheidung über den gesamten Gegenstand oder einer
sonstigen Erledigung des Verfahrens setzt das Gericht nach § 63 Abs. 2
GKG den Wert endgültig fest. Es ist nach § 63 Abs. 3 GKG berechtigt,
diesen Wertansatz innerhalb von 6 Monaten nach Rechtskraft der Entscheidung in der Hauptsache oder der sonstigen Erledigung zu ändern.

---

1   OLG München, JurBüro 1993, 221 noch zu § 7 Abs. 3 BRAGO, der wortgleich war.
2   Einzelheiten hierzu unten bei den Ausführungen zum Streitwert der Ehesache, Rn. 91 ff.

Die Festsetzung des Streitwertes kann vom Rechtsanwalt im Namen des 88
Mandanten oder nach § 32 Abs. 2 RVG auch im eigenen Namen beantragt werden.

Gegen die Wertfestsetzung ist das Rechtsmittel der **Beschwerde** gegeben, wenn der Wert des Beschwerdegegenstandes **200 € übersteigt**
oder das Gericht die Beschwerde in der angefochtenen Entscheidung
zugelassen hat.

Hinweis:

Vermutet der Rechtsanwalt, dass das Gericht bei der Festsetzung des
Wertes von den Entscheidungen anderer Gerichte abweichen wird,
sollte bereits vorsorglich im Antrag auf Streitwertfestsetzung der vom
Rechtsanwalt angenommene Streitwert berechnet und begründet
werden. Ferner sollte er bereits zu diesem Zeitpunkt die Zulassung
der Beschwerde beantragen, wenn bei einer Abweichung von seinen
Wertvorstellungen die Beschwer 200 € nicht übersteigen würde.

Die Beschwerde muss innerhalb von **6 Monaten** nach Rechtskraft der 89
Entscheidung in der Hauptsache oder der sonstigen Erledigung eingelegt werden (§ 68 Abs. 1 Satz 3 GKG i.V.m. § 63 Abs. 3 Satz 2 GKG).

Das Verfahren ist **gerichtsgebührenfrei**. Kosten werden nicht erstattet
(§ 68 Abs. 3 GKG).

Hinweis:

Bei Einlegung der Beschwerde ist zu bedenken, wogegen sich diese
wenden soll.

Erscheint der Streitwert zu hoch, ist sie im Namen des Mandanten
einzulegen. Nur dieser ist beschwert.

Erscheint der Streitwert dem Rechtsanwalt jedoch zu niedrig, ist die
Beschwerde von ihm im eigenen Namen einzulegen, da der Mandant durch eine zu niedrige Festsetzung nicht beschwert ist.

---

90 Eine Besonderheit der Wertfestsetzung durch das Gericht enthält **§ 33 RVG**. Er betrifft diejenigen Fälle, in denen **für das gerichtliche Verfahren kein Wert festgesetzt** wird oder sich die Anwaltsgebühren in einem Gerichtsverfahren nicht nach dem für die Gerichtsgebühren maßgebenden Wert richten. Solche Fälle sind z.B.

- die Vertretung im PKH-Bewilligungsverfahren, da dieses gerichtskostenfrei ist (insbesondere von Bedeutung, soweit keine oder nur teilweise PKH bewilligt wird);

- die Erledigung des Auftrages vor Ende der Instanz, z.B. durch Kündigung etc.

Der Antrag auf Wertfestsetzung ist nach § 33 Abs. 2 RVG erst zulässig, wenn die Vergütung fällig ist. Er kann durch den Rechtsanwalt, den Auftraggeber aber auch durch einen erstattungsberechtigten Dritten gestellt werden. Wegen der Einzelheiten wird auf § 33 RVG verwiesen.

2. Streitwerte im Einzelnen

a) Ehesache

91 Ehesachen sind die Verfahren auf

- Scheidung,

- Eheaufhebung,

- Ehenichtigkeit (beseitigt durch die Eheschließungsreform zum 1.7.1998 und daher nur noch für Altfälle vor dem 30.6.1998 von Bedeutung),

- Feststellung des Bestehens oder Nichtbestehens einer Ehe,

- Klage auf die persönlichen Ansprüche eines Ehegatten gegen den anderen aus den §§ 1353 – 1359 BGB, z.B. das Recht zum Getrenntleben.

Die Verfahren auf Scheidung und auf Aufhebung der Ehe sind nicht iden- 92
tisch. Werden beide Ansprüche in einem Verfahren verfolgt, ist der Wert
daher zu addieren.[3]

Bei der Ehesache handelt es sich um eine nichtvermögensrechtliche 93
Streitigkeit. Ihr Wert bestimmt sich daher nach **§ 48 Abs. 2 Satz 1 GKG**
unter Berücksichtigung aller Umstände des Einzelfalles, insbesondere

* des Umfangs der Sache,

* der Bedeutung der Sache,

* der Vermögens- und Einkommensverhältnisse der Parteien,

nach dem Ermessen des Gerichts. Nach § 48 Abs. 3 Satz 2 GKG darf der
Wert in Ehesachen nicht unter 2.000 € und nicht über 1.000.000 € angenommen werden. Alle in § 48 Abs. 2 Satz 1 GKG genannten Kriterien stehen gleichbedeutend nebeneinander.[4] § 48 Abs. 2 Satz 1 und
Abs. 3 GKG entsprechen daher vom Wortlaut her dem § 12 Abs. 2 GKG
a.F., so dass die hierzu ergangene Rechtsprechung weiter angewendet
werden kann.

Für die Ermittlung der **Einkommensverhältnisse** enthält § 48 Abs. 3 94
Satz 1 GKG eine nähere und vielleicht auf den ersten Blick klar erscheinende Regelung. Maßgebend ist das in drei Monaten erzielte **Nettoeinkommen der Ehegatten.**

§ 48 Abs. 3 Satz 1 GKG bestimmt jedoch nicht, um welche drei Mona- 95
te es sich handeln soll. Hieraus wurde teilweise in der Vergangenheit ge-
folgert, dass § 12 Abs. 2 GKG a.F. eine Spezialvorschrift gegenüber § 15
GKG a.F. und auch gegenüber § 4 Abs. 1 ZPO sei. Die Anhänger dieser
Auffassung verkürzen die in Betracht kommenden Möglichkeiten dann
aber aus nicht dargelegten Gründen auf zwei Alternativen: entweder
den Zeitpunkt der Einreichung des Scheidungsantrages oder denjeni-

---

3   OLG Zweibrücken, Beschl. v. 27.6.2001 – 5 WF 40/01, OLGreport Zweibrücken 2001, 492.
4   OLG Hamm, JurBüro 1989, 1304; Müller-Rabe, in: Gerhardt/Heintschel-Heinegg/Klein,
     Handbuch Fachanwalt Familienrecht, 17. Kap. Rn. 45.

gen der letzten mündlichen Verhandlung. Wenn die Frage aber überhaupt diskussionswürdig ist, ist nicht nachvollziehbar, warum die Phantasie auf diese beiden Zeitpunkte beschränkt werden sollte. Mit der gleichen Berechtigung ließe sich dann auch an folgende weitere Zeitpunkte bzw. Zeiträume denken:

* die drei Monate vor Einreichung des Scheidungsantrages,[5]
* die ersten drei Monate nach Einreichung des Scheidungsantrages,

* die letzten drei Monate vor der letzten mündlichen Verhandlung in jeder Instanz (mit der interessanten Folge, dass dann auch noch ein unterschiedlicher Streitwert für die Ehesache in I. und in II. Instanz ermittelt werden könnte),

* die drei Monate nach Rechtskraft der Scheidung (wie auch immer diese dann ermittelt werden sollen).

Interessant in diesem Zusammenhang ist auch die Frage, ob das „in drei Monaten erzielte Nettoeinkommen der Ehegatten" dahingehend atomisiert werden kann, dass für Ehefrau und Ehemann unterschiedliche Anknüpfungszeitpunkte gewählt werden können, etwa das jeweils höchste oder jeweils niedrigste Einkommen.

96 Der Gesetzgeber wollte bei der Neufassung des § 15 GKG a.F. umfangreiche Doppelberechnungen (für den Vorschuss bei Beginn der Instanz und für die „Endabrechnung" am Ende der Instanz) vermeiden. Die guten Erfahrungen mit dieser Regelung seit 1994 haben dazu geführt, diese unverändert in § 40 GKG n.F. zu übernehmen.

Die Intention des Gesetzgebers deckt sich auch mit dem Bedürfnis der Parteien nach einer sicheren Kalkulation der auf sie für dieses Verfahren zukommenden Kosten. Die berechtigte Frage des Scheidungswilligen nach diesen Kosten lässt sich nur dann halbwegs zuverlässig beantworten, wenn wenigstens der Zeitpunkt der Bewertung feststeht. Veränderungen in diesen Verhältnissen lassen sich bereits für die eigene Person

---

5   Thalmann, in: Johannsen/Henrich, Eherecht, § 606 ZPO Rn. 32.

kaum vorhersehen. Erst recht ist dies nicht für den Ehepartner voraus-
zusehen. Diejenige Partei, die die Kosten des Verfahrens nicht selbst tragen kann und diese im Wege eines Prozesskostenvorschusses beim Ehegatten geltend machen muss, ist auf eine frühzeitige verlässliche Bestimmung des Streitwertes angewiesen, um nicht durch Zeitablauf
Rechtsverluste zu erleiden.

Daraus folgt, dass mit der Regelung in § 40 GKG eine klare gesetzliche   97
Entscheidung zugunsten der Wertverhältnisse am **Beginn der Instanz**
getroffen worden ist. § 48 Abs. 2 und Abs. 3 GKG enthalten demgegenüber keine Spezialvorschrift. Maßgebend sind danach allein die Verhältnisse bei Einreichung des Scheidungsantrages.[6]

Die Aufnahme einer Berufstätigkeit und damit eine **Einkommensstei-**   98
gerung[7] oder umgekehrt eine **Einkommensminderung**[8] nach Einreichung des Scheidungsantrages verändern den Streitwert nicht.

Maßgeblich ist weiter, welche Einkünfte zum Nettoeinkommen zählen   99
und welche Einkünfte nicht zu berücksichtigen sind. Leider legen die
Gerichte hier keine einheitlichen Maßstäbe an, so dass die Rechtsprechung des jeweiligen Gerichts zu beachten ist. Zum **Nettoeinkommen**
zählen:

- alle Einkünfte aus einer selbständigen und/oder nichtselbständigen
  Tätigkeit,

- Jahressonderzahlungen mit dem auf drei Monate entfallenden Anteil,

- Sachzuwendungen mit dem vermögenswerten Vorteil (z.B. Firmen-
  wagen, Telefon etc.),

---

6   OLG Dresden, JurBüro 2003, 140 = FamRZ 2003, 1676; OLG Koblenz, JurBüro 1999, 475
    und JurBüro 2003, 474 f.; Hartmann, KostG, § 48 GKG Rn. 37 m.w.N.
7   Hartmann, KostG, § 40 GKG Rn. 3.
8   OLG Karlsruhe, JurBüro 2003, 141 f.; OLG München, FamRZ 1997, 34 f.; zur Rechtslage
    vor dem 1.7.1994 ergangen und damit nach hier vertretener Auffassung nicht mehr an-
    wendbar sind daher die gegenteiligen Auffassungen, z.B. OLG Nürnberg, FamRZ 1989,
    1212 = JurBüro 1989, 1603; OLG Celle, AnwBl. 1987, 45 mit abl. Anm. von Madert.

- Spesen sollen i.d.R. wie im Unterhaltsrecht mit 1/3 des Nettobetrages hinzugerechnet werden (was sicherlich nicht gilt, wenn den Spesen reale Aufwendungen in entsprechender Höhe gegenüberstehen),

- Steuerrückzahlungen mit dem anteiligen Betrag für 3 Monate,

- Einkünfte aus Vermietung und Verpachtung (Miete abzüglich Aufwand),

- Kapitaleinkünfte,

- Renteneinkünfte.

100   Nicht zum Nettoeinkommen zählen:

- Sozialhilfe,[9]

- Arbeitslosenhilfe,[10]

- Kindergeld,[11]

- BAföG, soweit es als Darlehen gewährt wird,[12]

- Erziehungsgeld (§ 8 BErzGG).

101   Vom Einkommen sind folgende **Abzüge** zu machen, die jedoch zum Teil nur regional anerkannt werden:

- Steuern,

- Sozialversicherungsabgaben,

- Betriebsausgaben bzw. Werbungskosten,

---

9   OLG Karlsruhe, OLGreport 2002, 223; OLG Nürnberg, MDR 1996, 1040 = FamRZ 1997, 35; OLG Bremen, JurBüro 1992, 113; OLG München, JurBüro 1979, 1539; Thalmann, in: Johannsen/Henrich, Eherecht, § 606 ZPO Rn. 32; Schneider/Herget, Streitwertkommentar für den Zivilprozeß, Rn. 1062; Müller-Rabe, in: Gerhardt/Heintschel-Heinegg/Klein, Handbuch Fachanwalt Familienrecht, 17. Kap. Rn. 45.

10   OLG Brandenburg, FamRZ 2003, 1676 f. = JurBüro 2003, 592 f.; OLG Karlsruhe, FamRZ 1998, 572; OLG Bremen, FamRZ 1992, 709 = JurBüro 1992, 113; Schneider/Herget, Streitwertkommentar für den Zivilprozeß, Rn. 1063; Müller-Rabe, in: Gerhardt/Heintschel-Heinegg/Klein, Handbuch Fachanwalt Familienrecht, 17. Kap. Rn. 45; a.A. OLG Naumburg, FamRZ 2001, 1471.

11   A.A. OLG Karlsruhe, OLGreport 2002, 223; siehe hierzu auch § 82 Abs. 1 Satz 2 SGB XII, der ab dem 1.1.2005 gilt.

12   OLGMünchen, JurBüro 1980, 892 für den umgekehrten Fall.

- Unterhaltsgewährung für Kinder[13] hier werden von den Gerichten sehr unterschiedliche Beträge berücksichtigt;[14] soweit hier frühere Entscheidungen zitiert werden, werden die Beträge noch in DM angegeben, um das Alter der Entscheidungen zu verdeutlichen:

  – pro Kind 300 €;[15]

  – pro Kind und Monat zwischen 300 DM und 500 DM;[16]

  – pro Kind monatlich 600 DM;[17]

  – der tatsächlich gezahlte Kindesunterhalt;[18]

  – der jeweilige Mindestkindesunterhalt, sofern keine sonstigen Anhaltspunkte gegeben sind).[19]

- Kindergartenkosten;[20]

- krankheitsbedingte Mehrkosten;[21]

- Hausbelastungen, die eine den Einkommensverhältnissen angemessene Miete übersteigen;[22]

---

13 OLG Karlsruhe, Beschl. v. 23.7.2002 – 2 WF 189/01, OLGreport Karlsruhe 2003, 118 f., berücksichtigt diese auch dann, wenn das Kind erst nach der Einreichung des Scheidungsantrages geboren wird; hierdurch aber die wirtschaftlichen Verhältnisse bereits im Zeitpunkt der Einreichung des Scheidungsantrages geprägt waren.

14 Nachdem die elterliche Sorge nicht mehr im Zwangverbund steht, stellt sich die Frage, ob diese Rechtsprechung noch aktuell ist. Zwar mindert die Unterhaltsverpflichtung dasjenige Einkommen, was den Eltern zur Verfügung steht. Auf der anderen Seite ist die Bedeutung der Ehescheidung für Ehepaare mit Kindern höher anzusetzen als für Ehepaare ohne Kinder. Eine entsprechende Aufwertung dieses Gesichtspunktes ist aber bislang nicht zu erkennen.

15 Handhabung im Bezirk des OLG Bremen.

16 OLG Karlsruhe, FamRZ 1999, 606; OLG Nürnberg, FamRZ 1986, 706; Müller-Rabe, in: Gerhardt/Heintschel-Heinegg/Klein, Handbuch Fachanwalt Familienrecht, 17. Kap. Rn. 45.

17 OLG Koblenz, JurBüro 1999, 475.

18 OLG Schleswig, JurBüro 1985, 1674 und OLGreport Schleswig 2004, 306, da das OLG Schleswig all diejenigen Beträge abzieht, die nach § 115 ZPO bei der Prüfung der PKH abgezogen würden.

19 OLG Hamm, FamRZ 1997, 36; OLG Brandenburg, JurBüro 2003, 592 f. = FamRZ 2003, 1676 f., in Höhe des sich aus den einschlägigen Tabellen ergebenden Barunterhalts.

20 OLG Schleswig, AGS 2000, 54, 55.

21 OLG Düsseldorf, AnwBl. 1986, 250: die krankheitsbedingten Kosten waren auch in der PKH-Bewilligung berücksichtigt worden.

22 OLG Hamm, FamRZ 1997, 36, wobei das OLG zur Berechnung der monatlichen Belastungen auch die Heizungs- und Nebenkosten des Hausgrundstücks mit einbezogen hat. Es handelte sich um ein Verfahren, in denen beiden Parteien PKH ohne bzw. mit geringen Raten bewilligt worden war; OLG Schleswig, AGS 2000, 54 f.

- Ratenzahlungen auf Kreditverbindlichkeiten.

Diese werden von den Gerichten unterschiedlich behandelt. Die unterschiedliche Handhabung betrifft zunächst die Frage, ob die Schulden überhaupt einkommens- und damit streitwertmindernd zu berücksichtigen sind. Hier haben die Gerichte folgende Kriterien zugrunde gelegt:

- Beeinflussen die Kreditverbindlichkeiten die Lebensverhältnisse nachhaltig, d.h. sind auf lange Sicht hohe Raten zu zahlen?[23]

- In welchem Verhältnis stehen die Raten zum Einkommen der Parteien?

- Steht den Verbindlichkeiten noch irgend ein Vermögenswert gegenüber oder sind die Beträge für den Lebensunterhalt[24] verwendet worden (z.B. Reisen, kaputtes Auto, Möbelkäufe, Urlaubsreisen, Umzugskosten, über den Einkommensverhältnissen liegender Lebensstandard in der Vergangenheit)?

Kommt das Gericht danach zu dem Ergebnis, dass die Schulden berücksichtigt werden sollen, ist im nächsten Schritt zu überlegen, in welcher Höhe dies geschehen soll. Auch hier gibt es unterschiedliche Ansätze im Bemühen, zu sachgerechten Ergebnissen zu gelangen. In Betracht kommen:

- die monatliche Kreditrate wird abgezogen;[25]

- nur in angemessener Höhe.[26]

---

23   OLG Dresden, JurBüro 1997, 479, 480: „wenn durch die Tilgung das Einkommen tatsächlich vermindert wird und im Übrigen daraus eine nachhaltige Beeinträchtigung der Lebensverhältnisse der Eheleute resultiert."
24   OLG München, JurBüro 1980, 894 lehnt eine Berücksichtigung dieser Schulden ab.
25   OLG Karlsruhe, OLGreport 2002, 223; OLG Koblenz, JurBüro 1999, 475; OLG Düsseldorf, 5. Senat, JurBüro 1982, 1375; OLG Düsseldorf, AnwBl. 1986, 250.
26   OLG Saarbrücken, JurBüro 1985, 1673: keine vollständige Berücksichtigung der monatlichen Raten, sondern nur eine Berücksichtigung in angemessener Höhe und auch nur hinsichtlich außergewöhnlicher Schulden; OLG Bamberg, JurBüro 1983, 1539: mit einem Abschlag von 15 %.

Abzusetzen sind aber wohl auch bei Selbständigen deren angemessene   102
Kosten für eine Altersversorgung, auch wenn diese keinem Sozialversi-
cherungsträger zufließen.

Nach § 48 Abs. 2 Satz 1 GKG sind weiter die **Vermögensverhältnisse**   103
der Parteien zu berücksichtigen. Auch hier findet sich regional wieder
eine sehr unterschiedliche Handhabung.

Einigkeit besteht noch weitgehend dahin, dass **kurzlebige Wirt-**   104
schaftsgüter nicht berücksichtigt werden sollen. Damit fallen i.d.R. der
normale Hausrat, der Familien-Pkw, Schmuck in bescheidenem Umfang
(bei dem sich im Übrigen ohnehin die Frage des Verkehrswertes stellt),
kleine Sparguthaben etc. nicht in die Bewertung.

Zum Vermögen zählen aber Grundbesitz, Kapitallebensversicherungen,   105
Wertpapiere, Sparkonten, Betriebsvermögen etc. Zu denken ist mithin
in etwa an all diejenigen Positionen, die auch in das Endvermögen beim
Zugewinnausgleich einfließen.

Von diesen Vermögenswerten sind zunächst die **Verbindlichkeiten** der   106
Parteien abzuziehen. Von dem verbleibenden Betrag ziehen einige Gerichte noch ein **Schonvermögen** ab. Teilweise orientieren sich die Gerichte an den Freibeträgen des früheren Vermögenssteuerrechts. Teilweise werden frei gewählte Freibeträge berücksichtigt. Teilweise werden überhaupt keine Freibeträge, dafür aber auf den verbleibenden Rest-
betrag geringere Prozentsätze des Vermögens berücksichtigt.

Nachfolgend eine Auswahl von Entscheidungen zu Freibeträgen, wobei   107
auch hierbei wiederum DM-Beträge hinsichtlich der älteren Entscheidungen angegeben werden:

• OLG Bamberg:[27] 70.000 DM für jeden Ehegatten und 35.000 DM
  für jedes Kind;

---

27   JurBüro 1981, 1543.

- OLG Braunschweig:[28] 70.000 DM für jeden Ehegatten und 35.000 DM für jedes Kind;
- OLG Bremen: kein Schonbetrag; 5% des Vermögens erhöhen den Streitwert;
- OLG Düsseldorf:[29] 10 % sind zu berücksichtigen;
- OLG Frankfurt/M.:[30] 30.000 DM; 5 % des Vermögens erhöhen den Streitwert;
- OLG Hamm:[31] 70.000 DM für jeden Ehegatten und 35.000 DM für jedes Kind;
- OLG Karlsruhe:[32] 30.000 DM für jeden Ehegatten und 15.000 DM für jedes Kind;
- OLG Köln (26. ZS-FamS; unter Hinweis in der Entscheidung auf die gleiche Praxis des 4. ZS):[33] vermögenssteuerliche Freibeträge, vom verbleibenden Rest 5 %;
- OLG München:[34] 120.000 DM für jeden Ehegatten und 60.000 DM für jedes Kind;
- OLG Nürnberg:[35] 70.000 DM für jeden Ehegatten und 35.000 DM für jedes Kind;
- OLG Nürnberg:[36] 20.000 DM bis 30.000 DM für jeden Ehegatten und jedes Kind.

108   Uneinheitlich ist auch die Rechtsprechung zur Frage, wie ein Einfamilienhaus im Vermögen zu bewerten ist. Auch hierzu eine Aufstellung:

---

28   JurBüro 1980, 239.
29   FamRZ 1994, 249.
30   FamRZ 1994, 250.
31   JurBüro 1984, 1543.
32   JurBüro 1999, 420 f.
33   FamRZ 1997, 37; gegen die pauschale Berücksichtigung der Freibeträge des VStG; Meyer, in: Mayer/Kroiß/Teubel, Das neue Gebührenrecht, § 48 GKG Rn. 18.
34   Müller-Rabe, in: Gerhardt/Heintschel-Heinegg/Klein, Handbuch Fachanwalt Familienrecht, 17. Kap. Rn. 46, der insoweit auf eine nicht veröffentlichte Übereinkunft der Familiensenate des OLG München verweist; OLG Koblenz, FamRZ 2003, 474 f.
35   FamRZ 1986, 194 = JurBüro 1986, 414.
36   JurBüro 1986, 398.

- OLG Karlsruhe:[37] 5 % des Verkehrswertes des Nettovermögens und damit auch der Immobilie nach Abzug der Grundstücksbelastungen und der Freibeträge;

- OLG Köln (26. ZS-FamS unter Hinweis auf 4. ZS):[38] Verkehrswert OLG Köln (14. ZS):[39] dreifacher Monatsbetrag der Kaltmiete (Nutzungswert abzüglich Kapitaldienst);

- OLG München:[40] selbstgenutztes Eigenheim: 5 %; ertragbringendes Grundvermögen: 10 %;

- OLG Schleswig:[41] 5 % des Verkehrswertes abzüglich Grundstücksbelastungen;

- OLG Dresden:[42] vom Vermögen werden Freibeträge von 70.000 DM (35.790,43 €) je Ehegatte abgesetzt und vom verbleibenden Vermögen je nach den Umständen des Einzelfalles 5 – 10 % angesetzt; wenn sich der Verkehrswert nicht ermitteln lasse, dreifacher Wert der ersparten Miete als einkommenserhöhender Bestandteil.

Nach den in § 48 Abs. 2 Satz 1 GKG genannten Kriterien ist auch die **Bedeutung der Sache** für die Auftraggeber zu berücksichtigen. Dieses Kriterium ist in den veröffentlichten Entscheidungen selten angesprochen worden. 109

Beispielsfälle in der Rechtsprechung, die zu einer besonderen Bedeutung der Sache und damit zur Streitwerterhöhung geführt haben, sind:

- lange Ehedauer (30 Jahre),[43]

---

37 JurBüro 1999, 420, 421.
38 FamRZ 1997, 37.
39 FamRZ 1987, 183: Als Begründung wird angeführt, zum einen sollten schwierige Verkehrswertermittlungen vermieden werden, zum anderen gebe in Durchschnittsfällen nicht der Verkehrswert, sondern der gedeckte Wohnbedarf die Verhältnisse der Parteien wieder.
40 AnwBl. 1985, 203.
41 FamRZ 1997, 36 f.
42 OLGreport 2003, 35.
43 OLG Hamm, JurBüro 1973, 452.

• die herausragende Stellung einer Partei in der Öffentlichkeit.[44]

110 E. Schneider[45] geht darüber hinaus von einer besonderen Bedeutung der Sache aus, wenn die Parteien etwas gemeinsam geschaffen haben, z.B. ein Geschäft, einen Betrieb oder eine besondere Ausbildung für mehrere Kinder. Die beiden erstgenannten Beispielsfälle vermögen dabei nicht recht zu überzeugen, da in diesen i.d.R. ein Vermögenswert geschaffen worden sein dürfte, der sich bereits über die Berücksichtigung des Vermögens streitwerterhöhend auswirkt.

111 In der Praxis wird daher dem Kriterium wenig Bedeutung beigemessen werden. Darüber hinaus stellt sich in allen Fällen zusätzlich die Frage, ob nicht nur die besondere Bedeutung der Sache gegeben ist, sondern ob diese auch dem Gericht zum Zwecke der Streitwertfestsetzung offenbart werden soll. Um hier eine für Anwalt und Mandant zufriedenstellende Lösung zu erreichen, kann an den Abschluss einer Vergütungsvereinbarung gedacht werden, mit der ein bestimmter Gegenstandswert vereinbart wird.[46]

112 Ein in der Praxis demgegenüber ganz entscheidendes Kriterium ist der **Umfang der Sache.** Hierzu stellen sich zahlreiche Einzelfragen:

• Kommt es „nur" auf den Umfang der Ehesache selbst oder auch auf den Umfang der Folgesachen an?

• Bestimmt sich der Umfang der Sache nur nach dem Umfang des gerichtlichen Verfahrens oder auch nach dem Umfang der vor- und außergerichtlichen Tätigkeit des Anwalts?

113 Grds. bestimmt sich der Streitwert der Ehesache auch nur nach dem Umfang der Ehesache selbst und nicht nach Art, Umfang und Anzahl

---

44 KG, NJW 1969, 1305; Schneider/Herget, Streitwertkommentar für den Zivilprozeß, Rn. 1141 unter Hinweis auf eine Entscheidung des OLG Braunschweig, NdsRpfl. 1953, 203; ablehnend hierzu Anders/Gehle/Kunze, Streitwertlexikon, Ehesache, Rn. 12: Es gebe keinen Prominentenstreitwert.

45 In: Schneider/Herget, Streitwertkommentar für den Zivilprozeß, Rn. 1140.

46 Etwa dergestalt, dass der bestimmte Gegenstandswert vereinbart wird, mindestens aber der vom Gericht festgesetzte Gegenstandswert.

der Folgesachen.[47] Dass Folgesachen anhängig gemacht werden, wird über den eigenen Streitwert der Folgesachen berücksichtigt. Aus dem Ausmaß an Folgesachen können sich aber Rückschlüsse auf die Bedeutung der Sache für die Parteien und deren Bindung zueinander ergeben.[48]

Nach einer leider noch als herrschend zu bezeichnenden Auffassung, soll sich der Umfang der Sache allein nach dem Umfang des gerichtlichen Verfahrens zur Ehesache bestimmen.[49] Soweit Hartmann[50] ausführt, der Umfang der anwaltlichen Tätigkeit müsse unberücksichtigt bleiben, weil es im GKG um die Gerichtskosten gehe, wird übersehen, dass der Rechtsanwalt wegen § 32 GKG hinsichtlich der von ihm zugrunde zu legenden Werte von der gerichtlichen Wertfestsetzung abhängig ist, sofern er nicht auf eine Vergütungsvereinbarung ausweichen will.

114

Durch eine Rechtsprechung, die den Blick nur auf die Gerichtsakte richtet, wird im Endeffekt derjenige Anwalt bestraft, der durch seinen außergerichtlichen Einsatz eine Regelung erzielt und den Umfang der Gerichtsakte hierdurch dünn hält.

Erfreulich sind daher Stimmen in der Rechtsprechung,[51] die diesem Gesichtspunkt Rechnung tragen und den Wert der außergerichtlichen anwaltlichen Tätigkeit berücksichtigen wollen. Lesenswert ist insoweit die bereits vor längerer Zeit ergangene Entscheidung des AG Langenfeld,[52] die die Problematik auf den Punkt bringt. Dieses führt aus, dass bei dem Kriterium „Umfang" der Sache auch die außerprozessuale Arbeit des Anwalts zu berücksichtigen sei. Da sich auch seine Gebühren nach dem Umfang der Sache richten würden, müsse seine Arbeit mit einbezogen

115

---

47   OLG Brandenburg, FamRZ 1997, 34; a.A. OLG Zweibrücken, JurBüro 1979, 1865.
48   Maurer/Borth, in: Schwab,Handbuch Scheidungsrecht, I Rn. 766.
49   So auch Anders/Gehle/Kunze, Streitwertlexikon, Ehesache, Rn. 13.
50   Hartmann, KostG, § 48 GKG Rn. 23 f.
51   Nachweise auch bei Schneider/Herget, Streitwertkommentar für den Zivilprozeß, Rn. 1155 f., 1179.
52   AnwBl. 1989, 398 f.

werden. Darüber hinaus sei nichts leichter, als den „Umfang der Sache für das Gericht" ohne allzu großen Arbeitsaufwand ungeahnt anschwellen zu lassen. Wörtlich heißt es:

„Den Blick allein auf die Gerichtsakte zu beschränken und den Hintergrund der anwaltlichen Vorbereitungstätigkeit völlig außer acht zu lassen, hieße gerade die Anwälte zu bestrafen, die durch Mäßigkeit im Ton, durch vorgerichtliche Klärung strittiger Fragen, durch Beschränkung auf das Wesentliche und durch Kooperation in Verfahrensfragen dem Gericht die Arbeit einfach machen, während die Anwälte, die mit einem „unfertigen Fall" zu Gericht kommen, durch unnötige Schärfen einen ständigen Austausch von Schriftsätzen provozieren, mittels Schreibautomat und Textbausteinen „leeres Stroh dreschen" und auf peinlicher Befolgung der ZPO bestehen, ohne großen zusätzlichen Arbeitsaufwand gebührenrechtlich belohnt würden."

116   Auch das OLG Düsseldorf[53] berücksichtigt den Arbeitsaufwand des Anwalts. In dem zugrunde liegenden Fall hatte dieser z.B. auf Probleme bei der Ausübung des Besuchsrechts und mehrfache Gespräche mit der Mandantin wegen des Ehegattenunterhalts hingewiesen. Beide Gegenstände waren jedoch nicht anhängig geworden.

Das OLG Düsseldorf hat in den Entscheidungsgründen auf die unmittelbare Auswirkung der gerichtlichen Streitwertfestsetzung für die Anwaltsgebühren hingewiesen.

117   Streitpunkte in der Praxis sind vor allem die Fragen, ob

(1) bei **einverständlicher Ehescheidung** ein Abschlag vorzunehmen ist.

Folgende Auffassungen werden vertreten:

• die „einverständliche" Scheidung, d.h. die Scheidung, bei der sich die Ehepartner nicht um die Frage der Scheidung als sol-

---

53   JurBüro 1999, 421.

cher streiten, ist der Regelfall. Für den Regelfall können aber keine Abschläge vom Streitwert vorgenommen werden.[54]

• Nur wenn es sich um eine „besonders einfache" Scheidung handelt, nämlich in den Fällen des § 630 ZPO bzw. bei mehr als dreijähriger Trennungszeit und übereinstimmendem Scheidungswunsch der Parteien sei ein Abschlag vorzunehmen. Dieser Abschlag beträgt sodann 20 – 25 % des zunächst ohne Abschlag ermittelten Wertes nach den Kriterien des § 12 Abs. 2 GKG.[55]

• In allen Fällen, in denen die Scheidung zwischen den Parteien nicht streitig sei, sei ein Abschlag von 20 – 33 % vorzunehmen.[56]

(2) bei **beiderseitiger PKH-Bewilligung** der Streitwert ohne Berücksichtigung der konkreten Nettoeinkünfte der Parteien immer auf 2.000 € festgesetzt werden kann.

Diese Rechtsprechung wird jedoch zutreffend abgelehnt.[57] Sie stellt eine durch nichts zu rechtfertigende Verknüpfung zwischen der Höhe des Streitwertes auf der einen Seite und der Person desjenigen, der jedenfalls die Verfahrenskosten zunächst trägt, auf der anderen Seite her. Sie blendet zudem die übrigen Kriterien des § 48 Abs. 2

---

54 OLG Brandenburg, FamRZ 1997, 34; OLG Dresden, JurBüro 1998, 317 und Beschl. v. 2.9.2002 – 22 WF 115/02, OLGreport Dresden 2003, 211 und Beschl. v. 27.9.2002 – 22 WF 306/02, FamRZ 2003, 465; OLG Düsseldorf, JurBüro 1983, 407; OLG Karlsruhe, Beschl. v. 23.7.2002 – 2 WF 189/01, OLGreport 2003, 118 f.; OLG Köln, FamRZ 1998, 310 f.; OLG Frankfurt/M., FamRZ 1997, 35 = JurBüro 1996, 194;OLG München, JurBüro 1992, 350; OLG Naumburg, OLGreport 1999, 111; OLG Schleswig, JurBüro 1985, 1675; OLG Stuttgart, FamRZ 2000, 170; Schneider/Herget, Streitwertkommentar für den Zivilprozeß, Rn. 1163; Hartmann, a.a.O., § 48 GKG Rn. 22.
55 OLG Düsseldorf, JurBüro 1999, 421, aber auch in AnwBl. 1986, 250, JurBüro 1987, 1667 und 1693.
56 KG, OLGreport 2000, 24 (Abschlag von 1/3, wenn Antragsgegner zustimmt und die Ehe im ersten Termin geschieden werde).
57 OLG Zweibrücken, OLGreport Zweibrücken 2004, 195 = JurBüro 2004, 138; OLG Thüringen, FamRZ 1999, 1678; OLG Schleswig, OLGreport 2003, 272 gegen OLG Schleswig, OLGreport 2004, 306; OLG Celle, OLGreport 2002, 153 und auch FamRZ 1999, 604; OLG Karlsruhe, OLGreport 2002, 223; OLG Hamm, FamRZ 1997, 690; OLG Dresden, JurBüro 1997, 479; a.A. OLG Stuttgart, FamRZ 2000, 1518; Schneider/Herget, a.a.O., Rn. 1169; wohl anders nach dem Wortlaut der Entscheidungsgründe OLG Köln, FamRZ 1998, 310 f.

GKG aus. Soweit es sich im Übrigen um Entscheidungen aus der Zeit vor der Reform des PKH-Bewilligungsrechts zum 1.1.1995 handelt, ist zudem zu fragen, ob diese Wertung noch aufrechterhalten wird, wenn die konkreten Einkommensverhältnisse der Parteien durchgerechnet werden.

Eine abweichende Berechnung nimmt das OLG Hamm[58] vor. Es berücksichtigt das Einkommen derjenigen Partei, der aufgrund der wirtschaftlichen Verhältnisse zu Beginn der Instanz PKH ohne Ratenzahlung bewilligt worden ist, nicht bei der Berechnung des dreifachen Monatsnettoeinkommens und lässt dieses völlig außen vor.

(3) bei der **Rücknahme des Scheidungsantrages kurz nach dessen Einreichung ein Abschlag vorzunehmen ist.**

Hier wird vertreten, dass Abschläge vorzunehmen seien.[59] Diese können aber nicht pauschal vorgenommen werden. Maßgebend sind vielmehr die Umstände des Einzelfalles. Hierbei ist zu berücksichtigen, dass die Arbeit für den Anwalt mit der Einreichung des Ehescheidungsantrages zunächst einmal in wesentlichen Bereichen erbracht ist. Gerade bei den vielzitierten „Durchschnittsfällen" werden in der Ehesache selbst danach keine umfangreichen Schriftsätze mehr notwendig.

Hinweis:

Bei der Bewertung einer Ehesache mit dem Mindestwert von 2.000 € sollte beachtet werden, dass bereits bei In-Kraft-Treten der großen Familienrechtsreform im Jahre 1977 der Mindestwert von 4.000 DM galt. Der Mindestwert ist daher seit nunmehr 27 Jahren – anders als

---

58 Beschl. v. 6.2.2004 – 11 WF 17/04, OLGreport Hamm 2004, 191 f.
59 OLG Schleswig, JurBüro 1985, 1675: 25 %; OLG Hamburg, JurBüro 1994, 492: 50 % des Durchschnittswertes, in einem Fall, in dem beide Ehegatten zeitgleich bei unterschiedlichen Gerichten einen Scheidungsantrag gestellt hatten und der später rechtshängig gewordene Scheidungsantrag zurückgenommen werden musste.

die Mindestwerte in anderen Gerichtsbarkeiten[60] – nicht erhöht worden.

Der Blick auf die Zahl des Mindestwertes verstellt den Blick dafür, in welchem Verhältnis dieser zu den sonstigen Streitwerten steht. Während der Wert von 4.000 DM im Jahre 1977 noch die 13. Streitwertstufe darstellte, erreicht der Wert von 2.000 € im Jahre 2004 nur noch die 6. Streitwertstufe.

b) Verfahren auf Beendigung einer Ehe nach dem Recht anderer Staaten

Im Grundsatz gelten auch für die Verfahren auf Beendigung einer Ehe, die nach dem Recht eines anderen Staates durchzuführen sind aber vor deutschen Gerichten anhängig gemacht werden, die Vorschriften des § 48 Abs. 2 und Abs. 3 GKG unmittelbar. Sie sind in gleicher Weise Ehesachen.   118

Hier stellt sich jedoch die Frage, ob die Anwendung eines **ausländischen Rechts** als solchem zu einer irgendwie gearteten Veränderung des Streitwertes führt.

Gegen eine Verringerung des Streitwertes bei einer Trennung von Tisch und Bett nach italienischem Recht hat sich das OLG Karlsruhe[61] ausgesprochen.   119

Für eine Erhöhung des Streitwertes haben sich in den nachstehenden Fällen ausgesprochen: 120

* Anwendung italienischen Rechts: 20 %iger Zuschlag;[62]

* Anwendung griechischen Rechts: angemessene Erhöhung.[63]

---

60   Im Verwaltungsrecht gilt z.B. inzwischen ein Auffangwert von 5.000 € nach § 52 Abs. 2 GKG.
61   FamRZ 1999, 605.
62   OLG Zweibrücken, JurBüro 1984, 899.
63   OLG Hamm, FamRZ 1996, 501 (nur LS; Beschl. v. 11.10.1994 – 1 WF 344/94).

121 Schließlich wird vertreten, dass die Anwendung ausländischen Rechts als solchem zunächst überhaupt keine Auswirkungen auf den Streitwert habe. Solche ergäben sich erst dann, wenn diese zu einem erhöhten Aufwand führen würden.[64]

c) Unterhaltsansprüche

aa) Grundsätzliches für alle gesetzlichen Unterhaltsansprüche

122 Der Streitwert richtet sich nach § 42 Abs. 1 und Abs. 5 GKG.

bb) Laufender Unterhalt

123 Für den laufenden Unterhalt ist nach § 42 Abs. 1 GKG der für die **ersten zwölf Monate** nach Einreichung der Klage oder eines Antrages auf Bewilligung von PKH geforderte Betrag maßgebend. Diese Regelung entspricht dem § 17 Abs. 1 GKG a.F. und zwar derjenigen Fassung, die bereits seit dem 1.7.1998 gegolten hat. Zuvor war der Jahresbetrag maßgebend und zwar der auf ein Jahr umgerechnete höchste geltend gemachte Monatsbetrag.

124 Bei **außergerichtlicher Tätigkeit** sind somit die ersten zwölf Monate nach Auftragserteilung maßgebend, wenn nicht der Gesamtbetrag des geforderten Unterhalts geringer ist.

cc) Unterhaltsrückstand

125 Dem Streitwert für den laufenden Unterhalt sind nach § 42 Abs. 5 GKG die **bis zur Einreichung der Klage** fälligen Rückstände hinzuzurechnen. Der Einreichung der Klage steht der Antrag auf Bewilligung von PKH gleich, wenn die Klage alsbald nach Mitteilung der Entscheidung über den Antrag oder über eine alsbald eingelegte Beschwerde eingereicht wird.

126 Bei der **außergerichtlichen Tätigkeit** des Rechtsanwaltes kommt es darauf an, welche Unterhaltsrückstände im Zeitpunkt der Auftragserteilung vorliegen. Hierdurch kann es vorkommen, dass der Gegenstandswert für

---

64 OLG Stuttgart, FamRZ 1999, 604.

die außergerichtliche Tätigkeit vom Gegenstandswert für die Tätigkeit im Prozess abweicht, da bei Letzterem die während der außergerichtlichen Tätigkeit weiter aufgelaufenen Rückstände hinzukommen.

Nach dem Wortlaut des § 42 Abs. 5 GKG (der dem § 17 Abs. 4 GKG **127** i.d.F. seit dem 1.7.1994 entspricht) kommt es für die Frage des Rückstandes mithin nur darauf an, ob der **Unterhalt im Zeitpunkt der Einreichung des Antrages rückständig** war. Maßgebend ist die Anhängigkeit und nicht die Rechtshängigkeit. Damit zählt auch der Monat, in dem die Klage eingereicht wird, in vollem Umfang zum Rückstand.[65]

Beispiel:

Der Unterhalt ist monatlich im Voraus zu zahlen. Er ist damit – mangels abweichender Vereinbarungen – zum ersten Kalendertag eines Monats im Voraus zu zahlen – nach Auffassung einzelner Gerichte aber auch erst zum dritten Kalendertag oder zum dritten Werktag eines Monats. Wird die Klage am zweiten Kalendertag des Monats eingereicht, ist der Unterhalt für diesen Monat bereits rückständig. Er wird daher in voller Höhe dem Streitwert zugerechnet.

dd) Klageerweiterung im Prozess

Erweitert der Kläger während des laufenden Verfahrens den bereits zu- **128** vor bezifferten Anspruch auch hinsichtlich des geltend gemachten Rückstandes, ist umstritten, ob sich der Streitwert insoweit auch wegen der Differenz zwischen dem bislang bezifferten Rückstand und dem nunmehr geltend gemachten Rückstand erhöht.[66]

Es geht mithin um die Frage, ob die während des laufenden Verfahrens aufgelaufenen Rückstände durch eine Klageerweiterung während des Verfahrens zum streitwerterhöhenden Rückstand werden können. Die praktischen Auswirkungen sind erheblich. Sie seien an einem Beispiel verdeutlicht:

---

65 OLG Brandenburg, JurBüro 2001, 418; OLG Hamm, FamRZ 1998, 312; Hartmann, KostG, § 48 Rn. 77; Madert/Müller-Rabe, Kostenhandbuch, B Rn. 49.
66 Müller-Rabe, in: Gerhardt/Heintschel-Heinegg/Klein, Handbuch Fachanwalt Familienrecht, 17. Kap. Rn. 53 m.w.N.

Beispiel:

Am 4.2.2002 wird eine Klage eingereicht, mit der ein monatlicher Unterhalt von 500 € beginnend mit November 2001 geltend gemacht wird. Bei Einreichung der Klage ist der Unterhalt für die Monate November 2001 bis einschließlich Februar 2002, mithin für 4 Monate rückständig.

Der Streitwert des Verfahrens berechnet sich im Zeitpunkt der Klageinreichung wie folgt:

Rückstand (§ 42 Abs. 5 GKG) (4 x 500 €)	*2.000,00 €*
Laufend (§ 42 Abs. 1 GKG) (12 x 500 €)	*6.000,00 €*
Gesamt	*8.000,00 €*

Am 4.11.2004 erweitert die Klägerin die Klage auf Zahlung eines monatlichen Betrages von insgesamt 600 € beginnend mit November 2001.

Würde hierdurch der gesamte bis dahin aufgelaufene Rückstand den Streitwert nach § 48 Abs. 5 GKG erhöhen, ergäbe sich folgender Streitwert:

Rückstand (§ 42 Abs. 5 GKG) (37 x 600 €)	*22.200,00 €*
Laufend (§ 42 Abs. 1 GKG) (12 x 600 €)	*7.200,00 €*
Gesamt	*29.400,00 €*

Wird am Zeitpunkt für die Beurteilung des Rückstandes und des laufenden Unterhaltes festgehalten, ergibt sich folgender Streitwert:

Rückstand (§ 42 Abs. 5 GKG) (4 x 600 €)	*2.400,00 €*
Laufend (§ 42 Abs. 1 GKG) (12 x 600 €)	*7.200,00 €*
Gesamt	*9.600,00 €*

129   Gegen die Erhöhung des Streitwertes spricht, dass § 42 Abs. 1 und § 42 Abs. 5 GKG eine Streitwertbegünstigung darstellen. Die Betroffenen sollen während eines länger dauernden Verfahrens nicht mit dem sich daraus ergebenden hohen Streitwertrisiko belastet werden. Dies würde aber konterkariert, wenn durch eine nachträgliche Klageerhöhung sämtliche bis dahin aufgelaufenen Rückstände den Streitwert erhöhen würden.[67]

---

67   Hartmann, KostG, § 42 GKG Rn. 79; OLG Brandenburg, FamRZ 2003, 1682 f., zur Frage, ob Beiträge einbezogen werden können, die außerhalb des Zeitraums nach § 42 Abs. 1 GKG in der Zukunft liegen.

Auf der anderen Seite kann die Klageerweiterung auch nicht völlig unbeachtlich bleiben.

ee) Titulierung unstreitiger Unterhaltsbeträge

Im gerichtlichen Verfahren ist für die Ermittlung des Streitwertes der **Antrag des Klägers** maßgebend. Dies ist vor allem in Fällen von Bedeutung, in denen der Verpflichtete Unterhalt in voller Höhe oder teilweise erbringt und der Berechtigte im Grundsatz „nur" einen Titel erhalten möchte. Bringt der Kläger hier nicht zum Ausdruck, dass Gegenstand des Verfahrens ausschließlich sein **Titulierungsinteresse** ist, wird der Streitwert nach dem Gesamtbetrag des geltend gemachten Unterhalts berechnet. Abschläge dafür, dass der Unterhaltsanspruch zwischen den Parteien an und für sich unstreitig ist, werden nicht vorgenommen, wenn der Kläger dies nicht im Klagantrag zum Ausdruck bringt.[68]

130

Bringt der Kläger jedoch zum Ausdruck, dass es ihm nur um die Titulierung geht, der Unterhaltsanspruch aber im Übrigen nach Grund und Höhe unstreitig ist, können Abschläge vorgenommen werden, die jedoch von den Gerichten mit unterschiedlichen Sätzen berücksichtigt werden. Maßgebend ist das nach § 3 ZPO zu ermittelnde Interesse des Klägers an der Titulierung des unstreitigen Betrages. Da dieser unstreitige Betrag in der Vergangenheit gezahlt worden ist, betrifft das Titulierungsinteresse jeweils die Zukunft, d.h. den laufenden Unterhalt. Folgende Bruchteile des zunächst nach § 42 GKG auf diesen Teilanspruch entfallenden Betrages sind in der Rechtsprechung angenommen worden:

131

- 5 %[69]

---

68 OLG Celle, FamRZ 2003, 465 f. und FamRZ 2003, 1683 f.; OLG Braunschweig, FamRZ 1997, 38 f.; Schneider/Herget, Streitwertkommentar für den Zivilprozeß, Rn. 4455 ff. zum Rechtsstreit und Rn. 4587 ff. zum Vergleich.

69 OLG Nürnberg, JurBüro 1994, 737 m. Anm. Mümmler: In dem zugrunde liegenden Fall musste ein überschießender Vergleichswert festgesetzt werden, der zwischen den Parteien unstreitig und im Übrigen bereits durch einstweilige Anordnung nach § 620 Abs. 1 Nr. 4 ZPO festgesetzt war. Der streitige, eingeklagte Spitzenbetrag wurde ohne Abschläge nach § 17 GKG bewertet.

- 10 %[70]
- 15 %[71]
- 20 %[72]
- 25 %[73]
- 50 %.[74]

ff) Klage und Widerklage

132 Nicht selten vertreten die Parteien ihre unterschiedlichen Auffassungen über die Höhe des zu zahlenden Unterhalts im Wege von Klage und Widerklage. Es ist umstritten, ob die Werte von Klage und Widerklage zusammenzurechnen sind. Gesetzliche Vorgabe hierfür ist § 45 Abs. 1 Satz 1 GKG. Es kommt mithin darauf an, ob Klage und Widerklage denselben oder einen unterschiedlichen Gegenstand haben. Die Auswirkungen sollen an einem Beispiel erläutert werden:

Beispiel:

Der inzwischen volljährige Student hat noch ein Urteil in der Hand, wonach sein Vater verpflichtet ist, ihm einen monatlichen Unterhalt von 300 € zu zahlen. Er ist der Auffassung, sein Vater müsse ihm über den bestehenden Titel hinaus einen weiteren monatlichen Betrag von 120 € zahlen.

Der Vater ist aber der Auffassung, die Einkünfte seines Sohnes aus Ferienjobs seien in voller Höhe anzurechnen. Außerdem könne sein Sohn durch eine Intensivierung der Arbeit auch noch weiteres Geld verdienen. Schließlich studiere er auch nicht fleißig und zielstrebig. Kurz: der Vater will überhaupt keinen Unterhalt mehr zahlen.

---

70 OLG Bamberg, JurBüro 1992, 628 = FamRZ 1993, 457 und JurBüro 1985, 740; OLG Nürnberg, JurBüro 1994, 737 führt in den Entscheidungsgründen aus, dass dies der Prozentsatz sei, den es bei der Bemessung des Vergleichswertes in den Fällen zugrunde lege, in denen die Parteien den bislang unstreitigen Sockelbetrag des Unterhalts auch im Vergleichswege titulieren; OLG Frankfurt/M., FamRZ 1988, 739; OLG Hamm, AnwBl. 1985, 385 f. m. abl. Anm. von Chemnitz; OLG Zweibrücken, JurBüro 1978, 896.

71 OLG Düsseldorf, FamRZ 1987, 1281.

72 OLG Frankfurt/M., JurBüro 1985, 424.

73 OLG Bamberg, JurBüro 1993; OLG Koblenz, AnwBl. 1984, 204 f., 110; Hartmann, KostG, § 42 GKG Rn. 8.

74 OLG Zweibrücken, JurBüro 1978, 896; im Fall des OLG hatte der Beklagte bereits außerprozessual mitgeteilt, dass die Zahlung die Grenze seiner Leistungsfähigkeit erreiche, so dass das OLG die Notwendigkeit einer Titulierung hoch einschätzte.

Nunmehr erhebt der Sohn Abänderungsklage mit dem Antrag, seinen Vater zu verurteilen, ihm über den bereits titulierten Unterhalt hinaus einen weiteren monatlichen Unterhalt von 120 € zu zahlen.

Der Vater erhebt in diesem Verfahren Widerklage mit dem Antrag, das bestehende Urteil dahingehend abzuändern, dass er seinem Sohn keinen Unterhalt mehr zu zahlen habe.

Nach § 42 Abs. 1 GKG ergeben sich für die Ansprüche folgende Einzelwerte:

Antrag des Sohnes: 12 x 120 €	**1.440,00 DM**
Antrag des Vaters: 12 x 300 €	**3.600,00 DM**
zusammengerechnet	**5.040,00 DM**

Die Parteien liegen wirtschaftlich mithin um 5.040 € auseinander. Darüber hinaus besagt der Misserfolg der Klage nicht gleichzeitig den Erfolg der Widerklage. Hier sind vielmehr weitere Fragestellungen zu prüfen. Klage und Widerklage haben mithin nicht denselben Gegenstand. Die Werte sind zu addieren.[75]

gg) Vergleiche über Unterhaltsforderungen

Im Rahmen dieses Werks sollen keine Ausführungen dazu gemacht werden, in welchem Rahmen die Parteien wirksame Vereinbarungen über Unterhaltsforderungen schließen können. Diese Voraussetzungen finden sich im materiellen Recht und sind daher den Werken zum Unterhaltsrecht zu entnehmen. Vorliegend geht es „nur" um die Abrechnung einer solchen Vereinbarung.   133

Haben die Parteien eine **wirksame Vereinbarung** getroffen, sind für die Ermittlung des Streitwertes die folgenden Fragen zu prüfen:,   134

- wer hat (Ehegatten: einer oder beide?; sonstige Unterhaltsberechtigte?)

- für welchen Zeitraum (Vergangenheit und Zukunft? Trennungs- und nachehelichen Unterhalt?)

- auf welchen Unterhaltsanspruch verzichtet (konkret bezifferten oder fiktiv vorgestellten?).

---

75 OLG Karlsruhe, AnwBl. 1984, 203; OLG Hamm, FamRZ 1981, 809; Groß, Anwaltsgebühren in Ehe- und Familiensachen, Rn. 158; Müller-Rabe, in: Gerhardt u.a., Handbuch Fachanwalt Familienrecht, 17. Kap. Rn. 62; Madert/Müller-Rabe, Kostenhandbuch, B Rn. 51.

Sind die Unterhaltsansprüche konkret beziffert worden oder bezifferbar, einigen sich die Parteien über diese Unterhaltsansprüche. Diese Beträge sind mithin zugrunde zu legen.

135   Sind Unterhaltsansprüche nicht beziffert und auch nicht ansonsten konkret fassbar, ist das Regelungsinteresse an der Vereinbarung zu bewerten. Hier gelten die nachfolgenden Ausführungen zum gegenseitigen Unterhaltsverzicht entsprechend.

136   Beim **gegenseitigen Unterhaltsverzicht** verzichtet jeder der beiden Ehegatten auf seinen eigenen Unterhaltsanspruch. Kann der Wert dieses Unterhaltsanspruches konkret beziffert werden, ist für diesen Ehegatten der Wert des in Betracht kommenden oder geltend gemachten Unterhalts zugrunde zu legen.

137   In einer Vielzahl von Fällen wird der Unterhaltsverzicht vereinbart, um für die Parteien eine Klarstellung zu erreichen. Unterhaltsansprüche sind nicht konkret beziffert worden.

Seit den 70er-Jahren wurde bei durchschnittlichen Verhältnissen[76] davon ausgegangen, dass jeder der Ehegatten fiktiv auf einen monatlichen Unterhalt von 50 € verzichtete. Für jeden der Ehegatten ergab sich damit für den von ihm erklärten Unterhaltsverzicht ein Wert von 600 €, zusammengerechnet mithin 1.200 €.[77]

138   Im Hinblick auf die gestiegenen Lebenshaltungskosten ist eine Tendenz festzustellen, von einem **fiktiven Verzicht** jedes Ehegatten von 75 € monatlich, mithin von 900 € jährlich, und für beide Ehegatten gemeinsam von 1.800 € jährlich auszugehen.[78] Das OLG Karlsruhe[79] hat für den gegenseitigen Unterhaltsverzicht einen Wert von 4.800 DM (2.400 €) angenommen.

---

76   OLG Düsseldorf, AnwBl. 1985, 389 f.
77   OLG Düsseldorf, JurBüro 1992, 52.
78   OLG Köln, 14. ZS, FamRZ 1998, 310 f.; OLG Düsseldorf, JurBüro 1979, 250 und JurBüro 1977, 796; OLG Bamberg, JurBüro 1977, 796; OLG Schleswig, JurBüro 1977, 79.
79   AGS 2000, 112 m. Anm. Madert.

Hierbei ist es keineswegs zwingend, den Verzicht nur mit einem zwölffachen Monatsbetrag anzusetzen. Dieser kann vielmehr auch höhere Werte erreichen, z.B. einen 18-fachen Monatsbetrag.[80]

In Betracht kommt auch, für den Verzicht keinen festen pauschalierten Wert zugrunde zu legen, sondern den Wert des Verzichts danach zu bemessen, welcher zukünftige Unterhaltsanspruch in Betracht käme und welches Interesse die Parteien an einer Sicherung vor einer derartigen Inanspruchnahme haben.[81] **139**

Betrifft der Vergleich zugleich **Trennungs- und nachehelichen Unterhalt**, handelt es sich nach der Rechtsprechung um zwei unterschiedliche Gegenstände. Nach der Rechtsprechung des OLG Hamm[82] sind dann folgerichtig auch Trennungs- und Geschiedenenunterhalt jeweils für sich zu bewerten. **140**

Die Vereinbarung im Scheidungstermin: „Die Parteien verzichten für Vergangenheit, Gegenwart und Zukunft auf jegliche Unterhaltsansprüche, gleich aus welchem Rechtsgrund,[83] und nehmen diesen Verzicht wechselseitig an", umfasst mithin einen wirksamen Verzicht auf bis dahin entstandene Trennungsunterhaltsansprüche und auf zukünftige nacheheliche Unterhaltsansprüche. **141**

Hier sind zum einen die Trennungsunterhaltsansprüche hinsichtlich etwa noch offener Forderungen[84] und zum anderen die nachehelichen Unterhaltsansprüche zu bewerten und anschließend zu addieren.

---

80 OLG Naumburg, FamRZ 2001, 433; Hartmann, KostG, § 42 Rn. 79.
81 OLG Dresden, OLGreport 1999, 284: Wert von 2.500 DM bei einem arbeitslosen Ehemann mit mtl. 1.400 DM Arbeitslosengeld und einer kindesbetreuenden arbeitslosen Ehefrau mit Arbeitslosenhilfe von mtl. 800 DM.
82 FamRZ 1988, 402 m. Anm. Luthin.
83 Also auch auf solche aus § 1586a BGB, sofern aus der Ehe Kinder hervorgegangen sind.
84 Ist nie zur Zahlung von Trennungsunterhalt aufgefordert und nicht einmal eine Auskunft zur Bezifferung etwaiger Unterhaltsansprüche eingeholt worden, stellt sich die Frage, ob überhaupt noch Unterhaltsansprüche gegeben sein könnten. Dies muss einen Einfluss auf die Bewertung haben, die ggf. auch zum Wert „Null" führen kann. Führt die Regelung jedoch zu mehr Rechtssicherheit, ist ihr auch ein Wert beizumessen.

Hinweis:

Da der Unterhaltsverzicht nur mit dem Wert der (fiktiven) Unterhaltsleistung für 12 oder evtl. 18 Monate bewertet wird, wirken sich Befristungen bzw. Begrenzungen des Unterhalts, die in der Zukunft liegen, auf die Bewertung nicht aus. Gerade die Frage nach einer zukünftigen Befristung oder Begrenzung birgt für den Rechtsanwalt aber ein erhebliches **Haftungsrisiko**, da diese in aller Regel nur bei der erstmaligen Regelung des Unterhalts geltend gemacht werden können und der Unterhaltsschuldner in späteren Abänderungsverfahren in aller Regel mit dem Befristungseinwand nicht mehr durchdringt. Die Frage, ob der Unterhaltsanspruch befristet oder der Höhe nach begrenzt werden kann, führt aber auch zu einer weitergehenden Tätigkeit des Rechtsanwalts, so dass ggf. an den Abschluss einer Vergütungsvereinbarung zu denken ist, mit dem diesem Gesichtspunkt Rechnung getragen wird.

hh) Unterhaltsverzicht gegen Kapitalabfindung

142   Vergleichen sich die Parteien über den Unterhaltsanspruch in der Weise, dass eine Partei zur Abgeltung des Unterhalts eine Abfindungssumme zahlt, wird i.d.R. der Jahresbetrag des geltend gemachten Unterhalts und nicht die geforderte bzw. gezahlte Kapitalabfindungssumme zugrunde gelegt. Hintergrund dieser Rechtsprechung ist der für alle Vergleiche geltende Grundsatz, dass Gegenstandswert eines Vergleiches dasjenige ist, worüber sich die Parteien vergleichen und nicht dasjenige, worauf sich die Parteien vergleichen. Insoweit gilt daher:

143   Macht der Unterhaltsberechtigte von vornherein seinen Anspruch auf eine Kapitalabfindung nach § 1585 Abs. 2 BGB geltend, ist nach übereinstimmender Auffassung dieser Kapitalbetrag als Streitwert zugrunde zu legen.

144   Umstritten ist jedoch die Bewertung dann, wenn der Unterhaltsberechtigte die Zahlung laufenden Unterhalts verlangt, die Parteien sich dann

jedoch (ohne zuvor die Klage auf Zahlung eines Kapitalbetrages umzu-
stellen) auf Zahlung eines Kapitalbetrages einigen. Auch hier setzt die
Diskussion bei der Frage an, worüber sich die Parteien vergleichen.

Die h.M. geht von einer Bewertung nach den Grundsätzen des § 42   145
Abs. 1 und Abs. 5 GKG aus, also mit dem Jahresbetrag des laufenden
Unterhalts zzgl. etwaiger Rückstände. Die Anhänger dieser Auffassung
berufen sich darauf, dass die Parteien sich über einen Anspruch auf Zahlung eines laufenden Unterhalts einigen würden. Die Zahlung eines Kapitalbetrages anstelle laufender Zahlungen sei nur eine Art der Unterhaltsgewährung. Sie verändere aber nicht den Charakter der Zahlung.[85]

Diese Auffassung lässt sich im Fall der Klage sehr leicht festmachen am   146
Klagantrag. Stelle der Kläger vor der Einigung den Klagantrag nicht um,
bleibe es bei dem Wert der Klage.

M.E. greift diese Argumentation zu kurz. Sicherlich richtet sich der „Wert
des Rechtsstreits" nach dem eingeklagten laufenden Unterhaltsbetrag
ggf. zzgl. Rückstand nach § 42 GKG, wenn der Kläger den Klagantrag
nicht zuvor auf den verlangten Kapitalabfindungsbetrag umstellt. Haben sich die Parteien bereits auf die Zahlung einer Kapitalabfindung geeinigt, wird der Kläger die Klage nicht mehr umstellen, um nicht unnötige Gerichtskosten zu produzieren.

Der Wert des Vergleichs kann aber von dem Wert des Rechtsstreits ab-   147
weichen, so dass noch die Frage zu beantworten ist, ob in diesem Fall
die Parteien sich über den eingeklagten Anspruch allein oder über einen darüber hinausgehenden (nicht eingeklagten) Unterhaltsanspruch
bzw. auch über einen Unterhaltsanspruch eigener Art einigen.

Demgegenüber geht das OLG Frankfurt[86] in einer älteren Entscheidung   148
zu recht davon aus, dass die Einigung der Parteien, den Anspruch auf
Zahlung laufenden Unterhalts gegen Zahlung einer Kapitalabfindung
abzugelten, nicht nur eine Zahlung über einen gesetzlichen Unter-

---

85   Madert/Müller-Rabe, Kostenhandbuch, B Rn. 72 m.w.N.
86   JurBüro 1980, 1215 = Rpfleger 1980, 239.

haltsanspruch, sondern eine Einigung über ein anderes Schuldverhältnis sei. Zur Begründung führt es aus, dass sich die ursprüngliche Unterhaltspflicht durch die Vereinbarung in ein anderes Schuldverhältnis wandele. Dies sei z.B. daran erkennbar, dass die Vereinbarung nicht mehr mit einer Abänderungsklage nach § 323 ZPO angegriffen werden könne. Das rechtliche Schicksal der Vereinbarung sei auch völlig unabhängig vom weiteren persönlichen Schicksal der Parteien (insbesondere vom Tod des Unterhaltsberechtigten oder des Unterhaltsverpflichteten). Darüber hinaus fällt die gezahlte Kapitalabfindung nicht unter die Pfändungsschutzvorschriften für laufenden Unterhalt nach § 850b ZPO.

149   Bei einem **PKH-Berechtigten** ist zu beachten, dass umstritten ist, ob der Kapitalbetrag als Vermögen[87] anzusehen und einzusetzen ist[88] oder ob er auf den Zeitraum, für den er gezahlt wird, zu verteilen ist.[89] Von der Beantwortung dieser Frage kann es abhängen, ob der Unterhaltsberechtigte mit einer Rückforderung der Staatskasse nach § 120 Abs. 4 ZPO konfrontiert wird.[90]

Die Auffassung, dass die Unterhaltsregelung durch Kapitalabfindung ein anderes Schuldverhältnis sei, gelangt beim Streitwert folgerichtig zu der Annahme, dass dieser sich in erster Linie nach dem höchsten geforderten Kapitalabfindungsbetrag, für den Fall dass sich ein solcher nicht ermitteln lasse, nach dem vereinbarten Kapitalabfindungsbetrag, mindestens jedoch nach dem Jahresbetrag des laufenden Unterhalts richte.

---

87   OLG Köln, FamRZ 1987, 1284 rechnet ihn zum Vermögen; der Betrag muss aber nicht eingesetzt werden, wenn der notwendige Unterhalt damit beeinträchtigt würde.

88   OLG Nürnberg, FamRZ 1995, 942 = JurBüro 1995, 311 hat den Einsatz einer Kapitalabfindung von 25.000 DM wegen unzumutbarer Härte abgelehnt, da die Antragstellerin selbst nur über monatliche Einnahmen aus Kindergeld von 70 DM verfügte. Unter Berücksichtigung des Existenzminimums wäre die Kapitalabfindung bereits nach 22 Monaten aufgebraucht gewesen.
   Das OLG hat in der Entscheidung jedoch auch ausdrücklich klargestellt, dass etwas anderes zu gelten habe, wenn der Unterhaltsberechtigte durch die Aufnahme einer Erwerbstätigkeit oder etwas Ähnlichem in die Lage versetzt werde, den Unterhalt unabhängig vom Abfindungsbetrag zu bestreiten. In diesem Fall sei der restliche Betrag nach Abzug des Schonbetrages aus § 88 Abs. 2 Nr. 8 BSHG für die Prozesskosten zu verwenden.

89   Kalthoener/Büttner/Niepmann, Rechsprechung zur Höhe des Unterhalts, Rn. 217.

90   Zur Problematik s. auch Zimmermann, Prozeßkostenhilfe in Familiensachen, Rn. 67.

ii) Vertragliche Vereinbarungen, die über die gesetzliche Unterhaltspflicht hinausgehen

Regeln die Parteien in einer Streitsituation nicht nur eine gesetzliche   150
Unterhaltspflicht, sondern treffen sie weitergehende Vereinbarungen, die
sich als Ausgestaltung einer **vertraglichen Unterhaltspflicht** darstellen,
so greift die Begrenzung auf den Jahresbetrag nicht ein. Er begrenzt aus
sozialen Gründen heraus nur die Streitwerte bei gesetzlichen Unterhaltsansprüchen. Da das GKG keine Streitwertbestimmung für vertragliche
Unterhaltsansprüche enthält, greift über die Verweisung in § 48 Abs. 1
Satz 1 GKG die Regelung in § 9 ZPO ein. Danach ist der 3 1/2-fache
Jahresbetrag zugrunde zu legen, wenn nicht der Gesamtbetrag der geltend gemachten vertraglichen Ansprüche geringer ist.[91]

Eine solche Bewertung kommt z.B. in Betracht, wenn **novierende**   151
Unterhaltsvereinbarungen geschaffen werden. Diese werden teilweise
empfohlen, um in Fällen, in denen die Parteien einen Pflichtteilsverzicht
vereinbart haben, das Risiko, des Unterhaltsanspruchs nach § 1586b
BGB wegen der Begrenzung auf den fiktiven Pflichtteilsanspruch verlustig zu gehen, auszuschließen. In diesen Fällen vereinbaren die Parteien einen wechselseitigen Verzicht auf den gesetzlichen Unterhaltsanspruch und schaffen zugleich für den Unterhaltsberechtigten einen eigenständigen vertraglichen Unterhaltsanspruch, der i.d.R. auf dessen
Lebenszeit abgeschlossen wird.

Hier könnte mit Fug und Recht diskutiert werden, ob die Bewertung des
vertraglichen Unterhaltsanspruches nicht dem Bereich der vorsorgenden Rechtspflege zuzuordnen ist, mit der Folge, dass über § 23 Abs. 3
RVG eine Bewertung nach § 24 KostO vorzunehmen wäre. Wird diese
Vereinbarung jedoch im Zusammenhang mit einer Trennungs- und
Scheidungsfolgenregelung getroffen, spricht vieles dafür, sie einheitlich
nach den Streitwerten für streitige Tätigkeiten zu bewerten. Der Auftrag
umfasst in diesem Fall zwei Gegenstände und zwar

---

91   Börger, in: Göppinger/Börger, Vereinbarungen anläßlich der Ehescheidung, § 1 Rn. 101
      m.w.N.

- den Verzicht auf den gesetzlichen Unterhaltsanspruch und

- die Vereinbarung eines neuen, eigenständigen, vertraglichen Unterhaltsanspruches.

In diesem Fall sind die Werte zu addieren.

jj) Besondere Verfahrensgestaltungen

(1) Auskunftsklage

152   Insoweit wird auf die Ausführungen zur Bewertung des Auskunftsanspruches im Rahmen der Stufenklage verwiesen.

(2) Stufenklage

153   Die Stufenklage enthält i.d.R. 3 Anträge und zwar

- den Antrag auf Auskunftserteilung (einschließlich Vorlage der Belege),

- den Antrag, die Richtigkeit und Vollständigkeit der Angaben zu Ziff. 1 an Eides statt zu versichern,

- die Zahlung des sich aus der Auskunft ergebenden Unterhalts.

154   Sie enthält mithin selbstständige Anträge zur Auskunftsstufe und zur Leistungsstufe. Beide Anträge werden gleichzeitig anhängig und im Falle der uneingeschränkten Zustellung auch rechtshängig. Nach § 44 GKG ist nur der höhere der miteinander verbundenen Ansprüche maßgebend. Gleichwohl sind aber im ersten Schritt die Einzelstreitwerte jeweils für die Auskunftsstufe und für die Leistungsstufe zu ermitteln, da für diese Teile des Streites unterschiedliche Gebührentatbestände verwirklicht werden könnten. So wäre es vorstellbar, dass hinsichtlich der Auskunftsstufe widerstreitende Anträge gestellt werden, weil der Beklagte meint, nicht zur Auskunft verpflichtet zu sein. Nachdem er die Auskunft erteilt hat, einigen sich die Parteien auf den konkret zu zahlenden Unterhalt. In diesem Fall ist eine Terminsgebühr möglicherweise nur nach dem Wert der Auskunftsstufe angefallen, es sei denn, dass die Parteien auch Besprechungen mit dem Ziel einer Einigung über die Leistungsstufe geführt haben.

I.d.R. liegt der Streitwert der **Auskunftsstufe** unter dem Wert der Leis-   155
tungsstufe.[92] Er ist nach § 3 ZPO zu ermitteln. Maßgebend ist das Interesse des Klägers an der Auskunft und damit der Bezifferung des Leis-
tungsanspruchs. Es werden Prozentsätze des Betrages der Leistungsstufe zugrunde gelegt. Die Werte schwanken zwischen 1/10 bis 2/5 des
Wertes der Leistungsstufe. Sie sind davon abhängig, welche Kenntnis
der Kläger bereits über die wirtschaftlichen Verhältnisse des Beklagten
hat. Davon hängt sein zu bewertendes wirtschaftliches Interesse an der
Auskunft ab.[93]

Bei der Ermittlung des Streitwertes der **Leistungsstufe** ist zu unter-   156
scheiden zwischen einer unbezifferten und einer bezifferten Leistungsstufe.

Hat der Kläger die **Leistungsstufe** bereits bei Klageeinreichung **bezif-**   157
fert oder beziffert er diese später, richtet sich der Wert nach den von
ihm geforderten Beträgen auf der Grundlage des § 42 Abs. 1 und 5
GKG. Da auch die Leistungsstufe sofort anhängig wird, sind hinsichtlich
der Rückstände die bis zum Zeitpunkt der Einreichung der Klage fälligen Beträge hinzuzurechnen und nicht die im Zeitpunkt der Bezifferung
fälligen Ansprüche.

Beispiel:

*Der minderjährige S erhebt am 5.2.2005 Stufenklage, mit der er Auskunft und
Zahlung des sich aus der Auskunft ergebenden Unterhaltsbetrages ab Dezember 2004 geltend macht. Er hat keine Kenntnis vom Einkommen der Unterhaltspflichtigen. Nachdem diese im September 2005 Auskunft erteilt, beantragt
S, ihm für die Monate Dezember 2004 bis September 2005 einen Unterhaltsrückstand von 2.490 € (nebst Zinsen) sowie beginnend mit Oktober 2005 einen laufenden monatlichen Unterhalt von 249 € zu zahlen.*

---

92   Schneider/Herget, Streitwertkommentar für den Zivilprozeß, Rn. 4253 m.w.N. sprechen
      sogar davon, dass der Wert der Leistungsstufe ausnahmslos über dem Wert der Aus-
      kunftsstufe liege.
93   BGH, FamRZ 1993, 1189.

Der Unterhaltsrückstand bei Einreichung der Klage betraf die Monate Dezember 2004 bis Februar 2005. Bei einem monatlichen Betrag von 249 € beträgt der Rückstand nach § 42 Abs. 5 GKG mithin 747 €.

Vom Zeitpunkt der Klageeinreichung aus betrachtet ist der Unterhalt ab März 2005 laufend. Der Jahresbetrag beläuft sich auf 2.988 € (12 x 249 €).

Der Streitwert der Klage beträgt daher 3.755 €.

Der Streitwert der Auskunftsstufe fällt daneben nicht ins Gewicht, da er aufgrund der vorzunehmenden Abschläge hinter dem Wert der Leistungsstufe mit 3.755 € zurückbleibt.

158 Wird die **Leistungsstufe** nach Auskunftserteilung auch nachträglich **nicht beziffert** – etwa weil die Auskunft die Leistungsunfähigkeit des Unterhaltsschuldners ergeben hat – ist die Bewertung des Leistungsanspruches umstritten.

159 Nach wohl als herrschend zu bezeichnender Meinung[94] ergibt sich der Wert der Leistungsstufe aus den bei Klagerhebung erkennbar gewordenen Vorstellungen des Klägers. Es kommt nicht darauf an, ob über die Leistungsstufe jemals verhandelt worden ist. Umstritten ist jedoch, ob es auf die subjektiven Vorstellungen des Klägers über die Höhe des Anspruches ankommt, oder ob eine Bewertung nach objektiven Anhaltspunkten vorzunehmen ist. Der BGH[95] führt aus, es sei anhand des Tatsachenvortrags des Klägers danach zu fragen, welche Vorstellungen er sich vom Wert des Leistungsanspruches oder dessen Abwehr bei Klageinreichung gemacht habe.

160 Demgegenüber wird die Auffassung[96] vertreten, im Falle einer sog. „steckengebliebenen" Leistungsstufe habe diese überhaupt keinen Wert. Die Begründungen dieser Auffassung zeigen, dass es darum geht, den Kläger, der aufgrund fehlender Auskunft nicht in der Lage war, den Leis-

---

94 OLG Schleswig, JurBüro 2003, 80 f.; OLG Dresden, MDR 1998, 64; OLG Koblenz, FamRZ 1994, 1607; OLG Celle, AnwBl. 1987, 286 und MDR 2003, 55.
95 FamRZ 1993, 1189.
96 OLG Schleswig, FamRZ 1997, 40 f.; OLG Stuttgart, FamRZ 1990, 652; OLG Frankfurt/M., FamRZ 1987, 1293.

tungsanspruch richtig zu beziffern, ggf. aber zur Vermeidung von Rechtsnachteilen zur Stufenklage greifen musste, vor einer Kostenbelastung zu schützen. Diese Rechtsprechung ist mithin vor dem Hintergrund der bis zum In-Kraft-Treten des § 93d ZPO n.F. durch das KindUG am 1.7.1998 geltenden Gesetzeslage zu sehen. Nach der bis zu diesem Zeitpunkt geltenden Gesetzeslage war umstritten, ob die Parteien die Leistungsstufe überhaupt für erledigt erklären konnten, wenn die während des Prozesses erteilte Auskunft ergab, dass kein Unterhaltsanspruch bestand. Sie führte weiter zu der ungewünschten Konsequenz, dass der schuldlos in diese Situation geratene Kläger die Klage mit der für ihn negativen Kostenfolge zurücknehmen konnte oder dass ihm im Falle der Erledigung über § 92 ZPO zu einem überwiegenden Teil die Kosten aufzuerlegen waren, da er überwiegend verloren hatte.

Für den seltenen Fall, dass der Anspruch auf Auskunft und der Anspruch auf Abgabe der eidesstattlichen Versicherung zeitgleich aber ohne den Anspruch auf Zahlung geltend gemacht werden, vertritt das OLG Bamberg[97] die Auffassung, es liege keine Stufenklage und damit auch kein Fall des § 44 GKG vor. Vielmehr sei von einer objektiven Klaghäufung auszugehen mit der Folge einer Streitwertaddition.[98] Für den Fall, dass die eidesstattliche Versicherung gesondert bewertet werden müsse, geht Madert[99] von einem Bruchteil des Wertes des Auskunftsanspruches aus und zwar i.H.v. etwa 1/3 bis 1/2.   161

(3) Abänderungsklage
Auch für die Abänderungsklage ist § 42 GKG maßgebend. Ihr Streitwert   162
richtet sich nach der vom Kläger begehrten Abänderung. Für die Frage des Streitwertes kommt es nicht darauf an, ob die Abänderung prozessual zulässig ist oder nicht. Begehrt der Kläger mithin eine rückwirkende Änderung, ohne dass die Voraussetzungen nach § 323 ZPO hierfür

97 FamRZ 1997, 40 zu einer Zugewinnausgleichsklage (Wert der Auskunftsstufe 10 % = 2.000 DM; Wert des Antrages auf Abgabe der eidesstattlichen Versicherung 660 DM; Wert des Rechtsstreits: 2.660 DM).
98 So auch Madert/Müller-Rabe, Kostenhandbuch, B Rn. 59.
99 Madert/Müller-Rabe, Kostenhandbuch, B Rn. 59.

vorliegen, sind gleichwohl die zurückliegenden Zeiträume nach § 42 Abs. 5 GKG zu bewerten.

163 Sofern die Abänderung nicht für einen kürzeren Zeitraum als 1 Jahr geltend gemacht wurde, ist mithin der für die ersten zwölf Monate nach Einreichung der Klage geltend gemachte kumulierte Abänderungsbetrag maßgebend.

Beispiel:

Der Kläger verlangt eine Erhöhung des monatlichen Unterhalts um 200 € für die ersten 5 Monate nach Einreichung der Klage und wegen des Wegfalls eines bisher berücksichtigten Kredites eine solche um 400 € für die weiteren 7 Monate.

Der Streitwert beträgt 3.800 € (5 x 200 € zzgl. 7 x 400 €).

164 Machte der Kläger jedoch zulässiger- oder unzulässigerweise auch gegenüber einem Urteil eine rückwirkende Änderung geltend oder griff er zulässigerweise einen Vergleich oder eine Jugendamtsurkunde mit Wirkung für die Vergangenheit an, waren die Rückstände nach § 42 Abs. 5 GKG hinzuzurechnen.

Auch hier hat die Neuregelung des § 323 ZPO mit Wirkung zum 1.7.1998 neue Möglichkeiten und Fragen geschaffen. Nach § 323 Abs. 3 Satz 2 ZPO kann die Abänderung im Falle des §§ 1360a Abs. 3, 1361 Abs. 4 Satz 4, 1585b Abs. 2 und 1613 Abs. 1 BGB auch Zeitpunkte vor Erhebung der Klage betreffen. In diesem Fall sind auch bei der Abänderung von Urteilen vermehrt Rückstände denkbar, die nach § 42 Abs. 5 GKG dem laufenden Betrag hinzuzurechnen sind.

165 Die Klage auf Abänderung des Titels kann mit einer **Klage auf Erstattung** vom Unterhaltsberechtigten in der Vergangenheit vereinnahmter – aus der Sicht des Pflichtigen überzahlter – Unterhaltsbeträge verbunden werden. Hier stellt sich die Frage, ob die Werte zu addieren sind oder nicht. Soweit die Ansprüche auf Rückerstattung der vereinnahmten Beträge sich jedoch mit dem Zeitraum, für den eine Abänderung des Titels begehrt wird, decken, betreffen die Rückforderungsansprüche

den gleichen Streitwert wie die Abänderung selbst und sind daher neben dieser nicht gesondert zu bewerten.[100]

Der zugleich mit der Klage auf Abänderung einer Entscheidung gestellte **Antrag auf einstweilige Einstellung der Zwangsvollstreckung**[101] aus dem angegriffenen Titel ist zunächst nicht gesondert streitwertmäßig zu berücksichtigen. Die Tätigkeit gehört für den Rechtsanwalt nach § 19 Nr. 11 RVG zum Rechtszug, soweit darüber nicht eine abgesonderte mündliche Verhandlung stattfindet.

166

Wird jedoch über den Antrag auf einstweilige Einstellung der Zwangsvollstreckung abgesondert mündlich verhandelt, fallen hierfür die Gebühren nach den Nrn. 3328 und 3331 VV an. Nunmehr muss auch ein Streitwert festgesetzt werden. Der Gegenstandwert ist nach § 3 ZPO zu ermitteln. Er entspricht einem Bruchteil des Wertes der Hauptsache.[102]

(4) Negative Feststellungsklage

Der Wert der negativen Feststellungsklage, mit der die Aufhebung einer einstweiligen Anordnung auf Zahlung von Unterhalt nach Scheidung verlangt wird, richtet sich nach dem Jahresbetrag des titulierten Anspruchs,[103] wenn nicht eine Abänderung für einen kürzeren Zeitraum als ein Jahr geltend gemacht wird. Es wird mithin eine Bewertung nach § 42 Abs. 1 GKG vorgenommen. Dies gilt auch dann, wenn mit der negativen Feststellungsklage eine einstweilige Anordnung angegriffen wird.[104]

167

---

100 OLG Karlsruhe, FamRZ 1999, 608; Müller-Rabe, in: Gerhardt/Heintschel-Heinegg/Klein, Handbuch Fachanwalt Familienrecht, 17. Kap.Rn. 64 m.w.N.
101 Zur Zulässigkeit desselben in analoger Anwendung des § 769 ZPO im Zusammenhang mit einer Abänderungsklage: BGH, NJW 1986, 2057.
102 Hansens, BRAGO, § 49 Rn. 8.
103 OLG Schleswig, JurBüro 1992, 488; Müller-Rabe, in: Gerhardt/Heintschel-Heinegg/Klein, Handbuch Fachanwalt Familienrecht, 17 Kap. Rn. 63 m.w.N.
104 Groß, Anwaltsgebühren in Ehe- und Familiensachen Rn. 87.

168 **Rückstände** i.S.d. § 42 Abs. 5 GKG sind einer negativen Feststellungs-klage wesensfremd[105] und können daher nicht entstehen.[106]

169 **Abschläge** gegenüber dem entsprechenden Wert einer Leistungsklage sind nicht vorzunehmen, da auch das Ergebnis der negativen Feststellungsklage zum gleichen Ergebnis führt.

170 Wird mit der negativen Feststellungsklage die **Klage auf Rückzahlung zuviel gezahlten Unterhaltes** verbunden, hat diese keinen eigenständigen Streitwert, soweit sie mit dem Gegenstand der negativen Feststellungsklage wirtschaftlich identisch ist.[107] Diese Voraussetzung ist aber nur hinsichtlich der während des Verfahrens fällig werdenden Beträge gegeben.

171 Soweit der Kläger Rückzahlung der vor Einreichung der Klage gezahlten Ansprüche fordert, sind diese mithin als Rückstand nach § 42 Abs. 5 GKG hinzuzurechnen.[108]

(5) Vollstreckungsgegenklage

172 Die Vollstreckungsgegenklage kommt in der unterhaltsrechtlichen Praxis nicht sehr häufig vor. In folgender Fallgestaltung kann jedoch ein Bedürfnis danach bestehen:

Gegen den Unterhaltsverpflichteten liegt ein Titel auf Zahlung von Trennungsunterhalt vor. Inzwischen ist die Ehe rechtskräftig geschieden worden. Der Unterhaltsverpflichtete hat nach seiner Auffassung den titulierten Anspruch vollständig erfüllt und verlangt die Herausgabe der vollstreckbaren Ausfertigung des Titels. Diesem Verlangen kommt der Unterhaltsgläubiger nicht nach. Da der nicht herausgegebene Titel für

---

105 Für die Zeit vor Einreichung der Klage kann der Kläger die ihm nach seiner Auffassung zustehenden Ansprüche in aller Regel beziffern und diese daher im Wege der Leistungsklage geltend machen. Für eine negative Feststellungsklage fehlt es in diesem Fall an einem Rechtsschutzbedürfnis.
106 Schneider/Herget, Streitwertkommentar für den Zivilprozeß, Rn. 1769 m.w.N.
107 OLG Karlsruhe, FamRZ 1997, 39.
108 Müller-Rabe, in: Gerhardt u.a., Handbuch Fachanwalt Familienrecht, 17. Kap. Rn. 63.

den Unterhaltsverpflichteten eine latente Gefahr der Vollstreckung darstellt, hat er ein Interesse daran, den Titel in Händen zu halten. Hierauf stützt sich auch ein Rechtsschutzbedürfnis für eine entsprechende Klage.

Das OLG Koblenz[109] geht bei einer derartigen Fallgestaltung davon aus, dass nur noch das Beseitigungsinteresse zu berücksichtigen sei. Ein Anspruch selbst sei nicht im Streit und bestehe auch nicht mehr. Es gehe daher „nur noch" darum, den Titel und damit die Vollstreckungsmöglichkeit zu beseitigen. Der Wert dieser Klage sei nach § 3 ZPO zu schätzen und betrage 1/3 des titulierten Jahresbetrages.

173

kk) Besonderheiten zu Ehegattenunterhaltsansprüchen
(1) Trennungsunterhalt

Die Besonderheit bei der Bewertung von Trennungsunterhaltsansprüchen liegt vor allem in der Frage, ob der Gesamtbetrag der als laufender monatlicher Unterhalt geforderten Leistung geringer als ein Jahresbetrag ist. Da der Trennungsunterhalt nur für die Zeit der Trennung bis zur rechtskräftigen Scheidung gilt, wird der Unterhalt für einen zwar durch ein bestimmtes zukünftiges Ereignis begrenzten, aber zunächst noch nicht zahlenmäßig bestimmten Zeitraum gefordert. Die Gerichte haben sich daher vereinzelt die Frage gestellt, ob diesem Gesichtspunkt nicht dadurch Rechnung zu tragen sei, dass ein Betrag unterhalb des Jahresbetrages festzusetzen sei. Die Maßstäbe im Einzelnen sind aber sehr unterschiedlich. In jedem Fall ist es für die Anhänger dieser Meinung aber erforderlich, dass die Ehe vor Ablauf eines Jahres seit Einreichung der Klage auf Trennungsunterhalt rechtskräftig geschieden wird. Da wegen § 40 GKG jedoch die Verhältnisse bei Einreichung der Klage[110] oder des Antrages maßgebend sind, muss auf diesen Zeitpunkt auch hinsichtlich der Prognose abgestellt werden, wann die konkrete Ehe rechtskräftig geschieden wird. Hierzu werden hinsichtlich der Pro-

174

---

109   JurBüro 1987, 108.
110   OLG München, FamRZ 1998, 573.

gnose für die rechtskräftige Ehescheidung nachfolgende Formulierungen verwendet:

- „endgültig klar gewesen",[111]
- „mit Sicherheit abzusehen",[112]
- „endgültig abzusehen",[113]
- „eine überwiegende Wahrscheinlichkeit dafür spreche, dass durch ein zukünftiges Ereignis, insbesondere die Rechtskraft der Scheidung, eine Begrenzung der Unterhaltsforderung auf weniger als ein Jahr eintreten werde".[114]

175   Hartmann[115] weist zu Recht darauf hin, dass diese Voraussetzung nicht bereits erfüllt ist, wenn die Ehe letztendlich tatsächlich innerhalb eines Jahres seit Einreichung des Antrages geschieden wird.[116] Maßgebend sind vielmehr die Verhältnisse am Beginn der Instanz und die seinerzeitigen Erkenntnisquellen. In diesem Stadium werden sich aber in den seltensten Fällen sichere Prognosen über die Dauer des Verfahrens machen lassen. Jeder hat es erlebt, dass die Auskünfte der Rentenversicherungsträger unvorhergesehen lange auf sich warten lassen. Außerdem kommen immer wieder Fälle vor, in denen auch sicher erscheinende Scheidungen noch eine Zeitlang ruhen, etwa weil die Parteien zwar zunächst den Stichtag für Versorgungs- und Zugewinnausgleich festlegen, dann jedoch diese Folgesachen durch ein Mediationsverfahren regeln oder vielleicht ohne Rücknahme des Scheidungsantrages doch noch einen Versöhnungsversuch miteinander wagen wollen. Diese menschlichen Unsicherheiten sollten aber letztendlich dazu führen, i.d.R. vom Jahresbetrag des laufenden Unterhalts auszugehen.

---

111   OLG Köln, JurBüro 1993, 164.
112   OLG Bamberg, JurBüro 1989, 1306.
113   OLG Bamberg, JurBüro 1988, 1077.
114   OLG Bamberg, Beschl. v. 17.1.1995 – 2 WF 159/94, EzFamR aktuell 1995, 107 f. = FamRZ 1996, 502 f.; das OLG Bamberg hebt in der Entscheidung hervor, dass es auf die Prognose bei Einreichung der Klage ankommt.
115   KostG, § 42 Rn. 12.
116   A.A. OLG Hamburg, Beschl. v. 24.9.2001 – 12 WF 129/01, OLGreport Hamburg 2002, 27 = FamRZ 2002, 1136 (LS): Einer Klage auf Trennungsunterhalt sei bereits im Zeitpunkt der Einreichung die Begrenzung auf die Zeit bis zur Rechtskraft der Ehescheidung immanent.

Sollte während des laufenden Verfahrens die Ehe rechtskräftig geschieden werden, wird der Kläger ohnehin im eigenen Interesse nunmehr seinen in der mündlichen Verhandlung zu stellenden Antrag auf diesen Zeitraum beschränken. Die Terminsgebühr würde sich daher ggf. nur noch nach dem niedrigeren Streitwert richten, der der gesamten Dauer des Verfahrens entspricht, während sich die Verfahrensgebühr noch nach dem vollen Jahresbetrag richtet.[117]

Um letztendlich das Prognoseproblem umgehen zu können, wird seit längerem die Auffassung vertreten, der Streitwert sei zu „berichtigen",[118] wenn im Laufe des Verfahrens auf Trennungsunterhalt der Zeitpunkt der rechtskräftigen Ehescheidung feststehe. Eine solche „Berichtigung" komme sogar noch nach Abschluss des Verfahrens in Betracht.[119] Es könne nichts anderes als bei einer Streitwertbeschwerde gelten. Dieser Auffassung ist nicht zuzustimmen. Eine Reduzierung des Streitwertes tritt vielmehr nicht ein, wenn Klage auf Zahlung von Trennungsunterhalt für eine unbestimmte Dauer erhoben wird.[120]

(2) Nachehelicher Unterhalt

Die folgenden Ausführungen befassen sich mit der erstmaligen Regelung des nachehelichen Unterhalts durch ein gerichtliches Verfahren. Die spätere Abänderung ist bei den Ausführungen zur Abänderungsklage dargestellt.   176

Der nacheheliche Unterhalt kann sowohl im **Verbundverfahren** mit der Ehescheidung als auch im **isolierten Verfahren** nach Rechtskraft der Scheidung geltend gemacht werden. Der Streitwert ist unabhängig von der gewählten Verfahrensart immer nach § 42 GKG zu bestimmen.   177

---

117 Groß, Anwaltsgebühren in Ehe- und Familiensachen, Rn. 82. Eine andere Auffassung könnte nur derjenige vertreten, der die Beschränkung des Antrages in der mündlichen Verhandlung auf einen festen Zeitraum, der unterhalb eines Jahres liegt, als teilweise Klagrücknahme betrachtet, mit der Folge, dass hinsichtlich des überschießenden Wertes ggf. für erledigt erklärt werden müsste.

118 OLG Bremen, Beschl. v. 11.2.2000 – 4 WF 13/00, OLGreport Bremen 2000, 151; OLG Düsseldorf, JurBüro 1987, 1843 unter Aufgabe von OLG Düsseldorf, AnwBl. 1986, 405.

119 Lappe, NJW 1988, 3130 f.

120 OLG Hamm, FamRZ 1996, 502 und FamRZ 1987, 405.

178 Hinsichtlich des laufenden Unterhalts ist der für die ersten zwölf Monate nach Einreichung der Klage oder des Antrages auf Bewilligung von PKH für eine solche Klage geltend gemachte Betrag maßgebend.

179 Bei der Geltendmachung im Verbund kann aber aus praktischen Gründen kein Rückstand entstehen, da der Antrag immer auf Regelung des Unterhalts für die Zeit ab Rechtskraft der Scheidung entsteht und daher bei Einreichung dieses Folgesachenantrages zwingend kein Rückstand vorhanden sein kann.

180 Dies gilt auch dann, wenn das Gericht die Folgesache nach § 628 Satz 1 Ziff. 3 ZPO oder nach § 623 Abs. 2 Satz 3 ZPO oder § 623 Abs. 3 Satz 3 ZPO abtrennt. Auch in diesen Fällen gelten wegen § 40 GKG die Verhältnisse zu Beginn der Instanz.

181 Wird der Unterhalt durch eine isolierte Klage geltend gemacht, können bis zur Einreichung der Klage oder des Antrages auf Bewilligung von PKH für eine solche Klage bereits Rückstände aufgelaufen sein. Diese sind nach § 42 Abs. 5 GKG dem für die ersten zwölf Monate nach Einreichung der Klage geltend gemachten Unterhalt hinzuzurechnen.

182 Macht der Unterhaltsberechtigte den **Anspruch auf Sicherheitsleistung** nach § 1585a BGB geltend, verlangt er vom Unterhaltsberechtigten mehr als die bloße Zahlung des Betrages. Sowohl aus der Sicht des Unterhaltsberechtigten als auch aus der Sicht des Unterhaltsverpflichteten sind damit zusätzliche wirtschaftliche Positionen verbunden. Gleichwohl findet diese Möglichkeit in der Praxis wenig Anwendung. Aus meiner Sicht stellt das Verlangen auf Sicherheitsleistung eine zusätzliche Leistung dar, die gesondert neben dem Unterhaltsanspruch zu bewerten ist. Da der Regelungsbereich der Sicherheitsleistung dem eines Arrestes gleichgestellt werden könnte, käme eine Bewertung über § 3 ZPO in Höhe des Unterhaltsbetrages für 6 Monate in Betracht.

(3) Geltendmachung von Trennungsunterhalt und nachehelichem Unterhalt in einer Klage

Es besteht Einigkeit darüber, dass es sich bei der Klage auf Zahlung von   183
Trennungsunterhalt und bei der Klage auf Zahlung nachehelichen
Unterhalts um unterschiedliche Ansprüche handelt. Werden die Ansprüche in einer Klage geltend gemacht, sind die Einzelstreitwerte zu
addieren.[121]

(4) Einstweiliger Rechtsschutz

Bei **einstweiligen Anordnungen** nach §§ 620 Ziff. 6, 641d ZPO und   184
nach § 644 ZPO ist der Wert des sechsmonatigen Bezugs (geltend gemachten Betrags) zugrunde zu legen (§ 53 Abs. 2 Satz 1 GKG).

Bei einer **einstweiligen Verfügung** ist der Wert nach § 3 ZPO zu er-   185
mitteln. § 53 Abs. 1 Nr. 1 GKG verweist hierauf. Allerdings ist der praktische Anwendungsbereich gering. Die h.M. lehnt sich insoweit an den
Wert der einstweiligen Anordnung an und legt den sechsmonatigen Betrag zugrunde.

Auch hier ist aber jeder Schematismus fehl am Platz. Maßgebend ist   186
auch im einstweiligen Verfügungsverfahren der Antrag des Antragstellers. Beantragt dieser den Erlass einer einstweiligen Verfügung ohne zeit-
liche Einschränkung, ist eine Begrenzung des Streitwerts auf den sechs-
fachen Monatsbetrag nicht gerechtfertigt. Der Streitwert kann den
Streitwert der Hauptsacheklage erreichen,[122] ihn jedoch nie übersteigen.[123]

---

121   Müller-Rabe, in: Gerhardt/Heintschel-Heinegg/Klein, Handbuch Fachanwalt Familienrecht,
      17. Kap. Rn. 35.
122   OLG Köln, 26. ZS, FamRZ 1997, 39 f.; das OLG weist in den Entscheidungsgründen aus-
      drücklich darauf hin, dass es insoweit von seiner bisherigen Rechtsprechung Abstand
      nimmt; OLG Düsseldorf, FamRZ 1996, 503 (nur LS), wenn sich weder aus dem Ausspruch
      der einstweiligen Verfügung noch aus den Umständen (Erhebung einer Unterhaltsklage im
      ordentlichen Verfahren) die bloß beabsichtigte Sicherung ergebe; wegen der Sondernorm
      des § 20 Abs. 1 Satz 1 GKG sei eine analoge Anwendung des § 20 Abs. 2 Satz 1 GKG nicht
      zulässig.
123   Hartmann, KostG, § 53 GKG Rn. 5.

187 Bei dem auf die Sicherung einer Unterhaltsforderung gerichteten **Arrest** richtet sich der Wert wegen der Verweisung in § 53 Abs. 1 Nr. 1 GKG ebenfalls nach § 3 ZPO. Auch hier stellt der Wert der Hauptsache die Obergrenze des Streitwertes dar. Da mit dem Arrest aber „nur" die Sicherung der Hauptforderung bewirkt wird und nicht deren Feststellung, sind in aller Regel vom Wert der Hauptsache Abschläge vorzunehmen. Dies gilt nach Ansicht des OLG Braunschweig[124] selbst dann, wenn zukünftiger Unterhalt für mehrere Jahre gesichert werden soll. Das OLG Braunschweig ist hier von einem Abschlag von 50 % der sich aus § 42 GKG ergebenden Werte ausgegangen.

II) Kindesunterhalt

188 Die Unterscheidung zwischen den Unterhaltsansprüchen ehelicher und nichtehelicher Kinder ist bereits seit dem 1.7.1998 entfallen. Auf den bis dahin geltenden Rechtszustand soll an dieser Stelle nicht mehr eingegangen werden.

189 Werden Unterhaltsansprüche im Wege einer **isolierten Klage** geltend gemacht, ist nach § 42 Abs. 1 GKG der für die ersten zwölf Monate nach Einreichung der Klage oder des Antrages geltend gemachte Betrag maßgebend, es sei denn, dass der Gesamtbetrag der geforderten Leistung geringer ist.

190 Bei Unterhaltsansprüchen nach den **§§ 1612a bis 1612c BGB** ist für die Berechnung des Monatsbetrages der Regelbetrag und die Altersstufe des Kindes maßgebend, die bei Einreichung des Antrages oder der Klage maßgebend sind.

191 Die bei Einreichung der Klage oder des Antrages auf Bewilligung von PKH fälligen Rückstände werden nach § 42 Abs. 5 GKG hinzugerechnet.

192 Auch für die Bewertung des Kindesunterhaltes im **Ehescheidungsverbund** ist § 42 GKG maßgebend. Da in diesem Fall eine Entscheidung

---

124 NJW-RR 1996, 256.

für den Fall der rechtskräftigen Ehescheidung beantragt wird, können rein praktisch keine Rückstände entstehen, so dass hier der Jahresbetrag nach § 42 Abs. 1 GKG maßgebend ist. Hier könnte sich die Frage stellen, ob der Streitwert bei einer längeren Dauer des Verfahrens immer höher wird, da das Kind immer älter wird und der Unterhaltsanspruch deswegen aufgrund des Erreichens einer höheren Altersstufe steigen könnte. Hierauf kommt es jedoch nicht an, da wegen § 40 GKG die Verhältnisse bei Einreichung des Antrages maßgebend sind.

Die Unterhaltsansprüche können darüber hinaus im Wege des sog. **vereinfachten Verfahrens nach §§ 645 ff. ZPO** geltend gemacht werden. Die laufenden Unterhaltsansprüche werden mit dem Jahresbetrag des geltend gemachten Zahlbetrags bewertet (§ 42 Abs. 1 GKG). Wegen § 42 Abs. 5 Satz 3 GKG werden bei Einreichung des Antrages vorhandene Rückstände hinzugerechnet.   193

Anträge auf Erlass **einstweiliger Anordnungen nach § 620 Nr. 4 ZPO oder § 644 ZPO oder § 641d ZPO** stellen wegen § 18 Nr. 1 lit. b bzw. § 18 Nr. 1 lit. e bzw. § 18 Nr. 1 lit. f RVG jeweils eine besondere Angelegenheit dar. Nach § 53 Abs. 2 Satz 1 GKG ist jeweils der Wert des sechsmonatigen Bezugs zugrunde zu legen.   194

Mit der **einstweiligen Verfügung nach § 1615o Abs. 1 Satz 1 BGB** kann eine Unterhaltszahlung an das Kind, dessen Eltern nicht miteinander verheiratet sind, für die ersten drei Monate angeordnet werden. Sofern sich der Antrag auf Erlass der einstweiligen Verfügung auch in diesem Umfang hält, ist mithin der Wert des dreimonatigen Bezugs zugrunde zu legen. Abschläge erscheinen nicht gerechtfertigt, da die einstweilige Verfügung auch in diesen Fällen i.d.R. zur endgültigen Regelung führen wird.   195

Für **einstweilige Verfügungen betreffend Kindesunterhalt** ist außerhalb des Anwendungsbereichs des § 1615o Abs. 1 BGB kaum noch Raum. Hier stehen über § 620 Ziff. 4 ZPO bzw. jetzt über § 644 ZPO auch bei einer isolierten Klage erleichterte Möglichkeiten des einstweiligen Rechtsschutzes zur Verfügung.   196

Raum für die einstweilige Verfügung betreffend Kindesunterhalt bleibt somit im Wesentlichen noch für die schnelle Geltendmachung neben einem vereinfachten Verfahren zur Festsetzung von Kindesunterhalt, da dieses keine Maßnahmen des einstweiligen Rechtsschutzes vorsieht. In diesen Fällen ist weiter über § 3 ZPO i.V.m. § 53 Abs. 1 Satz 1 GKG der Wert des sechsmonatigen Bezugs zugrunde zu legen.

197 Im Verfahren nach **§ 655 ZPO** auf **Abänderung der Festlegung über die Anrechnung kindbezogener Leistungen (§§ 1612b und 1612c BGB)** ist wegen der Verweisung in der Anm. zu Nr. 3331 VV der § 42 GKG entsprechend anzuwenden.

198 **Abänderungsklagen nach § 654 ZPO** gegen die Erstfestsetzung des Kindesunterhaltes im vereinfachten Verfahren oder nach **§ 656 ZPO** gegen den Änderungsbeschluss nach § 655 ZPO sind mit dem Jahresbetrag der verlangten Änderung zu bewerten.

Sofern vom Kläger auch eine rückwirkende Änderung begehrt wird, ist auch der rückwirkende Zeitraum mit einzurechnen. Da sein Klagantrag für die Bestimmung des Streitwertes maßgebend ist, kommt es nicht darauf an, ob eine Abänderung mit Wirkung für die Vergangenheit zulässig ist oder nicht (§ 654 Abs. 2 Satz 2 ZPO sowie der entsprechende Verweis hierauf in § 656 Abs. 2 Satz 2 ZPO für die verfahrensrechtlichen Voraussetzungen eines zulässigen Antrags mit Rückwirkung).

199 Zur Bewertung des Kindesunterhalts, sofern dieser nach **§ 653 ZPO** zugleich mit der Klage auf Feststellung der Vaterschaft geltend gemacht wird, siehe unten die Gesamtdarstellung bei der Bewertung der Kindschaftssachen (Rn. 291 und Rn. 295).

mm) Elternunterhalt

200 Zunächst ist zu klären, was unter dem Begriff des Elternunterhalts zu verstehen sein soll.

Hierunter können erfasst sein die Unterhaltsansprüche von Eltern gegenüber ihren Kindern, die i.d.R. mit Eintritt der Pflegebedürftigkeit und der

Inanspruchnahme von Leistungen auf Zuschüsse zu den Heimkosten geltend gemacht werden.

Diese Unterhaltsansprüche sind gesetzliche Unterhaltsansprüche zwischen Verwandten, so dass für die Bewertung § 42 Abs. 1 und Abs. 5 GKG heranzuziehen ist.

Darunter können aber auch verstanden werden, die Unterhaltsansprüche nicht miteinander verheirateter Eltern untereinander. Die Ansprüche der Mutter oder des Vaters gegen den anderen Elternteil richten sich – sofern hierüber nicht eine davon abweichende vertragliche Vereinbarung vorliegt oder es sich um den zeitlich beschränkten Anspruch nach § 1615e Abs. 1 Satz 1 BGB handelt, – nach § 1615l Abs. 2 bis 4 und 5 BGB. Insoweit sind sie gesetzliche Unterhaltsansprüche. Sie sind daher nach § 42 Abs. 1 und Abs. 5 GKG zu bewerten, sofern sie im Wege der **Klage** geltend gemacht werden. 201

Macht die Mutter ihre Ansprüche im Verfahren auf Feststellung der Vaterschaft im Wege der **einstweiligen Anordnung nach § 641d ZPO** geltend, handelt es sich gebührenrechtlich wegen § 18 Nr. 1 lit. e RVG um eine besondere Angelegenheit, so dass der Anspruch eigenständig zu bewerten ist. Nach § 53 Abs. 2 Satz 1 GKG gilt der Wert des sechsmonatigen Bezugs. 202

Bei einer **einstweiligen Verfügung nach § 1615o Abs. 2 BGB** der Mutter gegen den nicht mit ihr verheirateten Vater ist der Wert der geltend gemachten Ansprüche maßgebend. Sofern die Mutter die Ansprüche aus § 1615l Abs. 1 BGB geltend macht, handelt es sich mithin – jeweils begrenzt durch ihren Antrag – um die Unterhaltsansprüche für einen Zeitraum von 6 Wochen vor der Geburt bis 8 Wochen nach der Geburt sowie die Kosten infolge der Schwangerschaft und/oder Entbindung. Nach Ablauf dieses Zeitraums hat die Mutter i.d.R. die Möglichkeit, auf die einstweilige Anordnung nach § 641d ZPO zurückzugreifen, so dass für die einstweilige Verfügung kein Rechtsschutzbedürfnis mehr vorhanden ist. 203

Da diese einstweilige Verfügung i.d.R. eine Leistungsverfügung sein wird, weil die Mutter auf die Zahlung angewiesen ist, wird insoweit der Wert ohne Abschläge zugrunde zu legen sein.

Etwas anderes kann gelten, wenn die Mutter nicht Zahlung an sich, sondern entsprechend § 1615o Abs. 2 BGB a.E. die Hinterlegung eines angemessenen Betrages fordert. In diesem Fall ist über § 3 ZPO das Interesse der Mutter an der „Sicherstellung" dieses Betrages zugrunde zu legen.

nn) Vertragliche Unterhaltsansprüche

204 Die Parteien können auch über vertragliche Unterhaltsansprüche streiten. Damit sind nicht etwa Ansprüche gemeint, die in einem Vertrag geregelt wurden. Gemeint sind vielmehr solche Ansprüche, die erst durch eine vertragliche Vereinbarung überhaupt entstehen und ohne den Vertrag überhaupt nicht gegeben wären. Solche können sich vor allem aus Partnerschaftsverträgen zwischen den Partnern einer nichtehelichen Lebensgemeinschaft.

205 Für die Bestimmung des Gegenstandswertes in diesen Fällen kann nicht auf § 42 GKG zurückgegriffen werden, da dieser ausdrücklich nur gesetzliche Unterhaltsansprüche regelt. Da derartige Unterhaltsansprüche im ZPO-Verfahren geltend zu machen sind, gilt über die Verweisungskette in § 23 Abs. 1 RVG und § 48 Abs. 1 Satz 1 GKG der § 9 ZPO. Danach werden wiederkehrende Leistungen – um die es sich bei laufenden Unterhaltsansprüchen unstreitig handelt – mit dem Jahreswert des 3 1/2-fachen Bezugs bewertet, wenn der Anspruch nicht für einen kürzeren Zeitraum geltend gemacht wird.

206 Unterhaltsrückstände werden mit dem geltend gemachten Zahlbetrag bewertet, wobei es keine praktischen Auswirkungen hat, ob dieses Ergebnis aus einer analogen Anwendung des § 42 Abs. 5 GKG[125] oder aus der Anwendung des § 5 ZPO[126] hergeleitet wird.

---

125 OLG Düsseldorf, JurBüro 1987, 1383.
126 Enders, JurBüro 1996, 113 ff.

d) Elterliche Sorge

Der Wert der Verfahren betreffend die elterliche Sorge hängt davon ab, ob diese als Scheidungsfolgesache im Verbund oder im isolierten FGG-Verfahren geltend gemacht werden.

207

Wird das Verfahren betreffend die elterliche Sorge im **Verbund** anhängig gemacht, ergibt sich der Wert aus § 48 Abs. 3 Satz 3 GKG. Danach **beträgt** der Wert fest 900 €. Demgegenüber hieß es in § 12 Abs. 2 Satz 3 GKG in der bis zum 30.6.2004 geltenden Fassung, dass von einem Wert von 900 € auszugehen sei. Es handelte sich mithin um einen Ausgangswert.

208

Damit im Zusammenhang steht die Frage, ob der Wert erhöht werden kann, wenn im Verfahren die elterliche Sorge für mehrere Kinder geregelt werden soll.

209

Nach § 46 Abs. 1 Satz 2 GKG n.F., dem § 19a Abs. 1 Satz 2 GKG a.F. entspricht, ist eine Folgesache auch dann nur als ein Gegenstand zu bewerten, wenn sie mehrere Kinder betrifft. Da § 48 Abs. 3 Satz 3 GKG nunmehr Festbeträge enthält, erscheint eine Erhöhung auch dann ausgeschlossen, wenn mehrere Kinder betroffen sind.

Unter der Geltung des bisherigen Streitwertrechts war die Antwort auf diese Frage umstritten.[127] Folgende Ansichten werden zu § 19a Abs. 1 Satz 2 GKG a.F. vertreten:

210

• Eine Erhöhung solle nur stattfinden, wenn das Verfahren deswegen eine konkrete Mehrarbeit mit sich bringe, weil mehrere Kinder betroffen seien.[128]

Derartige Mehrarbeit kann z.B. vorliegen

---

127 Schneider/Herget, Streitwertkommentar für den Zivilprozeß, Rn. 1426 ff. mit einer sehr detaillierten Darstellung.
128 OLG Hamm, FamRZ 1995, 103 (nur LS); OLG Düsseldorf, AnwBl. 1985, 262: Erhöhung um 1.500 DM je Kind bei Mehrarbeit.

- wenn die Kinder bei beiden Elternteilen leben, jeder die elterliche Sorge für sich beansprucht und die Stellungnahme unterschiedlicher Jugendämter eingeholt werden muss;[129]

- bei Einholung eines psychologischen Gutachtens;

- bei mehreren und/oder umfangreichen Anhörungen der Kinder;

- bei wiederholten Stellungnahmen der beteiligten Jugendämter;

- bei unterschiedlichen Regelungen für die betroffenen Kinder.

- Der Ausgangswert sei bei einer Entscheidung über mehrere Kinder immer zu erhöhen.[130]

211   Soll der Grundsatz, dass es im Verfahren betreffend die elterliche Sorge für mehrere Kinder darauf ankommt, welche Regelung dem Wohl jedes der betroffenen Kinder am besten entspricht, ernst genommen werden, ist jedes der Kinder als Individuum zu sehen und sind alle Überlegungen auch für jedes der Kinder anzustellen. Bei entsprechendem Alter ist auch jedes der Kinder zu hören. Dies bringt bei einer verantwortlichen Tätigkeit auch Mehrarbeit mit sich und rechtfertigt daher auch nach dieser Auffassung eine Erhöhung.

212   In der Rechtsprechung wurden zum alten Recht vereinzelt auch **Unterschreitungen des Regelwertes** vertreten. Ob dies überhaupt und wenn ja, in welchen Fällen und bis zu welchem Betrag[131] angemessen war, ist äußerst umstritten.[132] Als Gründe für eine Herabsetzung wurden genannt:

---

129   OLG Düsseldorf, AnwBl. 1985, 262.
130   OLG Köln, 25. ZS, FamRZ 1995, 103 (nur LS); OLG Düsseldorf, AGS 1993, 92 (in einem unstreitigen Verfahren 2.500 DM als Regelwert zzgl. 500 DM für jedes weitere Kind); OLG Celle, JurBüro 1979, 577 und 1982, 1710 und 1983, 429.
131   OLG Bamberg, JurBüro 1989, 1303: nicht unter 3.000 DM; OLG Hamburg, JurBüro 1989, 1303: nicht unter 1.500 DM.
132   Gegen eine Herabsetzung: OLG Hamm, AnwBl. 1986, 205: 1 Kind, bei Einleitung des Verfahrens 15 Jahre alt, bei Abschluss des Verfahrens 16 Jahre alt, ausführliche Stellungnahme des Jugendamtes, anfänglich beträchtliche Bedenken der Kindesmutter gegen eine Übertragung auf den Vater bei ansonsten durchschnittlichem Verfahren m.w.N.

- beiderseitige PKH.[133] Dem ist entgegenzuhalten, dass die PKH als solche zwar ein Anhaltspunkt für die Einkommens- und Vermögensverhältnisse der Parteien ist. Ob diese aber überhaupt ein Kriterium im Rahmen der Ermessensausübung bzw. Schätzung ist, kann daraus nicht geschlossen werden. § 30 Abs. 2 KostO enthält insoweit keinen ausdrücklichen Anknüpfungspunkt. Die Einkommensverhältnisse der Eltern müssen bei der Bewertung eines Verfahrens betreffend die elterliche Sorge über gemeinschaftliche Kinder aber deswegen ohne Bedeutung sein, weil sie kein sachgerechtes Kriterium sind. Es geht in diesen Verfahren nicht um finanzielle Fragen zwischen den Eltern, sondern um das Wohl der Kinder. Es handelt sich deswegen auch um nichtvermögensrechtliche Angelegenheiten, die nicht einmal mittelbar durch die Einkommensverhältnisse der Eltern beeinflusst werden. Anderenfalls würde in der Streitwertfestsetzung eine Verbindung zwischen dem Kindeswohl einerseits und dem finanziellen Hintergrund der Eltern andererseits geschaffen. Gerade diese Verbindung ist aber bei Einigungen der Eltern über die elterliche Sorge ein Indiz für sittenwidriges Handeln, wenn die Entscheidung zur elterlichen Sorge von damit korrespondierenden finanziellen Zuwendungen oder Erleichterungen zwingend beeinflusst ist.

Wenn aber die Einkommensverhältnisse der Eltern in Verfahren betreffend die elterliche Sorge kein Kriterium für die Schätzung sind, ist die PKH-berechtigte Partei genauso zu behandeln wie die „reiche" Partei. Mithin sind beim Streitwert keine Unterscheidungen vorzunehmen.

- die Regelung zwischen den Eltern sei nicht streitig.[134] Die meisten zugrunde liegenden Entscheidungen stammen aus der Zeit vor dem

---

133 OLG München, JurBüro 1981, 1565.
134 OLG Karlsruhe, FamRZ 1999, 730 (nur LS): Reduktion auf 3.000 DM in einem Verfahren, in dem nur wenige, kurze Schriftsätze gewechselt worden seien, die Auseinandersetzung der Eltern begrenzt gewesen und der Antrag nach §§ 1696, 1672 BGB a.F. nach einer knappen Stellungnahme des Jugendamtes zurückgenommen worden sei; OLG Düsseldorf, AGS 1993, 92: Reduktion auf 2.500 DM.

In-Kraft-Treten des Kindschaftsrechtsreformgesetzes zum 1.7.1998. Die elterliche Sorge gehörte im Ehescheidungsverfahren zu den Verfahren im Zwangsverbund. Aus der Anhängigkeit des Verfahrens konnte mithin nicht geschlossen werden, dass die Eltern sich mit dieser Regelung besonders befasst hatten. Demgegenüber werden nach dem In-Kraft-Treten des Kindschaftsrechtsreformgesetzes Verfahren betreffend die elterliche Sorge zwischen den Eltern nur noch auf deren Antrag hin eingeleitet. Die Eltern haben sich mithin mit diesem Thema besonders befasst und messen ihm daher eine höhere Bedeutung zu. Die Entscheidungen aus der Zeit vor dem In-Kraft-Treten des Kindschaftsrechtsreformgesetzes können daher nicht ohne weiteres – an für sich gar nicht mehr – übertragen werden.

- Darüber hinaus weist das OLG Schleswig[135] überzeugend darauf hin, dass „Umfang und Schwierigkeit der Sache nicht durch den Streit der Eltern über die Sorgerechtsübertragung bestimmt werden, sondern – wie in dem zu entscheidenden Fall – auch über den Streit zum Rechtsschutzinteresse oder über sonstige Rechtsfragen".

213   Streitwertfestsetzungen, die daran anknüpften, ob es sich um ein Verfahren auf Regelung der elterlichen Sorge für die Trennungszeit (§ 1672 BGB a.F.) oder um ein Verfahren auf Regelung der elterlichen Sorge für die Zeit nach rechtskräftiger Ehescheidung (§ 1671 BGB a.F.) handelte, können nach der Gesetzesänderung mit Wirkung zum 1.7.1998 nicht mehr übernommen werden und sind daher auch für Verfahren betreffend die elterliche Sorge, die in der Zeit vor dem 1.7.2004 anhängig wurden, nicht mehr zu berücksichtigen.

214   Streiten die Parteien in einem **isolierten Verfahren** über die elterliche Sorge, handelt es sich um ein FGG-Verfahren. Für die Bewertung dieser Verfahren ist durch das Kostenrechtsmodernisierungsgesetz keine Änderung eingetreten. Der Streitwert ermittelt sich wegen § 23 Abs. 1 RVG nach der KostO. Maßgebend ist insoweit nach § 30 Abs. 3 Satz 1, Abs. 2

---

135   FamRZ 1997, 831, 832.

Satz 1 KostO ein Gegenstandswert von 3.000 € als Regelwert. Dies gilt unabhängig davon, ob es sich um die erstmalige Regelung der elterlichen Sorge oder um die Änderung einer Sorgerechtsregelung nach § 1696 BGB handelt.

Streiten die Eltern im gleichen Verfahren mit widerstreitenden Anträgen jeweils auf Übertragung der elterlichen Sorge auf sich allein, handelt es sich um den gleichen Gegenstand. Die Werte sind nicht zu addieren.   215

Anträge auf Erlass einer **einstweiligen Anordnung** nach § 620 ZPO bzw. nach § 621g ZPO stellen nach § 18 Nr. 1 lit. b und lit. d RVG besondere Angelegenheiten dar. Nach § 24 Satz 1 RVG ist in diesen Verfahren von einem Wert von 500 € auszugehen. § 24 Satz 1 RVG entspricht insoweit der inhaltsgleichen Regelung in § 8 Abs. 3 BRAGO. Es handelt sich mithin wiederum um einen Ausgangswert, der je nach den Umständen des Einzelfalles erhöht oder erniedrigt werden kann. Da sich derartige Verfahren durch ein besonderes Eilbedürfnis und durch eine hohe emotionale Beteiligung der Betroffenen auszeichnen, kommt eine Ermäßigung des Betrages praktisch nicht in Betracht.   216

Hartmann[136] weist zutreffend darauf hin, dass der Wert bei den Gebührennovellen 1980, 1987, 1994, 2001 und 2004 nicht erhöht worden sei. Dies sei bei der Festsetzung zu beachten.

Wird gegen die Entscheidung über einen Beschluss betreffend die einstweilige Anordnung Beschwerde eingelegt, fehlt es an einer gesetzlichen Bestimmung über den zugrunde zu legenden Gegenstandswert. Hier wird § 23 Abs. 2 Satz 3 RVG[137] analog angewendet, so dass wiederum von einem Gegenstandwert von 500 € auszugehen ist.   217

Im Übrigen gelten in den **Rechtsmittelverfahren** die gleichen gesetzlichen Bestimmungen wie in den Verfahren erster Instanz.   218

---

136   KostG, § 24 RVG Rn. 2.
137   OLG Karlsruhe, FamRZ 1999, 797 f. zu § 8 Abs. 2 Satz 3 BRAGO a.F.

e) Verfahren nach § 1628 BGB

219   Da es sich um isolierte Verfahren handelt, ist der Gegenstandswert über den Verweis in § 23 Abs. 1 RVG dem § 30 KostO zu entnehmen. Es kommt daher auf die Bedeutung der zwischen den Eltern streitigen Fragen in der Ausübung der gemeinsamen elterlichen Sorge sowie auf den Umfang und die Schwierigkeit des Verfahrens an. Es ist davon auszugehen, dass die Regelung dieser Einzelfrage üblicherweise hinter dem Wert der Regelung der elterlichen Sorge insgesamt zurückbleibt und dass insoweit von Gegenstandswerten unterhalb von 3.000 € auszugehen sein wird.

f) Umgangsrecht

220   Die Regelung des Umgangs mit einem gemeinschaftlichen Kind ist in jedem Fall ein eigener Regelungsgegenstand. Dieser wird nicht mit dem Wert der elterlichen Sorge abgegolten. Dies gilt auch dann, wenn im gleichen Verfahren elterliche Sorge und Umgang geregelt werden.[138] Beide Gegenstände sind mithin jeweils für sich zu bewerten und anschließend zu addieren.

221   Auch hinsichtlich der Umgangsregelung ist bei der Wertbestimmung zunächst zu schauen, ob eine Regelung im Verbund oder eine Regelung im isolierten Verfahren beantragt wird.

222   Streiten die Parteien in einem **isolierten Verfahren** über die Regelung, handelt es sich um ein FGG-Verfahren. Der Streitwert ermittelt sich wegen § 23 Abs. 1 RVG nach der KostO. Maßgebend ist wiederum § 30 Abs. 3 Satz 1, Abs. 2 Satz 1 KostO. Anders als bei der elterlichen Sorge, ist hier jedoch umstritten, ob von einem Gegenstandswert von 3.000 € als Regelwert ausgegangen werden kann oder ob der Wert der Regelung des Umgangs im Regelfall, also bei durchschnittlichen Verhältnissen, hinter dem Wert der elterlichen Sorge zurückbleibt. Als Argument für einen geringeren Wert wurde angeführt, dass das Umgangsrechts-

---

138   OLG Zweibrücken, FamRZ 1998, 1311; Madert/Müller-Rabe, Kostenhandbuch, B Rn. 32 m.w.N.

verfahren i.d.R. gegenüber dem Sorgerechtsverfahren von geringerer Bedeutung sei.[139]

Dieser Auffassung sind zu Recht zahlreiche Gerichte[140] und Stimmen in der Literatur[141] entgegengetreten. Sie tragen dem Gesichtspunkt Rechnung, dass der persönliche Kontakt der Kinder mit demjenigen Elternteil, bei dem sie nicht ständig leben, bereits in zeitlicher Hinsicht für die Betroffenen in aller Regel von erheblich größerer Bedeutung als die Regelung der elterlichen Sorge ist. Während die elterliche Sorge „nur" diejenigen Angelegenheiten erfasst, die über die Alltagsfragen hinausgehen, regelt der Umgang in daran gemessen relativ kurzfristig wiederkehrenden Zeitabständen einen Kontakt. Dieser Kontakt ist für die Entwicklung des betroffenen Kindes zumindest von gleich hoher Bedeutung wie die Übertragung der elterlichen Sorge, die auf das persönliche Empfinden des Kindes in aller Regel in wesentlich geringerem Maße einwirkt. **Außergewöhnlichen Verhältnissen** kann durch entsprechende Zuschläge Rechnung getragen werden.

223

Von Oelkers[142] werden als **Kriterien für die Ermessensausübung** beispielhaft angegeben:

224

- „die Zahl der Anhörungstermine,

- Einholung eines Sachverständigengutachtens bzw. eines Zweitgutachtens,

- die Dauer des Verfahrens,

- Zahl und Umfang der gewechselten Schriftsätze,

139 OLG Saarbrücken, AnwBl. 1984, 372 m. ablehnender Anm. von Schmidt; OLG Köln, Jur-Büro 1981, 1564; OLG Zweibrücken, JurBüro 1980, 1719; OLG Celle, Rpfleger 1979, 35.
140 OLG Naumburg, Beschl. v. 30.8.1999 – 3 WF 128/99, FamRZ 2001, 112; OLG Frankfurt/M., JurBüro 1999, 371, 372 in den Entscheidungsgründen: 5.000 DM bei einem nach Umfang und Bedeutung durchschnittlichen Verfahren; OLG Brandenburg, JurBüro 1996, 312 = FamRZ 1997, 37 (LS); OLG Nürnberg, FamRZ 1990, 1130; OLG München, JurBüro 1990, 1295; OLG Düsseldorf, JurBüro 1980, 1543; OLG Bamberg, JurBüro 1979, 94; OLG Hamm, Rpfleger 1976, 31.
141 Oelkers, Sorge- und Umgangsrecht in der Praxis, § 9 Rn. 37; Madert/Müller-Rabe, Kostenhandbuch, B Rn. 34 jeweils m.w.N.
142 Sorge- und Umgangsrecht in der Praxis, § 9 Rn. 33.

- Bedeutung und Zweck der Sache,
- das Interesse der Beteiligten an einer gerichtlichen Regelung,
- die Einkommens- und Vermögensverhältnisse der Beteiligten."

225 Zu diesem hilfreichen Kriterienkatalog ist Folgendes anzumerken:

Er ist nicht abschließend, sondern eine Auflistung von Kriterien, die in der Rechtsprechung auch bereits vielfach berücksichtigt worden sind.

Auf die Bedenken, die Einkommens- und Vermögensverhältnisse der Beteiligten zu berücksichtigen, wurde schon bei der elterlichen Sorge hingewiesen. Sie gelten hier in gleicher Weise. Auch die Regelung des Umgangs ist eine nichtvermögensrechtliche Angelegenheit, deren Bedeutung für die Beteiligten nicht von der eigenen finanziellen Vermögenslage abhängt.

Darüber hinaus sollten beim Umfang der Angelegenheit nicht nur die gerichtlichen Anhörungstermine und der Umfang der Akte berücksichtigt werden. Gerade derartige Verfahren zeichnen sich dadurch aus, dass sich der Hauptteil der anwaltlichen Arbeit nicht in der Anfertigung von Schriftsätzen niederschlägt. Es sind vielmehr häufige und lange Gespräche mit dem Auftraggeber gerade bei missglückten Umgangsterminen, bei verweigerten Umgangsterminen etc. zu führen. In vielen Fällen sind Gespräche mit dem Jugendamt über die Ausgestaltung des Umgangs, die Terminabsprachen etc. zu führen. In einigen Fällen sind Gespräche mit Therapeuten etc. zu führen, die zwar dem Rechtsanwalt Auskunft erteilen und insoweit auf dessen Stellungnahmen im Verfahren Auswirkungen haben. Um die Stellung des Therapeuten für die Therapierten jedoch nicht zu gefährden, kann der Therapeut vielfach nicht als Zeuge im Verfahren erscheinen. Auch diese Tätigkeiten prägen den Umfang und die Schwierigkeit der Angelegenheit und sollten daher berücksichtigt werden. Selbstverständlich setzt dies voraus, dass dem Gericht derartige Tätigkeiten auch geschildert werden, um deren Umfang überhaupt deutlich zu machen. Auf eine Berücksichtigung ins Blaue hinein kann sich weder das Gericht noch der Rechtsanwalt einlassen.

Als Beispiel für eine Streitwertfestsetzung unter Berücksichtigung der tatsächlichen Verhältnisse des Falles kann die Entscheidung des OLG Frankfurt/M.[143] herangezogen werden. Das OLG Frankfurt/M. hat in dieser Entscheidung den Gegenstandswert für das Verfahren auf Regelung des Umgangs auf 16.000 DM festgesetzt.[144]   226

Anträge auf Erlass einer **einstweiligen Anordnung** betreffend die Regelung des Umgangs stellen nach § 18 Nr. 1 b) und d) RVG eine besondere Angelegenheit dar. Für die Bewertung gilt wiederum § 24 Satz 1 RVG mit einem Ausgangswert von 500 €.

Für Verfahren betreffend den Umgang im **Ehescheidungsverbund** sieht   227
§ 48 Abs. 3 Satz 3 2. Halbs. GKG i.d.F. des Kostenrechtsmodernisierungsgesetzes einen Festbetrag von 500 € vor.

g) Kindesherausgabe

Für die Verfahren betreffend die Herausgabe eines oder mehrerer Kinder gelten die Ausführungen zu den Gegenstandwerten in Verfahren betreffend die Regelung der elterlichen Sorge oder des Umgangs entsprechend.   228

Damit ergeben sich folgende **Ausgangswerte:**   229

isoliertes Hauptsacheverfahren	§ 30 Abs. 2 und 3 KostO i.V.m. § 23 Abs. 1 RVG: 3.000 €[145] als Regelwert
Verbundverfahren	§ 48 Abs. 3 Satz 3 3. Halbs. GKG: 900 € als Festwert

---

143 JurBüro 1999, 371, 372.
144 In der veröffentlichten Entscheidung dazu genannter Sachverhalt: sechsjähriges Kind; mehrjährige Unterbrechung des Umgangs zum Vater; umfangreicher Schriftwechsel; Gespräche des Richters mit dem Kind und den Erzieherinnen im Kindergarten; 2 Anhörungstermine mit den Eltern; Anhörung des Therapeuten des Kindes als sachverständige Zeugen; Aufnahme eines begleiteten Kontakts während des laufenden Verfahrens.
145 Oelkers, Sorge- und Umgangsrecht in der Praxis, § 9 Rn. 30.

einstweilige Anordnung nach § 620 Ziff. 3 ZPO, § 621g ZPO; § 24 Satz 1 RVG	500 € als Regelwert; Hansens[146] geht zutreffend wegen der besonderen Bedeutung dieser Angelegenheit für die Beteiligten von einem Streitwert von mindestens 2.000 DM (1.000 €) aus.

230 Diese Regelwerte tragen dem Normalfall der besonderen Bedeutung der Kindesherausgabe für die Beteiligten keine Rechnung. Die Verfahren auf Kindesherausgabe zeichnen sich dadurch aus, dass eine der Parteien nicht bereit ist, einer anderweitigen Anordnung freiwillig Folge zu leisten oder solches zumindest befürchtet wird. Hier zeichnet sich von vornherein ein ungewöhnlich hohes Konfliktpotential ab.

h) Versorgungsausgleich

231 Die Bewertung des Versorgungsausgleichs ist durch das Kostenrechtsmodernisierungsgesetz verändert worden. Da für die bis zum 1.7.2004 anhängig gewordenen Verfahren weiter die bisherigen Werte gelten, werden zunächst diese dargestellt und sodann der Rechtszustand seit dem 1.7.2004.

aa) Rechtslage bis einschließlich 30.6.2004

232 Im **Verbundverfahren** ist nach § 17a GKG der Jahresbetrag der übertragenen Anwartschaften bzw. der Jahresbetrag der Geldrente, mindestens jedoch ein Betrag von 500 € zugrunde zu legen.

233 Erteilt eine Partei keine Auskünfte und macht die andere Seite die Ansprüche auf Durchführung des Versorgungsausgleichs im Wege der Stufenklage geltend, so ist die Auskunftsstufe neben einem höheren Wert der Leistungsstufe nicht zu berücksichtigen.

234 Ob im **Rechtsmittelverfahren** ebenfalls § 17a GKG[147] anzuwenden ist, ist umstritten.[148] Umstritten ist danach auch, ob bei einer Änderung der

---

146 BRAGO, § 8 Rn. 15.
147 Schneider/Herget, Streitwertkommentar für den Zivilprozeß, Rn. 4827.
148 Zu den Einzelheiten s. Gutdeutsch/Pauling, FamRZ 1998, 214 ff.

angegriffenen Entscheidung im Rechtsmittelverfahren der Gesamtbetrag der übertragenen Anwartschaften oder nur die Differenz zu den bereits im erstinstanzlichen Verfahren angegriffenen Beträgen zugrunde
zu legen ist.

Die ansonsten in Rechtsmittelverfahren anzuwendende Vorschrift des   235
§ 14 GKG passt nicht recht, da diese auf den Umfang der Anfechtung
abstellt. Das Versorgungsausgleichsverfahren bietet aber die Besonderheit, dass nur Verfahrensanträge, aber keine Sachanträge notwendig
sind.

Für die Beschwerde gegen die Aussetzung des Versorgungsausgleichs-   236
verfahrens nach § 2 Abs. 1 VAÜG wendet das OLG Dresden[149] § 12 Abs. 1
GKG i.V.m. § 3 ZPO an.

Bei **teilweiser Anfechtung** richtet sich der Gegenstandswert nach dem   237
Wert des angefochtenen Teils.[150]

Im **isolierten Verfahren** ist § 99 Abs. 3 KostO anzuwenden. Danach ist   238
in den Verfahren nach den §§ 1587b, 1587g Abs. 1 und 1587l Abs. 1
BGB jeweils der Jahresbetrag der zu übertragenden oder zu begründenden Rentenanwartschaften bzw. der Geldrente maßgebend. Mindestens ist ein Betrag i.H.v. 500 € zugrunde zu legen.

Im **Verfahren nach § 53e Abs. 3 FGG,** in dem eine Anpassung der Zah-   239
lung zur Begründung von Rentenanwartschaften in der gesetzlichen
Rentenversicherung an die Änderung der Berechnungsgrößen verlangt
wird, ist ein Betrag i.H.v. 300 € zugrunde zu legen (§ 99 Abs. 3 Ziff. 4
KostO).

In allen **übrigen Fällen,** z.B. bei einer Abänderung nach dem VAHRG,   240
z.B. bei Durchführung des schuldrechtlichen Versorgungsausgleichs, bestimmt sich der Gegenstandswert nach § 30 KostO. Hierbei können die

---

149   Beschl. v. 8.11.2001 – 22 UF 563/01, OLGreport Dresden 2002, 299.
150   OLG Bremen, KostRsp GKG, § 17a Nr. 7.

Wertbestimmungen des § 99 Abs. 3 KostO als Anhaltspunkt herangezogen werden.[151]

bb) Rechtslage ab dem 1.7.2004

241 Durch das Kostenrechtsmodernisierungsgesetz wurden mit § 49 GKG für das Verbundverfahren und mit § 99 Abs. 3 Satz 1 KostO für das isolierte FGG-Verfahren **Festbeträge** eingeführt und zwar,

- wenn dem Versorgungsausgleich ausschließlich Anrechte

  a) aus einem öffentlich-rechtlichen Dienstverhältnis oder aus einem Arbeitsverhältnis mit Anspruch auf Versorgung nach beamtenrechtlichen Grundsätzen,

  b) der gesetzlichen Rentenversicherung und

  c) der Alterssicherung der Landwirte

  unterliegen, 1.000 €;

- wenn dem Versorgungsausgleich sonstige Anrechte unterliegen, 1.000 €;

- wenn ihm sowohl Anrechte aus der einen Gruppe als auch Anrechte aus der anderen Gruppe unterliegen, 2.000 €.

242 Betrifft das Verfahren eine Ausgleichszahlung als Abfindung nach **§ 1587l Abs. 1 BGB** ist ein fester Wert von 1.000 € zugrunde zu legen (§ 99 Abs. 3 Satz 2 KostO).

243 Für das Verfahren auf Neufestsetzung des für die Begründung von Rentenanwartschaften zu leistenden Betrages nach **§ 53e Abs. 3 FGG** verbleibt es bei dem bisherigen Festbetrag von 300 €.

244 Durch die Einführung der Festbeträge soll die Bewertung des Versorgungsausgleichs vereinfacht werden. Sie wird in einzelnen Fällen zu einer Verminderung, in anderen Fällen zu einer Erhöhung des Wertes führen. Nach den Statistiken der gesetzlichen Rentenversicherung beläuft

---

151 Lappe, Familiensachen, Rn. 63.

sich der Betrag, der dem Berechtigen im Wege des öffentlich-rechtlichen Versorgungsausgleichs durchschnittlich gutgebracht wird zurzeit auf monatlich 113 €, entsprechend 1.356 € jährlich.[152]

Damit die Anrechte dem Versorgungsausgleich „unterliegen", kommt es nicht darauf an, dass aus diesen Anrechten auch Beträge übertragen werden müssen oder diese Anrechte zu einer rechnerischen Veränderung des Ausgleichsbetrags führen.[153]   245

cc) Besondere Fallgestaltungen

Besonderheiten sind zu beachten, wenn die Ehegatten in der Ehezeit **keine Anwartschaften** erworben haben. Ist diese Tatsache zwischen den Parteien unstreitig und fragt auch das Gericht allenfalls noch nach, ob diese Angabe richtig ist, so ist kein Versorgungsausgleichsverfahren anhängig. Demzufolge ist auch kein Wert festzusetzen.[154]   246

Behauptet jedoch nur eine der beiden Parteien, dass in der Ehezeit keine Anwartschaften erworben worden seien und versendet das Gericht zur Klärung des Sachverhalts die Fragebögen, so werden Tätigkeiten im Versorgungsausgleichsverfahren entfaltet. Dieses ist damit auch eingeleitet und folglich wertmäßig zu berücksichtigen.[155]

Hiervon zu unterscheiden ist der Fall, in dem der **Versorgungsausgleich kraft vertraglicher Vereinbarung zwischen den Parteien ausgeschlossen** sein soll, eine der Parteien sich aber darauf beruft, der Ausschluss sei unwirksam und der Versorgungsausgleich sei durchzuführen. Auch in diesem Fall werden Tätigkeiten im Versorgungsausgleichsverfahren entfaltet, so dass hierfür auch ein Wert festzusetzen ist. Gegenstandswert des Versorgungsausgleichsverfahren ist auch in diesem Fall der Wert, der sich auch bei Durchführung des Verfahrens ergäbe (mithin § 17a GKG a.F. bzw. § 49 GKG n.F.).   247

---

152   BT-Drucks. 15/1971, S. 155.
153   BT-Drucks.15/1971, S. 155.
154   OLG Bamberg, JurBüro 1987, 254; OLG Hamm, JurBüro 1979, 1336.
155   OLG Saarbrücken, JurBüro 1982, 263.

248   Nach einer weitergehenden Auffassung soll ein Verfahren betreffend den Versorgungsausgleich selbst dann anhängig sein, wenn dieser durch Vereinbarung zwischen den Ehegatten oder kraft Gesetzes (wie teilweise bei einer Scheidung nach anderen Rechtsordnungen) ausgeschlossen sei, und das Gericht diese Frage mit den Parteien erörtere. Dabei soll es nicht darauf ankommen, ob etwa dieser Ausschluss oder diese Rechtslage zwischen den Parteien streitig ist.[156]

249   Treffen die Parteien eine **Vereinbarung nach § 1587o BGB über den Versorgungsausgleich** und soll das Gericht diese **genehmigen**, gehört dieses Verfahren nicht zum Scheidungsverbund.[157] Ein Versorgungsausgleichsverfahren i.S.d. §§ 623 Abs. 1, 621 Abs. 1 Ziff. 6 ZPO wird erst dann ausgelöst, wenn das Gericht die Vereinbarung der Parteien nicht genehmigt. Da mithin noch kein Versorgungsausgleichsverfahren anhängig ist, greifen nach altem Recht § 17a GKG oder § 99 KostO bzw. nach neuem Recht § 49 GKG oder § 99 KostO nicht ein.[158]

250   Statt dessen ist der Wert für diese Genehmigung nach den §§ 97 Abs. 2, 30 Abs. 2 KostO zu bestimmen. Die Vereinbarung über den Versorgungsausgleich gehört zu den persönlichen Rechtsbeziehungen zwischen den Ehegatten i.S.d. § 97 Abs. 1 Ziff. 1 KostO.[159] Zugrunde zu legen waren nach altem Recht auch insoweit die ohne die Genehmigung zu übertragenden oder begründenden Anwartschaften, und falls diese nicht konkret ermittelt worden sein sollten, der hierfür geschätzte Wert. Damit ergaben sich gegenüber der vertrauten Bewertung im Rahmen der Verfahren keine Besonderheiten.

Eine Bewertung nach dem Wert des Ausgleichsersatzes wird abgelehnt.[160] Dieses erscheint auch sachgerecht, zumal der zu genehmigen-

---

156   Schneider/Herget, Streitwertkommentar für den Zivilprozeß, Rn. 4823 m.w.N.; Maurer/Borth, in: Schwab, Handbuch Scheidungsrecht, I Rn. 772; a.A. KG, FamRZ 1987, 727; OLG Karlsruhe, FamRZ 1993, 458.
157   Lappe, Familiensachen, Rn. 33 und Rn. 60.
158   Lappe, in: Korintenberg, KostO, § 97 Rn. 25.
159   Lappe, in: Korintenberg, KostO, § 97 Rn. 11.
160   Lappe, Familiensachen, Rn. 60.

de Verzicht auf Durchführung des Versorgungsausgleichs auch darauf beruhen kann, dass die Parteien sich jeweils anderweitige Möglichkeiten der Altersvorsorge geschaffen haben und deswegen kein Ausgleichsbetrag zu leisten wäre.

i) Ansprüche aus dem ehelichen Güterrecht

Hierunter fallen diejenigen Ansprüche der Ehegatten untereinander, die sich aus den §§ 1363 – 1518 BGB oder aus einem Ehevertrag ergeben.[161] Nicht hierunter fallen die vor dem Zivilgericht zu verfolgenden sonstigen Ansprüche, die die Ehegatten zwar gegeneinander geltend machen, die ihren Grund aber nicht originär in der Ehe haben, als da wären z.B. die Freistellung von gesamtschuldnerischen Verbindlichkeiten, die Freistellung von übernommenen Haftungen und die Befreiung von selbigen sowie die Rückgewähr gewährter Sicherheiten, Vergütung für geleistete Mitarbeit etc.

aa) Zugewinnausgleichsansprüche
(1) Zugewinnausgleichsanspruch als solcher

Für die Bewertung des Zugewinnausgleichsanspruchs kommt es nicht darauf an, ob dieser im Wege einer **isolierten Klage** oder im **Verbundverfahren** geltend gemacht wird.

Wird der Zugewinnausgleich im Wege der **Zahlungsklage** geltend gemacht, ergibt sich der Gegenstandswert aus der verlangten Zahlung (§ 23 Abs. 1 RVG, § 48 Abs. 1 GKG, § 6 ZPO).

Die Ansprüche können sowohl im isolierten Verfahren als auch im Ehescheidungsverbund im Wege der **Stufenklage** geltend gemacht werden. In diesem Fall ist § 44 GKG zu beachten. Derjenige der drei Anträge (Auskunft, eidesstattliche Versicherung, Leistung), der den höchsten Gegenstandswert hat, ist maßgebend, sofern alle Gebührentatbestände nach dem gleichen Gegenstandswert verwirklicht werden.

251

252

253

254

161　Von Eicken, AGS 1999, 49 f.

Der Streitwert der Auskunftsstufe beträgt wiederum einen Bruchteil des Wertes der Leistungsstufe (entweder nach dem dort letztendlich bezifferten Betrag oder nach dem vom Antragsteller vorgestellten Betrag). Der Antrag auf Abgabe der eidesstattlichen Versicherung fällt i.d.R. nicht gesondert ins Gewicht.

255 Problematisch kann die Bestimmung des Wertes der Leistungsstufe werden. Da diese unabhängig von einer etwaigen Bezifferung von Anfang an mit anhängig bzw. rechtshängig wird, hat auch die Leistungsstufe von Anfang an einen Wert. Maßgebend sind die Vorstellungen des Klägers bei Einreichung der Klage.[162] Während einige Gerichte den subjektiven Vorstellungen des Klägers in vollem Umfang folgen,[163] wollen andere Gerichte dasjenige zugrunde legen, was sich bei objektiver Betrachtung auf der Grundlage der vom Kläger vorgestellten Umstände ergeben würde.[164]

256 Umstritten ist die Bewertung des Gegenstandes Zugewinnausgleich, wenn beide Ehegatten der Auffassung sind, ihnen stünden Zugewinnausgleichsansprüche zu und daher die ihnen zustehenden Ansprüche im Wege von **Klage und Widerklage** geltend machen. Hier ist zu entscheiden, ob die Werte von Klage und Widerklage zu addieren sind oder ob nur der höhere der beiden Werte maßgebend ist. Diese Frage ist auf der Grundlage des § 45 Abs. 1 Satz 1 und 3 GKG zu beantworten. Danach sind die Werte von Klage und Widerklage zu addieren, wenn diese nicht denselben Gegenstand betreffen.

257 Vereinzelt wird die Auffassung vertreten, im geschilderten Fall hätten Klage und Widerklage jeweils den gleichen Gegenstand. Es gehe es um einen identischen Anspruch. Beide Parteien würden einen „Zugewinnausgleich" verlangen. Mithin sei nur der höhere der beiden Ansprüche maßgebend.[165]

---

162 Groß, Anwaltsgebühren in Ehe- und Familiensachen, Rn. 154.
163 OLG München, JurBüro 1989, 1164 m.w.N.
164 OLG Düsseldorf, JurBüro 1986, 1685.
165 OLG Düsseldorf, FamRZ 1994, 640; OLG Köln, 14. ZS, FamRZ 1994, 641; OLG Koblenz, JurBüro 1985, 917.

Diese Auffassung ist abzulehnen. Jeder der Ehegatten klagt zwar einen   258
vermeintlichen Anspruch auf Zahlung von Zugewinnausgleich ein. Mit
der Begrifflichkeit als solcher sind aber auch die Gemeinsamkeiten des
Verfahrens erschöpft. Jeder der Ehegatten macht seinen Anspruch auf
Zugewinnausgleich geltend. Der Misserfolg der Klage des einen Ehegatten hat nicht zwingend den Erfolg der Widerklage zur Folge. Die Parteien liegen auch wirtschaftlich um den zusammengerechneten Betrag
der Forderungen auseinander. Der Auffassung, die aus diesen Argu-
menten heraus die Werte von Klage und Widerklage addieren will, ist
zuzustimmen.[166]

Nach vereinzelt vertretener Auffassung soll dies jedoch nicht gelten,   259
wenn einer Leistungsklage auf Zahlung des Zugewinnausgleichs eine
Widerklage auf Auskunft entgegengesetzt wird, die erst der Bezifferung
eines eigenen Zugewinnausgleichsanspruches dienen soll.[167] Zur Begründung wird ausgeführt, die Auskunft habe nur dienende Funktion
und sei daher mit dem Gegenstand der gegnerischen Zahlungsklage
identisch.[168] Diese Auffassung überzeugt nicht. Der Auskunftsanspruch
ist immer ein vorbereitender Anspruch, weil dem Anspruchsinhaber die
Bezifferung mangels Kenntnissen über den tatsächlichen Sachverhalt
nicht möglich ist. Gleichwohl wird dem Auskunftsanspruch ein eigener
Gegenstandswert zuerkannt, selbst wenn dieser von dem vorgestellten
Zahlungsanspruch abgeleitet wird.[169] Dem auf Zahlung von Zugewinnausgleich in Anspruch Genommenen steht nicht per se ein Anspruch
auf Auskunft über das Endvermögen des anderen Ehepartners zu. Dessen Darlegungen zu seinem eigenen Endvermögen gehören vielmehr
„nur" zur schlüssigen Darlegung seines Begehrens. Sofern die Richtigkeit dieser Angaben an Eides statt versichert werden soll, bedarf es ei-

---

166   OLG Karlsruhe, FamRZ 1998, 574; OLG München, FamRZ 1997, 41; OLG Köln, 21. ZS,
       FamRZ 1997, 41; OLG Bamberg, FamRZ 1995, 492; Schneider/Herget, Streitwertkom-
       mentar für den Zivilprozeß, Rn. 5140; Groß, Anwaltsgebühren in Ehe- und Familiensachen,
       Rn. 158.
167   Schneider/Herget, Streitwertkommentar für den Zivilprozeß, Rn. 5141 ohne Begründung.
168   OLG Zweibrücken, JurBüro 1985, 1360.
169   Groß, Anwaltsgebühren in Ehe- und Familiensachen, Rn. 158.

nes eigenen Auskunftsantrags nebst Antrags auf Abgabe der eidesstattlichen Versicherung.

260 Diese Gegenstandswerte gelten grds. auch bei einer Einigung der Parteien über die Höhe des zu zahlenden Zugewinnausgleichs, insbesondere im Falle des **Vergleichs/einer Einigung i.S.d. Nr. 1000 VV.** Zugrunde zu legen ist der Betrag, über den sich die Parteien einigen und nicht dasjenige, worauf sich die Parteien einigen.

261 Interessant ist in diesem Zusammenhang eine Entscheidung des OLG Köln.[170] Die Parteien hatten sich außergerichtlich auf Zahlung eines Betrages für den Zugewinnausgleich geeinigt. Da das Zugewinnausgleichsverfahren selbst nicht bei Gericht anhängig war, gaben die Parteien ihre Einigung im Wege eines Prozessvergleichs zu Protokoll. Das OLG Köln hat den Betrag festgesetzt, auf den sich die Parteien geeinigt hatten und nicht den Betrag, der zwischen den Parteien ursprünglich im Streit war. Es ist davon ausgegangen, dass nur noch ein Titulierungsinteresse bestehe.

262 Dieser Entscheidung kann jedenfalls nicht in dieser pauschalen Form zugestimmt werden. Sie setzt voraus, dass die Parteien bereits vor der Protokollierung eine wirksame Einigung über die Höhe des Zugewinnausgleichs herbeigeführt hatten. Anderenfalls konnte jede der Parteien bis zum Abschluss des Prozessvergleichs noch von der einmal getroffenen Vereinbarung ohne Nachteile abrücken und den bislang vorgestellten Anspruch weiter verfolgen. Bei der Regelung einer Zugewinnausgleichsforderung ist aber nicht nur § 154 BGB bedeutsam.[171] Gerade bei der Zugewinnausgleichsforderung ist das Formerfordernis der notariellen Beurkundung nach § 1378 Abs. 3 Satz 2 BGB zu beachten, wobei die notarielle Beurkundung nach § 127a BGB durch die gerichtliche Pro-

---

170 NJW-RR 1999, 1303.
171 Danach ist die Vereinbarung im Zweifel solange noch nicht wirksam, wie eine von den Parteien vereinbarte Form der Beurkundung noch nicht erfolgt ist. Haben die Parteien mithin ohne sonstige Klarstellungen zum Zeitpunkt des Wirksamwerdens vereinbart, dass die Vereinbarung noch bei Gericht protokolliert werden solle, wird diese im Zweifel auch erst mit der Protokollierung wirksam.

tokollierung ersetzt werden kann. Erst nach Rechtskraft der Ehescheidung können sich die Parteien formfrei über den Zugewinnausgleich
und damit auch dann erst wirksam ohne Einhaltung der Formerfordernisse auf eine bestimmte Höhe der Forderung einigen.

Einigen sich die Parteien mithin während des laufenden Scheidungs-   263
verfahrens, wird die außergerichtliche Vereinbarung erst mit ihrer Protokollierung wirksam. Ihr Regelungsgehalt geht daher über die bloße
Schaffung eines Titels hinaus. In einem solchen Fall ist jedenfalls die
höchste geltend gemachte Forderung maßgebend.

Hinweis:

Für den Rechtsanwalt hat die gerichtliche Streitwertfestsetzung nur
für die im gerichtlichen Verfahren entstehenden Gebühren eine Bedeutung. Hatte der Rechtsanwalt hinsichtlich des Zugewinns einen
Auftrag zur außergerichtlichen Tätigkeit, muss er selbst den Streitwert für dieses Verfahrensstadium festlegen. Die gerichtliche Festsetzung ergreift erst das spätere Stadium und ist daher für diese außergerichtliche Tätigkeit nicht maßgebend.

Wird neben dem Zugewinnausgleichsanspruch auch ein Anspruch auf   264
Ausgleich nach § 40 FGB geltend gemacht, handelt es sich um eine ob-
jektive Klagehäufung.[172] Die Gegenstände sind nicht identisch und daher zu addieren.

(2) Klage auf vorzeitigen Zugewinnausgleich

Der Streitwert der Klage auf vorzeitigen Zugewinnausgleich richtet sich   265
nach dem Interesse des klagenden Ehegatten an der vorzeitigen Auflö-
sung der Zugewinngemeinschaft.[173]

Wird mit der Gestaltungsklage auf vorzeitigen Zugewinnausgleich be-   266
reits die Klage auf Zahlung des sich dann ergebenden Ausgleichsan-

---

172   Koch, FamRZ 2003, 197, 210.
173   BGH, FamRZ 1973, 133.

spruchs verbunden, liegen zwei Streitgegenstände vor. Diese sind nach § 5 ZPO zu addieren.

(3) Stundung der Ausgleichsforderung nach § 1382 BGB

267   Die Wertbestimmungen können auf den ersten Blick verwirrend erscheinen. Sie klären sich jedoch, wenn zunächst ein Blick auf das Verfahren selbst geworfen wird.

268   Der Anspruch kann zum einen nach § 621 Abs. 1 Ziff. 9 ZPO i.V.m. § 623 Abs. 1 Satz 1 ZPO im **Verbundverfahren** geltend gemacht werden. In diesem Fall sind nach § 1 Nr. 1 lit. b GKG die Bestimmungen des GKG auch für die Folgesachen anzuwenden. Nach § 48 Abs. 1 GKG i.V.m. § 3 ZPO ist das Interesse des Antragstellers am Zahlungsaufschub zu schätzen.

269   Der Anspruch kann darüber hinaus auch **im isolierten Verfahren** geltend gemacht werden. In diesem Fall handelt es sich um ein FGG-Verfahren. Damit greifen §§ 97 Abs. 1 Ziff. 1, 30 Abs. 2 KostO ein. Mangels anderer Anhaltspunkte gilt der Auffangwert von 3.000 €.

270   Wenn über die **Ausgleichsforderung jedoch ein Rechtsstreit anhängig ist**, kann der Schuldner den Antrag auf Stundung nur in diesem Verfahren stellen (§ 1382 Abs. 5 BGB). Nach § 621a ZPO ist in diesem Fall auch über den Stundungsantrag einheitlich durch Urteil zu entscheiden. Auch hier gelten nach § 1 Nr. 1b GKG die Bestimmungen des GKG. Danach ist auch für den Stundungsantrag das GKG und damit § 3 ZPO anzuwenden. Das Interesse des Antragstellers am Zahlungsaufschub ist mithin zu schätzen. Der Streitwert wird also nach den Bestimmungen des Zivilprozesses ermittelt. Die Verfahren gelten nach § 46 Abs. 2 GKG als ein Verfahren, dessen Gebühren nach dem zusammengerechneten Wert der Gegenstände zu berechnen sind. Der Wert der geltend gemachten Ausgleichsforderung und der Wert des Stundungsantrags sind mithin zu addieren.

(4) Übertragung von Vermögensgegenständen nach § 1383 BGB

Die vorstehenden Ausführungen zum Stundungsantrag nach § 1382   271
BGB gelten entsprechend für den Antrag auf Übertragung von Vermögensgegenständen, so dass auf diese verwiesen werden kann.

Soweit über den Ausgleichsanspruch zeitgleich ein Verfahren auf Zah-   272
lung anhängig ist, muss der Antrag wegen der Verweisung in § 1383
Abs. 3 BGB auf § 1382 Abs. 5 BGB im gleichen Verfahren geltend gemacht werden.

Für die Verweisung in § 48 Abs. 1 GKG auf die Bestimmungen der ZPO   273
werden bei Anträgen nach § 1383 BGB drei Auffassungen vertreten:

- Das Interesse des Gläubigers an der Sachabfindung sei nach § 3 ZPO
  zu schätzen.[174]

- Der Wert der Sache werde nach § 6 ZPO geschätzt.[175]

- Der bezifferte Wert des Ausgleichsanspruchs sei maßgebend.[176]

bb) Ansprüche bei Gütergemeinschaft

Leben die Parteien im **Güterstand der Zugewinngemeinschaft**,   274
kommt in Betracht, dass eine **Klage auf Aufhebung der Gütergemeinschaft** nach den §§ 1447 ff., 1469 ff. BGB anhängig gemacht wird.
Diese Klage ist in ihren Wirkungen der Klage auf vorzeitigen Zugewinnausgleich vergleichbar. Sie führt zur Aufhebung der Gütergemeinschaft.
Als Wert ist das Interesse des Klägers an der Aufhebung der Gütergemeinschaft nach § 3 ZPO zu schätzen.[177]

Die Klage kann aber auch auf **Auseinandersetzung der Güterge-**   275
meinschaft nach den §§ 1471 ff. BGB gerichtet sein. Auch in diesen Fällen wird der Wert nach § 3 ZPO geschätzt. Maßgebend ist insoweit der

---

174   Lappe, Familiensachen, Rn. 37.
175   OLG Frankfurt/M., MDR 1990, 58.
176   Zöller/Herget, ZPO, § 3, „Zugewinngemeinschaft".
177   Groß, Anwaltsgebühren in Ehe- und Familiensachen, Rn. 102.

Wert des Anteils, den der Kläger beansprucht. Ein Schuldenabzug findet nicht statt.[178]

j) Ehewohnung

276 Für die **isolierten Hauptsacheverfahren** gilt § 100 Abs. 3 Satz 1 KostO. Streitwert ist der Jahresmietwert. Dabei kommt es darauf an, ob der Streit die gesamte Wohnung oder nur einen Teil derselben erfasst. Je nachdem soll der Gesamtmietwert der Wohnung oder nur ein Bruchteil derselben berücksichtigt werden.

277 Für das Wohnungszuweisungsverfahren nach **§ 1361b BGB** während der Dauer des Getrenntlebens wird teilweise die Auffassung vertreten, es könne nur der sechsfache Monatsmietwert zugrunde gelegt werden.[179] Diese Auffassung, die zum Teil aus der Zeit stammt, als der Gegenstandswert für das Verfahren sich aus § 21 HausratsVO ergab, ist abzulehnen.[180] Auch auf die Verfahren auf Zuweisung der Ehewohnung für die Dauer des Getrenntlebens ist § 100 Abs. 3 Satz 1 KostO unmittelbar anwendbar. Dieser differenziert nicht danach, ob es sich um Verfahren auf Zuweisung für die Dauer des Getrenntlebens oder um Verfahren auf endgültige Zuweisung der Wohnung an einen Ehegatten handelt. Wegen des vorläufigen Charakters der Regelung nach § 1361b BGB liegt die Versuchung nahe, über Abschläge vom Jahresmietwert nachzudenken. Diese Versuchung erscheint jedoch nicht gerechtfertigt. Wie in allen sonstigen Fällen kommt es auf die Interessen der Parteien an. Die Verfahren auf Zuweisung der Ehewohnung zeichnen sich typischerweise durch ein hohes Konfliktpotential und eine damit verbundene hohe Arbeitsleistung des Rechtsanwalts aus. Darüber hinaus füh-

---

178 BGH, NJW 1975, 1415; wegen weiterer Einzelheiten siehe die Darstellung – auch zur Entwicklung der Rechtsprechung – bei Groß, Anwaltsgebühren in Ehe- und Familiensachen, Rn. 103.

179 OLG Karlsruhe, NJW-RR 2003, 1302 = FamRZ 2003, 1767; OLG Zweibrücken, FamRZ 2001, 1387 f.; OLG Köln, FamRZ 1995, 562; AG Bremen, FamRZ 2003, 244 f.; das OLG Saarbrücken will sogar nur den dreifachen Monatsmietwert berücksichtigen; Brudermüller, FamRZ 2003, 1705, 1712 f.

180 So auch OLG Bamberg, FamRZ 2003, 457 unter ausdrücklicher Aufgabe der früheren Rechtsprechung in FamRZ 1995, 560.

ren die Verfahren auf Zuweisung der Ehewohnung in der Trennungszeit rein faktisch in aller Regel auch den endgültigen Zustand herbei.[181] In der Sache selbst wird daher nahezu durchgehend das Hauptsacheverfahren erspart.

Für **einstweilige Anordnungen** ist nach § 24 Satz 2 RVG i.V.m. § 53 Abs. 2 Satz 2 GKG ein Festwert von 2.000 € zugrunde zu legen. **278**

Für das **Verbundverfahren** bestehen keine Sondervorschriften im Gerichtskostengesetz. Der Wert ist daher über die Verweisung in § 48 Abs. 1 Satz 1 GKG nach § 3 ZPO zu schätzen. Insoweit wird jedoch die für das isolierte Verfahren in der Hauptsache gültige und für das Verbundverfahren nicht unmittelbar anwendbare Vorschrift des § 100 Abs. 3 Satz 1 KostO als Schätzungsgrundlage herangezogen. Für die Folgesache „Ehewohnung" nach § 623 Abs. 1 Satz 1 ZPO i.V.m. § 621 Abs. 1 Ziff. 7 ZPO ist mithin auch der Jahresmietwert anzusetzen.[182] **279**

Im **einstweiligen Anordnungsverfahren nach § 620 Satz 1 Ziff. 7 ZPO** ist nach § 53 Abs. 2 Satz 2 GKG der dreimonatige Mietwert zugrunde zu legen. **280**

Da mithin in sämtlichen Fällen der x-fache „Mietwert" zugrunde zu legen ist, stellt sich die Frage, ob damit die Nettokaltmiete oder die Bruttomiete oder die Nettokaltmiete zzgl. aller oder einzelner im Mietvertrag ausgewiesener Nebenkostenvorauszahlungen gemeint ist. Während hier für mietrechtliche Streitigkeiten bis zum In-Kraft-Treten des § 41 Abs. 1 Satz 2 GKG in der Fassung des Kostenrechtsmodernisierungsgesetzes eine Diskussion im Gange war, werden in den familienrechtlichen Verfahren seit jeher in aller Regel die Nettokaltmieten zugrunde gelegt, jedenfalls soweit diese im Mietvertrag gesondert ausgewiesen sind.[183] **281**

---

181 Thalmann, ZAP, Fach 24, S. 275, 287.
182 OLG Karlsruhe, AnwBl. 1981, 404; Jungbauer, FuR 2004, 211.
183 OLG Brandenburg, FamRZ 1996, 502 (nur LS).

k) Hausrat

282 Im **isolierten Hauptsacheverfahren** ist nach § 100 Abs. 3 Satz 1 KostO grds. der Wert des Hausrats maßgebend. Betrifft der Streit jedoch im Wesentlichen die Nutzung des Hausrats, so ist das Interesse der Beteiligten an der Nutzung des Hausrats maßgebend (§ 100 Abs. 3 Satz 2 KostO). Dieses wird mit einem Bruchteil von 1/4 bis 1/5 des Verkehrswerts angenommen. Einen Anhaltspunkt für den Verkehrswert bietet die Deckungssumme in der Hausratversicherung. Diesen Wert haben die Parteien selbst dem Hausrat beigemessen.

Zu berücksichtigen ist ferner, ob es sich um eine nur vorläufige Regelung für die Trennungszeit handelt. Auch hier gilt jedoch, dass übermäßige Abschläge fehl am Platz sind, da auch in diesen Fällen die vorläufige Regelung in aller Regel zur endgültigen Regelung wird.

283 Im Verfahren auf Erlass einer **einstweiligen Anordnung nach § 620g ZPO** ist nach § 24 Satz 2 RVG i.V.m. § 53 Abs. 2 Satz 2 GKG ein Festwert von 1.200 € zugrunde zu legen.

284 Im **Verbundverfahren** ist der Wert nach § 48 Abs. 1 GKG i.V.m. § 3 ZPO zu schätzen. Die Schätzung wird i.d.R. wiederum zum Verkehrswert des Hausrats führen. Eine Auffassung, nach der nur der Verkehrswert der mit der Antragsschrift herausverlangten Hausratsgegenstände[184] bzw. die Hälfte des Gesamtwertes zugrunde gelegt werden soll, ist abzulehnen. Das Hausratsverfahren erfasst gerade nicht nur die Herausgabe eines einzelnen Gegenstandes. Ob ein Gegenstand herauszugeben ist, entscheidet sich vielmehr in allen Fällen, in denen kein Alleineigentum bewiesen werden kann, nach den Grundsätzen von Gerechtigkeit und Billigkeit. Dies ist nur vor dem Hintergrund der Verteilung des gesamten Hausrats zu prüfen. Hierauf erstreckt sich mithin auch der Vortrag im Verfahren, so dass sich das Verfahren mit dem Hausrat insgesamt und nicht nur mit der ergänzenden Wunschliste befasst.

---

184 OLG Nürnberg, FamRZ 1998, 310.

Der Wert **einstweiliger Anordnungen nach § 620 Satz 1 Ziff. 7 ZPO**   285
ist nach § 53 Abs. 2 Satz 2 GKG mit einem Festbetrag von 1.200 € anzusetzen.

l) Prozesskostenvorschussanspruch

Der Prozesskostenvorschussanspruch wird als Zahlungsanspruch gel-   286
tend gemacht. Der Streitwert richtet sich daher nach der Höhe der geltend gemachten Ansprüche. Der Berechtigte wird diejenigen Kosten
(Anwaltsgebühren und Gerichtskostenvorschuss) geltend machen, deren Entstehung er erwarten kann. Diese Bewertungsgrundsätze gelten
unabhängig davon, ob der Anspruch auf Zahlung des Prozesskostenvorschusses im Wege der Klage oder im Wege der einstweiligen Anordnung geltend gemacht wird. Die ansonsten bei Verfahren des einstweiligen Rechtsschutzes häufig vorzunehmenden Abschläge entfallen,
da die Regelung in nahezu allen Fällen zur endgültigen Regelung führt.[185]

Für das gerichtliche Verfahren auf Zahlung des Prozesskostenvorschus-   287
ses entstehen wiederum Anwaltsgebühren und ggf. auch Gerichtskos-
tenvorschüsse. Auch diese können in dem Verfahren zwar mit geltend
gemacht werden. Sie erhöhen aber nicht den Gegenstandswert dieser
Klage. Es ist daher immer in zwei Schritten zu rechnen. Zur Erläuterung
dienen die nachfolgenden **Berechnungsbeispiele**:

Beispiele:

*(1) Prozesskostenvorschussanspruch wird im Wege einer einstweiligen Anord-
nung für eine isolierte Klage auf Zahlung eines monatlichen Unterhalts von 500 €
geltend gemacht*

Gegenstandswert der Unterhaltsklage (§ 42 Abs. 1 GKG): 6.000 €

*Für die Klage müssen bei Gericht 3 Gerichtsgebühren als Vorschuss eingezahlt
werden (Ziff. 1210 KV-GKG).*

---

185   Schneider/Herget, Streitwertkommentar für den Zivilprozeß, Rn. 3620.

Beim Rechtsanwalt ist die Entstehung von 2,5 Gebühren[186] zu erwarten. Damit sind für die isolierte Unterhaltsklage folgende Kosten zu erwarten:

Rechtsanwaltsgebühren:

Gegenstandswert: 6.000 €

1,3 Verfahrensgebühr nach Nr. 3100 VV	*439,40 €*
1,2 Terminsgebühr nach Nr. 3104 VV	*405,60 €*
Telekommunikationsdienstleistungspauschale nach Nr. 7002 VV	*20,00 €*
16% Umsatzsteuer nach Nr. 7008 VV	*138,40 €*
Rechtsanwaltsgebühren gesamt	**1.003,40 €**

Gerichtskosten:

3 Gebühren nach einem Gegenstandswert von 6.000 €	*408,00 €*
Prozesskostenvorschuss für die isolierte **Unterhaltsklage damit**	**1.411,40 €**

Daneben fallen die Kosten für die einstweilige Anordnung auf Zahlung dieses Prozesskostenvorschusses an. Auch die hierfür anfallenden Gebühren können in der einstweiligen Anordnung mit festgesetzt werden. Ihr Gegenstandswert richtet sich nach dem Gegenstandswert des Prozesskostenvorschussanspruchs. Da in vielen Fällen diese einstweilige Anordnung ohne mündliche Verhandlung erlassen werden wird, wird in der nachfolgenden Berechnung nur die Verfahrensgebühr berücksichtigt.

Die Gebühren im einstweiligen Anordnungsverfahren wegen des Prozesskostenvorschusses berechnen sich wie folgt:

Gegenstandswert: 1.411,40 €

1,3 Verfahrensgebühr nach Nr. 3100 VV (§ 18 Nr. 1a RVG)	*136,50 €*

---

186 Hier wirkt es sich positiv i.S.d. Berechenbarkeit aus, dass die Anzahl der Gebühren nicht mehr von einer Beweisaufnahme abhängig ist, sondern in praktisch jedem Rechtsstreit davon ausgegangen werden kann, dass eine 1,3 Verfahrensgebühr und eine 1,2 Terminsgebühr anfällt.

Telekommunikationsdienstleistungspauschale	
nach Nr. 7002 VV	*20,00 €*
16 % Umsatzsteuer nach Nr. 7008 VV	*25,04 €*
Rechtsanwaltsgebühren gesamt	**181,54 €**

(2) Ehescheidung

Nachdem auch im Ehescheidungsverfahren insgesamt 2,5 Anwaltsgebühren entstehen werden (1,3 Verfahrensgebühr und 1,2 Terminsgebühr), ergibt sich für die Anwaltsgebühren (angenommen wird ein Fall in dem der Versorgungsausgleich ausgeschlossen ist) die gleiche Berechnung wie zu (1), mithin Rechtsanwaltsgebühren von insgesamt   *1.003,40 €*

Gerichtskosten:

2 Gebühren[187] (Ziff. 1310 KV-GKG)

nach einem Gegenstandswert von 6.000 €[188]	*272,00 €*
Prozesskostenvorschuss für den Ehescheidungsantrag	
damit	**1.275,40 €**

Daneben fallen wiederum die Kosten für die einstweilige Anordnung nach § 620 Satz 1 Ziff. 9 ZPO auf Zahlung dieses Prozesskostenvorschusses an. Diese Gebühren berechnen sich wie folgt (wobei wiederum von einer Entscheidung ohne mündliche Verhandlung ausgegangen wird; ordnet das Gericht jedoch eine mündliche Verhandlung über den Prozesskostenvorschuss an, sollte der Antrag auf Zahlung entsprechend um die Terminsgebühr von 1,2 nach dem Wert von 1.275,40 € erweitert werden.):

Gegenstandswert: 1.275,40 €

1,3 Verfahrensgebühr nach Nr. 3100 VV	
(§ 18 Nr. 1b RVG)	*136,50 €*
Telekommunikationsdienstleistungspauschale	
nach Nr. 7002 VV	*20,00 €*
16 % Umsatzsteuer nach Nr. 7008 VV	*25,04 €*
Rechtsanwaltsgebühren gesamt	**181,54 €**

---

187   Da jetzt auch im Ehescheidungsverfahren das Pauschalgebührensystem für die Gerichtskosten gilt, ist auch hier der Vorschuss auf die gesamten Gebühren des Verfahrens einzuzahlen.

188   Es ist zu beachten, dass der Gerichtskostenvorschuss nur nach dem Wert der Ehesache, nicht jedoch nach dem Wert der Folgesachen einzuzahlen ist.

m) Kindschaftssachen

288   Nach § 640 Abs. 2 ZPO sind mit dem Begriff der Kindschaftssachen erfasst:

- die Feststellung des Bestehens oder Nichtbestehens eines Eltern-Kind-Verhältnisses; hierunter fällt auch die Feststellung der Wirksamkeit oder Unwirksamkeit einer Anerkennung der Vaterschaft;

- die Anfechtung der Vaterschaft oder

- die Feststellung des Bestehens oder Nichtbestehens der elterlichen Sorge der einen Partei für die andere.

289   Durch das Kostenrechtsmodernisierungsgesetz wurde der bisherige Ausgangswert von 2.000 € in einen Festwert nach § 48 Abs. 3 Satz 3 GKG von 2.000 € geändert.

290   Wird in einem Verfahren die Vaterschaft für mehrere Kinder angefochten, liegen mehrere Ansprüche vor. Die Streitwerte sind mithin zu addieren.[189]

291   Wird mit der Klage auf Feststellung der Vaterschaft die Klage auf Zahlung von Unterhalt als einem aus dem nichtvermögensrechtlichen Anspruch hergeleiteten vermögensrechtlichen Anspruch verbunden, ist § 48 Abs. 4 GKG zu beachten. Danach ist nur ein Anspruch und zwar der höhere maßgebend.

292   Bevor ein Rechenbeispiel für die Verbindung der Klage auf Feststellung der Vaterschaft verbunden mit der Klage auf Zahlung des Regelunterhalts dargestellt wird, sei eine rechtspolitische Anmerkung erlaubt. Lauterbach[190] wies bereits im Jahre 1971 darauf hin, dass bei der Wertfestsetzung der Bedeutung des Streites Rechnung zu tragen sei. Seinerzeit sah § 14 Abs. 1 Satz 1 GKG für nichtvermögensrechtliche Streitigkeiten einen Regelwert von 3.000 DM vor. Er regte an, in Anfechtungssachen

---

189   OLG Hamm, Rpfleger 1965, 379; Meyer, in Meyer/Kroiß/Teubel, Das neue Gebührenrecht, § 48 Rn. 32.
190   KostG, § 14 GKG Anm. 4.

auch bei ärmlichen Verhältnissen mit Rücksicht auf die Bedeutung der Sache einen Wert unter 3.000 DM nur in Ausnahmefällen festzusetzen und verwies dazu auf zahlreiche Entscheidungen. Nun sagt der damalige Regelwert von 3.000 DM nicht viel aus, wenn man ihn nicht in eine Beziehung zu den sich daraus ergebenden Gebühren setzt.

Der damalige Regelwert von 3.000 DM fiel in die 26. Stufe der Streitwerte für die Gerichtskosten und löste eine Gerichtsgebühr von 79 DM aus. Eine volle Gebühr nach dem niedrigsten Wert der Tabelle belief sich seinerzeit auf 3 DM. Bei den Anwaltsgebühren war damit die 21ste Stufe der Streitwerte erreicht. Eine volle Gebühr danach belief sich auf 155 DM. Eine volle Gebühr nach der niedrigsten Gebührenstufe belief sich auf 15 DM. — 293

Der heutige Festwert von 2.000 € stellt die 6. Stufe der Tabelle dar.[191] Eine volle Gerichtsgebühr beträgt danach 73 €, eine volle Gebühr nach dem niedrigsten Streitwert beläuft sich auf 25 €. Eine volle Anwaltsgebühr nach diesem Wert beläuft sich auf 133 €, die volle Gebühr nach dem niedrigsten Wert auf 25 €. Angesichts dieser Veränderungen ist zu fragen, ob den Kindschaftssachen nach Ansicht des Gesetzgebers in der heutigen Zeit weniger Bedeutung zukommen soll als 1971. — 294

Um den Blick zurück zum Alltag zu wenden, sei das nachfolgende Berechnungsbeispiel für eine typische Klage nach § 653 ZPO dargestellt. — 295

Beispiel:

Das minderjährige Kind klagt gegen den Erzeuger auf Feststellung der Vaterschaft und auf Zahlung des jeweiligen Regelunterhalts i.H.v. 100 %. Der Regelunterhalt belaufe sich auf monatlich 199 €.

Damit ergibt sich folgende Streitwertberechnung:

Für den Antrag auf Feststellung der Vaterschaft

(§ 48 Abs. 3 Satz 3 GKG)   *2.000,00 €*

Für den Antrag betr. Regelunterhalt

(§ 42 Abs. 1 GKG; 12 x 199 €)   *2.388,00 €*

---

191   Es wird hierbei nicht verkannt, dass die Anzahl der Stufen insgesamt verringert worden ist.

Der Wert des Antrags auf Feststellung der Vaterschaft liegt unter dem Wert des Antrags auf Zahlung des Regelunterhalts. Damit ist nach § 48 Abs. 4 GKG nur der Anspruch auf Zahlung des Regelunterhalts als der höhere der beiden Ansprüche maßgebend. Der Streitwert beträgt damit 2.388 €.

n) Ansprüche nach dem Gewaltschutzgesetz

296   Für Verfahren in der **Hauptsache** nach den §§ 1, 2 GewSchG, die nach § 621 Nr. 13 ZPO als Familiensache behandelt werden, weil die Beteiligten einen auf Dauer angelegten gemeinsamen Haushalt führen oder innerhalb von 6 Monaten vor Antragstellung geführt haben, verweist § 100a Abs. 2 KostO auf § 30 Abs. 2 KostO. Der Regelwert beträgt daher 3.000 €.

297   Für **einstweilige Anordnungen** nach dem Gewaltschutzgesetz, deren Verfahren sich nach § 64b FGG richtet, ist nach § 24 Satz 1 und Satz 3 RVG von einem Wert von 500 € auszugehen. Bei dem in § 24 RVG angegebenen Wert handelt es sich um einen Ausgangswert/Regelwert, der je nach den Umständen des Falles erniedrigt oder erhöht werden kann. Fälle, in denen es zu einer niedrigeren Festsetzung kommen kann, sind kaum denkbar, da der Betrag von 500 € ohnehin nur die zweite Stufe der Streitwerttabelle darstellt. Bei der Prüfung, ob die eine Erhöhung vorzunehmen ist, ist auch die Tätigkeit des Rechtsanwalts außerhalb des gerichtlichen Verfahrens zu beachten, etwa die Frage, ob sonstiger Schriftwechsel zu führen war, etc.[192]

o) Ansprüche, die häufig im Zusammenhang mit der Bearbeitung familienrechtlicher Mandate stehen

aa) Steuerliche Mitwirkungspflichten

298   Zu den steuerlichen Mitwirkungspflichten gehören:

- Zustimmung zur gemeinsamen Veranlagung: die Differenz zwischen der dem Anspruchsteller bei getrennter und bei gemeinsamer Veranlagung zufließenden Steuererstattung;

---

192   OLG Karlsruhe, OLGreport Karlsruhe 2004, 92 zu dem wortgleichen § 8 Abs. 3 BRAGO; im konkreten Fall wurde eine Erhöhung allerdings abgelehnt.

- Schadenersatz aus pflichtwidrig verweigerter Zustimmung zu einer gemeinsamen Veranlagung: die Höhe des geltend gemachten Zahlungsanspruches;
- Herausgabe eines Steuerbescheides: das Interesse des Anspruchstellers an der Herausgabe;[193]
- Zustimmung zum Antrag auf Lohnsteuerermäßigung: das wirtschaftliche Interesse des Antragstellers an der Lohnsteuerermäßigung; ggf. sein Vorteil einer laufenden Lohnsteuerermäßigung;
- Zustimmung zum begrenzten Realsplitting: der mit der Zustimmung verbundene Steuervorteil.[194]

Grundlage der Streitwertermittlung ist in allen genannten Fällen § 48 Abs. 1 GKG i.V.m. § 3 ZPO.

bb) Ehestörungsklagen

Hierunter fallen Unterlassungs- und Beseitigungsansprüche der Ehegatten gegeneinander oder auch gegen Dritte. In verfahrensrechtlicher Hinsicht ist zu beachten, dass die Störungsansprüche gegen Dritte vor dem Zivilgericht geltend zu machen sind.   299

In aller Regel liegen nichtvermögensrechtliche Streitigkeiten vor.

In der Vergangenheit wurde von einem Streitwert von 2.000 € (4.000 DM) ausgegangen, der nach dem Lebenszuschnitt der Betroffenen erniedrigt oder erhöht werden konnte.[195]   300

Schneider/Herget[196] weisen insoweit auf eine ältere Entscheidung des OLG Celle hin, in der für die Klage der Ehefrau gegen den Ehemann und dessen „neue Frau" auf Verbot des Zutritts zur Ehewohnung die Hälfte des für die Ehescheidung zugrunde zu legenden Betrages angesetzt worden ist.   301

---

193 Da dieser jedenfalls für die Dauer der gemeinsamen Veranlagung den Steuerbescheid auch in Zweitschrift vom Finanzamt erhalten kann, ist kein hoher Wert anzusetzen.
194 OLG Düsseldorf, JurBüro 1995, 254; Müller-Rabe, in: Gerhardt/Heintschel-Heinegg/Klein, Handbuch Fachanwalt Familienrecht, 17. Kap. Rn. 58.
195 Schneider/Herget, Streitwertkommentar für den Zivilprozeß, Rn. 5118.
196 Streitwertkommentar für den Zivilprozeß, Rn. 5116.

cc) Sonstige Regelungsinhalte, insbesondere auch in Trennungs- und Scheidungsfolgenvereinbarungen

302 Sonstige Regelungsinhalte sind häufig anzutreffen, wenn die Parteien die mit der Trennung und Scheidung verbundenen Folgen in Vereinbarungen regeln. Bei derartigen Regelungen sind häufig anzutreffen:

• **Freistellung von Unterhaltsverpflichtungen:**

Beispiel:

Da auf zukünftigen Kindesunterhalt wegen § 1614 BGB nicht verzichtet werden kann, stellt ein Elternteil den anderen Elternteil von Kindesunterhaltsansprüchen für die Zukunft frei.

Die Bewertung dieser Freistellung ist umstritten. Einigkeit besteht noch dahin, dass die Freistellung von einer Unterhaltspflicht gerade keine Regelung einer gesetzlichen Unterhaltspflicht ist und insoweit nicht unmittelbar nach § 42 GKG bewertet werden kann. Da das GKG keine Vorschriften für die Bewertung vertraglicher Unterhaltsansprüche enthält, wird die Anwendung des § 9 ZPO[197] vertreten. Dieser regelt die Bewertung wiederkehrender Leistungen, um die es sich bei einem monatlich wiederkehrend zu erfüllenden Anspruch auf Befreiung auch handelt. Maßgebend ist danach der 3 1/2-fache Jahresbetrag des monatlichen Unterhalts, sofern die Freistellung nicht für einen kürzeren Zeitraum verlangt wird. Lappe[198] weist noch darauf hin, dass es für die Bewertung des monatlichen Betrages darauf ankomme, wie sicher der Unterhaltsanspruch, von dem freigestellt werde, sei. Sei dieser eher unwahrscheinlich, könne nicht der volle Monatsbetrag angesetzt werden.

Beispiel:

Der Ehemann stellt die Ehefrau von sämtlichen Ausbildungsunterhaltsansprüchen des gemeinsamen Kindes auch für die Zeit nach Eintritt der Volljährigkeit frei. Auf Seiten der Ehefrau ist überhaupt noch nicht abzusehen, ob diese über

---

197 Lappe, Familiensachen, § 1 Rn. 495; Börger, in: Göppinger/Börger, Vereinbarungen anlässlich der Ehescheidung, Rn. 101.
198 Familiensachen, Rn. 495.

*ein Einkommen verfügen wird, mit dem sie zum Barunterhalt des volljährigen
Kindes beitragen müsste; es ist auch noch nicht abzusehen, ob das Kind über eine Ausbildungsvergütung verfügen wird, die zum Teil auf eine Barunterhalts-
pflicht anzurechnen ist. Die Höhe des potentiellen Unterhaltsanspruches und damit auch der Wert der Freistellung ist hier zu schätzen.*

Demgegenüber nimmt der BGH eine Bewertung nach § 3 ZPO ohne Begrenzung durch den Jahresbetrag[199] vor. Er weist ausdrücklich darauf hin, dass die Streitwertvorschriften für gesetzliche Unterhaltsansprüche nicht angewendet werden können. Es heißt dazu:
„Die Bestimmung zielt nur darauf ab, die Durchsetzung gesetzlicher
Unterhaltsansprüche kostenrechtlich zu erleichtern. Es besteht kein
Grund, die begehrte Abwälzung der Unterhaltslast auf einen Dritten
ebenso bevorzugt zu ermöglichen." Der BGH wendet sich aber auch
gegen die unmittelbare Anwendung des § 9 ZPO.

Schließlich wird vertreten, der Unterhaltsanspruch sei nach § 3 ZPO
zu bestimmen. Im Rahmen der Ermessensausübung sei jedoch der
Rechtsgedanke des § 42 Abs. 1 GKG zu berücksichtigen, so dass
der Jahresbetrag maßgebend sei.[200] Enders[201] vertritt die Auffassung,
es könnten nur Bruchteile des Jahresbetrages zugrunde gelegt werden. Dieser Bruchteil sei um so höher, je länger die Dauer des zu erwartenden Kindesunterhaltsanspruchs und desto realistischer die Inanspruchnahme des Freigestellten sei.

Von der Freistellung von zukünftigen – und möglicherweise unge-
wissen – Kindesunterhaltsansprüchen zu unterscheiden ist die Freistellung eines Elternteils durch den anderen Elternteil von Kindesunterhaltsansprüchen für die Vergangenheit. Diese sind mit dem vollen Wert der Rückstände bei der Bewertung zu berücksichtigen.[202]

---

199 NJW 1974, 2128 = JurBüro 1975, 325 = Rpfleger 1974, 428.
200 OLG Düsseldorf, JurBüro 1992, 52; OLG Oldenburg, FamRZ 1991, 966 = JurBüro 1992,
     253; Schneider/Herget, Streitwertkommentar für den Zivilprozeß, Rn. 4423 f.; Groß, An-
     waltsgebühren in Ehe- und Familiensachen, Rn. 204.
201 JurBüro 1999, 337, 340.
202 Enders, JurBüro 1999, 337, 340.

Betrifft die Freistellung sowohl die Vergangenheit als auch die Gegenwart sind die Werte zu addieren.

- Wertsicherungsklauseln zu Unterhaltsvereinbarungen:

  Unterhaltsregelungen können nach den Bestimmungen der Preisklauselverordnung ohne Genehmigung durch das Bundesamt für Wirtschaft wirksam mit einer Wertsicherungsklausel versehen werden. Die Parteien vereinbaren in diesem Fall, dass die Unterhaltsansprüche automatisch in dem Umfang angepasst werden, in dem sich der konkret bezeichnete Index verändert.[203] Diese Wertsicherung führt zu einer Erhöhung der Unterhaltsansprüche und hat daher einen eigenständigen Wert. Dieser ist nach § 23 Abs. 1 RVG i.V.m. § 48 Abs. 1 Satz 1 GKG, § 3 ZPO oder nach § 23 Abs. 3 RVG zu schätzen. Groß[204] schlägt hierfür eine Bewertung in Anlehnung an die Bewertung derartiger Vereinbarungen in notariellen Urkunden vor und kommt somit zu einem Zuschlag von 5 bis 20 % des Unterhaltsbetrages.

- Verzicht auf eine Abänderung von Unterhaltsvereinbarungen: Es ist umstritten, ob diese Vereinbarung einen eigenständigen Wert hat, der nach § 3 ZPO geschätzt werden könnte,[205] oder ob diese Vereinbarung überhaupt keinen Streitwert hat.[206]

  Gegen die letztgenannte Auffassung und für einen eigenen Streitwert spricht, dass diese Vereinbarung für die Parteien von erheblicher Bedeutung ist. Das Recht, die getroffene Vereinbarung abändern zu können, ist ein eigenständiges Recht der Parteien, mit dem diese die getroffene Vereinbarung den zukünftigen Entwicklungen anpassen können. Diese Festschreibung der Vereinbarung für die Zukunft unter weitgehender Außerachtlassung der individuellen Verhältnisse nimmt den Parteien dieses Recht.

---

203 Formulierung dient nur der Erläuterung und ist nicht als Muster zu verwenden.
204 Anwaltsgebühren in Ehe- und Familiensachen, Rn. 199 m.w.N.
205 Groß, Anwaltsgebühren in Ehe- und Familiensachen, Rn. 198.
206 Hillach/Rohs, Handbuch des Streitwerts in Familiensachen, § 55 D I b m.w.N.

- Übernahme von Verbindlichkeiten und Freistellung von denselben: Zugrunde zu legen ist der Wert derjenigen Ansprüche, von denen freigestellt wird. Dieser Wert ist nach § 3 ZPO zu schätzen und entspricht bei beiderseits berufstätigen Ehepartnern i.d.R. der Hälfte der Verbindlichkeiten.[207] Der volle Wert der Verbindlichkeiten kann trotz eines bestehenden Gesamtschuldverhältnisses nur zugrunde gelegt werden, wenn derjenige die Verbindlichkeiten übernimmt, mit dessen Inanspruchnahme im Außenverhältnis – in aller Regel durch die Bank – nicht zu rechnen war.[208] Diese zuletzt genannte Situation ist aber angesichts der Tendenz der Banken zu einer immer stärkeren Absicherung nicht realistisch.

- Auseinandersetzung von Gesamthands- und Bruchteilsgemeinschaften:

  Höhe des Auseinandersetzungsanspruches, d.h. i.d.R. Wert des begehrten Anteils.[209] Wenn die Aufteilung zwischen den Parteien nicht ernsthaft umstritten ist, kommt auch eine Bewertung mit einem Bruchteil des Gesamtguthabens in Betracht. Das OLG München[210] hat diesen mit 10 % des Gesamtwertes derjenigen Geldanlagen, die auseinandergesetzt werden sollten, bewertet. Durch eine derartige vertragliche Regelung werde ein etwaiger zukünftiger Streit der Parteien über die Aufteilung, Abwicklung und Auseinandersetzung vermieden.

- Übernahme von Kosten, zu deren Übernahme keine gesetzliche Verpflichtung bestand:
  Höhe der übernommenen Kosten;

---

207 OLG Karlsruhe, FamRZ 1998, 1311 f.
208 Lappe, Kosten in Familiensachen, Rn. 504 ff.
209 Enders, JurBüro 1999, 393, 396; Schneider/Herget, Streitwertkommentar für den Zivilprozeß, Rn. 309; Lappe, Kosten in Familiensachen, Rn. 506; Madert, Gegenstandswert, Rn. 575.
210 FamRZ 1986, 828.

113

- wechselseitige Kaufangebote betreffend die jeweilige Miteigentumshälfte des anderen Ehegatten:[211]
  25 % des Verkehrswertes ohne Abzug von Verbindlichkeiten;[212]
- vergleichsweise erteilte Zustimmung zum freihändigen Verkauf des Hausgrundstücks:
  5 % vom Verkehrswert des betroffenen Miteigentumsanteils;[213]
- Änderung des Güterstandes:

Hier ist zu differenzieren.

Vereinbaren die Parteien Gütertrennung mit Wirkung für die Zukunft und ist der Scheidungsantrag noch nicht zugestellt, hat die Gütertrennung die Beendigung des gesetzlichen Güterstandes zur Folge. In diesem Fall kommt es in Betracht, den vollen Wert des Nettovermögens der Ehegatten zugrunde zu legen.

Vereinbaren die Parteien demgegenüber kurze Zeit vor Zustellung des Scheidungsantrages oder noch nach Zustellung des Scheidungsantrages Gütertrennung, kommt es in Betracht, nur noch das Interesse der Parteien[214] daran, künftig keine Zugewinnausgleichsansprüche mehr zu verwirklichen, die Erbquote des Ehegatten ggf. zu minimieren, diesen frei über sein Vermögen im Ganzen und die dem Hausrat unterliegenden Gegenstände verfügen zu lassen, zu bewerten. Das OLG München[215] hat einen Verzicht auf bereits entstandene Zugewinnausgleichsansprüche, Vereinbarung der Gütertrennung für die Zukunft und den Wegfall der Beschränkungen mit 10 % des Nettovermögens der Parteien bewertet.

---

211 Im konkreten Fall war die Zuordnung der Miteigentumsanteile nicht streitig; die Vereinbarung diente dazu, die Zwangsversteigerung abzuwenden.
212 OLG Saarbrücken, AnwBl. 1984, 372 f.
213 OLG Schleswig, FamRZ 1997, 36 f.; das OLG hat den Vorteil geschätzt, der sich bei einem freihändigen Verkauf gegenüber einer Teilungsversteigerung ergebe.
214 Enders, JurBüro 1999, 393, 396.
215 FamRZ 1986, 828.

p) Anträge auf Vollstreckbarerklärung oder Anerkennung ausländischer Entscheidungen

In diesen Verfahren soll zwar ein ausländischer Titel für vollstreckbar er-   303
klärt werden. Das Verfahren auf Vollstreckbarerklärung bzw. Anerkennung der ausländischen Entscheidung unterliegt aber deutschem Recht.
Demzufolge ist auch für die Bestimmung des Streitwertes deutsches
Recht anzuwenden.

Maßgebend ist in den Verfahren auf **Vollstreckbarerklärung einer aus-**   304
ländischen Entscheidung die Höhe der geltend gemachten Hauptforderung.[216] Zinsen und Nebenforderungen werden nicht hinzugerechnet.[217] N. Schneider[218] geht von einer Bewertung nach § 23 Abs. 2 RVG
i.V.m. § 30 Abs. 2 KostO aus und nimmt damit einen Regelwert von
3.000 € an.

Im Verfahren auf **Anerkennung einer ausländischen Entscheidung**   305
wird nach Art. 7 § 1 FamRÄndG eine Festgebühr erhoben (Art. 7 § 2
FamRÄndG). Daher ist der Wert für die Berechnung der Anwaltsgebühren eigenständig festzusetzen (§ 33 RVG).

Er bestimmt sich über § 23 Abs. 3 RVG nach billigem Ermessen. Insoweit sollen die Grundsätze der Wertberechnung für die Ehesache selbst
angewendet werden.[219]

---

216 Müller-Rabe, in: Gerhardt u.a., Handbuch Fachanwalt Familienrecht, 17. Kap. Rn. 66 schlägt
     insoweit die Anwendung des § 17 GKG vor. Hiergegen bestehen Bedenken, da mit dem
     Antrag auf Vollstreckbarerklärung nicht eine gesetzliche Unterhaltspflicht geregelt werden
     soll, sondern die Voraussetzungen für eine Vollstreckung aus einem bereits bestehenden
     Titel geschaffen werden sollen. Diejenigen Überlegungen, die zu einer Kostenbegünstigung
     des Streits über eine gesetzliche Unterhaltspflicht geführt haben, sind daher nicht über-
     tragbar. Gegen den Verpflichteten liegt bereits ein Titel vor, den dieser jedoch nicht frei-
     willig erfüllt.
217 BGH, Rpfleger 1957, 15; OLG Frankfurt/M., JurBüro 1994, 117 m.w.N.: sofern die Zinsen
     auch nach dem ausländischen Schuldtitel als Nebenforderung geltend gemacht werden;
     von Eicken, in: Gerold/Schmidt/von Eicken/Madert, RVG, § 47 Rn. 8.
218 In: Hansens/Braun/Schneider, Praxis des Vergütungsrechts, Teil 9 Rn. 506.
219 BayObLG, NJW-RR 1999, 1375 und AnwBl. 1994, 423, 424.

q) Anträge auf Vollstreckbarerklärung eines Anwaltsvergleichs

306 Da weder das RVG noch das GKG besondere Streitwertvorschriften hierzu enthalten, ist der Wert nach § 3 ZPO zu schätzen. Maßgebend ist danach der volle Wert des Vergleichs.

III. Gebührentatbestände

1. Struktur der Gebührentatbestände/ Aufbau des Vergütungsverzeichnisses

307 Der RVG-Gesetzgeber hat sämtliche Gebührentatbestände in das Vergütungsverzeichnis aufgenommen. Die Paragrafen des RVG enthalten keine Gebührentatbestände mehr (wobei Dogmatiker vielleicht die §§ 34 bis 36 RVG noch als solche ansehen könnten).

308 Vor jeder Abrechnung steht die Frage, mit welcher Tätigkeit bin ich beauftragt. Lautet die Antwort darauf „mit einer außergerichtlichen Tätigkeit", so finden sich die Gebührentatbestände in Teil 2 sowie hinsichtlich einer etwaigen Einigung in Teil 1 und hinsichtlich der Auslagen in Teil 7 VV. Lautet die Antwort „mit einer Tätigkeit in einem gerichtlichen Verfahren", so finden sich die Gebührentatbestände in Teil 3 sowie hinsichtlich einer etwaigen Einigung in Teil 1 und hinsichtlich der Auslagen in Teil 7 VV.

2. Beratung

309 Bei den Gebühren für eine „bloße" Beratung ist zum einen der derzeitige Rechtszustand zu betrachten und zum anderen bereits ein Ausblick auf die zum 1.7.2006 eintretenden Rechtsänderungen zu werfen. Für einen mündlichen oder schriftlichen Rat oder eine Auskunft, die nicht mit einer anderen gebührenpflichtigen Tätigkeit zusammenhängen, entsteht bei der Erteilung eines unbedingten Auftrags **bis zum 30.6.2006** eine Beratungsgebühr nach Nr. 2100 VV. Der Gebührenrahmen beträgt 0,1 bis 1,0.

310 Da Teil 2 Abschnitt 1 VV aufgrund von Art. 5 KostRMoG mit Wirkung zum **1.7.2006** aufgehoben wird, gilt für Beratungsmandate, zu denen

der unbedingte Auftrag ab dem 1.7.2006 erteilt wird, die Neuregelung. Die Gebühren für die Beratung sind ab diesem Zeitpunkt in § 34 RVG integriert. § 34 RVG in der ab dem 1.7.2006 geltenden Fassung lautet:

„Abs. 1: Für einen mündlichen oder schriftlichen Rat oder eine Auskunft (Beratung), die nicht mit einer anderen gebührenpflichtigen Tätigkeit zusammenhängen, für die Ausarbeitung eines schriftlichen Gutachtens und für die Tätigkeit als Mediator soll der Rechtsanwalt auf eine Gebührenvereinbarung hinwirken, soweit in Teil 2 Abschnitt 1 des Vergütungsverzeichnisses keine Gebühren bestimmt sind. Wenn keine Vereinbarung getroffen worden ist, erhält der Rechtsanwalt Gebühren nach den Vorschriften des bürgerlichen Rechts. Wenn der Auftraggeber Verbraucher ist, beträgt die Gebühr für die Beratung oder für die Ausarbeitung eines schriftlichen Gutachtens jedoch jeweils höchstens 250 €, § 14 Abs. 1 gilt entsprechend; für ein erstes Beratungsgespräch beträgt die Gebühr jedoch höchstens 190 €.

Abs. 2: Wenn nichts anderes vereinbart ist, ist die Gebühr für die Beratung auf eine Gebühr für eine sonstige Tätigkeit, die mit der Beratung zusammenhängt, anzurechnen."

Die Beratungsgebühren werden hierdurch freigegeben. Der Rechtsanwalt soll nach dem dann neu gefassten § 34 RVG auf eine Gebührenvereinbarung hinwirken. Wenn keine Vereinbarung getroffen wird, erhält er Gebühren nach den Vorschriften des bürgerlichen Rechts. Wenn der Auftraggeber Verbraucher ist, beträgt die Gebühr für die Beratung höchstens 250 €, für das erste Beratungsgespräch jedoch höchstens 190 €. **311**

Im Bereich der Beratung haben sich mithin durch den Wechsel von der BRAGO zum RVG bis zum 30.6.2006 auf den ersten Blick mit Nr. 2100 VV keine Änderungen ergeben. Solche sind aber zu verzeichnen bei der Gebühr für ein **erstes Beratungsgespräch**. Nach Nr. 2102 VV wird die Beratungsgebühr der Nr. 2100 VV gekappt auf höchstens 190 €, wenn **312**

* der Auftraggeber **Verbraucher** ist und

117

- die Tätigkeit sich auf ein **erstes Beratungsgespräch** beschränkt.

Der Anwendungsbereich dieser Kappungsgrenze ist daher gegenüber dem Anwendungsbereich der bisherigen Kappung für eine erste Beratung nach § 20 Abs. 1 Satz 3 BRAGO wesentlich eingeschränkt worden.

313   Ob der Auftraggeber Verbraucher ist oder nicht richtet sich nach § 13 BGB.[220] Verbraucher ist danach jede natürliche Person, die ein Rechtsgeschäft zu einem Zweck abschließt, der weder ihrer gewerblichen noch ihrer selbstständigen beruflichen Tätigkeit zugerechnet werden kann. Demgegenüber kommt es nicht darauf an, ob es sich bei dem Rechtsverhältnis, deretwegen der Mandant beraten werden möchte, um ein Verbrauchergeschäft handelt.[221]

314   Der Gesetzgeber hat offen gelassen, ob es für die Einordnung als Verbraucher darauf ankommt, ob der Mandant im Verhältnis zum Rechtsanwalt Verbraucher ist oder ob er in dem zugrunde liegenden Rechtsverhältnis, deretwegen er eine Beratung wünscht, als Verbraucher anzusehen ist. Die Zielsetzung erschließt sich aber aus dem Sinn und Zweck der Vorschrift. Diese dient nach der Gesetzesbegründung dem Verbraucherschutz und zwar dem Verbraucherschutz gegenüber einem Anwalt. Dementsprechend kommt es auch darauf an, ob der Mandant beim Abschluss des Anwaltsvertrages Verbraucher ist oder nicht.[222]

Bei der Bearbeitung eines familienrechtlichen Mandats sind daher praktisch keine Fälle denkbar, in denen der Mandant nicht Verbraucher ist.

315   Wichtig ist ferner die neue Einschränkung, dass die Kappungsgrenze **nur für ein erstes Gespräch** gilt. Die Kappung greift nicht ein, wenn die Tätigkeit des Rechtsanwalts über ein erstes Beratungsgespräch hinausgeht. Dies ist auch der Fall, wenn der Auftraggeber im Anschluss an das

---

220 BT-Drucks. 15/1971, S. 206.
221 So anscheinend zunächst missverständlich formuliert bei Schneider FamRB 2004, 120, 122 und richtig gestellt in Schneider, in: Gebauer/Schneider, RVG, Nr. 2102 VV Rn. 3 ff.
222 Soweit das OLG Hamm in seiner wettbewerbsrechtlichen Entscheidung vom 3.8.2004 – 4 U 94/04, NJW 2004, 3269 f. insoweit in einem arbeitsrechtlichen Fall ohne Differenzierung auf das zugrunde liegende Rechtsgeschäft abgestellt hat, kann ihm nicht gefolgt werden.

Beratungsgespräch eine schriftliche Bestätigung oder Zusammenfassung desselben in Auftrag gibt.[223] Um hier nicht missverstanden zu werden, sind die Anforderungen des Gebührenrechts, die Aufklärungspflicht des Rechtsanwalts und das sinnvolle Vorgehen des Rechtsanwalts auseinander zu halten.

Gebührenrechtlich ist festzuhalten: Da die Kappung nur für ein erstes   316
Beratungsgespräch gilt, entfällt sie, wenn der Inhalt des Beratungsgesprächs schriftlich niedergelegt und bestätigt werden soll. Der Rechtsanwalt kann in diesem Fall nach Nr. 2100 VV ohne Kappung abrechnen. Sie greift erst recht nicht ein, wenn der Rechtsanwalt mit der außergerichtlichen Vertretung beauftragt wird.

Zur Aufklärungspflicht gilt: Das Gesetz enthält keinen Hinweis auf eine   317
wie auch immer geartete Pflicht des Rechtsanwaltes, den Auftraggeber darauf hinzuweisen, in welchen Fällen die Kappungsgrenze nicht eingreift und der volle Gebührenanspruch verwirklicht ist. Eine solche Aufklärungspflicht wäre auch nicht zu rechtfertigen. Sie ergibt sich auch nicht aus der Gesetzesgeschichte zur Gebühr für eine erste Beratung in der seit 1994 geltenden Fassung. Die „Erstberatungsgebühr" des KostRÄndG 94 sollte dem Auftraggeber die Gewähr geben, für eine erste Beratung nicht mehr als 350 DM zzgl. Umsatzsteuer und ggf. Auslagen zahlen zu müssen. Wenn er wissen wollte, was eine weitergehende Tätigkeit kosten würde, könnte er von sich aus den Rechtsanwalt fragen.

Leider hat die Rechtsprechung diese Intention des Gesetzgebers kon-   318
terkariert und einen nicht vorgesehenen Zusammenhang zwischen der geschuldeten Leistung und der Kappungsgrenze geschaffen. Diese Missverständnisse wurden auch dadurch geschürt, dass von einer „Erstberatungsgebühr" gesprochen wurde. Dies weckte den Glauben, es handele sich um einen eigenen Gebührentatbestand und der Rechtsanwalt müsse begründen, wenn er darüber hinausgehe. Nach der Fas-

---

223   Groß, FF 2004, 198.

sung des Gesetzes handelte es sich aber schon immer um eine Kappungsgrenze. Der Gebührenanspruch des Rechtsanwalts wird daher nur gekürzt, wenn die Kappungsgrenze eingreift. Die Beweislast dafür hat der Auftraggeber. Dies sollte nicht dadurch ausgehebelt werden, dass dem Rechtsanwalt vom Gesetzgeber nicht vorgesehene Aufklärungspflichten auferlegt werden.

Hinweis:

Wenn es um die Frage geht, wie der Rechtsanwalt sich sinnvollerweise verhalten sollte, steht die Transparenz im Gebührenverhalten im Vordergrund. Er sollte von sich aus das Gespräch mit dem Auftraggeber über die Vergütung suchen; ihm mitteilen, dass für die Bestätigung zusätzliche Kosten entstehen und zweckmäßigerweise hierzu eine entsprechende Vereinbarung treffen.

---

319   Der Umgang mit der Gebühr für eine erste Beratung in der Fassung des § 20 Abs. 1 Satz 2 BRAGO hat in der Vergangenheit eine Vielzahl von Problemen aufgeworfen, die teilweise durch die gesetzliche Neufassung beseitigt wurden. In der Vergangenheit war eine Tendenz zu beobachten, den Anwendungsbereich der ersten Beratung und damit der Kappungsgrenze nahezu uferlos auszudehnen. Einen solch weiten Anwendungsbereich hatte der Gesetzgeber nicht beabsichtigt und hat dies jetzt auch klargestellt. Zielsetzung war seit Einführung einer Kappungsgrenze für eine erste Beratung, dem Ratsuchende eine Möglichkeit zu schaffen, sich in einem ersten Gespräch beim Anwalt zu orientieren und hierfür nur ein begrenztes Kostenrisiko einzugehen.

320   Das Ende des ersten Gesprächs ist damit auch das Ende der Beratung zu den gekappten Beträgen.[224] Eine Ausnahme gilt nur dann, wenn das

---

224   So zutreffend auch AG Brühl, JurBüro 1998, 136 bezogen auf einen familienrechtlichen Sachverhalt; der Mandant hatte ergänzende Fragen zur güterrechtlichen Problematik. Als er zu dem zweiten Gespräch beim Rechtsanwalt erschien, hatte er bereits die Rechnung für die erste Beratung erhalten, so dass auch für ihn erkennbar diese abgerechnet war und er davon ausgehen musste, für diese zweite Besprechung eine weitere Vergütung zu zahlen.

erste Gespräch vom Anwalt abgebrochen wird, weil er nicht über ausreichende Zeit für die Beratung verfügt, z.B. weil er einen anderen Termin wahrnehmen muss.

Sie endet in jedem Fall, wenn der Anwalt dem Mandanten mitteilt, dass das erste Gespräch beendet sei: Welche Gebühr für dieses erste Gespräch angemessen ist, ist nach dem Streitwert und dem Gebührensatz zu ermitteln.

In der Zeit seit In-Kraft-Treten des § 20 Abs. 1 Satz 2 BRAGO im Jahre 1994 hat sich eine Tendenz entwickelt, eine vom Gesetzgeber nicht beabsichtigte Verknüpfung zwischen den Erwartungen des Mandanten hinsichtlich der Leistung und der Gebühr zu schaffen. Abzulehnen sind daher Entscheidungen, die bei einem Mandat mit mehreren Besprechungsterminen quasi über die Hintertür zu einer Begrenzung auf den Betrag der „Erstberatungsgebühr" abstellen. Einen solchen, falsch entschiedenen Fall schildert Schütt.[225] Seinen Ausführungen liegt folgender Sachverhalt zugrunde: Ein Ehepaar ließ sich bei einer Rechtsanwältin über die Vor- und Nachteile eines abzuschließenden Ehevertrages beraten. Nach dem ersten Gespräch kommen mehrere telefonische Nachfragen, die weitere Fragen des Ehevertrages betreffen. Das Nettovermögen beziffern die Ehegatten mit 1,5 Mio. DM. 321

Das AG spricht der Rechtsanwältin letztendlich nur eine Gebühr für eine erste Beratung zu. Es ist der Auffassung, wegen des weitergehenden Betrages stände den Eheleuten ein Schadenersatzanspruch gegen die Rechtsanwältin zu, mit dem diese aufrechnen könnten. Die Rechtsanwältin sei verpflichtet gewesen, die Eheleute darauf hinzuweisen, dass weitere Nachfragen zusätzliche Gebühren auslösen würden. 322

Diese Auffassung des Gerichts ist weder mit dem Wortlaut des § 20 Abs. 1 Satz 2 BRAGO, erst recht nicht mit dem Wortlaut der Nr. 2102 VV noch mit der Intention des Gesetzgebers und erst recht nicht mit der Haftungsrechtsprechung des BGH in Gebührenfragen in Einklang zu 323

---

225 JurBüro 1998, 250 ff.

bringen. Der BGH geht zutreffend davon aus, dass ein solches Bedürfnis nur in Ausnahmefällen zu bejahen sei. Es heißt daher in seiner Entscheidung vom 2.7.1998:[226] „Ungefragt schuldet der Rechtsanwalt seinem Auftraggeber grds. keinen solchen Hinweis. Der Mandant muss bei der Beauftragung eines Rechtsanwalts regelmäßig damit rechnen, dass er die gesetzliche anwaltliche Vergütung zu zahlen hat. Auf Verlangen des Auftraggebers hat der Rechtsanwalt die voraussichtliche Höhe seines Entgelts mitzuteilen.

324 Allerdings kann sich aus besonderen Umständen des Einzelfalls nach Treu und Glauben (§ 242 BGB) eine Pflicht des Rechtsanwalts ergeben, auch ohne Frage des Auftraggebers diesen über die voraussichtliche Höhe seiner Vergütung zu belehren. Insoweit hat die erforderliche Gesamtwürdigung zu berücksichtigen einerseits den Schwierigkeitsgrad und Umfang der anwaltlichen Aufgabe, einen ungewöhnlich hohen Gegenstandswert und sich daraus ergebenden hohen Gebühren, die das vom Auftraggeber erstrebte Ziel wirtschaftlich sinnlos machen können, andererseits die Bedeutung der Angelegenheit für den Mandanten sowie dessen Vermögensverhältnisse und Erfahrung im Umgang mit Rechtsanwälten. Letztlich hängt eine anwaltliche Pflicht, den Auftraggeber vor Vertragsschluss über die voraussichtliche Höhe der Vergütung aufzuklären, entscheidend davon ab, ob der Rechtsanwalt nach den Umständen des Einzelfalles ein entsprechendes Aufklärungsbedürfnis erkennen konnte und musste."

Nach diesen Kriterien war in dem von Schütt geschilderten Fall keine Aufklärungspflicht gegeben.

Hinweis:

Die Kappung nach Nr. 2102 VV greift nicht ein, wenn der Rechtsanwalt mit einer anderen Tätigkeit als mit einer Beratung beauftragt wurde.

---

226 NJW 1998, 3486 ff.; s. hierzu auch Zugehör, Handbuch der Anwaltshaftung, Rn. 858 ff.; Borgmann/Haug, Anwaltshaftung, Kap. IV. Rn. 91 ff.

Sie greift auch nicht ein, wenn eine Tätigkeit verlangt wird, die über ein erstes Beratungsgespräch hinausgeht.

Dem Mandanten sollte das Ende des ersten Beratungsgesprächs deutlich gemacht werden. Um Irrtümer gar nicht erst aufkommen zu lassen, sollte das erste Beratungsgespräch auch sofort abgerechnet werden.

Für den täglichen Umgang mit der Gebühr für ein erstes Beratungsge-   325
spräch ist zunächst festzuhalten, dass diese keinen eigenständigen Gebührentatbestand darstellt.[227] Nr. 2102 VV stellt vielmehr nur eine Kappungsgrenze dar.

Die praktischen Auswirkungen dieser Rechtslage sind: 326

• Auch wenn es sich um ein erstes Beratungsgespräch handelt, ist der Streitwert zu ermitteln.

• Auch wenn es sich um ein erstes Beratungsgespräch handelt, ist der angemessene Gebührensatz innerhalb des Gebührenrahmens der Nr. 2100 VV von 0,1 bis 1,0 nach den Kriterien des § 14 RVG festzulegen.

• Erst wenn sich danach aus der Tabelle eine Gebühr ergibt, die über 190 € liegt, werden die Gebühren auf diesen Betrag gekürzt.

• Auch die Gebühren für ein erstes Beratungsgespräch werden auf eine nachfolgende Tätigkeit angerechnet, da es sich nicht um einen eigenständigen Gebührentatbestand handelt, sondern nur um die Obergrenze der Beratungsgebühr nach Nr. 2100 VV. Die Anm. zu Nr. 2100 VV gilt damit auch ohne ausdrücklichen Verweis.[228]

• Auf die Gebühr ist die Umsatzsteuer nach Nr. 7008 VV zu erheben.

• Eine Pauschale für Post- und Telekommunikationsdienstleistungen fällt nur an, wenn dem Rechtsanwalt für das erste Beratungsgespräch entsprechende Auslagen entstehen, etwa weil eine telefonische Be-

---

227 A.A. Kronenbitter, BRAGO 94, Rn. 337.
228 Hergenröder, RVGreport 2004, 362, 366.

ratung stattfindet und der Rechtsanwalt den Mandanten anruft. Sie fällt nicht an für die Übersendung der Rechnung, da nach der Anm. zu Nr. 7001 VV für die Übersendung der Rechnung kein Betrag beim Einzelnachweis und damit auch keine Pauschale anzusetzen ist.

327 Dem vielfach geäußerten Einwand, diese Handhabung sei bei einem ersten Beratungsgespräch rein praktisch nicht durchzuführen, sei die praktische Erfahrung entgegengehalten, dass

- Bestandteil des ersten Beratungsgesprächs in vielen Fällen auch die Frage des Ratsuchenden ist, welche Kosten für eine weitergehende Tätigkeit in dieser Angelegenheit (sei diese gerichtlich oder außergerichtlich) anfallen; die Kostentransparenz wird daher gefördert, wenn die Werte ermittelt werden;

- bei einer weitergehenden Tätigkeit zu einzelnen Beratungsgegenständen nur die auf diese Beratungsgegenstände anfallenden Beratungsgebühren vom Anwalt anzurechnen sind; die nicht anzurechnende Gebühr verbleibt ihm endgültig;

- dem Mandanten bei dieser Art der Rechnungsgestaltung deutlich wird, dass er das erste Beratungsgespräch zu einem „Sonderpreis" erhalten hat und dass weitergehende oder wiederholte Beratungen weitergehende Gebühren auslösen, über deren Höhe er sich bereits teilweise anhand der Rechnung informieren kann.

328 So könnte eine Rechnung über ein erstes Beratungsgespräch etwa wie folgt aussehen:

Gegenstandswert: 10.000 €

0,55 Beratungsgebühr nach Nr. 2100 VV (267,30 €) gekürzt	
wegen Begrenzung beim ersten Beratungsgespräch	
nach Nr. 2102 VV auf	*190,00 €*
16 % Umsatzsteuer nach Nr. 7008 VV	*30,40 €*
	220,40 €

329 Die **Kappungsgrenze** wird bei den einzelnen Gebührensätzen **überschritten**, wenn der Gegenstandswert höher als die nachfolgenden Beträge ist.

Gebührensatz	Gegenstandswert
0,1	200.000 €
0,2	40.000 €
0,3	19.000 €
0,4	9.000 €
0,55	6.000 €
0,6	5.000 €
0,7	4.000 €
0,8	3.500 €
0,9	3.000 €
1,0	3.000 €

Wird der Beratungsauftrag von **mehreren Auftraggebern** erteilt, stellt   330
sich die Frage, ob die Beratungsgebühr nach Nr. 1008 VV erhöht werden kann. Nach dem Wortlaut der Nr. 1008 VV ist dies ausgeschlossen.
Danach werden nur die Geschäftsgebühr und die Verfahrensgebühr erhöht.

Für den Bereich der Erstberatungsgebühr nach § 20 Abs. 1 Satz 2 BRAGO   331
wurde jedoch eine Erhöhung entsprechend § 6 BRAGO analog diskutiert, da der mit der Beratung mehrerer Auftraggeber verbundene Mehr-
aufwand nicht durch eine Erhöhung des Streitwertes berücksichtigt werden konnte.[229]

Nachdem der Gesetzgeber sich jetzt in Kenntnis dieser Rechtsprechung   332
dazu entschlossen hat, die bisherige Formulierung beizubehalten, kann

---

229   Dagegen: Hansens, BRAGO, § 20 Rn. 7b; dafür: Lappe, ZAP, Fach 24, S. 261.

nicht mehr von einer unbeabsichtigten Lücke im Gesetz ausgegangen werden. Eine analoge Anwendung erscheint daher ausgeschlossen, wenngleich in der Literatur bisher überwiegend die gegenteilige Auffassung vertreten wird.[230]

333 Festzuhalten ist weiter, dass die Beratungsgebühr und damit auch die Gebühr für ein erstes Beratungsgespräch für jede gebührenrechtlich gesonderte Angelegenheit auch gesondert anfallen. Für die Beurteilung der Frage, ob eine oder mehrere gebührenrechtliche Angelegenheiten vorliegen, haben sich folgende Kriterien herausgebildet:

• Gleichzeitigkeit bzw. Einheitlichkeit des Auftrages;

• Gleichartigkeit oder gleicher Rahmen der Tätigkeit bzw. des Verfahrens;

• innerer Zusammenhang.

Anhand dieser Kriterien ist im konkreten Fall zu prüfen, ob ein Auftrag oder mehrere Aufträge vorliegen.

334 Möchte der Mandant zu allen im Zusammenhang mit der Scheidung stehenden Fragen beraten werden, wird von einem einheitlichen Auftrag auszugehen sein.

335 Soweit er aber über Unterhaltsansprüche gegen den Ehemann zum einen und über Ansprüche gegenüber dem Amt für soziale Dienste zum anderen und schließlich vielleicht auch noch über Lohnansprüche gegenüber dem eigenen Arbeitgeber beraten werden, so liegen drei Aufträge vor. In allen drei Angelegenheiten geht es zwar um die finanzielle Situation des Mandanten. Dies führt jedoch nicht dazu, auch einen inneren Zusammenhang zu bejahen. Gefragt sind vielmehr Aus-

---

230 A.A. Schneider, in: Gebauer/Schneider, RVG, Nr. 1008 VV Rn. 43; nicht entschieden unter Darstellung der Argumente von Eicken, in: Gerold/Schmidt/von Eicken/Madert/Müller-Rabe, RVG, Nr. 1008 VV Rn. 88; Enders, RVG für Anfänger, Rn. 338; Göttlich/Mümmler, RVG, Stichwort „Rat"; Hansens, in: Hansens/Braun/Schneider, Praxis des Vergütungsrechts, Teil 7 Rn. 64; Jungbauer, Rechtsanwaltsvergütung, Rn. 479, die allerdings ebenfalls erwartet, dass nicht mehr von einem gesetzgeberischen Versehen gesprochen werden könne.

führungen zum Familienrecht, zum Bundessozialhilfegesetz (ab 1.1.2005; SGB XII) und zum Arbeitsrecht.

Bei der **Anrechnung** der Gebühr für das erste Beratungsgespräch er-   336
geben sich teilweise Probleme. Unproblematisch ist die Anrechnung, wenn eine weitere Tätigkeit folgt, die entweder den gleichen oder einen höheren Gegenstandswert hat. In diesem Fall wird die Gebühr für das erste Beratungsgespräch in vollem Umfang angerechnet.

Die Art der Anrechnung ist aber umstritten, wenn der Gegenstandswert   337
der weiteren Tätigkeit geringer ist. Fest steht, dass eine Anrechnung nur vorzunehmen ist, soweit sich der Gegenstand der Tätigkeit deckt.

Umstritten ist aber, wie der Anteil zu ermitteln ist, der angerechnet wird.   338
Hierzu existieren unterschiedliche Lösungsansätze. Diese sollen nachstehend anhand folgenden Beispielsfalls erläutert und in ihren unterschiedlichen Auswirkungen gezeigt werden:

Beispiel:

Der Ehemann lässt sich bei einer Rechtsanwältin in einem ersten Gespräch beraten über die Voraussetzungen der Ehescheidung (Wert: 12.000 €), den Versorgungsausgleich (Wert: 2.000 €), den Berechnungsweg beim Zugewinnausgleich (Wert: 60.000 €), den Ehegattenunterhalt (Wert: 6.000 €) und den Kindesunterhalt (Wert: 6.000 €). Die Rechtsanwältin berechnet ihm für diese Beratung 190 € zzgl. USt. Auf der Grundlage dieser Beratung regelt der Ehemann nach Besprechung mit seiner Ehefrau durch notarielle Urkunde ohne Beteiligung der Rechtsanwältin den Zugewinnausgleich und den Ehegattenunterhalt. Die Kindesunterhaltsansprüche erkennt er ebenfalls ohne Mitwirkung der Rechtsanwältin beim Jugendamt an. Nach Ablauf des Trennungsjahres erscheint er bei der Rechtsanwältin und beauftragt diese, für ihn das Scheidungsverfahren einzuleiten.

Die nachfolgend dargestellten Anrechnungsmethoden werden in der Praxis verwendet. Die sich daraus ergebenden unterschiedlichen Ergebnisse sind darauf zurückzuführen, dass die Anwaltsgebühren im Verhältnis zum Streitwert degressiv verlaufen.

1. Der anzurechnende Betrag wird bestimmt nach dem Verhältnis der Streitwerte zueinander.

127

Der Gesamtstreitwert der Beratung belief sich auf 86.000 €.

Davon sind 14.000 € (Ehescheidung, Versorgungsausgleich) Gegenstand der weiteren gerichtlichen Tätigkeit.

Wegen 72.000 € (Zugewinnausgleich, Ehegatten- und Kindesunterhalt erfolgt keine weitere Tätigkeit).

Angerechnet wird im Verhältnis 14.000 € zu 72.000 €,

mithin im Verhältnis 16,28 % zu 83,72 %.

Anzurechnen ist damit ein Betrag von 30,93 €.

Der Rechtsanwältin verbleiben anrechnungsfrei aus der Beratung 159,07 €.

2. *Im Verhältnis der einzelnen Gebühren zueinander, wobei zur Ermittlung des Verhältnisses jeweils von einer vollen Gebühr ausgegangen wird:*

Ehesache: 12.000 €	*526,00 €*	*21,40 %*
Versorgungsausgleich: 2.000 €	*133,00 €*	*5,41 %*
Zugewinnausgleich: 60.000 €	*1.123,00 €*	*45,69 %*
Ehegattenunterhalt: 6.000 €	*338,00 €*	*13,75 %*
Kindesunterhalt: 6.000 €	*338,00 €*	*13,75 %*
Gesamt	**2.458,00 €**	**100,00 %**

Anzurechnen sind für Ehesache und Versorgungsausgleich 26,81 % von 190 €, mithin ein Betrag von 50,94 €.

Der Rechtsanwältin verbleiben aus der Beratung anrechnungsfrei 139,06 €.

3. *Berechnung nach einer Art „Quotenvorrecht", d.h. der anrechnungsfreie Betrag wird aus der Differenz der Beratungsgebühr nach dem vollen Wert und der Beratungsgebühr nach dem Wert derjenigen Gegenstände, deretwegen eine weitergehende Tätigkeit erfolgt, berechnet.[231] Diese Berechnungsmethode kann dazu führen, dass die Gebühr für das erste Beratungsgespräch anrechnungsfrei verbleibt. Dies entsteht dadurch, dass auch hinsichtlich derjenigen Gegenstände, deretwegen keine weitere Tätigkeit erfolgt, die ungekappten Gebühren zur Berechnung herangezogen werden.*

Zu berechnen ist mithin die Differenz, die sich für die ungekürzte Beratungsgebühr nach dem vollem Wert im Verhältnis zum Wert derjenigen Gegenstände ergibt, deretwegen eine weitere Tätigkeit erfolgt.

---

231   Schneider, in: Gebauer/Schneider, RVG, Nr. 2102 Rn. 23.

0,55 Beratungsgebühr nach Nr. 2100 VV nach dem
Gesamtwert von 86.000 €   *702,35 €*

abzgl. 0,55 Beratungsgebühr
nach Nr. 2100 VV nach dem

Wert der Ehesache und des Versorgungsausgleichs
(14.000 €)   *311,30 €*

Anrechnungsfrei verbleiben danach   **391,05 €**

Da dieser Betrag oberhalb der berechneten 190 € liegt, verbleibt der volle
Betrag von 190 € zzgl. USt anrechnungsfrei.

Hinweis:

Sofern die Beratungsgebühren, insbesondere die Gebühr für eine erste Beratung in keinem Verhältnis zum Aufwand des Rechtsanwalts stehen, kann dieser nach einem Weg suchen, eine angemessene Vergütung zu verdienen. Dieser Weg heißt: **Vergütungsvereinbarung.**

Es liegt am Anwalt selbst, die Frage der Vergütung für seine Leistung offen mit dem Mandanten zu besprechen. Sofern der Anwalt für die erste Beratung einen Betrag von mehr als 190 € zzgl. Umsatzsteuer und ggf. Auslagen haben möchte, muss er mit dem Mandanten eine Vergütungsvereinbarung abschließen. Da diese zu höheren als den gesetzlichen Gebühren führt, sind die Vorgaben des § 4 Abs. 1 RVG zu beachten.

Ein Aushang in der Kanzlei, dass in der konkreten Kanzlei die Erstberatungsgebühr nicht gelte, ist daher nicht nur unwirksam. Sie zeigt auch, dass der Anwalt sich mit dem Gebührenrecht nicht vertraut gemacht hat.

---

3. Außergerichtliche Vertretung

Die Gebührentatbestände für die außergerichtliche Vertretung des Auftraggebers sind in Teil 2 Abschnitt 4 VV geregelt. Besondere praktische Bedeutung hat hier die Geschäftsgebühr nach Nr. 2400 VV. Sie enthält einen einheitlichen Gebührentatbestand für die gesamte außergerichtliche Tätigkeit. Nach Vorbem. 2.4 entsteht die Geschäftsgebühr für das   339

Betreiben des Geschäfts einschließlich der Information und für die Mitwirkung bei der Gestaltung eines Vertrages. Mit dieser Bezeichnung ist der Anwendungsbereich der Vorschrift aber nicht erfasst. Sie umfasst vielmehr auch Besprechungen mit dem Gegner und mit sonstigen Dritten, den Entwurf einseitiger Erklärungen etc. In der Gesetzesbegründung heißt es zu Nr. 2400 VV: „Die vorgeschlagene Regelung soll an die Stelle des § 118 BRAGO treten, soweit dieser für die außergerichtliche Vertretung anwendbar ist."[232] Bedenken, der Anwendungsbereich könnte auch für die außergerichtliche Tätigkeit eingeschränkt worden sein, mit der Folge, dass nicht mehr der Entwurf jeglicher Urkunden, sondern nur noch die Mitwirkung bei der Gestaltung eines Vertrages erfasst wären[233] und andere Tätigkeiten, wie der Entwurf von Testamenten müssten über Nr. 2100 VV abgerechnet werden, scheinen daher nicht angebracht.

340 Da die Geschäftsgebühr der Nr. 2400 VV nunmehr sämtliche außergerichtliche Tätigkeiten umfasst, wurde ein wesentlich erweiterter Rahmen vorgesehen, um flexibler auf alle Fallgestaltungen reagieren zu können.

341 Aufgrund dessen, der Gebührenrahmen 0,5 bis 2,5 beträgt, beläuft sich die **Mittelgebühr** auf 1,5. Dies stellt der Gesetzgeber in der Gesetzesbegründung auch ausdrücklich klar. Etwas anderes ergibt sich auch nicht aus der Anm. zu Nr. 2400 VV. Zwar kann danach ein Gebührensatz von mehr als 1,3 nur berechnet werden, wenn die Tätigkeit umfangreich oder schwierig war. Dies führt jedoch nicht zu einem weiteren Gebührenrahmen für Angelegenheiten, die weder umfangreich noch schwierig waren.[234]

342 In der Gesetzesbegründung zu Nr. 2400 VV heißt es ausdrücklich: „Eine Gebühr von mehr als 1,3 kann jedoch nur gefordert werden, wenn die Tätigkeit umfangreich oder schwierig war." In der Gesetzesbegrün-

---

232 BT-Drucks. 15/1971, S. 206.
233 So die Befürchtung von Groß, FF 2004, 198, 199.
234 So zunächst Braun, Gebührenabrechnung, S. 62.

dung wird die Gebühr von 1,3 als „Schwellengebühr" bezeichnet, die in Fällen, in denen Umfang und Schwierigkeit nicht über dem Durchschnitt liegen, zur „Regelgebühr" werde. Sie stellt damit eine Kappungsgrenze dar und führt nicht dazu, dass ein anderer Gebührenrahmen für Fälle gegeben wäre, in denen weder Umfang noch Schwierigkeit als überdurchschnittlich gewertet werden können. Es ist daher wie folgt vorzugehen:[235]

- Der Rechtsanwalt bestimmt zunächst die angemessene Gebühr unter Berücksichtigung aller Umstände des Einzelfalles aus dem vollen Rahmen der Nr. 2400 VV, mithin aus dem Rahmen von 0,5 bis 2,5.   343

- Liegt der sich danach ergebende Betrag oberhalb von 1,3 prüft er, ob er seine Tätigkeit hinsichtlich Umfang oder Schwierigkeit als überdurchschnittlich eingestuft hat. Ist dies der Fall, bleibt es bei dem zuvor ermittelten Gebührensatz. War die Tätigkeit jedoch weder umfangreich noch schwierig, kann er nur 1,3 in Ansatz bringen.   344

Hinweis:

Da sich der Rahmen, innerhalb dessen das Ermessen auszuüben ist, vergrößert hat, kommt der Ausübung des Ermessens eine größere Bedeutung zu. Im Hinblick hierauf ist es unerlässlich, sich mit den Kriterien zu befassen und vor allem den Umfang der Tätigkeit genau zu dokumentieren.

Die besondere Auswirkung der geänderten Geschäftsgebühr auf das Gebührenaufkommen jedes Rechtsanwalts zeigt sich an der geänderten **Anrechnungsbestimmung.** Der Gesetzgeber hebt in der Gesetzesbegründung[236] hervor, dass die geänderte Anrechnung beim Übergang von der vorgerichtlichen Vertretung zum gerichtlichen Verfahren ebenso wie die Erhöhung der Gebühren im Bereich der isolierten FGG-Verfahren für eine weitgehende Kompensation des Gebührenverlustes sorgen wird,   345

---

235   Otto, NJW 2004, 1420, 1421.
236   S. hierzu den Auszug im Anhang, Rn. 814.

der durch den Wegfall der Beweisgebühr als gesonderter dritter Gebühr eintreten wird.

346 Diese Idee des Gesetzgebers kann allerdings nur bei den Mandaten verwirklicht werden, bei denen der Rechtsanwalt Wahlanwaltsvergütungen abrechnet. Soweit er die vorgerichtliche Tätigkeit nach Beratungshilfe abrechnen muss, fängt die geänderte Anrechnung der außergerichtlichen Tätigkeit keine Gebührenverluste an anderer Stelle auf.

> **Hinweis:**
>
> Die geänderte Anrechnungsbestimmung soll Gebührenverluste im gerichtlichen Bereich kompensieren. Es ist daher unerlässlich, sich intensiv mit den Einzelheiten der Anrechnung auseinander zu setzen.

347 Nach Vorbem. 3 Abs. 4 VV wird die Geschäftsgebühr nur noch zu 50 %, maximal jedoch mit 0,75 angerechnet. Damit trägt der Gesetzgeber dem Gesichtspunkt Rechnung, die außergerichtliche Tätigkeit stärker bei der Abrechnung zu berücksichtigen.

> **Hinweis:**
>
> Da die außergerichtlich entstandene Geschäftsgebühr nicht mehr in vollem Umfange auf die späteren Gebühren des gerichtlichen Verfahrens angerechnet wird, ist es wichtig, einen außergerichtlich erteilten Auftrag zu dokumentieren, um dem Einwand vorzubeugen, der Rechtsanwalt sei zwar außergerichtlich tätig geworden. Er habe diese Tätigkeit aber im Rahmen eines bereits erteilten Prozessauftrages erbracht.

348 Die im Zusammenhang mit der Anrechnung auftretenden Fragen sollen an verschiedenen Fallgestaltungen erläutert werden:

349 • der Gegenstand und der Gegenstandswert der außergerichtlichen Tätigkeit und der Tätigkeit im gerichtlichen **Verfahren sind identisch.**

Beispiel:

Rechtsanwalt R hat den Gegner außergerichtlich zur Auskunft über Einkommen und Vermögen aufgefordert, um den Unterhalt beziffern zu können. Er hat diesen sodann auf monatlich 500 € beziffert. Außergerichtlich hat keine Besprechung mit dem Gegner stattgefunden. Die Angelegenheit war weder umfangreich noch schwierig.

Wert: 6.000 €

Für die außergerichtliche Tätigkeit sind entstanden:

1,3 Geschäftsgebühr nach Nr. 2400 VV	439,40 €
Post- und Telekommunikationspauschale nach Nr. 7002 VV	20,00 €
	459,40 €

Für die Tätigkeit im gerichtlichen Verfahren sind entstanden:

1,3 Verfahrensgebühr nach Nr. 3100 VV	439,40 €
1,2 Terminsgebühr nach Nr. 3104 VV	405,60 €
1,0 Einigungsgebühr nach Nr. 1003 VV	338,00 €
Post- und Telekommunikationspauschale nach Nr. 7002 VV	20,00 €
	1.203,00 €

Auf die Verfahrensgebühr des gerichtlichen Verfahrens sind

50 % der Geschäftsgebühr (0,65) anzurechnen, mithin	./. 219,70 €

Es ergeben sich damit für die außergerichtliche und die gerichtliche Tätigkeit Anwaltsgebühren von netto	**1.442,70 €**

Hinweis:

Nach Vorbem. 3 Abs. 4 VV wird nur die Hälfte der Geschäftsgebühr, nicht aber die Postgebührenpauschale angerechnet.

•   **der Gegenstandswert des gerichtlichen Verfahrens liegt unter dem Gegenstandswert der außergerichtlichen Tätigkeit**   350

Hier ist darauf zu achten, dass eine Anrechnung nur nach dem Wert der Gegenstände erfolgt, die in das gerichtliche Verfahren übergehen.

Beispiel:

Rechtsanwalt R vertritt K außergerichtlich wegen des Zugewinnausgleichs. Er fordert für K einen Ausgleich von 70.000 €. Es finden zwei Besprechungen mit der Gegenseite statt. Zudem werden die beiderseitigen Grundstücke bewertet. Letztlich scheitert eine Einigung aber daran, dass B nicht bereit ist, den von K angenommenen Wert seiner Freiberufler-Praxis zugrunde zu legen. B zahlt an K nur einen Betrag von 40.000 € auf den Zugewinnausgleich und verweist sie wegen des Restes auf den Klageweg. Das Klagverfahren endet durch Urteil. Rechtsanwalt R rechnet wie folgt ab:

Für die außergerichtliche Tätigkeit sind entstanden:

Wert: 70.000 €

2,5 Geschäftsgebühr nach Nr. 2400 VV	*3.000,00 €*
Post- und Telekommunikationspauschale nach Nr. 7002 VV	*20,00 €*
	3.020,00 €

Für die Tätigkeit im gerichtlichen Verfahren sind entstanden:

Wert: 30.000 €

1,3 Verfahrensgebühr nach Nr. 3100 VV	*985,40 €*
1,2 Terminsgebühr nach Nr. 3104 VV	*909,60 €*
Post- und Telekommunikationspauschale nach Nr. 7002 VV	*20,00 €*
	1.915,00 €

Auf die Verfahrensgebühr des gerichtlichen Verfahrens sind 50 % der Geschäftsgebühr, maximal (0,75) nach einem Wert von 30.000 € anzurechnen, mithin	*./. 568,50 €*
Es ergeben sich damit für die außergerichtliche und die gerichtliche Tätigkeit Anwaltsgebühren von netto	***4.366,50 €***

- **der Gegenstand der außergerichtlichen Tätigkeit und der**   351
  Gegenstand des gerichtlichen Verfahrens sind nicht identisch
  Nach Vorbem. 3 Abs. 4 Satz 1 VV findet eine Anrechnung auf „die
  Verfahrensgebühr des gerichtlichen Verfahrens" statt. Es muss sich
  daher um ein Verfahren handeln, das den gleichen Streitgegenstand
  hat wie die außergerichtliche Tätigkeit.

Dies kann häufig auseinander fallen, wenn sich die außergerichtliche Tätigkeit auf eine Klärung in der Hauptsache bezieht, während
es sich bei der Tätigkeit im gerichtlichen Verfahren um eine Tätigkeit im einstweiligen Rechtsschutz handelt. Diese Problematik ist im
Familienrecht vor allem im Zusammenhang mit einstweiligen Anordnungen in Bezug auf Unterhaltsansprüche anzutreffen.

Beispiel:

Rechtsanwalt R ist beauftragt, außergerichtlich die Trennungsunterhaltsansprü-
che zu klären. Er beziffert den monatlich zu zahlenden Trennungsunterhaltsan-
spruch auf 500 €. Nachdem er aufgrund eines weiteren Auftrages den Antrag
auf Ehescheidung eingereicht hat und dieser zugestellt wird, stellt der Ehemann
jegliche Zahlungen ein. Rechtsanwalt R wird daraufhin beauftragt, ein einst-
weiliges Anordnungsverfahren nach § 620 ZPO auf Zahlung eines monatlichen
Ehegattenunterhaltes von 500 € einzuleiten. Die einstweilige Anordnung wird
antragsgemäß ohne mündliche Verhandlung erlassen.

Rechtsanwalt R rechnet ab:

a) *für die außergerichtliche Tätigkeit wegen des Trennungsunterhalts*

   Wert: 6.000 € (12 x 500 € nach § 42 Abs. 1 GKG)

1,5 Geschäftsgebühr nach Nr. 2400 VV	*507,00 €*
Post- und Telekommunikationspauschale nach Nr. 7002 VV	*20,00 €*
Gesamt	**527,00 €**

b) *für die Tätigkeit im einstweiligen Anordnungsverfahren*

   Wert: 3.000 € (6 x 500 € nach § 53 Abs. 2 Satz 1 GKG)

1,3 Verfahrensgebühr nach Nr. 3100 VV	*245,70 €*
Post- und Telekommunikationspauschale nach Nr. 7002 VV	*20,00 €*
	265,70 €

352　Eine Anrechnung findet nicht statt. Der Gegenstand der außergerichtlichen Tätigkeit und der Gegenstand des gerichtlichen Verfahrens sind
nicht identisch. Gegenstand der außergerichtlichen Tätigkeit ist die Klärung des Trennungsunterhaltsanspruches in der Hauptsache. Gegenstand des gerichtlichen Verfahrens ist die vorläufige Sicherung des Anspruches in einem summarischen Verfahren. Das Ergebnis dieses gerichtlichen Verfahrens wird nach § 620f ZPO durch eine anderweitige
Entscheidung und sogar durch die Rücknahme des Scheidungsantrages
beseitigt. Diese vorläufige Wirkung des Verfahrensergebnisses zeigt sich
auch, wenn sich die Parteien im einstweiligen Anordnungsverfahren
über den Unterhaltsanspruch vergleichen. Hier kommt es genau darauf
an, worüber sich die Parteien vergleichen. Vergleichen sich diese nur
über den Anspruch im einstweiligen Anordnungsverfahren, wird auch
dieser Vergleich durch eine anderweitige Entscheidung in der Hauptsache beseitigt. Er ist auch nicht durch eine Abänderungsklage, sondern
nur durch ein Abänderungsverfahren nach § 620b ZPO abänderbar.

353　Etwas anderes gilt nur, wenn die Parteien im Vergleich klarstellen, dass
durch den Vergleich nicht nur das einstweilige Anordnungsverfahren,
sondern auch der Unterhaltsanspruch in der Hauptsache geregelt werden soll. Hierbei ist allerdings sogar der Begriff der Regelung in der
Hauptsache zu ungenau. Im Vergleich ist vielmehr zu klären, ob nur eine Regelung über den Trennungsunterhalt in der Hauptsache oder auch
eine solche über den nachehelichen Unterhalt getroffen werden soll.
Treffen die Parteien im einstweiligen Anordnungsverfahren aber eine Einigung, die das einstweilige Anordnungsverfahren erledigt und den
Unterhaltsanspruch sowohl für die Zeit der Trennung als auch für die
Zeit nach einer rechtskräftigen Ehescheidung regelt, muss dem bei der
Festsetzung der Gegenstandswerte dergestalt Rechnung getragen werden, dass die überschießenden Werte der Einigung festzusetzen sind.
Für die Frage der Anrechnung der außergerichtlich entstandenen Ge-
schäftsgebühr wegen des Trennungsunterhaltes ergibt sich, dass die Geschäftsgebühr nach Maßgabe der Vorbem. 3 Abs. 4 VV auf die ent-

sprechende Verfahrensgebühr im gerichtlichen Verfahren anzurechnen ist. Im diesem Fall ergäbe sich mithin folgende Abrechnung:

a) *für die außergerichtliche Tätigkeit wegen des Trennungsunterhaltes*

Wert: 6.000 € (12 x 500 € nach § 42 Abs. 1 GKG)

1,5 Geschäftsgebühr nach Nr. 2400 VV	*507,00 €*
Post- und Telekommunikationspauschale nach Nr. 7002 VV	*20,00 €*
Gesamt	**527,00 €**

b) *für die Tätigkeit im einstweiligen Anordnungsverfahren nebst Abschluss eines Vertrages über Ehegattentrennungs- und nachehelichen Ehegattenunterhalt in der Hauptsache (wobei davon ausgegangen wird, dass die Besprechung auch den Trennungsunterhalt und den nachehelichen Unterhalt betrifft)*

Gegenstandswerte:

Einstweiliges Anordnungsverfahren: 3.000 € (6 x 500 €, § 53 Abs. 2 Satz 1 GKG)

Vertrag über Ehegattentrennungsunterhalt: 6.000 € (12 x 500 €, § 42 Abs. 1 GKG)

Vertrag über nachehelichen Ehegattenunterhalt: 6.000 € (12 x 500 €, § 42 Abs. 1 GKG)

Gebührentatbestände:

1,3 Verfahrensgebühr nach Nr. 3100 VV (3.000 €)	*245,70 €*
0,8 Differenzverfahrensgebühr nach Nr. 3101 Nr. 2 VV (12.000 €)[237]	*420,80 €*
1,2 Terminsgebühr nach Nr. 3104 VV (15.000 €)	*679,20 €*
1,0 Einigungsgebühr nach Nr. 1003 VV (3.000 €)	*189,00 €*
1,5 Einigungsgebühr nach Nr. 1000 VV (12.000 €)[238]	*660,00 €*

---

237 Die Kontrollrechnung nach § 15 Abs. 3 RVG ergibt keine Kürzung.
238 Nach § 15 Abs. 3 RVG wird die 1,5 Einigungsgebühr von 849 € auf 660 € gekürzt.

Post- und Telekommunikationspauschale
nach Nr. 7002 VV   <u>*20,00 €*</u>

                                                2.214,70 €

abzgl. 0,75 Geschäftsgebühr wegen des
Trennungsunterhalts aus der außergerichtlichen
Tätigkeit   <u>*– 253,50 €*</u>

verbleiben insgesamt   **1.961,20 €**

354   Betrachtet man einmal die im Verfahren entstehende Differenzverfahrensgebühr, zeigt sich, dass diese insgesamt nur 420,80 € beträgt. Auf diese werden 253,50 € angerechnet. Von der Differenzverfahrensgebühr bleiben letztlich nur 167,30 €.

Wäre nur der Trennungsunterhalt mit abschließend geregelt worden, nicht aber der nacheheliche Unterhalt, wäre eine Differenzverfahrensgebühr von 270,40 € entstanden, von der nach Anrechnung noch 16,90 € verblieben waren.

Wäre der Rechtsanwalt auch wegen des nachehelichen Unterhaltes aufgrund eines weiteren gesonderten Auftrages tätig gewesen und wäre auch insoweit außergerichtlich eine 1,5 Geschäftsgebühr entstanden, würden in beiden Fällen die Geschäftsgebühren angerechnet. Hier ist darauf zu achten, dass nicht mehr angerechnet wird, als auf die Differenzverfahrensgebühr im Verfahren überhaupt entstehen.

Wenn aufgrund der Streitwertdegression im Verfahren insgesamt nur eine Differenzverfahrensgebühr von 420,80 € entsteht, können auf diese nicht 2 x 253,50 € (je 0,75 Geschäftsgebühr für den Trennungsunterhalt und den nachehelichen Unterhalt) angerechnet werden.

355   Im gerichtlichen Verfahren entstehen für die Verfahrensgebühr, auf die angerechnet werden soll, nur nach den aufgrund von § 15 Abs. 3 RVG gekappten Gebühren.

Nach Vorbem. 3 Abs. 4 VV wird die Geschäftsgebühr auf „die Verfahrensgebühr" des gerichtlichen Verfahrens angerechnet. Nach dem

Wortlaut des Gesetzes findet mithin eine Anrechnung auf die korrespondierende Verfahrensgebühr und nicht wahllos auf alle in dem gerichtlichen Verfahren anfallenden Verfahrensgebühren statt.

Wird die korrespondierende Verfahrensgebühr im Verfahren nach § 15 Abs. 3 RVG gekürzt, ergeben sich unterschiedliche Beträge für die Anrechnung, bzw. für die dem Rechtsanwalt verbleibenden Gebühren, je nachdem auf welcher Stufe die Kürzung vorgenommen wird.

> **Beispiel (es handelt sich um den Fall, den Rechtsanwalt Krause bereits in der FamRZ 2004, 148, 150 vorgestellt hat):**
>
> *Rechtsanwalt R ist beauftragt, den nachehelichen Unterhalt außergerichtlich zu regeln. Die Angelegenheit soll weder umfangreich noch schwierig sein. Es ist auch nicht zu einer Besprechung oder einer sonstigen Tätigkeit gekommen, durch die sich der Umfang erhöht hat. Nachdem die Anwälte außergerichtlich eine Einigung über den Unterhalt herbeigeführt haben, soll diese im Scheidungsverfahren noch gerichtlich protokolliert werden.*
>
> *Der Streitwert für den nachehelichen Unterhalt beträgt 20.400 €.*
>
> *Der Streitwert für das Ehescheidungsverfahren nebst Versorgungsausgleich beträgt 13.000 €.*
>
> *Abrechnung von Rechtsanwalt R für die außergerichtliche Tätigkeit*
>
> *Wert: 20.400 €*
>
> | | |
> |---|---:|
> | *1,3 Geschäftsgebühr nach Nr. 2400 VV* | *839,80 €* |
> | *Pauschale für Post- und Telekommunikationsentgelte* | |
> | *Nr. 7002 VV* | *20,00 €* |
> | ***Anwaltskosten netto*** | ***859,80 €*** |
>
> *Abrechnung für die Tätigkeit im gerichtlichen Verfahren*
>
> *Werte: 13.000 €; 20.400 €*
>
> | | |
> |---|---:|
> | *1,3 Verfahrensgebühr nach Nr. 3100 VV (13.000 €)* | *683,80 €* |
> | *0,8 Differenzverfahrensgebühr nach Nr. 3101 Nr. 1 VV (20.400 €) gekürzt wegen § 15 Abs. 3 RVG (statt 516,80 €) auf* | *395,20 €* |
> | *1,2 Terminsgebühr nach Nr. 3104 VV (13.000 €)* | *631,20 €* |

1,5 Einigungsgebühr nach Nr. 1000 VV (20.400 €)	*969,00 €*
Pauschale für Post- und Telekommunikationsentgelte	
Nr. 7002 VV	*20,00 €*
Anwaltskosten netto	**2.699,20 €**

./. anzurechnender Betrag für die außergerichtliche Tätigkeit; **für diese Anrechnung gibt es vier verschiedene Wege:**

1. *Anrechnung der Hälfte der außergerichtlich entstandenen Geschäftsgebühr auf die Verfahrensgebühren des gerichtlichen Verfahrens:*[239]

   Auf die im gerichtlichen Verfahren entstandenen Gebühren von insgesamt 2.699,20 € wird die hälftige Geschäftsgebühr mit einem Betrag von 419,90 € angerechnet.

   Da auf diese Weise ein Betrag angerechnet wird, der oberhalb der im Verfahren entstehenden Differenzverfahrensgebühr liegt, wird auch noch die Verfahrensgebühr für das Ehescheidungsverfahren gekürzt. Es ergibt sich das kuriose Ergebnis, dass der Rechtsanwalt durch die Protokollierung der Einigung zwar weitere Leistungen erbringt und auch ein höheres Haftungsrisiko auf sich läd. Er erhält jedoch für das Scheidungsverfahren weniger an Gebühren, als er erhalten hätte, wenn er die Einigung nicht protokolliert hätte.

2. *Anrechnung nur auf die Gebühr mit demselben Gegenstand*

   a) Anrechnung vor der Kontrollrechnung nach § 15 Abs. 3 RVG

   Die ungekürzte Differenzverfahrensgebühr hätte 516,80 € betragen. Anzurechnen sind 419,90 €.

   Damit verbleiben von der Differenzverfahrensgebühr im gerichtlichen Verfahren noch 96,90 €.

   Diese bleiben zusammen mit der Verfahrensgebühr für die Ehesache und den VA hinter dem Kontrollbetrag nach § 15 Abs. 3 RVG zurück, so dass diese restliche Differenzverfahrensgebühr nicht mehr gekürzt wird und ungeschmälert für die zusätzliche Arbeit im Termin erhalten bleibt.

   b) Anrechnung nach der Kontrollrechnung nach § 15 Abs. 3 RVG

---

239 Diesen Weg wählt Krause.

Aufgrund der Kontrollrechnung nach § 15 Abs. 3 RVG verbleiben von der Differenzverfahrensgebühr noch 395,20 €.

Angerechnet werden 419,90 €, so dass von der Differenzverfahrensgebühr nichts mehr übrig bleibt. Diese wird mit Null angesetzt. Die Verfahrengebühr für das Scheidungsverfahren bleibt aber ungeschmälert erhalten.

3. *eine Anrechnung erfolgt nur, nachdem der anzurechnende Betrag in dem Verhältnis gekürzt wurde, in dem die Differenzverfahrensgebühr aufgrund der Kontrolle nach § 15 Abs. 3 RVG gekürzt wird.*

   Die ungekürzte Differenzverfahrensgebühr betrug 516,80 €; die gekürzte betrug 395,20 €. Dies entspricht einer Kürzung auf 76,47 %.

   Die Hälfte der Geschäftsgebühr beträgt 419,90 €; gekürzt auf 76,47 % mithin 321,10 €.

   Nach Anrechnung der gekürzten Geschäftsgebühr mit 321,10 € auf die gekürzte Differenzverfahrensgebühr von 395,20 € verbleiben von dieser noch 74,10 €.

Hinweis:

Die geänderte Anrechnungsbestimmung führt zu einer Vielzahl von Fragen im **Verhältnis des Mandanten zum Gegner**.

Der Mandant wird sich fragen, ob er die nicht anrechenbare Geschäftsgebühr auf irgendeinem Wege vom Gegner erstattet verlangen kann. Eine Erstattung auf **verfahrensrechtlicher Basis**, mithin im Kostenfestsetzungsverfahren nach den §§ 104 ff. ZPO scheidet in aller Regel aus.[240] Zwar gibt es Entscheidungen, die außergerichtlich entstandene Gebühren als sog. Vorbereitungskosten des Rechtsstreits ansehen und dementsprechend eine Festsetzung zulassen.[241] Diese beruhen je-

356

---

240 Enders, JurBüro 2004, 571 f.
241 OLG Frankfurt/M., Beschl. v. 10.3.2004 – 12 W 26/04, AGS 2004, 276 f. m. Anm. Schneider. Das OLG hat die Rechtsbeschwerde zugelassen, da der BGH in einer Entscheidung vom 11.5.1998 – IVa ZR 305/86 die Möglichkeit zur Festsetzung in einem Fall verneint hat, in dem es um eine Schadenersatzforderung gegen den Gegner ging und die Besprechungsgebühr durch eine Besprechung mit diesem entstanden war. Wegen weiterer besonderer Fälle s. auch von Eicken, in: von Eicken/Hellstab/Lappe/Madert, Kostenfestsetzung, Rn. B 564 ff.

doch auf einem besonders gelagerten Sachverhalt und lassen unter der Geltung des § 118 BRAGO außergerichtlich entstandene Kosten als Vorbereitungskosten (ähnlich einem außergerichtlich eingeholten Privatgutachten) zu.

357 Der Auftraggeber wird daher in aller Regel versuchen müssen, diese auf **materiell-rechtlicher Kostenerstattungsgrundlage** vom Gegner erstattet zu bekommen. Im Bereich des Familienrechts kommen hierfür vor allem **Verzugsschadenansprüche** nach §§ 280, 286 BGB in Betracht. Hierbei ist aber zu beachten, dass die Rechtsprechung[242] teilweise von einem Anspruch auf Erstattung von Anwaltsgebühren nur dann ausgeht, wenn der Verzug bereits bei Erteilung des Auftrages vorgelegen hat. Dieser Fall ist vor allem in Unterhaltsfällen selten gegeben. Vielmehr wird der Unterhaltsberechtigte den Rechtsanwalt in aller Regel beauftragen, den Unterhaltsverpflichteten aufzufordern, Auskunft zu erteilen und sodann den Unterhaltsanspruch zu berechnen. Im Hinblick hierauf sollte überdacht werden, ob ein Anspruch auf Erstattung der Anwaltskosten als Verzugsschaden nicht auch dann zu bejahen sein kann, wenn der Verzug während des Mandats eintritt.

Problematisch ist auch die Situation für den auf eine zu hohe Zahlung in Anspruch genommenen Unterhaltspflichtigen. Er „kämpft" mit der Rechtsprechung, die in aller Regel einen Anspruch auf Kostenerstattung bei unberechtigter außerprozessualer Rechtsverfolgung verneint.[243]

358 Da es sich bei dem Anspruch aus §§ 280, 286 BGB um einen Schadenersatzanspruch handelt, stellt sich die Frage, ob der Gegner einwenden kann, den Mandanten treffe ein Mitverschulden, etwa dergestalt, dass dieser den Umfang durch ständige Anrufe beim Rechtsanwalt erhöht habe. Dieser Einwand wird dem Gegner jedoch verwehrt sein. Er hätte die Einschaltung eines Rechtsanwaltes vermeiden können, indem er

---

242 OLG München, FamRZ 1990, 312, 313.
243 S. hierzu auch im Detail die soeben veröffentlichte Dissertation von Hösl, Kostenerstattung bei außerprozessualer Verteidigung gegen unberechtigte Rechtsverfolgung, Köln 2004.

rechtzeitig geleistet hätte. Er hätte sogar das Klagverfahren noch durch rechtzeitige Leistung vermeiden können. Er kann dann nicht damit gehört werden, der Mandant hätte sich weniger um die Angelegenheit kümmern müssen.

Es stellt sich ferner die Frage, ob der Gegner einen entsprechenden Scha-   359
denersatzanspruch mit der Behauptung bestreiten kann, es liege – noch – kein Schaden vor, weil der Mandant die Geschäftsgebühr noch nicht an den Rechtsanwalt gezahlt habe. Auch dieser Einwand ist dem Gegner aber verwehrt. Dem Mandanten ist unabhängig davon, ob dieser den Rechtsanwalt bereits bezahlt hat oder nicht ein Schaden entstanden. Mit der Erteilung des Prozessauftrages endete der Auftrag zur außergerichtlichen Tätigkeit. Damit wurden die Gebühren für die außergerichtliche Tätigkeit nach § 8 RVG fällig.

Der Blick auf den **Prozesskostenvorschussanspruch** hilft als An-   360
spruchsgrundlage für die Erstattung außergerichtlicher Kosten nicht weiter, da dieser nach dem Wortlaut einen Rechtsstreit voraussetzt und daher nach ganz überwiegender Auffassung nicht für außergerichtlich entstandene Kosten eingreift.

Die Versuche, Anwaltskosten als unterhaltsrechtlichen **Sonderbedarf**[244]   361
geltend zu machen, bzw. diese Kosten zum Lebensbedarf oder zum Bedarf nach den ehelichen Lebensverhältnissen zu rechnen, sind von Rechtsprechung[245] und Literatur[246] bislang nur zögerlich aufgenommen worden. Teilweise wird darauf abgestellt, dass aufgrund der Bedarfslage, die mit derjenigen zum Prozesskostenvorschuss vergleichbar sei, auch bei der Prüfung eines Sonderbedarfs für die Kosten einer außer-

---

244 Kleinwegener, FamRZ 1992, 755 f.
245 OLG Nürnberg, FamRZ 1998, 489 lehnt einen Sonderbedarf wegen der Kosten eines verlorenen Prozesses ab und betrachtet die Regelungen in den §§ 1360a Abs. 4, 1361 Abs. 4 BGB als Spezialregelung für die Frage der Kosten; BGH hat u.a. in FamRZ 1988, 387 ff. = NJW 1988, 2604 ff., ebenso wie OLG Dresden, FamRZ 1999, 303 und OLG München, FamRZ 1997, 1286 einen unterhaltsrechtlichen Sonderbedarf eines Kindes gegen seinen leiblichen Vater auf Zahlung der Prozesskosten für das Statusverfahren anerkannt.
246 Kalthoener/Büttner/Niepmann, Rechtsprechung zur Höhe des Unterhalts, Rn. 381.

gerichtlichen Rechtsberatung und Rechtsvertretung die gleichen Billig-keitseinschränkungen vorgenommen werden müssten, die auch für den Prozesskostenvorschussanspruch gelten.[247]

362 Mit der Frage, ob ein geschiedener Ehegatte vom anderen die Kosten der Prozessführung als Lebensbedarf nach § 1578 Abs. 1 Satz 2 BGB bzw. als Sonderbedarf nach § 1613 Abs. 2 Satz 1 BGB verlangen kann, hat sich der BGH[248] befasst und diese verneint. Die Kosten des Prozes-ses würden keinen unregelmäßigen, außergewöhnlich hohen Bedarf darstellen. Es handele sich aber auch nicht um einen allgemeinen Le-bensbedarf, da der Gesetzgeber die Aufwendungen für Altersvorsorge und Krankenvorsorge im Gesetz noch ausdrücklich erwähnt habe und es bei diesen beiden Aufwendungen weniger zweifelhaft erscheine, sie zum Lebensbedarf zu zählen, als bei den Prozesskosten.

363 Angesichts der Tatsache, dass vor allem das Unterhaltsrecht aufgrund seiner zahlreichen Differenzierungen, der unterschiedlichen Leitlinien und der Mehrstufigkeit in der Berechnung für nahezu keinen Unter-haltsberechtigten und keinen Unterhaltsverpflichteten mehr durch-schaubar und erst recht nicht berechenbar ist, ist es notwendig, diesen Rechtsstandpunkt zu überdenken.

364 Ob die Rechtsprechung zur Strafbarkeit der Umgangsvereitelung als Kin-desentzug und damit als Schutzgesetz i.S.d. **§ 823 Abs. 2 BGB** für die Frage der Erstattung von außergerichtlich entstandenen Anwaltsge-bühren „fruchtbar" gemacht werden kann, darf wohl bezweifelt wer-den. In diesem Zusammenhang würde sich dann auch die Frage stel-len, ob diese Kosten im FGG-Verfahren überhaupt mit geltend gemacht

---

247 OLG München, FamRZ 1990, 312, 313: der Sonderbedarf wurde im konkreten Fall ver-neint, da es um die Kosten für die Geltendmachung von Minderjährigenunterhalt ging und das Gericht der Auffassung war, der Rechtsrat sei kostengünstiger durch die Einrichtung ei-ner Beistandschaft beim Jugendamt zu erreichen gewesen; der vom OLG München ge-wählte Weg führt mithin dazu, dass die Inanspruchnahme von Rechtsrat über die Mittel der Allgemeinheit und nicht von den Betroffenen finanziert werden; Kalthoener/Bütt-ner/Niepmann, Rechtsprechung zur Höhe des Unterhalts, Rn. 381.
248 NJW 1984, 291 f.

werden könnten, oder ob wegen der Kosten ein weiteres Verfahren als ZPO-Verfahren vor dem Zivilgericht oder dem Familiengericht zu führen wäre. Da das AG Essen[249] das Umgangsrecht als absolutes Recht ansieht, käme insoweit aber auch eine Verletzung absoluter Rechte und damit ein Anspruch über **§ 823 Abs. 1 BGB** in Betracht.

Wird der nicht anrechenbaren Betrag der Geschäftsgebühr im Prozess   365
oder im Mahnverfahren mit geltend gemacht, erhöht er den **Streitwert** nicht, solange er als Nebenforderung geltend gemacht wird.[250] Maßgebend hierfür ist nicht die Art und Weise, in der der Antrag gestellt wird (5.000 € zzgl. vorgerichtliche Mahnkosten oder 5.459,65 €), sondern allein die inhaltliche Begründung des Anspruchs in der Klageschrift. Es ist aber gleichwohl empfehlenswert, die als Nebenforderung geltend gemachten vorgerichtlichen Mahnkosten nicht mit der Hauptforderung zusammenzurechnen, um das Gericht in Bezug auf die Anforderung der Gerichtskosten nicht dazu zu zwingen, zunächst die Begründung zu lesen.

Der Kläger könnte in einem Zugewinnausgleichsanspruch z.B. beantra-   366
gen, „den Beklagten zur Zahlung eines Betrages von 5.000 € nebst Zinsen i.h.v. 5 Prozentpunkten über dem Basiszinssatz sowie vorgerichtliche Mahnkosten von 459,65 €[251] zu verurteilen."

Kann der Anspruch jedoch auf einen Unterhaltsanspruch gestützt werden, wird er als Hauptforderung geltend gemacht. In diesem Fall erhöht sich der Streitwert.

Für die Entscheidung über die Nebenforderung als auch für die Ent-   367
scheidung über Ansprüche, die originär familienrechtlich begründet werden, ist auch das Familiengericht zuständig. Die Zuständigkeit des

---

249 FamRZ 2004, 52 = NJW 2003, 2247.
250 Enders, JurBüro 2004, 57 ff.
251 Im Formulierungsbeispiel wurde für die außergerichtliche Tätigkeit eine 2,0 Geschäftsgebühr zugrunde gelegt, von der anrechnungsfrei verblieben: 1,25 Geschäftsgebühr nach Nr. 2400 VV + 20 € Postgebührenpauschale nach Nr. 7002 VV und 16 % USt. hierauf nach Nr. 7008 VV.

Gerichts richtet sich nach der Hauptforderung und nicht nach der Nebenforderung. Strittig könnte diese Frage daher werden, wenn der Anspruch auf Erstattung der Geschäftsgebühr nicht als Nebenforderung, sondern isoliert geltend gemacht wird.

Strittig könnte diese Frage auch werden, wenn der Rechtsanwalt einen nach § 9 BerHG auf ihn übergegangenen Kostenerstattungsanspruch des Mandanten gegen den Gegner geltend macht. Die Rechtsprechung hat sich bisher nicht mit der Frage befasst, ob dieser vom Auftraggeber in gewillkürter Prozessstandschaft für den Rechtsanwalt geltend gemacht werden kann und ob dies Auswirkungen auf die Einordnung als Haupt- oder Nebenforderung hat.

368   Soweit der Anspruch im streitigen Verfahren mit geltend gemacht wird, muss zur Ausübung des Ermessens und damit zu den Kriterien nach § 14 RVG vorgetragen werden.

Der Gegner kann das Verfahren nicht dadurch verzögern, dass er die Angemessenheit bestreitet und dann zwingend ein Kammergutachten nach § 14 RVG eingeholt werden müsste, da die Pflicht zum Kammergutachten nur im Prozess zwischen Rechtsanwalt und Mandant, nicht aber im Erstattungsprozess des Mandanten gegen den Gegner besteht.[252]

Die Geschäftsgebühr nach Nr. 2400 VV fällt nur i.H.v. 0,3 an, wenn sich der Auftrag auf ein **Schreiben einfacher Art** beschränkt (Nr. 2402 VV). In Familiensachen ist ein Auftrag zu einem solchen einfachen Schreiben praktisch nicht vorstellbar.

4. Gebühren im Zusammenhang mit einer Einigung

369   Eines der Ziele des RVG ist die **Förderung der außergerichtlichen Einigung**. Dem trägt das RVG durch die Änderung der bisherigen Ver-

---

252   Dies war bereits einhellige Auffassung zur Geltung des § 12 BRAGO, an der sich durch § 14 RVG nichts geändert hat. Hartmann, KostG, § 14 RVG Rn. 29 m.w.N.

gleichsgebühr zur Einigungsgebühr mit einer damit einhergehenden Änderung der Tatbestandsvoraussetzungen sowie mit der Anhebung der Aussöhnungsgebühr und einer Einschränkung derjenigen Fälle, in denen ein gerichtliches Verfahren zur Verminderung des Gebührensatzes führt, Rechnung.

Die **Bedeutung der außergerichtlichen Streiterledigung** kommt ferner symbolisch dadurch zum Ausdruck, dass die Einigungsgebühr am Anfang des Vergütungsverzeichnisses steht. 370

a) Einigungsgebühr

aa) Voraussetzungen der Einigungsgebühr

Die Einigungsgebühr entsteht nach Nr. 1000 VV für 371

* die Mitwirkung des Rechtsanwalts,

* beim Abschluss eines Vertrages,

* durch den ein Streit oder die Ungewissheit der Parteien über ein Rechtsverhältnis beseitigt wird,

* es sei denn, der Vertrag besteht ausschließlich in einem Anerkenntnis oder einem Verzicht,

* im Falle einer aufschiebenden Bedingung oder der Vereinbarung eines Widerrufs entsteht die Gebühr erst, wenn die Bedingung eingetreten ist oder der Vertrag nicht mehr widerrufen werden kann.

Zu den einzelnen Voraussetzungen ist Folgendes festzuhalten: 372

* Mitwirkung des Rechtsanwalts

* Für die Mitwirkung des Rechtsanwalts ist eine Mitursächlichkeit ausreichend. Die Beweislast für seine Mitwirkung hat der Rechtsanwalt.

* **beim Abschluss eines Vertrages**

   Während die Vergleichsgebühr den Abschluss eines Vergleichs i.S.d. § 779 BGB forderte, kommt es für die Einigungsgebühr nur auf den Abschluss eines Vertrages an. Der Gesetzgeber hat damit auf das Tatbestandsmerkmal des „gegenseitigen Nachgebens" verzichtet.

Schneider[253] weist jedoch darauf hin, dass sich das Erfordernis eines gegenseitigen Nachgebens bei Vereinbarungen zum **Zugewinnausgleich** und zum **Versorgungsausgleich** herausstellen könnte. Ansatzpunkt seiner Überlegungen ist die Tatsache, dass auch für die Einigungsgebühr eine **wirksame Einigung** erforderlich ist. Wenn die Vereinbarung mithin formbedürftig ist, entsteht die Einigungsgebühr erst, wenn die Form eingehalten ist. Vereinbarungen zum Zugewinnausgleich müssen aber vor rechtskräftiger Ehescheidung notariell beurkundet werden. Auch Vereinbarungen zum Versorgungsausgleich müssen notariell beurkundet werden. Die notarielle Beurkundung kann durch die gerichtliche Protokollierung ersetzt werden. Da § 127a BGB aber nicht geändert worden ist und dort weiter von einem Vergleich die Rede ist, müsse auch ein solcher zustande kommen. Die Bedenken von Schneider sind ernst zu nehmen. M.E. haben sie jedoch keine gebührenrechtlichen Auswirkungen. § 127a BGB regelt nur, dass der gerichtlich protokollierte Vergleich die notarielle Beurkundung ersetzt. Eine weitergehende Bedeutung sollte dem nicht beigemessen werden, auch wenn nach der Kommentierung bei Palandt ein gegenseitiges Nachgeben erforderlich ist. Wenn die Auffassung von Schneider richtig wäre, käme es bei einer Regelung des Zugewinnausgleichs durch gerichtlich protokollierte Einigung auf ein gegenseitiges Nachgeben an. Würden die Parteien aber statt dessen eine notariell beurkundete Vereinbarung treffen oder sich über den Zugewinnausgleich erst nach der rechtskräftigen Ehescheidung durch eine privatschriftliche oder mündliche Vereinbarung einigen, käme es nicht mehr auf ein gegenseitiges Nachgeben an. Es gibt keinerlei Anhaltspunkte dafür, dass eine solche Differenzierung vom Gesetzgeber gewollt wurde.

Die gleichen Überlegungen gelten auch für **Vereinbarungen über den Versorgungsausgleich**. Auch hier schreiben die §§ 1408, 1410 BGB notarielle Beurkundung vor. Die gerichtliche Protokollierung

---

253 FamRB 2004, 195 ff., 197.

nach § 127a BGB ersetzt auch insoweit nur die notarielle Beurkundung und ist daher nur eine Substitutionsmöglichkeit der Form, aus der sich aber keine weiterreichenden inhaltlichen Anforderungen ergeben.

• durch den ein Streit oder die Ungewissheit der Parteien über ein Rechtsverhältnis beseitigt wird

Soweit im Zusammenhang mit diesem Tatbestandsmerkmal die Diskussion wieder belebt wird, ob die Parteien sich auch über die elterliche Sorge und über den Umgang einigen können, ist festzuhalten, dass der Gesetzgeber von dieser Einigungsmöglichkeit als sicher ausgeht. Andernfalls wäre es nicht zu erklären, warum er in § 48 Abs. 3 RVG formuliert, dass sich die Bewilligung von PKH in der Ehesache auf den Abschluss eines Vertrages i.S.d. Nr. 1000 VV erstreckt, wenn dieser die elterliche Sorge oder den Umgang mit einem Kind betrifft.

Strittig ist auch nach dem RVG jedoch weiter die Frage, ob eine Einigungsgebühr auch dann entsteht, wenn die Parteien nur eine vorläufige Regelung treffen, z.B. sich auf eine vorläufige Umgangsregelung für mehrere Monate einigen, um sodann erneut über das weitere Vorgehen zu verhandeln.

Hier ist auch nach dem RVG die Zwischeneinigung von der Teileinigung abzugrenzen. Während die **Zwischeneinigung** dazu führt, dass nur vorläufige Absprachen getroffen werden, die aber nicht dauerhaft sein müssen, führt die **Teileinigung** dazu, einzelne Streitpunkte endgültig zu erledigen. Die Teileinigung lässt daher die Einigungsgebühr entstehen, die Zwischeneinigung nicht.[254]

---

254 Madert, in: Gerold/Schmidt/von Eicken/Madert/Müller-Rabe, RVG, Nr. 1000 VV Rn. 20; a.A. Schneider, MDR 2004, 423, 424.

Hinweis:

Gegen die Entstehung einer Einigungsgebühr für Zwischenvergleiche spricht, dass nach dem Wortlaut der Nr. 1000 VV der Streit über ein Rechtsverhältnis beseitigt werden muss. Es fehlt ein Anhaltspunkt dafür, dass damit auch eine vorübergehende Einigung erfasst ist, die weder für die Parteien noch ggf. für das Gericht den Rechtsstreit oder die Angelegenheit endgültig erledigt.

- es sei denn, der Vertrag besteht ausschließlich in einem Anerkenntnis oder einem Verzicht

  Die Betonung liegt darauf, dass die Einigungsgebühr nicht bereits dann anfallen soll, wenn eine Seite sofort und ohne Einschränkungen und/oder verfahrensmäßige Absprachen das Begehren der anderen Seite in vollem Umfang erfüllt. Es heißt deswegen, dass die Gebühr dann nicht entstehe, wenn **ausschließlich** ein Anerkenntnis oder ein Verzicht erklärt oder vereinbart wird. Damit reichen auch verfahrensmäßige Absprachen, wie z.B. Ratenzahlungsabsprachen; Vereinbarungen, ein gerichtliches Verfahren zum Ruhen zu bringen oder dieses nach Eingang der Zahlung zurückzunehmen, aus, um die Einigungsgebühr auszulösen.

- im Falle einer aufschiebenden Bedingung oder der Vereinbarung eines Widerrufs entsteht die Gebühr erst, wenn die Bedingung eingetreten ist oder der Vertrag nicht mehr widerrufen werden kann

  Bei der **Scheidungsfolgenvereinbarung** treffen die Parteien Vereinbarungen für den Fall der rechtskräftigen Beendigung ihrer Ehe. Sie stellen ihre Vereinbarungen damit unter eine aufschiebende Bedingung. Die rechtskräftige Scheidung der Ehe ist bei dieser Art der Vereinbarung mithin unverzichtbare Voraussetzung für das Entstehen der Einigungsgebühr. Versöhnen sich die Eheleute vor rechtskräftiger Ehescheidung oder nehmen diese aus anderen Gründen den Scheidungsantrag zurück oder verstirbt einer der Ehegatten während des Scheidungsverfahrens vor dessen rechtskräftigem Abschluss,[255] tritt die Bedingung nicht ein und die Einigungsgebühr entsteht überhaupt nicht.

Etwas anderes gilt, wenn die Parteien, die sich bereits getrennt haben, eine Vereinbarung für die Dauer der **Trennung** treffen. Da die Parteien bereits getrennt leben, ist diese Bedingung bereits eingetreten und die Einigungsgebühr fällt insoweit bereits an.

bb) Höhe der Einigungsgebühr

Die Einigungsgebühr beträgt 1,5, wenn über den Gegenstand der Einigung kein Rechtsstreit und kein PKH-Verfahren anhängig ist, es sei denn, es wäre nur ein selbständiges Beweisverfahren anhängig, oder die Partei würde nur beantragen, PKH für die Protokollierung der Einigung zu bewilligen oder es läge ein Fall der gesetzlichen Erstreckung nach § 48 Abs. 3 RVG vor.

373

Die Einigungsgebühr reduziert sich, wenn über den Gegenstand ein Rechtsstreit anhängig ist. Nach dem Wortlaut der Nr. 1003 VV und der Nr. 1004 VV kommt es nicht mehr darauf an, ob die Einigung in der ersten Instanz oder im Berufungs- oder Revisionsrechtszug anhängig ist. Abgestellt wird vielmehr darauf, in welcher Instanz der Gegenstand anhängig ist, über den die Parteien sich vergleichen.

374

Beispiel:

Das Trennungsunterhaltsverfahren ist bereits im Berufungsverfahren anhängig. Die Klägerin wird im Trennungsunterhaltsverfahren vor dem OLG durch andere Rechtsanwälte vertreten als im Scheidungsverfahren. Die Parteien streiten um laufenden Unterhalt und Rückstand i.H.v. insgesamt 9.000 €. Im Termin zur mündlichen Verhandlung im Scheidungsverfahren einigen sich die Parteien nach einer entsprechenden Besprechung über den nicht anhängig gemachten nachehelichen Unterhalt auf Zahlung eines monatlichen nachehelichen Unterhalts von 500 €. Die Ehesache hat einen Wert von 12.000 € und der Versorgungsausgleich einen Wert von 1.000 €.

---

255 Mit der Folge des § 619 ZPO; mithin auch nach Verkündigung des Scheidungsurteils aber
     vor Rechtskraft.

Die Kostenrechnung des erstinstanzlich beauftragten Rechtsanwalts sieht wie folgt aus:

1,3 Verfahrensgebühr nach Nr. 3100 VV (13.000 €)	*683,80 €*
0,8 Differenzverfahrensgebühr nach Nr. 3101 Nr. 2 VV (15.000 €)[256]	*301,60 €*
1,2 Terminsgebühr nach Nr. 3104 VV (28.000 €)	*909,60 €*
1,3 Einigungsgebühr nach den Nrn. 1000, 1004 VV (9.000 €)	*583,70 €*
1,5 Einigungsgebühr nach Nr. 1000 VV (6.000 €)[257]	*507,00 €*
Auslagenpauschale nach Nr. 7002 VV	*20,00 €*
Gesamt netto	**5.128,00 €**

> **Hinweis:**
>
> Es bleibt dabei, dass sich der Gegenstandswert danach richtet, worüber sich die Parteien einigen und nicht worauf sich die Parteien einigen.

375   Erfasst die Einigung sowohl rechtshängige Ansprüche als auch nichtrechtshängige Ansprüche, ist für die einzelnen Teile gesondert die Einigungsgebühr in der entsprechenden Höhe zu berechnen und anschließend eine Kontrolle nach § 15 Abs. 3 RVG vorzunehmen.

Beispiel:

Zwischen den Parteien ist ein Verfahren über die Zugewinnausgleichsforderung der Ehefrau im Wege der Teilklage über 15.000 € anhängig. Die Ehefrau ist der Auffassung, ihr ständen insgesamt 87.000 € als Zugewinnausgleich zu. Im Termin zur mündlichen Verhandlung nimmt der Rechtsanwalt auftragsgemäß auch an den Verhandlungen zur Einigung über den nicht rechtshängigen Anspruch teil. Die Parteien einigen sich auf Zahlung von 60.000 €.

---

256 Gekürzt nach § 15 Abs. 3 RVG; eine 0,8 Verfahrensgebühr wären 452,80 € gewesen.
257 Keine Kürzung nach § 15 Abs. 3 RVG, da die zusammengerechneten Einigungsgebühren hinter der Gebühr von 1,5 nach 28.000 € mit 1.137 € zurückbleiben.

Der Rechtsanwalt rechnet wie folgt ab:

1,3 Verfahrensgebühr nach Nr. 3100 VV (15.000 €)	*735,80 €*
0,8 Differenzverfahrensgebühr nach Nr. 3101 Nr. 2 VV (72.000 €)[258]	*924,30 €*
1,2 Terminsgebühr nach Nr. 3104 VV (87.000 €)	*1.532,40 €*
1,0 Einigungsgebühr nach den Nrn. 1000, 1003 VV (15.000 €)	*566,00 €*
1,5 Einigungsgebühr nach Nr. 1000 VV (72.000 €)[259]	*1.3.49,50 €*
Auslagenpauschale nach Nr. 7002 VV	*20,00 €*
Gesamt netto	**5.128,00 €**

cc) Einigungsgebühr in PKH-Fällen

Die Einigungsgebühr ist aus der Staatskasse zu erstatten, wenn sich die PKH-Bewilligung hierauf erstreckt. Dafür kommen drei Fallgruppen in Betracht: 376

• Das Verfahren befindet sich noch im PKH-Bewilligungsverfahren und die Parteien schließen eine Einigung über den Gegenstand des PKH-Bewilligungsverfahrens.   377

Die Einigungsgebühr ist in dieser Konstellation sowohl aus der Staatskasse zu erstatten, wenn die PKH nur für den Abschluss der Einigung/des Vergleichs bewilligt worden ist, als auch dann, wenn die PKH für das PKH-Bewilligungsverfahren[260] bewilligt wurde.[261] Streitig ist insoweit allein die Frage, ob neben der Einigungsgebühr auch die Verfahrensgebühr und die Terminsgebühr aus der Staatskasse zu erstatten sind. Da über den Gegenstand der Einigung ein PKH-Verfahren anhängig ist, beträgt die Einigungsgebühr nur 1,0 nach Nr. 1003 VV.

---

258 Gekürzt nach § 15 Abs. 3 RVG; eine 0,8 Verfahrensgebühr wären 960 € gewesen.
259 Gekürzt nach § 15 Abs. 3 RVG; eine 1,5 Einigungsgebühr wären 1.800 € gewesen.
260 Grds. kann zwar keine PKH für das PKH-Bewilligungsverfahren bewilligt werden. Die Rechtsprechung macht hiervon jedoch für den Abschluss eines Vergleichs eine Ausnahme.
261 Wegen der Einzelheiten s. Zimmermann, Prozeßkostenhilfe in Familiensachen, Rn. 498 ff.

- Dem Mandanten ist die PKH für diesen Rechtsstreit bewilligt. Die Einigung betrifft ausschließlich den rechtshängigen Anspruch.

- Die PKH-Bewilligung umfasst automatisch den Abschluss der Einigung über diesen Gegenstand. Da der Gegenstand des Rechtsstreits bei Gericht rechtshängig ist, beträgt die Einigungsgebühr 1,0 nach Nr. 1003 VV bzw. 1,3 nach Nr. 1004 VV, wenn über den Gegenstand ein Berufungs- oder Revisionsverfahren anhängig ist.

Dem Mandanten ist PKH für die Ehesache bewilligt

Beispiel:

Der Mandant einigt sich über den Versorgungsausgleich. Dieser ist bereits rechtshängig. Die PKH-Bewilligung erstreckt sich kraft Gesetzes auf jegliche Tätigkeit wegen des Versorgungsausgleichs (§ 624 Abs. 2 ZPO).

Da der Versorgungsausgleich rechtshängig ist, beträgt die Höhe der Einigungsgebühr 1,0 nach Nr. 1003 VV bzw. 1,3, wenn die Voraussetzungen nach Nr. 1004 VV vorliegen.

Beispiel:

Er einigt sich über einen nichtsrechthängigen Anspruch. Der Anspruch betrifft den gegenseitigen Unterhalt der Ehegatten und den Unterhalt gegenüber den Kindern im Verhältnis der Eltern zueinander, die elterliche Sorge und/oder den Umgang mit einem Kind, die Rechtsverhältnisse an der Ehewohnung und dem Hausrat, die Ansprüche aus dem ehelichen Güterrecht. Die PKH-Bewilligung in der Ehesache erstreckt sich hierauf kraft Gesetzes (§ 48 Abs. 3 RVG). Ein gesonderter Antrag, die PKH-Bewilligung zu erstrecken, ist hierfür mithin nicht notwendig.

378   Die Einigungsgebühr beträgt 1,5 nach Nr. 1000 VV. Die Anm. zu Nr. 1003 VV beseitigt die bisherige Streitfrage, ob die gesetzliche Erstreckung zur Anhängigkeit eines PKH-Verfahrens führt, in dem Sinne, dass dies nicht der Fall ist und die Einigungsgebühr ungekürzt entsteht.

379   Da aufgrund des Übergangsrechts noch einige Jahre mit Abrechnungen nach der BRAGO in Ehescheidungsangelegenheiten und Folgesachen zu rechnen ist, ist noch die Rechtslage zu den bisherigen Bestimmungen der Vergleichsgebühr nach **§ 23 BRAGO** und der gesetzlichen Erstre-

ckung nach **§ 122 Abs. 3 BRAGO** aufzuführen. Problematisch sind danach Fälle, in denen der Rechtsanwalt ausdrücklich beantragt hat, die PKH-Bewilligung auf den Abschluss des Vergleichs zu erstrecken, obwohl sich diese Erstreckung bereits aus § 122 BRAGO ergibt. Danach ist umstritten, ob auch in den Fällen des § 122 Abs. 3 Satz 1 BRAGO ein PKH-Verfahren anhängig ist, wenn der Rechtsanwalt vor Abschluss des Vergleichs beantragt, die PKH auch auf den Abschluss des Vergleichs in der Ehesache zu erstrecken. Wird dies bejaht, hat es eine Herabsetzung der Vergleichsgebühr von 15/10 auf 10/10 zur Folge.

Die Befürworter einer derartigen Anhängigkeit argumentieren damit, dass die Partei mit dem Antrag auf Erstreckung der PKH-Bewilligung einen Antrag gestellt hätte, über den zu entscheiden sei. Dass die Lösung hinsichtlich der Anwaltsgebühren sich aus der gesetzlichen Regelung des § 122 Abs. 3 Satz 1 ZPO ergebe, habe hierauf keine Auswirkungen. Es komme nicht auf das Ausmaß der Inanspruchnahme des Gerichts an, da dies kein geeigneter Prüfungsmaßstab sei. Es sei daher auch unerheblich, dass eine Erfolgsprüfung nicht vorgenommen werden müsse. Es komme vielmehr allein darauf an, dass eine Prüfung in einem gerichtlichen Verfahren veranlasst werde und das Gericht insoweit durch die Parteien in Anspruch genommen worden sei. Damit sei der Gesetzeszweck, außergerichtliche Vergleiche zu fördern, nicht erreicht. Dies ziehe die Folge nach sich, dass auch die erhöhte Vergleichsgebühr nicht mehr anfallen könne.[262]

380

Die Gegner dieser Auffassung sind in der Mehrzahl und führen auch die überzeugenderen Argumente an. Sie sprechen sich auch dann für den Ansatz der 15/10-Vergleichsgebühr aus, wenn ein ausdrücklicher Antrag gestellt worden ist, die PKH-Bewilligung auf den Abschluss eines Vergleichs auch in den in § 122 Abs. 3 Satz 1 BRAGO genannten Fällen zu

381

---

262 So der 13. Senat des OLG Koblenz, JurBüro 1997, 306 f. m. Anm. Enders (gegen den 15. Senat des OLG Koblenz); OLG Nürnberg, JurBüro 1996, 25 = Rpfleger 1996, 129; OLG Saarbrücken, MDR 1996, 1193 und Rpfleger 1997, 72 f. und MDR 1997, 507; OLG Köln zwar noch in FamRZ 1997, 946 aber mit Ankündigung der Änderung in der Entscheidung vom 9.2.1998, Rpfleger 1998, 293 f.

erstrecken.[263] Stellvertretend sei die Argumentation des OLG Bamberg dargestellt. Das OLG Bamberg stellt darauf ab, dass der Gesetzgeber durch die Anhebung der Vergleichsgebühr das Bemühen der Rechtsanwälte fördern wollte, Streitigkeiten ohne Inanspruchnahme des Gerichts durch gütliche Einigung zu erledigen. Beim Abschluss eines angekündigten Vergleichs entfalle für das Gericht die sonst notwendige Erfolgsprüfung. Da ohnehin PKH bewilligt worden sei, müsse auch keine neue Prüfung der persönlichen und wirtschaftlichen Verhältnisse vorgenommen werden. Die Erstreckung der PKH sei ein rein formaler Akt und habe nur deklaratorische Bedeutung.

382   Neben den Gründen des OLG Bamberg kann aber auch noch mit dem schlichten Wortlaut und der Dogmatik des Gesetzes argumentiert werden. Eine Folgesache wird nicht dadurch anhängig, dass die Parteien sich über den Gegenstand vergleichen. Sie wird vielmehr dadurch anhängig, dass ein Antragsschriftsatz in der Sache selbst eingereicht wird. In diesem Sinne führt daher nur der Antrag als solcher zur Anhängigkeit aber nicht der Abschluss eines Vergleichs. Beantragt die Partei daher, ihr für den Fall des Widerrufs eines Vergleichs PKH für die Folgesache selbst zu bewilligen, hat das Gericht eine Erfolgskontrolle vorzunehmen und sich mit der Sache selbst zu beschäftigen. Die Folgesache selbst soll anhängig gemacht werden. Der PKH-Antrag ist daher auf die Folgesache und nicht auf den Abschluss des Vergleichs gerichtet. In diesem Fall ist daher eine Reduktion auf eine 10/10-Gebühr in Betracht zu ziehen ggf. erst nach einem entsprechenden Widerruf, wenn die Parteien sich danach erneu einigen.

---

263 OLG Bamberg, JurBüro 1996, 23 = FamRZ 1996, 678 und FamRZ 1997, 366; OLG München, JurBüro 1997, 249 f. = AnwBl. 1997, 501; OLG Karlsruhe, JurBüro 1996, 638; OLG Zweibrücken, JurBüro 1997, 136 = OLG Report 1997, 16; OLG Frankfurt, JurBüro 1997, 365; OLG Düsseldorf, FamRZ 1998, 112; LG Stade, JurBüro 1997, 414, wobei das LG Stade allerdings die Kontrolle des § 13 Abs. 3 BRAGO zugunsten des Anwalts nicht berücksichtigt und ihm auf der anderen Seite die Differenz-Prozessgebühr des § 32 Abs. 2 BRAGO verwehrt; OLG Koblenz, 15. Senat, JurBüro 1997, 475 =FamRZ 1998, 115 = FuR 1997, 357; OLG Koblenz, 11. ZS, FamRZ 1998, 1382; OLG Hamburg, JurBüro 1996, 26; OLG Rostock, FamRZ 1999, 387 f.; OLG Schleswig, FamRZ 1999, 388 f.; OLG Dresden, FamRZ 1999, 391 (LS); Enders, in: Anm. zu OLG Koblenz, JurBüro 1997, 81 ff. und JurBüro 1997, 307; AG Koblenz, JurBüro 1997, 82 f.

Mit den vorstehenden Ausführungen könnte der Eindruck erweckt werden, dem Antrag, die PKH auch in den Fällen des § 122 Abs. 3 Satz 1 BRAGO auf den Abschluss eines Vergleichs zu erstrecken, komme keinerlei Bedeutung mehr bei. Er wird auch weithin als überflüssiger Antrag bezeichnet.[264]

Bei zutreffender Anwendung der PKH-Vorschriften ist dies auch so. Unter Juristen gilt es jedoch, kein sich bietendes Problem auszulassen. In diesem Sinne wird mithin diskutiert, ob die gesetzliche Erstreckung der PKH-Bewilligung in § 122 Abs. 3 Satz 1 ZPO nur die Rechtsanwaltskosten oder auch die daneben anfallenden Gerichtskosten erfasse. Soweit sich die Parteien über nicht rechtshängige Ansprüche vergleichen, entsteht nach Nr. 1653 KVGKG eine Gerichtsgebühr i.H.v. 0,25 der vollen Gebühr (mit Ausnahme derjenigen Ansprüche, die in Verfahren nach § 620 oder § 641d ZPO geltend gemacht werden können). Enders[265] weist darauf hin, dass diese Kosten nur dann nicht von der Partei erhoben werden würden, wenn dieser PKH bewilligt sei. Er vertritt aber auch die Auffassung, dass die Vergleichsgebühr auch bei ausdrücklicher Erstreckung der PKH i.H.v. 15/10 anfalle. 383

Demgegenüber tendiert der 15. Senat des OLG Koblenz dahin, dass beim Abschluss eines Vergleichs in den in § 122 Abs. 3 Satz 1 BRAGO genannten Fällen auch die überschießende Gerichtsgebühr von der PKH-Bewilligung umfasst sei. Dies entspricht dem Willen des Gesetzgebers. Dieser hat aus rechtspolitischen Erwägungen den Abschluss eines Vergleichs in einer Ehesache auch gebührenrechtlich erleichtern wollen.[266] Dem laufe eine Auslegung zuwider, die die Wirkungen des § 122 Abs. 3 Satz 1 BRAGO nur auf die Rechtsanwaltsgebühren beschränke. 384

Etwas anderes gilt für einen Vergleich über das Umgangsrecht, da dieses im Katalog des § 122 Abs. 3 ZPO nicht aufgeführt ist. Damit inso- 385

---

264 Zimmermann, Prozeßkostenhilfe in Familiensachen, Rn. 516b.
265 JurBüro 1997, 81 ff. und JurBüro 1997, 307.
266 Hartmann, KostG, 33. Aufl., § 122 BRAGO Rn. 78.

weit ein Erstattungsanspruch gegen die Staatskasse besteht, muss mithin die Erstreckung der PKH beantragt werden.

Da hierdurch wiederum ein PKH-Verfahren anhängig ist, beträgt die Höhe der Vergleichsgebühr mithin wiederum 10/10.

386 Eine Änderung ist duch die Anm. zu Nr. 1003 VV eingetreten. Sie erfasst den Fall, dass dem Mandanten in einer anderen Angelegenheit als einer Ehesache PKH bewilligt wird.

Beispiel:
Er einigt sich zu gerichtlichem Protokoll sowohl über rechtshängige als auch über nicht rechtshängige Ansprüche. Für den Abschluss des Vertrages über die nicht-rechtshängigen Ansprüche wird PKH beantragt.

Die Einigungsgebühr beträgt hinsichtlich der anhängigen Ansprüche 1,0 nach Nr. 1003 VV; bzw. wenn über den Gegenstand ein Berufungs- oder Revisionsverfahren anhängig ist 1,3 nach Nr. 1004 VV. Die Einigungsgebühr hinsichtlich der rechtshängigen Ansprüche ist ohne weiteres von der PKH-Bewilligung umfasst.

387 Die Einigung hinsichtlich der nichtrechtshängigen Ansprüche ist jedoch nur dann aus der Staatskasse zu vergüten, wenn die PKH-Bewilligung vor Abschluss des Einigung hierauf ausdrücklich erstreckt wurde. Hier hat das RVG zu einer Änderung geführt. Es bleibt bei der 1,5-Einigungsgebühr hinsichtlich der nicht rechtshängigen Ansprüche, wenn die PKH nur für die gerichtliche Protokollierung des Vergleichs beantragt wird (Anm. zu Nr. 1003 VV).

dd) Gebühren neben der Einigungsgebühr

388 Die Einigungsgebühr ist eine gesetzlich normierte Gebühr für den Erfolg. Sie kann deswegen nie isoliert entstehen. Nach dem Gegenstandswert, nach dem Einigungsgebühren entstehen, muss vielmehr auch immer eine **Betriebsgebühr** abgerechnet werden. Diese Betriebsgebühr kann z.B.

• eine Beratungsgebühr nach Nr. 2100 VV,

- eine Geschäftsgebühr nach Nr. 2400 VV,
- eine Verfahrensgebühr nach Nr. 3100 VV oder
- eine Differenzverfahrensgebühr nach Nr. 3101 Nr. 1 oder Nr. 2 VV sein oder
- eine Verfahrensgebühr in der Zwangsvollstreckung nach Nr. 3309 VV.

b) Aussöhnungsgebühr

Die Aussöhnungsgebühr entsteht nach Nr. 1001 VV i.H.v. 1,5 für die   389
Mitwirkung des Rechtsanwalts bei der Aussöhnung, wenn der ernstliche Wille eines Ehegatten, eine Scheidungssache oder ein Verfahren auf Aufhebung der Ehe anhängig zu machen, hervorgetreten ist und die Ehegatten die eheliche Lebensgemeinschaft fortsetzen oder die eheliche Lebensgemeinschaft wieder aufnehmen. Dies gilt entsprechend bei Lebenspartnerschaften.

Auch die Aussöhnungsgebühr reduziert sich während der Anhängigkeit   390
einer Ehesache in erster Instanz auf 1,0 nach Nr. 1003 VV und während der Anhängigkeit einer Ehesache im Berufungs- oder Revisionsverfahren auf 1,3 nach Nr. 1004 VV.

Die Auffassung von Hartmann,[267] dass die Aussöhnungsgebühr Nr. 1001   391
VV gegenüber der Geschäftsgebühr nach Nr. 2400 VV eine vorrangige Sondervorschrift sei, ist zumindest missverständlich formuliert. Nr. 2400 VV und Nr. 1001 VV überschneiden sich nicht vom Anwendungsbereich. Nr. 1001 VV, der an die Stelle des bisherigen § 36 Abs. 2 BRAGO getreten ist, ist vielmehr eine reine Erfolgsgebühr, ebenso wie die im gleichen Teil des VV geregelte Einigungsgebühr. Mit ihr wird mithin nur der Erfolg, nicht aber die Arbeit vergütet. Auch die Aussöhnungsgebühr kann deswegen nicht allein stehen, sondern wird immer zusammen mit einer Betriebsgebühr geltend gemacht. Eine solche kann wiederum ei-

---

267 KostG, Nr. 1001 VV Rn. 4.

ne Ratsgebühr nach Nr. 2100 VV, aber auch eine Geschäftsgebühr nach Nr. 2400 VV oder eine Verfahrensgebühr nach Teil 3 VV sein.[268]

392 Der Rechtsanwalt muss seine Mitwirkung beweisen. An den Nachweis der Mitwirkung dürfen aber keine hohen Anforderungen gestellt werden.[269] Der ernstliche Wille eines Ehegatten, sich zu trennen, muss nach außen hervorgetreten sein. Dazu ist es nicht erforderlich, dass der Scheidungsantrag bereits eingereicht wurde.

5. Gebührentatbestände bei der Vertretung in einem gerichtlichen Verfahren im Allgemeinen

a) Struktur der Gebühren bei einer Vertretung im gerichtlichen Verfahren

393 **Hinweis:**

Hat der Mandant einen Prozessauftrag erteilt, richtet sich die Vergütung nach Teil 3 VV. Es kommt nicht darauf an, ob die Klage oder ein entsprechender Schriftsatz bereits bei Gericht eingereicht wurde oder ob der Gegenstand der Tätigkeit überhaupt gerichtlich anhängig ist. Maßgebend ist vielmehr allein der vom Mandanten erteilte **Auftrag**.

394 Das RVG hat die Gebührentatbestände wesentlich vereinfacht. Danach gilt:

- keine Unterscheidung mehr danach, ob es sich um ein ZPO oder um ein FGG-Verfahren handelt; d.h. auch in den isolierten FGG-Angelegenheiten entstehen in aller Regel eine 1,3-Verfahrensgebühr nach Nr. 3100 VV und eine 1,2-Terminsgebühr nach Nr. 3104 VV; die Auseinandersetzungen – vor allem mit der Staatskasse – über die Höhe der angemessenen Gebühr und um die Frage, ob eine Beweisauf-

268 Von Eicken, in: Gerold/Schmidt/von Eicken/Madert/Müller-Rabe, RVG, Nr. 1001 VV Rn. 2.
269 Von Eicken, in: Gerold/Schmidt/von Eicken/Madert/Müller-Rabe, RVG, Nr. 1001 VV Rn. 17 ff.

nahme im isolieren Sorgerechtsverfahren durch die Anhörung des Jugendamtes vorgelegen hat, entfällt;

* keine „Diskriminierung" mehr der Verfahren über Ehewohnung und Hausrat sondern ungekürzte Gebühren;

* damit auch einheitliche Gebühren im Rechtsmittelzug.

Daraus ergibt sich folgendes Grundschema: 395

	I. Rechtszug	Berufung	Revision
Verfahrensgebühren			
Vorzeitige Erledigung des Auftrags	Nr. 3101 Nr. 1 VV 0,8	Nr. 3201 VV 1,1	Nr. 3207 VV 1,1 Parteien können sich nur durch einen beim BGH zugelassenen RA vertreten lassen: Nr. 3209 VV 1,8
Einreichung einer Antragsschrift oder eines Schriftsatzes mit Sachantrag	Nr. 3100 VV 1,3	Nr. 3200 VV 1,6	Nr. 3206 VV 1,6 Parteien können sich nur durch einen beim BGH zugelassenen RA vertreten lassen: Nr. 2,3
Differenzverfahrensgebühr	Nr. 3101 VV 0,8	Nr. 3202 VV 1,1	Nr. 3207 VV 1,1 Parteien können sich nur durch einen beim BGH zugelassenen RA vertreten lassen: Nr. 3209 VV 1,8

Terminsgebühren

Anerkenntnis, auch im schriftlichen Vorverfahren	Nr. 3104 VV 1,2	Nr. 3202 VV 1,2	Nr. 3210 VV 1,5
Säumnis durch Nichterscheinen in der Verhandlung und Versäumnisurteil; auch im schriftlichen Vorverfahren	Nr. 3105 VV 0,5	Nr. 3203 VV 0,5	Nr. 3211 VV 0,8
• Teilnahme an streitiger Verhandlung, Erörterung, Beweisaufnahmetermin • Mitwirkung an einer auf die Vermeidung oder Erledigung des Verfahrens gerichteten Besprechung	Nr. 3104 VV 1,2	Nr. 3202 VV 1,2	Nr. 3210 VV 1,5

b) Gebühren im ersten Rechtszug (Teil 3 Abschnitt 1 VV)

aa) Verfahrensgebühr

396   Die Verfahrensgebühr entsteht nach Vorbem. 3 Abs. 2 VV für das Betreiben des Geschäfts einschließlich der Information.

397   Sie entsteht in voller Höhe mit 1,3 nach Nr. 3100 VV, wenn der Rechtsanwalt eine Klage, den ein Verfahren einleitenden Antrag oder einen Schriftsatz, der Sachanträge oder Sachvortrag, die Zurücknahme der Klage oder die Zurücknahme des Antrags enthält, bei Gericht einreicht oder bevor er für seine Partei einen gerichtlichen Termin wahrgenommen hat. Der Anwendungsbereich der Verfahrensgebühr nach Nr. 3100

VV entspricht damit dem Anwendungsbereich der Prozessgebühr nach § 31 Abs. 1 Nr. 1 BRAGO.

Die Verfahrensgebühr bei vorzeitiger Erledigung nach Nr. 3101 Nr. 1 VV beträgt 0,8.   398

Änderungen gegenüber der Rechtslage nach der BRAGO hat es bei der   399
Differenzverfahrensgebühr gegeben. Diese trägt dem Ziel des RVG
Rechnung, für eine leistungsorientiertere Vergütung zu sorgen und eine Einigung der Parteien zu fördern. Dementsprechend entsteht die Differenzverfahrensgebühr nach Nr. 3101 Nr. 2 VV i.H.v. 0,8 auch

* soweit lediglich beantragt ist, eine Einigung der Parteien oder mit
  Dritten über in diesem Verfahren nicht rechtshängige Ansprüche zu
  Protokoll zu nehmen oder festzustellen (§ 278 Abs. 6 ZPO) oder
* soweit lediglich Verhandlungen vor Gericht zur Einigung über solche Ansprüche geführt werden.

Hinweis:

Durch die Umgestaltung der Differenzverfahrensgebühr nach
Nr. 3101 Nr. 2 VV wurde die Streitfrage, ob die Gebühr auch anfal-
len kann, wenn der Anspruch anderweitig rechtshängig ist, geklärt.
Darüber hinaus wurde der Anwendungsbereich erheblich erweitert.

Die Differenzverfahrensgebühr nach Nr. 3101 Nr. 2 VV entsteht auch   400
dann, wenn in einem Verfahren Verhandlungen vor Gericht über Ansprüche geführt werden, die in diesem Verfahren nicht rechtshängig
sind. Es kann sich dabei um Ansprüche handeln, die in keinem Verfahren rechtshängig sind (z.b. Teilklage), als auch Ansprüche, die in einem
anderen Verfahren[270] (gleicher oder anderer Instanz) rechtshängig sind.

---

270 Zu § 32 Abs. 2 BRAGO war umstritten, ob die Differenzverfahrensgebühr, die zudem nur
     für die Protokollierung einer Einigung anfiel und nicht bereits für entsprechenden Ver-
     handlungen, auch dann anfiel, wenn der Anspruch in einem anderen Verfahren anhängig
     war. Siehe zur alten Rechtslage die eine Differenzprozessgebühr ablehnenden Entschei-
     dungen des OLG München in OLGreport München 2003, 206 und OLG Zweibrücken,
     OLGreport Zweibrücken 2003, 215, jeweils m.w.N.

401 Nach Abs. 2 der Anm. zu Nr. 3101 VV wird der sich für die Differenzverfahrensgebühr ergebende Betrag, der sich ggf. nach einer Kürzung
aufgrund des § 15 Abs. 3 RVG ergibt, auf diejenige Verfahrensgebühr
angerechnet, die für diesen Gegenstand in einem anderen Verfahren
entsteht. Sinn der etwas kompliziert wirkenden Anrechnungsbestimmung ist es, zu verhindern, dass der Rechtsanwalt die Gebühren in mehreren Verfahren erwirbt. Selbstverständlich kann es nur zur Anrechnung
kommen, wenn der gleiche Rechtsanwalt in mehreren Verfahren tätig
ist. Es kommt für die Anrechnung aber nicht darauf an, ob die Verfahrensgebühr in dem anderen Verfahren bereits entstanden ist oder noch
entsteht.[271]

Beispiel:

*Nach Abschluss des erstinstanzlichen Verfahrens auf Zahlung von Trennungs-
unterhalt legt der Rechtsanwalt Mutig (M) des Beklagten (B) Berufung ein. B
wurde verurteilt, einen monatlichen Unterhalt von 600 € zu zahlen. Er bittet den
Rechtsanwalt Zögerlich (Z) der Klägerin (K), zunächst noch keinen Auftrag zur
Vertretung im Berufungsverfahren zu übernehmen, solange noch nicht darüber
entschieden sei, ob die Berufung durchgeführt werde. Vor Ablauf der Berufungsbegründungsfrist findet ein Termin zur mündlichen Verhandlung im Scheidungsverfahren statt. In diesem wird auftragsgemäß auch über die Frage gesprochen, ob die Parteien sich über den Trennungsunterhalt einigen können. Der
Streitwert der Ehesache beträgt 7.000 €, der des Versorgungsausgleichs 1.000 €,
sowie der des nachehelichen Unterhalts 6.000 €.*

Variante A:

*Die Parteien einigen sich im Scheidungsverfahren auch über den Trennungs-
unterhalt.*

Rechtsanwalt M rechnet ab:

Für das Scheidungsverfahren

1,3 Verfahrensgebühr nach Nr. 3100 VV (14.000 €)   735,80 €

---

271   A.A. Schneider/Mock, Das neue Gebührenrecht für Anwälte, § 14 Rn. 37 f.

0,8 Differenzverfahrensgebühr nach
Nr. 3101 Nr. 2 VV (7.200 €)[272] 104,00 €

1,2 Terminsgebühr nach Nr. 3104 VV (21.200 €) 775,20 €

1,3 Einigungsgebühr nach Nr. 1004 VV[273]
(7.200 €) 535,60 €

1,0 Einigungsgebühr nach Nr. 1003 VV
(6.000 €)[274] 200,20 €

Post- und Telekommunikationspauschale
nach Nr. 7002 VV 20,00 €
_____
  2.370,80 €

Für das Berufungsverfahren

1,6 Verfahrensgebühr nach Nr. 3200 VV (7.200 €) 659,20 €

Post- und Telekommunikationspauschale
nach Nr. 7002 VV 20,00 €
_____
  679,20 €

Anzurechnen ist nach Abs. 2 der Anm. zu Nr. 3101 VV der sich für die Diffe-
renzverfahrensgebühr ergebende Betrag von 104,00 €

so dass für die Vertretung im Berufungsverfahren
Gebühren verbleiben von 575,20 €

Rechtsanwalt Z rechnet für das Scheidungsverfahren ab:

1,3 Verfahrensgebühr nach Nr. 3100 VV (14.000 €) 735,80 €

0,8 Differenzverfahrensgebühr nach Nr. 3101
Nr. 2 VV (7.200 €)[275] 104,00 €

---

272 Kontrolle nach § 15 Abs. 3 RVG. Eine 0,8 Differenzverfahrensgebühr nach 7.200 € wären
     329,60 € gewesen.
273 Nach bisheriger Auffassung wäre nur eine 1,0 Einigungsgebühr nach Nr. 1003 VV in Be-
     tracht gekommen, weil die Einigung in erster Instanz abgeschlossen wurde. Wegen der Fra-
     ge, ob sich durch den Wortlaut des § 1004 VV, wonach die Gebühr 1,3 beträgt, wenn sie
     den Gegenstand eines Berufungsverfahrens betrifft, s. die Ausführungen bei Kapitel B
     Rn. 374.
274 Gekürzt nach § 15 Abs. 3 RVG; eine 1,0 Einigungsgebühr nach 6.000 € wären 338 € ge-
     wesen.
275 Kontrolle nach § 15 Abs. 3 RVG. Eine 0,8 Differenzverfahrensgebühr nach 7.200 € wäre
     329,60 € gewesen.

1,2 Terminsgebühr nach Nr. 3104 VV (21.200 €)	*775,20 €*
1,3 Einigungsgebühr nach Nr. 1004 VV[276]	
(7.200 €)	*535,60 €*
1,0 Einigungsgebühr nach Nr. 1003 VV	
(6.000 €)[277]	*200,20 €*
Post- und Telekommunikationspauschale	
nach Nr. 7002 VV	*20,00 €*
	2.370,80 €

Für das Berufungsverfahren kann er keine Gebühren abrechnen, da er in diesem nicht tätig war.

Variante B: Die Parteien einigen sich nicht. M nimmt die Berufung zurück.

Die Gebühren der Rechtsanwälte für das Scheidungsverfahren berechnen sich jeweils wie folgt:

1,3 Verfahrensgebühr nach Nr. 3100 VV (14.000 €)	*735,80 €*
0,8 Differenzverfahrensgebühr nach Nr. 3101 Nr. 2 VV	
(7.200 €)[278]	*104,00 €*
1,2 Terminsgebühr nach Nr. 3104 VV (21.200 €)	*775,20 €*
Post- und Telekommunikationspauschale	
nach Nr. 7002 VV	*20,00 €*
	1.635,00 €

Hinweis:

Die Differenzverfahrensgebühr nach Nr. 3101 Nr. 2 VV entsteht auch, wenn die Verhandlungen der Parteien zur Einigung über den An-

---

276 Nach bisheriger Auffassung wäre nur eine 1,0 Einigungsgebühr nach Nr. 1003 VV in Betracht gekommen, weil die Einigung in erster Instanz abgeschlossen wurde. Wegen der Frage, ob sich durch den Wortlaut des § 1004 VV, wonach die Gebühr 1,3 beträgt, wenn sie den Gegenstand eines Berufungsverfahrens betrifft, s. die Ausführungen bei Kap. B Rn. 413 ff.
277 Gekürzt nach § 15 Abs. 3 RVG; eine 1,0 Einigungsgebühr nach 6.000 € wären 338 € gewesen.
278 Kontrolle nach § 15 Abs. 3 RVG. Eine 0,8 Differenzverfahrensgebühr nach 7.200 € wäre 329,60 € gewesen.

spruch erfolglos bleibt. Maßgebend ist allein das Ziel, sich zu einigen, nicht aber der Erfolg.

bb) Terminsgebühr

Der Anwendungsbereich der Terminsgebühr ist gegenüber der bisherigen Verhandlungs- und/oder Erörterungsgebühr wesentlich erweitert und umgestaltet worden. 402

Hinweis:

Um keine Gebühren zu verschenken, ist es unbedingt erforderlich, sich mit dem geänderten Anwendungsbereich der Terminsgebühr auseinander zu setzen.

Die Terminsgebühr entsteht nach Vorbem. 3 Abs. 3 (zu Teil 3 VV) für 403

- die Vertretung in einem Verhandlungs-, Erörterungs- oder Beweisaufnahmetermin oder

- die Wahrnehmung eines von einem gerichtlich bestellten Sachverständigen anberaumten Termins oder

- die Mitwirkung an auf die Vermeidung oder Erledigung des Verfahrens gerichteten Besprechungen ohne Beteiligung des Gerichts (allerdings nicht für Besprechungen nur mit dem Auftraggeber).

Der Gesetzgeber[279] hat den Anwendungsbereich der Terminsgebühr bewusst erweitert. So heißt es zu Teil 3 Vorbem. 3 Abs. 3 VV in der BT-Drucks. 15/1971: 404

„Dabei soll es künftig nicht mehr darauf ankommen, ob in dem Termin Anträge gestellt werden oder ob die Sache erörtert wird. Vielmehr soll es für das Entstehen der Gebühr genügen, dass der Rechtsanwalt einen Termin wahrnimmt. Die Terminsgebühr soll gegenüber der früheren Verhandlungs- und Erörterungsgebühr auch in ihrem Anwendungsbereich

---

279 BT-Drucks. 15/1971, S. 208.

erweitert werden und grds. eine Gebühr mit einem Gebührensatz von 1,2 sein. Die Unterschiede zwischen einer streitigen oder nichtstreitigen Verhandlung, ein- oder zweiseitiger Erörterung sowie zwischen Verhandlungen zur Sache oder nur zur Prozess- oder Sachleitung sollen weitgehend entfallen. (...) Der Anwalt soll nach seiner Bestellung zum Verfahrens- oder Prozessbevollmächtigten in jeder Phase des Verfahrens zu einer möglichst frühen, der Sach- und Rechtslage entsprechenden Beendigung des Verfahrens beitragen. Deshalb soll die Gebühr auch schon verdient sein, wenn der Rechtsanwalt an auf die Erledigung des Verfahrens gerichteten Besprechungen ohne Beteiligung des Gerichts mitwirkt, insbesondere wenn diese auf den Abschluss des Verfahrens durch eine gütliche Beilegung zielen."

405 Zu Diskussionen in der Literatur hat bislang vor allem die dritte Fallgruppe der Terminsgebühr, mithin die Mitwirkung an einer Besprechung Anlass gegeben. Die Praxis wird sich erst daran gewöhnen müssen, dass Tätigkeiten honoriert werden, für die es bisher keine Vergütung gab. Es ist daher ebenso unsinnig, sofort nach In-Kraft-Treten des Gesetzes zu versuchen, den Anwendungsbereich der Gebühr so klein wie möglich zu halten, wie es unsinnig wäre, davon auszugehen, dass bereits jeder Gruß unter Anwälten, der nicht eine krasse Ablehnung einer Einigungsbereitschaft signalisiert, die Terminsgebühr auslösen würde.

406 Im Einzelnen kommt es hinsichtlich der Terminsgebühr auf Folgendes an:

Nach dem Wortlaut kommt es für die Entstehung nicht darauf an, dass eine Einigung zustande kommt. Es handelt sich bei der Terminsgebühr nicht um eine Erfolgsgebühr. Die Besprechung muss aber mit dem Ziel einer Einigung geführt werden. Wer daher von vornherein ablehnt, über eine Einigung zu reden, kann auch die Terminsgebühr in dieser Fallvariante nicht verdienen.

Soweit in der Literatur für das Entstehen einer Terminsgebühr dieser Fallgruppe eine körperliche Anwesenheit, eine Besprechung in geschlossenen Räumen oder die vorherige Verabredung eines Termins, in dem eine Besprechung geführt werden soll, gefordert wird, entspricht dies weder dem Wortlaut der Norm noch ergeben sich solche Voraussetzungen aus den Gesetzesmaterialien.

Hinweis:

Der erweiterte Anwendungsbereich der Terminsgebühr setzt voraus, dass die bisherige Routine bei der Bearbeitung von Fällen überdacht wird. Wer befürchtet, er könne die Terminsgebühr unbeabsichtigt auslösen, sollte sich mit dem Wortlaut der Norm beschäftigen und nicht nach Möglichkeiten suchen, den Anwendungsbereich einzuschränken. Mit der Norm ist die Möglichkeit geschaffen worden, die Bemühungen der Rechtsanwälte um eine Einigung der Parteien über den bisherigen Umfang hinaus zu honorieren. Dem ist durch einen verantwortungsvollen Umgang mit der Bestimmung Rechnung zu tragen.

Die Terminsgebühr entsteht daher auch beim Beschlussvergleich, und zwar sowohl dann, wenn die Rechtsanwälte miteinander telefoniert haben, als auch, wenn die Rechtsanwälte nicht miteinander telefoniert haben. Der Abschluss eines schriftlichen Vergleichs ist in Abs. 1 lit. a der Anm. zu Nr. 3104 VV ausdrücklich aufgeführt.[280] **407**

Die Terminsgebühr entsteht auch dann in voller Höhe nach dem Wert nicht rechtshängiger Ansprüche, wenn diese in Gegenwart des Gerichts besprochen werden. Soweit Hartmann[281] die Auffassung vertritt, das Gericht dürfe nicht beteiligt sein, da es in der Vorbem. 3 Abs. 3 VV heißt „**ohne Beteiligung des Gerichts**", würde der Sinn und Zweck des erweiterten Anwendungsbereichs unterlaufen. Im Übrigen würde in die- **408**

---

280 Gleichwohl vertritt Hartmann, KostG, Nr. 3104 VV Rn. 30, unter Bezugnahme auf die bisherige Rechtsprechung des BGH zur Erörterungsgebühr nach § 31 Abs. 1 Nr. 4 BRAGO die Auffassung, dass es sich dabei nur um einen Vergleich in einem Verfahren handeln könne, für das keine mündliche Verhandlung vorgeschrieben sei.
281 A.a.O. Nr. 3104 VV Rn. 13.

sen Fällen die Terminsgebühr in der Variante der Fallgruppe 1, mithin wegen der Vertretung in einem Verhandlungs- oder Erörterungstermin in voller Höhe anfallen.[282]

> **Hinweis:**
>
> Die Terminsgebühr kann in jedem Rechtszug einmal anfallen. War eine Partei zunächst säumig und ist die Terminsgebühr daher zunächst nur i.H.v. 0,5 nach Nr. 3105 VV angefallen, entsteht sie durch eine Fortsetzung der Verhandlung nach Einspruch der säumigen Partei zwar in voller Höhe mit 1,2 nach Nr. 3104 VV. Diese Gebühr entsteht aber nicht neben der bisher entstandenen Terminsgebühr.

409 Da es sich bei der Terminsgebühr auch dann um eine Gebühr handelt, die für die Vertretung in einem gerichtlichen Verfahren anfällt, wenn die Besprechung außergerichtlich geführt wird, kann diese auch im **Kostenfestsetzungsverfahren** nach § 104 ZPO festgesetzt werden. Das Gericht kann die Entstehung der Gebühr jedoch nicht anhand der Gerichtsakte prüfen. Entsteht die Terminsgebühr mithin für außergerichtliche Besprechungen, sind diese entsprechend nachzuweisen. Zu diesem Zweck muss hierzu im Kostenfestsetzungsantrag konkret vorgetragen werden, wann die Besprechung in welcher Form und mit welchem Ziel mit wem stattgefunden hat.

410 Da es für die **Entstehung der Terminsgebühr** nicht mehr darauf ankommt, ob streitig verhandelt wurde oder nicht, entsteht die Terminsgebühr auch in weiteren Fällen in voller Höhe von 1,2 und zwar nach der Anm. Abs. 1 zu Nr. 3104 VV auch bei .

- **Anerkenntnis**: 1,2 (sowohl im schriftlichen Vorverfahren nach § 307 ZPO als auch bei einem Anerkenntnis im Termin),
- einer Entscheidung nach **§ 495a ZPO**,

---

282 Müller-Rabe, in: Gerold/Schmidt/von Eicken/Madert/Müller-Rabe, RVG, Vorbem. 3 VV Rn. 84 und Rn. 100.

- einer Entscheidung im **schriftlichen Verfahren** nach § 128 Abs. 2 ZPO mit Zustimmung der Partei,

- einem schriftlichen Vergleich und damit einem Beschlussvergleich in einem Verfahren, für das eine mündliche Verhandlung vorgeschrieben ist.

Die Terminsgebühr fällt nur bei **Säumnis** oder Antragstellung zur Pro-   411
zess- oder Sachleitung nach Nr. 3105 VV lediglich i.H.v. 0,5 an. Voraussetzung ist darüber hinaus aber, dass eine Seite nicht erschienen oder nicht ordnungsgemäß vertreten ist. Erscheint der Rechtsanwalt mithin im Termin und tritt ein Rechtsanwalt nach den gerichtlichen Ausführungen nicht mehr auf, verbleibt es bei der 1,2 Terminsgebühr nach Nr. 3104 VV.

Ein besonderes Augenmerk wird der Terminsgebühr in Fällen mit PKH-   412
Bewilligung zu widmen sein. Hier sind verschiedene Fallgruppen zu unterscheiden:

- die Terminsgebühr betrifft einen rechtshängigen Anspruch; der Partei wurde für die Geltendmachung oder Abwehr dieses Anspruchs uneingeschränkt PKH bewilligt

Die Terminsgebühr entsteht nach Vorbem. 3 Abs. 3 1. Alt. VV für die Vertretung in einem Verhandlungs-, Erörterungs- oder Beweisaufnahmetermin vor Gericht.

In dieser Konstellation wird die Terminsgebühr ohne Einwände aus der Staatskasse gezahlt werden; die Terminsgebühr entsteht nach Vorbem. 3 Abs. 3 3. Alt. VV für die Mitwirkung an einer Besprechung mit dem Ziel der Erledigung des Verfahrens, auch ohne Beteiligung des Gerichts. Die Staatskasse konnte jedoch möglicherweise Einwände erheben, weil die Besprechung nicht vor Gericht geführt worden ist. Hier gilt es, sich auf die Grundsätze der PKH zu besinnen. Nach den Grundsätzen der PKH soll es die PKH der minderbemittelten Partei ermöglichen, einen Prozess genauso zu führen wie ihn eine kostenbewusste, auf eigene Kosten klagende Partei führen würde. Diese Partei hätte aber die Möglichkeit, durch außergerichtliche Bemühungen den Rechtsstreit zu erledigen. Die Situation ist derjenigen zu vergleichen, die bisher beim Abschluss eines außergerichtlichen Vergleichs vorhanden war.[283]

Die Befürworter[284] einer Vergleichsgebühr aus der Staatskasse weisen darauf hin, dass die arme Partei den Prozess in gleicher Weise wie eine reiche Partei führen könne müsse. Wenn aber die reiche Partei den Vergleich nicht gerichtlich protokollieren lassen müsse, müsse dies auch für die arme Partei gelten. Aus keiner gesetzlichen Bestimmung ergibt sich eine Beschränkung auf den Abschluss eines Vergleichs vor Gericht.

Die Gegner[285] einer Vergleichsgebühr aus der Staatskasse berufen sich darauf, dass PKH nach § 114 ZPO, § 121 BRAGO nur für die Kosten der Prozessführung in Verfahren vor Gerichten bewilligt werde. Aus diesem Grunde könnten auch nur die im gerichtlichen Verfahren selbst entstandenen Gebühren ersetzt werden.

Auch bei dieser Fallgestaltung bleibt aber festzuhalten, dass für die Festsetzung der Vergleichsgebühr/nach dem RVG der Einigungsgebühr und auch der Terminsgebühr festgestellt werden muss, dass diese überhaupt angefallen ist. Es kommt daher vor allem darauf an, den entsprechenden Nachweis gegenüber dem Gericht zu führen.

- Es liegt ein Fall des § 48 Abs. 3 RVG vor.

---

283 S. zur bisherigen Rechtslage bereits Hansens, ZFE 2002, 51 ff.
284 BGH, NJW 1988, 494 = JurBüro 1988, 1367 = MDR 1988, 210; LAG Berlin, JurBüro 1994, 481; LAG Düsseldorf, AnwBl. 1994, 430; LAG Erfurt, JurBüro 1997, 588; LAG Köln, 5. Kammer, JurBüro 1998, 359 f.; OLG Celle, 2. ZS, MDR 1989, 647; OLG Celle, 19. FamS, OLGR 1998, 332; OLG Düsseldorf, 10. ZS, JurBüro 1992, 541 = AnwBl. 1993, 45; OLG Frankfurt, 12. ZS, JurBüro 1991, 709 = MDR 1991, 450; OLG Hamburg, 2. FamS, JurBüro 1991, 208; OLG Hamm, 23. ZS, OLGR 2000, 381; OLG Nürnberg, Beschl. v. 19.11.2002 – 7 WF 3360/02, MDR 2003, 658; OLG Oldenburg, 2. FamS, JurBüro 1994, 545; OLG Schleswig, 9. ZS, JurBüro 1989, 1397; Beschl. v. 20.12.2002 – 9 W 113/02, MDR 2003, 657 f.; OLG Stuttgart, 8. FamS, JurBüro 1991, 65; OLG Zweibrücken, 2. FamS, JurBüro 1986, 223.
285 LAG Köln, 4., 8. und 9. Kammer, AGS 1998, 37 und JurBüro 1994, 481; OLG Bamberg, Rpfleger 2001, 139 = FamRZ 2001, 1394; OLG Düsseldorf, 3. FamS, FamRZ 1998, 1036; OLG Saarbrücken, JurBüro 1989, 1688; OLG Nürnberg, JurBüro 1990, 1170.

Beispiel:

Der Anspruch ist nicht rechtshängig; die Bewilligung der PKH in der Ehesache erstreckt sich aber auf den Abschluss eines Vertrages i.S.d. Nr. 1000 VV über den gegenseitigen Unterhalt der Ehegatten, den Unterhalt der Kinder im Verhältnis der Ehegatten zueinander, die Sorge für die Person der gemeinschaftlichen minderjährigen Kinder, die Regelung des Umgangs mit einem Kind, die Rechtsverhältnisse an der Ehewohnung und dem Hausrat und/oder Ansprüche aus dem ehelichen Güterrecht.

In diesem Fall erstreckt sich die PKH „nur" auf den Abschluss des Vertrages; nach dem Wortlaut des § 48 Abs. 3 RVG werden davon wohl nicht umfasst sein die Gespräche, die zum Abschluss des Vertrages geführt haben. Es ist daher notwendig, vor Beginn der Einigungsgespräche einen Antrag zu stellen, die PKH-Bewilligung auch auf die Einigungsgespräche zu erstrecken. Wenn die Vorstellung des Gesetzgebers, durch die Terminsgebühren die wichtige Ressource „Justiz" zu entlasten, in diesem Bereich nicht „leer laufen" soll, sind die Parteien auf eine entsprechenden PKH-Bewilligung angewiesen.[286]

• Der Anspruch, dessentwegen Einigungsgespräch geführt werden sollen, ist nicht bei Gericht anhängig und es liegt auch kein Fall der gesetzlichen Erstreckung der PKH vor (z.B. Teilklage und Einigungsgespräche über den nichtrechtshängigen Anspruch).

Auch in diesem Fall ist ein Antrag auf Erstreckung der PKH notwendig. Die Neigung der Gerichte, PKH für eine Rechtsposition zu bewilligen, deren Erfolgsaussichten nicht geprüft wurde und die Ansprüche die nicht anhängig sind, wird sich aber in Grenzen halten.

c) Gebühren in Berufungsverfahren und bestimmten Beschwerden (Teil 3 Abschnitt 2 Unterabschnitt 1 VV)

Nach Vorbem. 3.2.1 VV sind die Bestimmungen des ersten Unterabschnitts des Abschnitts 2 des Teils 3 auch anzuwenden in Verfahren über Beschwerden oder Rechtsbeschwerden gegen die den Rechtszug beendenden Entscheidungen in Familiensachen und in Lebenspartner-

413

---

286 Groß, FF 2004, 198, 201 unter Hinweis auf ein Gespräch mit Herrn Müller-Rabe.

schaftssachen. Für die Rechtsmittelverfahren kommt es daher nicht mehr auf die Einordnung als ZPO- oder FGG-Sache an.

414 Es können in diesem Verfahren entstehen:

- die Verfahrensgebühr nach Nr. 3200 VV: i.H.v. 1,6;
- die Verfahrensgebühr bei vorzeitiger Beendigung nach Nr. 3201 VV i.H.v. 1,1 (Die erheblich gestiegenen Kosten für eine „nur fristwahrend eingelegte Berufung" sollten mit dem Auftraggeber bedacht werden. Im Hinblick auf die Rechtsprechung des BGH[287] zur Kostenerstattung des Berufungsbeklagten für seine anwaltliche Vertretung sollte ein Antrag auf Zurückweisung der Berufung erst gestellt werden, wenn die Berufungsbegründung vorliegt.);
- die Terminsgebühr nach Nr. 3202 VV i.H.v. 1,2;
- sowie die Terminsgebühr bei Säumnis (der Berufungskläger ist nicht erschienen oder nicht ordnungsgemäß vertreten und es wird Versäumnisurteil beantragt oder nur ein Antrag zur Prozess- oder Sachleitung gestellt) nach Nr. 3203 VV i.H.v. 0,5.

415 Auch im Berufungsverfahren gilt es, die bisherige Routine bei der Bearbeitung der Mandate noch einmal gebührenrechtlich zu überdenken. Der Beispielsfall mag dies erläutern.

Beispiel:

Rechtsanwalt A legt für M fristwahrend Berufung gegen die Verurteilung zur Zahlung nachehelichen monatlichen Unterhalts von 500 € ein. Bevor die Berufung begründet wird, ruft er Rechtsanwalt B, der seine Mandantin F auch in der Berufungsinstanz vertritt, an und bittet diesen, sich zunächst noch nicht zur Akte zu melden. Diese Bitte gewährt Rechtsanwalt B. Zugleich fragt Rechtsanwalt A aber Rechtsanwalt B ob es Möglichkeiten gebe, sich zu vergleichen. Rechtsanwalt B teilt mit, dass er entsprechende Vorschläge des M gern mit seiner Man-

---

287 BGH, Beschl. v. 3.6.2003 – VIII ZB 19/03, JurBüro 2003, 595 f in Fortführung des Beschl. v. 17.12.2002 – X ZB 9/02, JurBüro 2003, 257 = NJW 2003, 756; Enders, Umfang des Kostenerstattungsanspruches des Rechtsmittelbeklagten bei Rücknahme des Rechtsmittels oder Zurückweisung nach § 522 Abs. 2 ZPO, JurBüro 2003, 561 ff. Trotz Antrag auf Zurückweisung der Revision ist dem Revisionsbeklagten nur die Gebühr für eine vorzeitige Beendigung des Auftrags zu erstatten, wenn der Revisionskläger die Revision vor Begründung zurücknimmt – BGH, Beschl. v. 17.12.2002 – X ZB 27/02, JurBüro 2003, 255 f.

dantin besprechen könne. Rechtanwalt A unterbreitet daraufhin einen Vorschlag, gemäß dem Unterhalt für 5 Jahre gezahlt werden soll und zwar im ersten Jahr 500 €, im zweiten Jahr 400 €, im dritten Jahr 300 €, im vierten Jahr 200 € und im fünften Jahr 100 €. Rechtsanwalt B fragt, ob dann etwaige Einkünfte seiner Mandantin F außer Betracht bleiben sollen. Ferner hätte er für seine Mandantin gern die Option, mit einer Ankündigungsfrist von drei Monaten den restlichen kapitalisierten Unterhaltsbetrag in einer Summe verlangen zu können. Rechtsanwalt A teilt mit, dass er dies mit seinem Mandanten besprechen müsse. Beide wollen sich wieder in Verbindung setzen. Die Rechtsanwälte A und B besprechen daraufhin die wechselseitigen Vorschläge mit ihren Parteien. F wähnt, dass bei M in Kürze eine Einkommenssteigerung anstehen könnte. Sie lehnt deswegen den Vergleichsvorschlag ab. M will daraufhin das Berufungsverfahren nicht mehr durchführen. Die Berufung wird zurückgenommen.

An Anwaltskosten sind netto entstanden:

Bei Rechtsanwalt A

Wert: 6.000 €

1,6 Verfahrensgebühr nach Nr. 3200 VV	*540,80 €*
1,2 Terminsgebühr nach Nr. 3202 VV	*405,60 €*
Postpauschale nach Nr. 7002 VV	*20,00 €*
Gesamt bei A (netto)	**966,40 €**

Bei Rechtsanwalt B

Wert: 6.000 €

1, 1 Verfahrensgebühr nach Nr. 3201 VV	*371,80 €*
1,2 Terminsgebühr nach Nr. 3202 VV	*405,60 €*
Postpauschale nach Nr. 7002 VV	*20,00 €*
Gesamt bei B (netto)	**797,40 €**
Bei A und B zusammen (netto):	**1.763,80 €**

d) Beschwerden im Übrigen

Diejenigen Beschwerden, die nicht im Teil 3 Abschnitt 2 Unterabschnitt 1 VV erfasst sind und für die auch ansonsten keine Sonderregelung aufgenommen wurde, sind in Teil 3 Abschnitt 5 VV geregelt. Danach entsteht lediglich eine Verfahrensgebühr von 0,5 nach Nr. 3500 VV und eine Terminsgebühr von 0,5 nach Nr. 3513 VV. Der Anwendungsbereich

416

der Terminsgebühr richtet sich wiederum nach Vorb. 3 Abs. 3 VV, da der dort geregelte Anwendungsbereich für sämtliche Terminsgebühren des Teil 3 VV gilt, es sei denn, dass durch Anmerkungen zur konkreten Terminsgebühr etwas anderes geregelt ist.

417 Für **Beschwerden gegen Beschlüsse im einstweiligen Anordnungsverfahren** würden die Gebührentatbestände des Berufungsverfahrens nach Unterabschnitt 1 des Abschnitts 2 VV aus Teil 3 VV und damit die Nrn. 3200 ff. VV eingreifen, wenn es sich dabei um ein Rechtsmittel gegen eine den Rechtszug beendende Entscheidung handeln würde.[288] Dies ist jedoch nicht der Fall sofern es sich dabei nicht um ein Rechtsmittel gegen eine den Rechtszug beendende Entscheidung handelt. Daher fällt die Verfahrensgebühr nur i.h.v. 0,5 nach Nr. 3500 VV an.[289]

e) Rechtsmittelverzicht

418 Wird der Rechtsanwalt nur damit beauftragt, für seinen Mandanten einen Rechtsmittelverzicht zu erklären, ohne dass ihm der Auftrag zur Vertretung im Scheidungsverfahren erteilt wird, liegt eine Einzeltätigkeit vor. Für diese entsteht nach Nr. 3408 VV eine Verfahrensgebühr für eine sonstige Einzeltätigkeit i.H.v. 0,8. Gegenstandswert ist der Wert der Ansprüche, auf die sich der Rechtsmittelverzicht bezieht, mithin der Wert der Ehesache und ggf. auch der Folgesachen.

6. Vertretung in isolierten Verfahren vor Gericht

419 Durch die geänderte Struktur des RVG wurden die Besonderheiten, die nach der BRAGO für die Vertretung in isolierten FGG-Angelegenheiten bestanden, beseitigt. Insoweit kann daher in vollem Umfang auf die vorstehenden Ausführungen verwiesen werden.

7. Vertretung im Ehescheidungsverbundverfahren

420 Die Ehesache bildet mit den Folgesachen einen Verbund (§ 16 Nr. 4 RVG). Folgesachen sind alle rechtzeitig, d.h. vor dem Schluss der münd-

---

288 So Schneider/Mock, Das neue Gebührenrecht für Anwälte, § 18 Rn. 63.
289 Groß, FF 2004, 198, 201.

lichen Verhandlung in erster Instanz anhängig gemachten Ansprüche, die in § 623 Abs. 1 und Abs. 2 ZPO aufgeführt sind.

Auch für die Ehesache und die Folgesachen gelten nach dem RVG – wie auch bisher nach der BRAGO – die gleichen Gebührentatbestände, so dass auch insoweit auf die obigen Ausführungen verwiesen werden kann.   421

8. Verbindung und Abtrennung

Die Verbindung und Abtrennung von Verfahren hat erhebliche praktische Bedeutung.   422

Das Gericht hat zum einen die Möglichkeit, Verfahren nach § 147 ZPO zu verbinden. Zum anderen hat das Gericht die Möglichkeit – welche in der Praxis häufiger vorkommt – die Verbindung eines bisher isoliert geführten Verfahrens mit der Scheidungssache, wenn eine Entscheidung für den Fall der Scheidung zu treffen ist.   423

In diesen beiden Fällen entstehen die Gebühren nach den Gegenstandswerten im isolierten Verfahren bis zur Verbindung gesondert. Nach der Verbindung sind die Wertfestsetzungen, die für die Bewertung im Verbund gelten, maßgebend für die ausschließlich danach verwirklichten Gebührentatbestände.

Bei der **Abtrennung von Verfahrensteilen** ist zunächst zu prüfen, um welche Art von Abtrennung es sich handelt, so enthält die ZPO   424

- „unechte" Abtrennung, die in Gestalt von Vorabentscheidungen möglich sind, z.B. nach § 627 ZPO, wenn über die elterliche Sorge vorab entschieden wird; derartige Vorabentscheidungen sind streng genommen kein Fall der Abtrennung. Sie lösen auch den Gebührenverbund nicht auf.

- Abtrennungen, die den Gebührenverbund nicht beenden, z.B. die Abtrennung nach § 628 ZPO bzw. die Abtrennung nach VAÜG.

- Abtrennung, die den Gebührenverbund auflösen und nach denen die Angelegenheiten als selbständige Verfahren auch in kostenrechtlicher Hinsicht fortgeführt werden.

425 Durch das KindRG wurden mit Wirkung vom 1.7.1998 eine bis dahin unbekannte Form der Abtrennung bestimmter Folgesachen nach § 623 ZPO geschaffen.

Abgetrennt werden können danach:

elterliche Sorge	auf Antrag einer Partei (§ 623 Abs. 2 Satz 2 ZPO) oder von Amts wegen (§ 623 Abs. 3 Satz 2 ZPO)
Teile der elterlichen Sorge wegen Gefährdung des Kindeswohls	von Amts wegen (§ 623 Abs. 3 Satz 2 ZPO)
Umgang eines Ehegatten mit einem gemeinschaftlichen Kind oder einem Kind des anderen Ehegatten	auf Antrag einer Partei (§ 623 Abs. 2 Satz 2 ZPO)
Herausgabe eines Kindes an den anderen Elternteil	auf Antrag einer Partei (§ 623 Abs. 2 Satz 2 ZPO)
nachehelicher Ehegattenunterhalt	auf Antrag einer Partei, aber nur i.V.m. einem Antrag auf Abtrennung des Verfahrens über die elterliche Sorge (§ 623 Abs. 2 Satz 3 ZPO)
Unterhaltpflicht gegenüber einem gemeinschaftlichen Kind	auf Antrag einer Partei, aber nur i.V.m. einem Antrag auf Abtrennung des Verfahrens über die elterliche Sorge (§ 623 Abs. 2 Satz 3 ZPO)

426 Diese Folgesachen werden nach der Abtrennung als selbständige Familiensachen fortgeführt (§ 623 Abs. 2 Satz 4 1. Halbs. ZPO). Das Gericht muss nach der Abtrennung über die in diesen Verfahren entstandenen Kosten besonders entscheiden (§ 626 Abs. 2 Satz 2 ZPO i.V.m. § 623 Abs. 2 Satz 4 2. Halbs. ZPO).

Hieraus ergeben sich eine Vielzahl von Konsequenzen, die allerdings   **427**
nach dem RVG aufgrund der einheitlichen Gebührenstruktur nicht mehr
in gleichem Umfang eintreten wie zuvor. Für Verfahren, in denen eine
Abtrennung nach § 623 Abs. 5 ZPO bis zum 30.6.2004 vorgenommen
wurde, ergeben sich folgende Konsequenzen:

* der **Gebührentatbestand** richtet sich nach der Abtrennung nach
  den Vorschriften für die isolierten Verfahren. In den ZPO-Verfahren
  (Unterhaltsverfahren) bleibt es mithin weiter bei den §§ 31 ff. BRA-
  GO. In den FGG-Verfahren (elterliche Sorge, Umgangsrecht, Kindesherausgabe) ist nach der Abtrennung § 118 BRAGO maßgebend;

* der **Streitwert** richtet sich nach der Abtrennung nach den Bestimmungen für isolierte Verfahren. In den ZPO-Verfahren (Unterhaltsverfahren) ist § 17 GKG anzuwenden (so dass sich hierfür in aller Regel keine Änderung ergibt). In den FGG-Verfahren (elterliche Sorge,
  Umgangsrecht, Kindesherausgabe) ist jedoch die KostO und damit
  § 30 KostO maßgebend;[290]

* die **Kostenerstattungsvorschrift** richtet sich für jedes Verfahren
  nach seinen spezifischen Vorschriften, mithin:

  – für das Scheidungsverfahren und die im Verbund verbleibenden
    Verfahren: § 93a ZPO;

  – für die ZPO-Verfahren (Unterhalt): §§ 91 ff. ZPO;

  – für die FGG-Verfahren (elterliche Sorge, Umgangsrecht, Kindes-
    herausgabe): § 13a FGG;[291]

* die im Verbundverfahren entstandenen Gebühren sind anteilig auf
  die späteren Gebühren in den isolierten Verfahren **anzurechnen.**

Bei einer Abtrennung in RVG-Mandaten ergeben sich folgende Konse-   **428**
quenzen:

---

290 OLG Koblenz, Beschl. v. 12.5.2000 – 13 UF 608/99, FamRZ 2001, 112 (LS).
291 OLG Naumburg, Beschl. V. 27.3.2000 – 3 WF 35/00, FamRZ 2001, 111 (LS).

- da die **Gebührentatbestände** in ZPO-Verfahren und FGG-Verfahren identisch sind, fällt nur noch die Gebührendegression ins Gewicht. Veränderungen in den Gebührentatbeständen gibt es nicht;

- der **Streitwert** richtet sich nach der Abtrennung nach den Bestimmungen für isolierte Verfahren. In den ZPO-Verfahren (Unterhaltsverfahren) ist § 42 GKG anzuwenden (so dass sich hierfür in aller Regel keine Änderung ergibt). In den FGG-Verfahren (elterliche Sorge, Umgangsrecht, Kindesherausgabe) ist jedoch die KostO und damit § 30 KostO maßgebend;[292]

- die **Kostenerstattungsvorschrift** richtet sich für jedes Verfahren nach seinen spezifischen Vorschriften, mithin:

  - für das Scheidungsverfahren und die im Verbund verbleibenden Verfahren: § 93a ZPO;

  - für die ZPO-Verfahren (Unterhalt): §§ 91 ff. ZPO;

  - für die FGG-Verfahren (elterliche Sorge, Umgangsrecht, Kindesherausgabe): § 13a FGG[293]

- die im Verbundverfahren entstandenen Gebühren sind anteilig auf die späteren Gebühren in den isolierten Verfahren **anzurechnen.**

9. Einstweiliger Rechtsschutz

429 Die Gebührentatbestände gelten auch in den Verfahren des einstweiligen Rechtsschutzes, so dass wiederum auf die Ausführungen zu Rn. 307 ff. verwiesen werden kann.

10. Abrechnung der Trennungs- und Scheidungsfolgenvereinbarung im Besonderen

430 Bei der Abrechnung von Trennungs- und Scheidungsfolgenvereinbarungen ist in den letzten Jahren wiederum verstärkt der Streit ausge-

---

292 OLG Koblenz ,Beschl. v. 12.5.2000 – 13 UF 608/99, FamRZ 2001, 112 (LS).
293 OLG Naumburg, Beschl. v. 27.3.2000 – 3 WF 35/00, FamRZ 2001, 111 (LS).

brochen, welchen Auftrag der Mandant typischerweise erteilt und wie dieser abzurechnen ist.[294]

Besondere Beachtung verdient der Inhalt des erteilten Auftrages, da sich   431
für die Vergütung des Rechtsanwalts je nach dem erteilten Auftrag erhebliche Auswirkungen ergeben.

Ausgangspunkt der Überlegungen ist leider noch immer die Entscheidung des BGH aus dem Jahre 1968.[295] Der BGH hat darin beim scheidungswilligen Mandanten eine Vermutung zugunsten eines Prozessauftrages ausgesprochen. Er geht davon aus, dass derjenige Mandant, der den Rechtsanwalt mit der Wahrnehmung seiner rechtlichen Interessen im Scheidungsverfahren beauftragt und der gleichzeitig eine Regelung hinsichtlich nicht anhängiger Folgesachen wünscht, bei denen eine erzielte Einigung anschließend gerichtlich protokolliert werden soll, im Zweifel nur einen einzigen Auftrag erteilt.

Die gegen diese Auffassung von Groß[296] vorgebrachten Argumente sind   432
überzeugend. Die Frage, ob ein Auftrag erteilt wird oder ob zwei Aufträge erteilt werden, kann nicht davon abhängen, ob der Mandant bereits zu Beginn der Trennung einen Rechtsanwalt beauftragt und eine Regelung der Scheidungsfolgen anstrebt oder ob dies erst nach Ablauf des Trennungsjahres geschieht. Es kann auch nicht davon abhängen, ob die Parteien eine Vereinbarung gerichtlich protokollieren lassen wollen oder nicht. Dies ergibt sich häufig erst während des Mandats, insbesondere wenn die Parteien zu Beginn des Mandats noch von der Hoffnung beseelt sind, einer von beiden könne den bisherigen gemeinsamen Grundbesitz übernehmen, so dass eine notarielle Vereinbarung angestrebt wird.

Gleichwohl erscheint es für den Alltag angebracht, sich nicht auf eine   433
inzwischen gewachsene Einsicht zu verlassen. Vielmehr sollte der Rechts-

---

294   Enders, FuR 1999, 189 ff.; ders., JurBüro 1999, 337 und 393 sowie JurBüro 1998, 561.
295   NJW 1968, 52.
296   Anwaltsgebühren in Ehe- und Familiensachen, Rn. 54 ff., insbesondere Rn. 57.

anwalt das Thema offensiv angehen. Dazu gehört es, die Gebührenfrage und damit auch die Frage der Auftragserteilung mit dem Mandanten vor Auftragserteilung zu besprechen. Entsprechend dieser Auftragserteilung wird der Rechtsanwalt dann auch tätig.

Hinweis:

Der Rechtsanwalt sollte dokumentieren, mit welchen Tätigkeiten er beauftragt wird. Soll er außergerichtlich wegen verschiedener Gegenstände tätig werden und daneben einen Scheidungsantrag einreichen, sollte klargestellt werden, ob ein Auftrag oder ob zwei Aufträge erteilt werden.

---

434 Müller-Rabe[297] geht davon aus, dass eine Vermutung dafür spreche, dass eine etwa zwischen den Parteien erzielte Einigung gerichtlich protokolliert werden solle. Im weiteren Schritt schließt er daraus, dass im Hinblick auf den zwingend notwendigen Prozessauftrag zur Scheidung nur ein einheitlicher Prozessauftrag erteilt werde, der auch die Gegenstände umfasse, die nicht anhängig würden.[298] Wer dieser Auffassung folgt und nicht von zwei Aufträgen (einem zur außergerichtlichen Tätigkeit und einem zur Vertretung im Prozess ausgeht), rechnet zukünftig wie folgt ab:

Verfahrensgebühren:

1,3 Verfahrensgebühr Nr. 3100 VV für die anhängigen Gegenstände

0,8 Differenzverfahrensgebühr Nr. 3101 Nr. 1 bzw. Nr. 2 VV hinsichtlich der nicht anhängigen Gegenstände

Kontrollrechnung nach § 15 Abs. 3 RVG

Terminsgebühr:

---

297 In: Gerhardt/Heintschel-Heinegg/Klein, Handbuch Fachanwalt Familienrecht, 17. Kap. Rn. 183.
298 So auch zur damaligen Rechtsprechung des BGH in: BGHZ 48, 334, 336 f.

1,2 Terminsgebühr sowohl nach dem Wert der anhängigen als auch nach Wert der nicht anhängigen Gegenstände, wenn und soweit wegen letzterer eine Besprechung mit dem Gegner – auch ohne Anwesenheit des Gerichts – zur Vermeidung eines Rechtsstreits stattgefunden hat

Einigungsgebühren:

1,5 Einigungsgebühr Nr. 1000 VV für die nicht anhängigen Gegenstände

1,0 Einigungsgebühr Nr. 1003 VV hinsichtlich der anhängigen Gegenstände

Kontrollrechnung nach § 15 Abs. 3 RVG

Diese Auffassung führt im Ergebnis zu 3,5 Gebühren nach dem Wert der nicht rechtshängigen Ansprüche (0,8 Differenzverfahrensgebühr; 1,2 Terminsgebühr und 1,5 Einigungsgebühr).

Wer jedoch von zwei Aufträgen ausgeht, rechnet die außergerichtliche Tätigkeit wegen der nicht anhängigen Gegenstände mit einer Geschäftsgebühr nach Nr. 2400 VV innerhalb des Rahmens von 0,5 bis 2,5 und einer Einigungsgebühr ab; daneben wird das gerichtliche Verfahren nach Teil 3 abgerechnet.   435

Die Unterschiede beider Rechenwege liegen in der Gebührendegression auf der einen Seite und der Tatsache, dass bei der Annahme eines Prozessauftrages feste Gebührensätze zugrunde zu legen sind und keine Rahmengebühren auf der anderen Seite.   436

11. Besondere Verfahren

a) Vereinfachtes Verfahren zur Festsetzung von Minderjährigenunterhalt

Die Gebühren für die **Vertretung im Vereinfachten Verfahren** über einen Antrag auf Festsetzung des Unterhalts nach § 645 Abs. 1 ZPO richten sich nach Teil 3 Abschnitt 1 VV, d.h. Verfahrensgebühr und ggf. Terminsgebühr.   437

Nur für das Verfahren über einen **Antrag auf Abänderung eines Vollstreckungstitels** nach § 655 Abs. 1 ZPO existiert in Nr. 3331 VV eine Sonderregelung. Danach entsteht im genannten Verfahren eine Verfahrensgebühr von 0,5. Nimmt der Rechtsanwalt einen Termin wahr, entsteht die Terminsgebühr nach Nr. 3332 VV i.H.v. 0,5. Die Anm. zu Nr. 3331 VV verweist für den Gegenstandswert auf § 42 GKG.

Vereinfachtes Verfahren und streitiges Verfahren sind verschiedene Angelegenheiten (§ 17 Nr. 3 RVG). Die Verfahrensgebühr für ein vereinfachtes Verfahren wird auf die Verfahrensgebühr eines nachfolgenden Rechtsstreits angerechnet (Abs. 1 der Anm. zu Nr. 3100 VV).

b) Vermittlungsverfahren nach § 52a FGG

438 Das Vermittlungsverfahren und das nachfolgende Verfahren sind verschiedene Angelegenheiten (§ 17 Nr. 8 RVG). Die Verfahrensgebühr des Vermittlungsverfahrens wird auf die Verfahrensgebühr eines sich anschließenden Verfahrens angerechnet (Abs. 3 der Anm. zu Nr. 3100 VV).

Im Vermittlungsverfahren nach § 52a FGG entstehen die Gebühren des Teils 3 Abschnitt 1 bzw. im Fall der Einigung die Einigungsgebühr nach Nr. 1003 VV ab Anhängigkeit der Sache bei Gericht.

12. Mahnverfahren

439 Der Rechtsanwalt des **Antragstellers** erhält

- eine 1,0 Verfahrensgebühr für den Antrag auf Erlass des Mahnbescheides nach Nr. 3305 VV (reduziert sich auf 0,5, wenn der Auftrag vorzeitig endet: Nr. 3306 VV),

- eine 0,5 Verfahrensgebühr für den Antrag auf Erlass des Vollstreckungsbescheides nach Nr. 3308 VV.

440 Der Rechtsanwalt des **Antragsgegners** erhält für die Vertretung des Antragsgegners nunmehr eine 0,5 Verfahrensgebühr (Nr. 3307 VV). Die Gebühr entsteht für die Vertretung des Antragsgegners und geht damit über den bisherigen Wortlaut des § 43 Abs. 1 Nr. 2 BRAGO hinaus, der von der Erhebung des Widerspruchs sprach.

441 Die Anrechnungsbestimmungen sind unverändert. Die Gebühr für den Antrag auf Erlass des Mahnbescheides und die Gebühr für die Vertre-

tung des Antragsgegners werden auf die Verfahrensgebühren in einem sich anschließenden streitigen Verfahren angerechnet.

13. Zwangsvollstreckung

Nach **Nr. 3309 VV** fällt eine **Verfahrensgebühr** i.H.v. 0,3 an. Ferner   442
kann nach **Nr. 3310 VV** eine **Terminsgebühr** i.H.v. 0,3 anfallen. Sie fällt jedoch nur an für die Teilnahme an einem gerichtlichen Termin oder einem Termin zur Abnahme der eidesstattlichen Versicherung (Nr. 3310 Anm. VV). Sie entsteht damit z.b. nicht für außergerichtliche Besprechungen mit dem Ziel der Vermeidung einer gerichtlichen Vollstreckungsmaßnahme.

Die **Gegenstandswerte** in der Zwangsvollstreckung finden sich jetzt in   443
§ 25 RVG (bisher § 57 Abs. 2 BRAGO).

§ 18 Nr. 3 bis 20 RVG enthalten die Aufzählung der besonderen **An-**   444
gelegenheiten (bisher § 58 BRAGO).

Hinweis:

Auch die Verfahren nach **§ 33 FGG** sind zukünftig nach Nr. 3309 VV abzurechnen. Dies wird dem Arbeitsaufwand in diesen Verfahren nicht gerecht, so dass in diesen Verfahren häufig ein Bedürfnis nach einer Vergütungsvereinbarung entstehen wird.

---

14. Zusammenarbeit von Rechtsanwälten

Der **Korrespondenzanwalt** erhält nach **Nr. 3400 VV** eine Verfahrens-   445
gebühr in Höhe der Verfahrensgebühr des Verfahrensbevollmächtigten, **max. 1,0;** bei Betragsrahmengebühren max. 260 €. Eine Terminsgebühr kann nicht mehr entstehen; es sei denn, dass der Rechtsanwalt mit dem Auftraggeber eine Vergütungsvereinbarung trifft. Daneben kann die **Einigungsgebühr** unter den Voraussetzungen der Nrn. 1000 ff. VV entstehen.

Damit entstehen in einem Verfahren, in dem nach Verhandlung durch   446
Urteil entschieden wird, die folgenden Gebühren:

Korrespondenzanwalt			Hauptbevollmächtigter
Korrespondenzanwalts- gebühr Nr. 3400 VV	1,0	Verfahrensgebühr Nr. 3100 VV Terminsgebühr Nr. 3104 VV	1,3 1,2
	1,0		2,5
Zusammen			3,5

447 Der Rechtsanwalt, der eine Partei nur in einem Termin i.S.d. Vorbem. 3 Abs. 3 VV vertritt (Unterbevollmächtigter) erhält

- eine **Verfahrensgebühr** in Höhe der Hälfte der dem Verfahrensbevollmächtigten zustehenden Verfahrensgebühr (Nr. 3401 VV),

- eine **Terminsgebühr** in Höhe der einem Verfahrensbevollmächtigten zustehenden Terminsgebühr (Nr. 3402 VV),

- die Verhandlungsgebühr für den Hauptbevollmächtigten nach § 33 Abs. 3 BRAGO ist ersatzlos entfallen,

- daneben kann die **Einigungsgebühr** unter den Voraussetzungen nach Nrn. 1000 ff. VV entstehen,

- beim Hauptbevollmächtigten kann eine Terminsgebühr entstehen, wenn er eine Tätigkeit nach Nr. 3104 VV ausübt, insbesondere auch dann, wenn er i.S.d. Vorbem. 3 Abs. 3 VV an einer Besprechung mit dem Gegner oder Dritten mitwirkt, die mit dem Ziel geführt wird, einen Rechtsstreit zu erledigen oder einen solchen zu vermeiden.

Beispielsfall:

Hauptbevollmächtigter in Bremen; Klagverfahren vor dem LG Traunstein; Unterbevollmächtigter vor dem LG Traunstein; im Termin zur mündlichen Verhandlung wird streitig verhandelt; das Gericht entscheidet durch Urteil.

Unterbevollmächtigter			Hauptbevollmächtigter
Verfahrensgebühr Nrn. 3401, 3100 VV	0,65	Verfahrensgebühr Nr. 3100 VV	1,3

Terminsgebühr Nrn. 3402, 3104 VV	1,2		
	1,85		1,3
Zusammen			3,15

Der Vergleich der beiden vorstehenden Möglichkeiten zeigt, dass es unter der Geltung des RVG i.d.R. kostengünstiger ist, als Haupt- und Unterbevollmächtigter zusammenzuarbeiten und nicht als Hauptbevollmächtigter und als Korrespondenz-/Verkehrsanwalt.   448

Dies hat Konsequenzen, die sich nicht auf den ersten Blick erschließen;   449

* Im Bereich der Kostenerstattung fand bisher in aller Regel eine Prüfung statt, wonach die Kosten eines Unterbevollmächtigten nur erstattet wurden, wenn diese die Kosten eines Korrespondenzanwalts nicht überstiegen. Hier bleibt abzuwarten, ob sich die Kostenerstattungsrechtsprechung dahingehend ändert, dass die Kosten eines Korrespondenzanwalts neben den Kosten eines Hauptbevollmächtigten nur erstattungsfähig sind, wenn diese die Kosten nicht übersteigen, die sich bei einer Zusammenarbeit als Haupt- und Unterbevollmächtigter ergeben.

* Von Bedeutung sind auch die Auswirkungen auf die Beiordnung eines Korrespondenzanwalts oder eines Unterbevollmächtigten bei PKH. Nach § 121 ZPO kann ein Verkehrsanwalt beigeordnet werden. Wenn aber die Zusammenarbeit als Haupt- und Unterbevollmächtigter kostengünstiger ist als die im Gesetz vorgesehene Form der Zusammenarbeit, liegt es im Interesse der Staatskasse, statt eines Korrespondenzanwalts sowohl einen Haupt- als auch einen Unterbevollmächtigten beizuordnen. Art und Umfang der Beiordnung entspräche dann auch den tatsächlichen Gegebenheiten. Der Hauptbevollmächtigte, der die Schriftsätze fertigt, würde diese auch selbst bei Gericht einreichen und mit seiner Unterschrift entsprechend verantworten. Der Unterbevollmächtigte ist demgegenüber entsprechend der tatsächlichen Arbeitsteilung der Vertreter des Mandanten im Termin und wird auch als solcher beigeordnet.

C. Tätigkeiten in der vorsorgenden Rechtspflege

I. Begriff der vorsorgenden Rechtspflege

Von vorsorgender Rechtspflege wird gesprochen, wenn die Tätigkeit des Rechtsanwalts weder ein gerichtliches Verfahren betrifft, noch Gegenstand eines gerichtlichen Verfahrens sein könnte. Es geht mithin vor allem um die Gestaltung von Verträgen zwischen Parteien, zwischen denen keine streitigen Rechtsbeziehungen bestehen. Im Bereich des Familienrechts ist vor allem der **Ehevertrag** zu erwähnen. 450

II. Gegenstandswerte

Für die Gegenstandswerte verweist § 23 Abs. 3 RVG auf einzelne Bestimmungen der KostO. Für die Tätigkeit im Familienrecht sind vor allem die Verweise auf die §§ 19, 20, 24 Abs. 1 – 2, Abs. 4 – 6, 39 Abs. 2 – 3 sowie § 46 Abs. 4 KostO von Bedeutung. 451

Hinsichtlich der **Bewertung von Unterhaltsvereinbarungen** stellt § 24 KostO bei Vereinbarungen von unbestimmter Dauer auf die Lebenszeit des Begünstigten ab. Die Begrenzung nach § 24 Abs. 3 KostO auf den fünffachen Jahresbetrag zwischen Eheleuten, gilt nur für Notare, nicht aber für Rechtsanwälte, da § 23 Abs. 3 RVG nicht auf § 24 Abs. 3 RVG verweist. 452

§ 23 Abs. 3 RVG verweist für den Wert von **Eheverträgen** auf § 39 Abs. 3 KostO. Erfasst sind damit auch die güterrechtlichen Vereinbarungen. Daher ist das Nettovermögen der Ehegatten hinsichtlich der Bestimmung des Geschäftswerts zugrunde zu legen. Damit ist die Streitfrage beigelegt, ob für Eheverträge aus der Natur der Sache heraus das Nettovermögen zugrunde zu legen war oder ob kein Wert geschätzt werden konnte, so dass ein Höchstbetrag von 500.000 € galt. 453

§ 23 Abs. 3 RVG verweist nunmehr für den **Entwurf letztwilliger Verfügungen** auf § 46 Abs. 4 KostO. Zugrunde zu legen ist mithin das Nettovermögen des Verfügenden, es sei denn, dass er nur über Teile seines 454

189

Nachlasses verfügt. In diesem Fall ist nur der Wert des Teils des Nachlasses maßgebend.

455 Bei der Bewertung sollte darauf geachtet werden, dass alle Gegenstände eines Vertrages einzeln bewertet werden und das die Einzelwerte sodann zu addieren sind.

Hinweis:
Die Gegenstandswerte in der vorsorgenden Rechtspflege liegen i.d.R. erheblich über den Gegenstandswerten in streitigen Angelegenheiten.

III. Gebührentatbestände

456 Wenn für die Tätigkeit des Rechtsanwalts keine Vergütungsvereinbarung abgeschlossen wird, greift die Geschäftsgebühr nach Nr. 2400 VV ein. Wegen der Ausübung des Ermessens und des besonderen Haftungsrisikos beim Entwurf von Verträgen kann auf die Ausführungen zur angemessenen Gebühr in Teil B verwiesen werden (s. Rn. 307 ff.).

D. Vergütungsvereinbarung

I. Bedeutung der Vergütungsvereinbarung im Alltag

Vergütungsvereinbarungen und das Gespräch über die Vergütung wer-   457
den zukünftig weit mehr an der Tagesordnung sein, als dies in der Vergangenheit der Fall gewesen ist. Es gilt daher, sich mit den rechtlichen
Anforderungen an die Vergütungsvereinbarung und den verschiedenen
Gestaltungsmöglichkeiten auseinander zu setzen und den Ablauf von
Gesprächen über die Vergütung zu planen. Hier gibt es insbesondere
die Scheu vor derartigen Gesprächen abzulegen, gerade auch im Hinblick auf die Freigabe der Beratungsgebühren mit Wirkung zum
1.7.2006.[1]

II. Anforderungen an eine wirksame Vergütungsvereinbarung

Hinsichtlich der Formerfordernisse ist zu unterscheiden zwischen Ver-   458
gütungen, die zu höheren als den gesetzlichen Gebühren führen und
solchen, die zu niedrigeren als den gesetzlichen Gebühren führen. Ob
der eine oder der andere Fall vorliegt, ist nicht aus der Sicht bei Abschluss der Vereinbarung, sondern nach den tatsächlichen Verhältnissen
bei Fälligkeit der Gebühren zu beurteilen.

Für Vereinbarungen, die zu **höheren als den gesetzlichen Gebühren**   459
führen, müssen nach § 4 RVG die nachfolgenden rechtlichen Voraussetzungen eingehalten werden:

- Die Erklärung des Auftraggebers muss **schriftlich** abgegeben werden,[2] die Schriftform ist dabei auch für Nebenvereinbarungen zu beachten.

---

1   S. hierzu oben Kap. B Rn. 309.
2   Die Textform nach § 126b BGB wurde nicht aufgenommen, so dass der Rechtsanwalt gut
     beraten ist, auch weiterhin darauf zu achten, dass er die vom Mandanten im Original unter-
     zeichnete Vereinbarung und nicht bloß ein Telefax erhält. Er braucht sich dann auf die äu-
     ßerst unsichere Diskussion, ob ein Telefax ausreicht, wenn der Mandant das gefaxte Exem-
     plar im Original unterschrieben hatte, nicht einzulassen.

Hinweis:

Im Hinblick auf die Rechtsprechung zur Schriftform sollte der Rechtsanwalt die vom Mandanten im Original unterzeichnete Vergütungsvereinbarung in seinem Besitz haben.

---

460 Die Schriftform ist auch gewahrt, wenn die Vereinbarung durch einen Brief zustande kommt. Hierbei ist es schon ausreichend, wenn der Rechtsanwalt dem Mandanten die Vergütungsvereinbarung in einem Brief vorschlägt und der Mandant seine Zustimmung durch Unterzeichnung einer Kopie dieses Briefes mitteilt. Da sich die Vereinbarung aus der Urkunde ergeben muss, auf der sich die Unterschrift des Mandanten befindet, ist darauf zu achten, dass dieser die Kopie des Briefes unterzeichnet. Wählt der Mandant für seine Zustimmung ein selbständiges Schreiben, in dem er etwa dem Rechtsanwalt nur mitteilt „Ich bin mit Ihrem Vorschlag zur Vergütung einverstanden", ist die Schriftform nicht gewahrt.

461 Da die Formvorschriften des BGB für die Schriftform nicht geändert wurden, ist davon auszugehen, dass die Rechtsprechung an ihrer bisherigen Auffassung festhält, wonach ein Telefax, Telegramm oder eine E-Mail nicht ausreichen.[3]

462 Die Vergütungsvereinbarung darf nicht in der Vollmacht enthalten sein. Damit ist eine Erleichterung gegenüber der bisherigen Rechtslage eingetreten, wonach die Vereinbarung nicht in einem Vordruck enthalten sein durfte, der auch andere Erklärungen enthielt.[4]

---

3 Auch nach Auffassung von Madert, in: Gerold/Schmidt/von Eicken/Madert/Müller-Rabe, RVG, § 4 Rn. 47 f. ist zwar eine Überprüfung der bisherigen Auffassung angezeigt, es empfiehlt sich jedoch, den sichereren Weg zu wählen.
4 Der Gesetzgeber wollte hiermit die Fälle regeln, in denen die Rechtsprechung bisher eine Unwirksamkeit der gesamten Vereinbarung angenommen hatte, weil die Vergütungsvereinbarung auch eine Gerichtsstandsvereinbarung oder eine Empfangsbestätigung des Auftraggebers enthielt.

Wenn das Schriftstück nicht vom Auftraggeber verfasst wird,[5] muss es als **Vergütungsvereinbarung bezeichnet werden.**[6] Des Weiteren muss die Vergütungsvereinbarung **von anderen Vereinbarungen deutlich abgesetzt** sein.

463

Hinweis:

Die Vereinbarung sollte als „Vergütungsvereinbarung" bezeichnet sein, um jeglicher Diskussion über die Frage, ob eine andere Bezeichnung den Mandanten ausreichend informiert, aus dem Wege zu gehen.

Auf welche Weise der Rechtsanwalt dem Mandanten bei einer Vereinbarung, die nicht nur die Vergütungsvereinbarung, sondern auch andere Vereinbarungen enthält, deutlich vor Augen hält, welcher Teil die Vergütung betrifft, ist grds. seiner Kreativität und Phantasie anheim gegeben. Allein das Ergebnis zählt, d.h. dem Mandant muss unmissverständlich klar sein, dass er durch seine Unterschrift ein Honorar vereinbart, dass oberhalb der gesetzlichen Gebühren liegt. In der Literatur werden im Zusammenhang mit diesem Tatbestandsmerkmale die Entscheidungen zur deutlichen Gestaltung der Widerrufsbelehrung bei Verbrauchergeschäften erwähnt und insbesondere aus der früheren Rechtsprechung zur Widerrufsbelehrung bei Haustürgeschäften zitiert. Danach soll ein Trennstrich nicht ausreichen, wenn sich in dem Schriftstück auch an anderer Stelle Trennstriche befinden.[7] In Betracht kommen „drucktechnische Hervorhebungen" bzw. die Verwendung von Sperrschrift, Fett- oder Farbdruck, Benutzung von Großbuchstaben oder ei-

464

---

5   Die Gestaltung der Vereinbarung muss sich an dem Schutzzweck orientieren. Der Auftraggeber soll wissen, dass er eine Vereinbarung zur Vergütung unterschreibt und nicht durch diese überrascht werden.

6   Es ist umstritten, ob zwingend das Wort „Vergütungsvereinbarung" als Überschrift zu verwenden ist, oder ob es ausreicht, z.B. im Einleitungssatz von der „Vereinbarung der Vergütung" zu sprechen. Für eine Auslegung nach dem Inhalt aber mit der Warnung vor überraschenden Entscheidungen, Römermann, MDR 2004, 421, 422.

7   In Anlehnung an die Entscheidung des BGH, NJW 1996, 1964 f.

ner größeren Drucktype, Unterstreichungen, Schattierungen und Rahmen, Einsatz einer anderen Schriftart etc.[8]

Hinweis:

Der sicherste Weg ist es, die Vergütungsvereinbarung nicht nur von anderen Vereinbarungen in einem Vordruck deutlich abzusetzen, sondern diese in einem gesonderten Dokument zu vereinbaren.

---

465   Nur zur Erinnerung in der Hektik des Alltags sei darauf hingewiesen, dass auch für Rechtsanwälte die gesetzlichen Bestimmungen und auch die Rechtsprechung zu allgemeinen Geschäftsbedingungen gelten. Dementsprechend sind Bestimmungen, die die Beweislast umkehren, nach § 309 Nr. 12 BGB nichtig. Dies gilt nach § 309 Nr. 12b BGB auch dann, wenn sich der Verwender (mithin der Rechtsanwalt) vom Mandanten bestimmte Tatsachen bestätigen lässt.

466   Es ist ferner darauf zu achten, dass die Vereinbarung **hinreichend bestimmt** ist. Voraussetzung für die hinreichende Bestimmtheit ist, dass sich die vereinbarte Vergütung berechnen, also ziffernmäßig bestimmen lässt.[9]

Das BVerfG[10] führt hierzu aus, dass die Anforderungen an die inhaltliche Bestimmtheit nicht überspannt werden dürfen. Im konkreten Fall hatte das OLG Koblenz den Begriff der „Spesen" für unbestimmt erachtet und damit die Gesamtvereinbarung für nichtig gehalten. Das BVerfG stellt klar, dass die Prüfung von Vergütungsvereinbarungen durch die Gerichte im Lichte des Art. 12 GG vorzunehmen ist. Es führt hierzu wörtlich aus:

„Vergütungsregelungen und hierauf gründende Entscheidungen, die auf die Einnahmen, welche durch eine berufliche Tätigkeit erzielt werden können, und damit auch auf die Existenzerhaltung von nicht uner-

---

8   Teubel, in: Mayer/Kroiß, RVG, § 4 Rn. 26.
9   Podlech-Trappmann, in: Bischof/Jungbauer/Podlech-Trappmann, RVG, § 4 Rn. 21.
10   Beschl. v. 12.8.2002 – 1 BvR 328/02, JurBüro 2003, 302 = FamRZ 2003, 25 ff.

heblichem Einfluss sind, greifen in die Freiheit der Berufsausübung ein (BVerfGE 101, 331, 347)."

Vereinbarungen, die zu **niedrigeren als den gesetzlichen Gebühren** 467 führen, sind wie bisher im außergerichtlichen Bereich zulässig. Der Anwendungsbereich von Gebührenvereinbarungen bzw. der Abtretung eines Teils des Erstattungsanspruches in Inkassomandaten ist um die Löschung aus dem Schuldnerverzeichnis (§ 915a ZPO) und Auskunft aus dem Schuldnerverzeichnis (§ 915b ZPO) erweitert worden. Sie sollen schriftlich vereinbart werden. Ist streitig, ob eine Vereinbarung zustande gekommen ist, trifft die Beweislast den Auftraggeber (§ 4 Abs. 2 Satz 4 RVG).

III. Inhalte von Vergütungsvereinbarungen[11]

Vergütungsvereinbarungen, die zu höheren als den gesetzlichen Ge- 468 bühren führen, sind nicht nur als reines Zeithonorar denkbar. Vielmehr stellt die Vergütungsvereinbarung sozusagen den „Maßanzug" für das konkrete Mandat dar. Sie kann daher unterschiedlichen Motiven Rechnung tragen, z.B. eine nach den gesetzlichen Bestimmungen unangemessen niedrige Vergütung angemessen zu bezahlen; die Abrechnung für den Auftraggeber transparenter zu machen etc. Im Hinblick hierauf sollte sich der Inhalt der Vereinbarung an dem konkreten Fall ausrichten, in Betracht kommen daher neben den Stundensatzvereinbarungen im Familienrecht insbesondere auch Vereinbarungen auf der Grundlage der gesetzlichen Gebühren- und Streitwertbestimmungen. Die nachfolgenden Ausführungen sollen daher Anregungen für die Gestaltung eigener Vergütungsvereinbarungen geben und sind keinesfalls als abschließend zu verstehen.

Unabhängig davon, ob eine Vereinbarung auf der Grundlage der ge- 469 setzlichen Vergütung, eine Pauschale oder ein Zeithonorar vereinbart

---

11 S. auch Braun, in: Hansens/Braun/Schneider, Praxis des Vergütungsrechts, Teil 1 Rn. 476 ff.

wird, ist jedoch festzuhalten, dass ganz konkret zu regeln ist, für welche Tätigkeiten die Vergütungsvereinbarung gelten soll.

Hinweis:

Am Anfang jeder Vergütungsvereinbarung steht die „Leistungsbeschreibung", mithin die Beschreibung derjenigen anwaltlichen Tätigkeiten, für die eine vom Gesetz abweichende Vergütung vereinbart wird. Auf diese Leistungsbeschreibung kann nicht genug Sorgfalt verwendet werden.

1. Modifizierungen auf der Grundlage der gesetzlichen Vergütung

470 Es kann dem konkreten Fall angemessen sein, grds. die Berechnung entsprechend den gesetzlichen Gebühren- und Streitwertbestimmungen beizubehalten, jedoch einzelne Bestandteile der Berechnung zu verändern. In Betracht kommen folgende Modifizierungen:

- Vereinbarung höherer Gegenstandswerte;

Im Bereich des **Versorgungsausgleichs** entsprechen die der Höhe nach identischen festen Streitwerte des GKG und der KostO i.d.F. des KostRMoG vor allen in Fällen, in denen betriebliche Altersversorgungen einbezogen werden müssen oder die Wirksamkeit ehevertraglicher Vereinbarungen zum Versorgungsausgleich zu beurteilen ist (vor allem bei langjährigen Ehen), weder dem Arbeitsaufwand, noch der wirtschaftlichen Bedeutung für den Auftraggeber und auch nicht dem Haftungsrisiko für den Rechtsanwalt. Die wirtschaftliche Bedeutung für den Auftraggeber entspricht in aller Regel dem Prämien- bzw. Beitragsvolumen, das zur Begründung der zu übertragenden Anwartschaften einzuzahlen ist oder das durch Beitragszahlung zur Begründung entsprechender Anwartschaften für den Ausgleichsberechtigten aufzubringen ist.

Umgangsregelungen und/oder Tätigkeiten betreffend die elterliche Sorge zeichnen sich in aller Regel durch eine Vielzahl von Gesprächen sowie durch die lange Dauer mit hoher emotionaler Betroffenheit der Mandanten geführte Gespräche aus. Gleichzeitig sind die Auswirkungen derartiger Verfahren auf die betroffenen Kinder häufig prägend für deren Leben. Dem trägt der Gegenstandswert der Verfahren fast nie Rechnung. Bereits der Gegenstandswert in den isolierten Verfahren (insbesondere in den Bezirken, in denen die Regelung des Umgangs mit niedrigeren Werten als die Regelung der elterlichen Sorge vom Gericht festgesetzt wird) aber auch dann, wenn wegen des Festbetrages nach § 48 Abs. 3 Satz 3 GKG n.F. von 900 € die Bedeutung der elterlichen Sorge, des Umgangs oder der Kindesherausgabe und der damit verbundene Arbeitsaufwand nicht berücksichtigt werden, sind unangemessen. Dies gilt um so mehr, wenn eine Regelung für mehrere Kinder zu treffen ist und die Individualität dieser Regelungen überhaupt nicht zum Ausdruck kommt, da nach § 46 Abs. 1 Satz 2 GKG keine Streitwerterhöhung hierdurch eintritt.

Der **Wert des Zugewinnausgleichs** ergibt sich aus dem höchsten geforderten Betrag. Dieser Betrag sagt aber häufig nichts über den Arbeitsaufwand aus, der mit der Berechnung des Betrages verbunden ist, da oft höchst strittige Bewertungen etc. vorzunehmen, zahlreiche Positionen im Anfangs- und/oder Endvermögen zu berücksichtigen sind und die Gefahr droht, dass der Zugewinnausgleich wegen der Höhe des Anfangsvermögens oder wegen der Bewertung (z.B. Rechtsanwalt erreicht die Bewertung nach Substanzwert/Liquidationswert anstelle des Ertragswertes) ggf. gering oder gar gleich Null ist.

Bei **Unterhaltsregelungen** ist zum einen an Fälle zu denken, in denen über eine Kapitalabfindung zur Regelung des Unterhalts verhandelt wird. Die ganz h.M. legt auch hier nur den einfachen Jahresbetrag des geforderten Unterhaltes zugrunde. In Betracht kommt, den geforderten Betrag der Kapitalabfindung oder einen Betrag zwischen diesem Betrag und dem Jahresbetrag ggf. zzgl. Rückständen nach § 42 GKG n.F. zugrunde zu legen (damit könnte dem Gesichtspunkt Rechnung getragen werden, dass die Kapitalabfindung gerade nicht mit dem Anspruch auf laufenden Unterhalt identisch ist und zahlreiche zusätzliche Hinweise an den Mandanten erfordert). Zum anderen ist aber auch an Fälle zu denken, in denen der Arbeitsaufwand in keinem Verhältnis zum gesetzlichen Gegenstandswert steht z.b. bei der Vertretung Selbständiger, wenn die Jahresabschlüsse mehrerer Jahre – ggf. bis hin zu Einzelbelegnachweisen – vorgelegt werden müssen und nur ein geringer Unterhalt gefordert wird oder es sogar „nur" um eine Abänderung des Unterhalts oder um eine Überprüfung des Unterhalts geht;

- die Vereinbarung eines **bestimmten Gebührensatzes** bei Satzrahmengebühren (z.b. innerhalb des Rahmens nach Nr. 2400 VV von 0,5 bis 2,5), um Streitigkeiten über die angemessene Gebühr zu vermeiden;

- die Vereinbarung eines **höheren (festen) Gebührensatzes**, um Streitigkeiten zu vermeiden und eine angemessene Vergütung zu erzielen;

- die Vereinbarung **anderer Gebührentatbestände**, z.b. in Verfahren nach § 33 FGG. Bei diesen Verfahren fallen nach dem RVG nur die gleichen Gebühren wie in der Zwangsvollstreckung an (Nrn. 3309 f. VV). Hier kommt es in Betracht, die Geltung der Gebühren nach Teil 3 Abschnitt 1 VV zu vereinbaren, mithin eine 1,3 Verfahrensgebühr und eine 1,2 Terminsgebühr. Eine solche Vereinbarung würde zum einen dem Arbeitsumfang in diesen Verfahren gerecht, da in aller Regel die Verfahren nach § 33 FGG ohnehin inhaltlich wie Verfahren über eine Neuregelung des Umgangs betrieben werden. Darüber hinaus würde es zum anderen auch dem Gesichtspunkt Rechnung tragen, dass eine außergerichtliche Verständigung der Parteien und der Anwälte zu einer sachgerechten Lösung führen kann. Nur dann, wenn sich die Terminsgebühr nach Nr. 3104 VV richten würde, entsteht diese auch für außergerichtliche Besprechungen. Gilt Nr. 3310 VV ist dies ausgeschlossen, da nach der Anmerkung zu Nr. 3310 VV der Anwendungsbereich der Terminsgebühr in der Zwangsvollstreckung eingeschränkt ist;

- eine **abweichende Anrechnungsregelung** beim Übergang von der außergerichtlichen Tätigkeit zur gerichtlichen Tätigkeit; z.B. die Geschäftsgebühr oder die Gebühr für Beratung wird gar nicht oder nur zu 1/4 oder 1/3 angerechnet (jedoch max. 0,75);

- die Gebühr für das **erste Beratungsgespräch:** Hier kommt eine Abrechnung mit einem Pauschalbetrag oberhalb, unterhalb oder i.H.v. 190 € und keine Abrechnung nach Gegenstandswert in Betracht. Um hier Schwierigkeiten bei der Frage zu vermeiden, ob und ggf. in welchem Umfang diese Pauschale auf eine nachfolgende Tätigkeit angerechnet werden muss, sollte ausdrücklich vereinbart werden, dass diese Pauschale nicht auf eine spätere Tätigkeit wegen eines der zugrunde liegenden Gegenstände angerechnet wird. Im Hinblick darauf, dass die Kappungsgrenze aus Nr. 2102 VV nicht eingreift, wenn der Mandant den Inhalt der Beratung bestätigt haben möchte, liegt es nahe, mit ihm eine Vergütung für die schriftliche Bestätigung zu vereinbaren. Zweckmäßigerweise wird in diesem Fall aber eine Vergütung für die gesamte bisherige Beratung vereinbart.

- ein **Mehrfaches der Terminsgebühr:** Die Terminsgebühr kann in jedem Verfahren nur einmal entstehen. Dies kann unangemessen sein, insbesondere wenn eine Vielzahl von Terminen absehbar ist, etwa weil in Verfahren wegen Entzug der elterlichen Sorge wegen Vernachlässigung, Erziehungsdefiziten, Missbrauch etc. zu verschiedenen Zeiten Zeugen gehört, Sachverständigengutachten eingeholt und die Sachverständigen angehört werden. Dies gilt um so mehr, weil sich viele der Verfahren über Monate und Jahre hinziehen, da oft zunächst „mildere Maßnahmen" als der Entzug der elterlichen Sorge „ausgetestet" (z.B. den Einsatz eines Familienhelfers) und die Erfolge dieser Maßnahmen daher ebenfalls abgewartet und erörtert werden müssen. Hier kann es angemessen sein, die Entstehung der Terminsgebühr nach jeweils festgelegten Terminen (seien es Termine vor Gericht aber auch Termine zur außergerichtlichen Besprechung nach Vorbem. 3 Abs. 3 VV) erneut entstehen zu lassen;

- ein Mehrfaches der **Einigungsgebühr.**[12]

2. Pauschalen

471 Der Umgang mit Pauschalen setzt ein gewisses Fingerspitzengefühl und Erfahrung voraus.

Zunächst ist im Bereich der Pauschalvereinbarung ein besonderes Augenmerk auf die „Leistungsbeschreibung" zu verwenden. Eine ungenaue Leistungsbeschreibung kann zu Schwierigkeiten führen.

Beispiel:

Rechtsanwalt und Mandant vereinbaren, dass der Rechtsanwalt für die Vertretung des Mandanten im Ehescheidungsverfahren zum Az. 2 F 304/04 ein Pauschalhonorar von 2.000 € erhält. Der Rechtsanwalt geht davon aus, dass entsprechend den Erwartungen des Mandanten die Ehescheidung einverständlich durchgeführt wird. Im Laufe der Zeit werden aber auch Folgesachenanträge zur elterlichen Sorge, zum nachehelichen Ehegattenunterhalt und zum Zugewinnausgleich eingereicht. Die Pauschale liegt letztlich unter der gesetzlichen Gebühr. Die Vereinbarung enthält keinen Zusatz, dass mindestens die gesetzlichen Gebühren gezahlt werden.

Bei einer solchen Konstellation stellt sich die Frage, ob mit Vereinbarung nur die Vertretung wegen der Ehesache und des Versorgungsausgleichs gemeint ist, ob mithin eine entsprechende Auslegung weiterhilft. Da der Rechtsanwalt die Vereinbarung selbst formuliert haben wird, wird man ihm entgegenhalten, dass er diese auch entsprechend formuliert haben würde, wenn er dies gewollt hätte.

472 Es stellt sich im Anschluss daran die Frage, ob der Rechtsanwalt „wenigstens" die gesetzlichen Gebühren verlangen kann. Die obige Vereinbarung ist nichtig nach § 134 BGB, da sie zu einer unzulässigen Unterschreitung der gesetzlichen Gebühren führt. Dies bedeutet aber nicht ohne weiteres, dass der Rechtsanwalt nach den gesetzlichen Gebühren abrechnen kann. Vielmehr ist zu prüfen, ob dem Rechtsanwalt nach § 242 BGB die **Berufung auf die Unwirksamkeit verwehrt** ist. Dies ist

---

12 Zulässig aufgrund der Ergänzung des § 49b Abs. 2 BRAO um Satz 2.

dann der Fall, wenn er sich die Nichtigkeit zu Nutze machen würde und der Mandant darauf vertraut hat, er müsse keine höheren Gebühren zahlen.[13]

Bedacht werden sollte ferner, dass **im Falle vorzeitiger Kündigung des Mandats** nur ein der geleisteten Arbeit entsprechender Anteil der vereinbarten Vergütung zu zahlen ist.

Es soll aber nicht der Eindruck erweckt werden, eine Pauschale komme nie in Betracht. Häufig praktiziert sind vielmehr: 473

*   die Vereinbarung einer „**Einarbeitungspauschale**", eines „**Sockelbetrages**" oder Ähnlichem (der Gesetzgeber hat diese Idee im Strafrecht mit der Grundgebühr nach Nr. 4100 VV bzw. im Bußgeldverfahren mit der Grundgebühr nach Nr. 5100 VV selbst eingeführt).

Derartige Vereinbarungen bieten sich in den Fällen an, in denen der Auftraggeber dem Rechtsanwalt einen unsortierten Haufen von Schriftstücken hinterlässt und sich nicht in der Lage sieht, diesen selbst zu sichten und zu sortieren (der Auftraggeber mithin also der ihm von der Rechtsprechung zugedachten Informationspflicht nicht nachkommt oder nachkommen kann). Eine solche Vereinbarung kommt auch in Betracht, wenn der Rechtsanwalt ein bereits laufendes Verfahren übernimmt und sich zunächst in umfangreiche Bände Akten einarbeiten muss oder – noch schlimmer – wenn die Akten eines früheren Verfahrens ausgewertet werden müssen, z.B. um die Voraussetzungen für die Abänderung eines Vergleichs darlegen zu können.

In diesen Fällen könnte anstelle eines pauschalen Betrages für die Einarbeitung auch daran gedacht werden, eine Gebühr zusätzlich für diese Einarbeitung zu vereinbaren;

*   für den Entwurf einer **Trennungs- und Scheidungsfolgenvereinbarung** wird oft eine Pauschale vereinbart, wenn die Parteien sich

---

13   BGH, NJW 1980, 2407: Verbot widersprüchlichen Verhaltens; Dittmann, in: Henssler/Prütting, Bundesrechtsanwaltsordnung, § 49b Rn. 14.

auf die Eckpunkte bereits geeinigt haben und der Arbeitsaufwand überschaut werden kann.

Hinweis:

Es muss in die Vereinbarung unbedingt aufgenommen werden, dass zu der vereinbarten Pauschale noch die jeweilige gesetzliche Umsatzsteuer und die entstehenden Auslagen zu zahlen sind. Anderenfalls sind diese Beträge nach h.M. mit in der vereinbarten Pauschale enthalten.

Empfehlenswert ist es, auch noch Regelungen über die Fälligkeit und die Zahlung eines Vorschusses zu treffen.

3. Zeitabhängige Vergütungen

474 Die unmittelbarste Verbindung zwischen dem beim Rechtsanwalt verursachten Zeitaufwand und der Vergütung schafft die Vereinbarung einer zeitabhängigen Vergütung.

Der Nachteil einer zeitabhängigen Vergütung liegt darin, dass der Mandant zu Beginn des Mandats nicht genau weiß, welche **Höhe die Vergütung erreicht.** Die Vereinbarung eines Stundensatzes kann daher nach Auffassung einzelner Gerichte[14] gegen das Transparenzgebot verstoßen, wenn sich aus ihr nicht ergibt, mit welchem Gesamtstundenaufwand in etwa gerechnet wird. Dem Bedenken des Mandanten kann auch dadurch Rechnung getragen werden, dass eine **Budgetobergrenze** vereinbart wird oder der Rechtsanwalt den Mandanten informiert, wenn bestimmte Beträge erreicht sind.

Ein weiterer Nachteil der zeitabhängigen Vergütung liegt darin, dass **Streit über die vom Anwalt geleistete Zeit** entstehen kann. Erforderlich ist daher, dass der Rechtsanwalt genaue Aufzeichnungen über Art

---

14   OLG Frankfurt/M., OLGreport Frankfurt 2000, 97.

und Umfang seiner Tätigkeit fertigt.[15] Darüber hinaus kann vereinbart werden, dass dem Mandanten nach zuvor vereinbarten Zeiträumen **Stundenaufstellungen** zugesandt werden. Der Mandant prüft diese Stundenaufstellungen und zeichnet diese gegen. Darüber hinaus sollte vereinbart werden, dass der Rechtsanwalt weitere Tätigkeiten erst erbringt, wenn Einigkeit über die vorausgegangenen Leistungen erzielt wurde.[16]

Ein Nachteil bei zeitabhängigen Vergütungen für den Rechtsanwalt liegt darin, dass seine **„zündende Idee"**, die für eine kurzfristige Erledigung der Angelegenheit sorgt, seine Vergütung schmälert. Dem kann entgegengewirkt werden, in dem die Vereinbarung einer zeitabhängigen Vergütung mit der Vereinbarung eines Sockelbetrages kombiniert wird, etwa dergestalt, dass ein bestimmter Betrag in jedem Fall zu vergüten ist. Es sollte zusätzlich vereinbart werden, dass ein Zeitaufwand von x Stunden mit dem Sockelbetrag abgegolten ist und das alle darüber hinausgehenden Stunden mit x € zu vergüten sind.   475

Die Vereinbarung einer zeitabhängigen Vergütung sollte mindestens folgende Punkte enthalten: 476

* welche **Tätigkeit** soll nach dieser Vereinbarung bezahlt werden (was ist Auftragsinhalt?)?

* in welchen **Einheiten** wird abgerechnet?

  – Minuten, Viertelstunde, halbe Stunde, Stunde, halber Tag (von x Stunden), ganzer Tag (von x Stunden)?

  – werden angefangene Einheiten als ganze Einheiten gewertet oder soll minutengenau abgerechnet werden?

  – zählen Fahrtzeiten etc. als abrechenbare Einheiten (weil der Rechtsanwalt auch im Zug, im Flugzeug und auch im Auto „seinen Kopf nicht abschaltet")? Hier stellt sich aber die Frage, ob dies

---

15 Eine genaue Aufstellung hat einen hohen Beweiswert: Madert, in: Gerold/Schmidt/von Eicken/Madert/Müller-Rabe, RVG, § 4 Rn. 83 m.w.N.
16 Brieske, Honorarvereinbarung, S. 110.

tatsächlich geregelt werden muss oder ob sich aus der Tätigkeit als solcher ergibt, dass der Anwalt auch an diesen Orten gearbeitet hat)?

- wie sollen die Einheiten **nachgewiesen** werden?
- wie hoch ist der **Preis für eine Einheit?**

  - Zunächst wird entschieden, ob die Tätigkeit der mitwirkenden Mitarbeiter gesondert erfasst und abgerechnet oder über die Anwaltsstunden mit abgerechnet wird, ohne als Zeiteinheit aufgeschrieben zu werden (z.B. Unterscheidung nach: Textverarbeitung, juristischer aber nicht anwaltlicher Mitarbeiter; Anwalt der nicht Partner ist; Partner). Je nach dem gewählten System sind die Kosten der Mitarbeiter gesondert auszuweisen oder bei der Kalkulierung des Stundensatzes mit einzubeziehen;

  - der konkrete Preis einer Einheit ist von vielen Faktoren abhängig: Marktsituation; Kostenstruktur; Spezialwissen des Anwalts; Fremdsprachenkenntnisse des Anwalts (evtl. Einsparung eines Dolmetschers). Ein Patentrezept für einen Stundensatz gibt es jedoch nicht. Daher ist es empfehlenswert, die Kostenstruktur der eigenen Kanzlei zu ermitteln. Aus dieser lässt sich sodann der Betrag ermitteln, der als Stundensatz mindestens erforderlich ist.

- **Auslagen** und die jeweilige **gesetzliche Umsatzsteuer** werden zusätzlich gezahlt;
- **Fälligkeit;**
- **Vorschuss.**

IV. Grenzen vertraglicher Vergütungsvereinbarungen

477 Nach § 4 Abs. 5 RVG ist eine Vergütungsvereinbarung, nach der ein im Wege der **PKH** beigeordneter Rechtsanwalt eine Vergütung erhalten soll, auch weiterhin unverbindlich.

478 Nimmt der Mandant **Beratungshilfe** in Anspruch, ist eine Vergütungsvereinbarung mit ihm nach § 4 Abs. 6 RVG i.V.m. § 8 BerHG nichtig.

§ 49b Abs. 2 Satz 1 BRAO **verbietet erfolgsabhängige Vergütungen** 479
und Vereinbarungen, in denen sich der Rechtsanwalt einen Teil des erstrittenen Betrages zusagen lässt **(quota-litis-Vereinbarungen)**. Die Unwirksamkeit der Vergütungsvereinbarung führt in diesem Fall nur zur
Nichtigkeit der Vergütungsvereinbarung, aber nicht zur Nichtigkeit des
Anwaltsvertrages. Der Rechtsanwalt behält daher den Anspruch auf die
gesetzlichen Gebühren.[17]

Die **Grenze** zwischen einem **unzulässigen Erfolgshonorar** und einer
zulässigen Vereinbarung über die Fälligkeit oder die Ermittlung des
Streitwertes ist nicht immer leicht zu ziehen. Der vom BGH[18] entschie-
dene Fall zum Gegenstandswert beim Entwurf einer Vereinbarung zwischen Miterben macht dies deutlich. Er hat ausgeführt, dass es zulässig
sei, als Gegenstandswert den Wert des Erbteils des Mandanten zu wählen, wenn die Erben sich zuvor untereinander geeinigt hätten und der
Auftrag an den Rechtsanwalt laute, die Vereinbarung in die zutreffende
juristische Form zu bringen.

Besonderes Augenmerk ist insoweit den Vereinbarungen zu widmen, in 480
denen sich der Rechtsanwalt zur **Sicherung seiner Vergütungsan-**
sprüche Forderungen des Mandanten abtreten lässt. Diese Vereinbarungen werfen eine Vielzahl von Fragen auf.

Lässt sich der Rechtsanwalt z.B. zur Sicherung seines Vergütungsanspruches in entsprechender Höhe die Zugewinnausgleichsforderung seines Mandanten abtreten, muss im Hinblick auf § 49b Abs. 1 und Abs. 2
BRAO klargestellt werden, dass die Vergütung unabhängig davon zu
zahlen ist, in welcher Höhe ein Zugewinnausgleich erstritten und ggf.
vom Gegner gezahlt wird. Bei einer solchen Vereinbarung ist ferner darauf zu achten, dass auch durch die Sicherungsabtretung der Inhaber
der Forderung wechselt. Wird die Forderung daher bereits vor der Erhebung der Klage abgetreten, kann der Zedent den Anspruch nur noch

---

17 BGH, Urt. v. 23.10.2003 – IX ZR 270/02, MDR 2004, 202.
18 Urt. v. 29.4.2003 – IX ZR 138/02, FamRZ 2003, 1096 ff. = MDR 2003, 836.

in gewillkürter Prozessstandschaft geltend machen. Wird der Anspruch erst nach Scheidung der Ehe geltend gemacht, tickt die Verjährungsuhr. In diesem Fall ist besonders sorgfältig zu prüfen, wie die jeweilige Auffassung der Gerichte zur verjährungshemmenden Wirkung von Klagen ist, mit denen fremde Rechte geltend gemacht werden. Insbesondere ist zu prüfen, ob die Sicherungsabtretung und die damit verbundene gewillkürte Prozessstandschaft im Prozess offen gelegt werden muss oder nicht.

481 Schließlich ist zu beachten, dass eine Vergütungsvereinbarung auch **sittenwidrig nach § 138 BGB** sein kann, wenn die Vergütung in einem auffälligen Missverhältnis zu der vom Rechtsanwalt zu erbringenden Leistung steht, da das auffällige Missverhältnis in diesen Fällen auf eine verwerfliche Gesinnung schließen lässt.[19] Die Rechtsprechung geht dabei nicht von einem festen Prozentsatz aus. Sie berücksichtigt vielmehr, dass bei kleinen und mittleren Streitwerten die gesetzlichen Gebühren in vielen Fällen für den Rechtsanwalt nicht einmal kostendeckend sind. Der BGH[20] führt aus, eine aufwandsbezogene Vergütung könne nicht sittenwidrig sein; dies gelte insbesondere dann, wenn eine arbeitszeitabhängige Vergütung vereinbart sei; der vereinbarte Stundensatz für sich genommen nicht außergewöhnlich hoch sei und dementsprechend die Vergütung mit dem Aufwand wachse.

Als nichtig erachtet wurde die Vereinbarung einer Vergütung, die zum Siebzehnfachen der gesetzlichen Gebühren führte.[21]

V. Zeitpunkt der Vergütungsvereinbarung

482 Das RVG schreibt keinen Zeitpunkt für die Vereinbarung vor. Sie kann daher vor, während und auch noch nach Beendigung des Mandats vereinbart werden.

---

19 BGH, Urt. v. 24.7.2003 – IX ZR 131/00, FamRZ 2003, 1642 f.
20 Urt. v. 3.4.2003 – IX ZR 113/02, MDR 2003, 888; Urt. v. 30.5.2000 – IX ZR 121/99, BGHZ 144, 343 = MDR 2000, 1400; Urt. v. 4.7.2002 – IX ZR 153/01, MDR 2002, 1182 = NJW 2002, 2774.
21 BGH, Urt. v. 24.7.2003 – IX ZR 131/00, FamRZ 2003, 1642 f.

Will der Rechtsanwalt nicht zu den gesetzlichen Gebühren tätig werden, sollte er dies vor der Übernahme des Mandats dem Mandanten mitteilen, da er zu diesem Zeitpunkt nicht verpflichtet ist, das Mandat zu übernehmen.

483

Das OLG Stuttgart[22] fordert zudem vom Rechtsanwalt, dass dieser bereits vor der Übernahme eines außergerichtlichen Auftrags eine erkennbar nicht vermögende Partei darauf hinweist, er sei zur Übernahme einer Prozessvertretung nur bereit, wenn für das Verfahren eine Vergütungsvereinbarung abgeschlossen werde. Darüber hinaus muss der Rechtsanwalt gemäß dem OLG Stuttgart einen rechtsschutzversicherten Mandanten darauf hinweisen, dass die Rechtsschutzversicherung, die die gesetzlichen Gebühren übersteigenden Beträge nicht übernimmt und er diese selbst aufbringen muss.

484

Für den Fall, dass eine Vergütungsvereinbarung **vor Abschluss des Mandats** getroffen wird und davon abhängen soll, dass das Mandat noch erteilt wird, hat das OLG Düsseldorf[23] angenommen, das die aufschiebende Bedingung der Mandatserteilung in der Vereinbarung enthalten sein muss und der Schriftform unterliegt.

485

Zeigt sich ein Bedürfnis für die Vergütungsvereinbarung erst **im Laufe des Mandats**, etwa weil der Arbeitsaufwand oberhalb des erwarteten Arbeitsaufwandes liegt, ist daran zu denken, die Aufforderung, eine Vergütungsvereinbarung zu akzeptieren, dem Mandanten nicht zur Unzeit vorzutragen. Ein solches Verlangen zur Unzeit liegt vor, wenn der Mandant innerhalb der kurzen, ihm verbleibenden Zeit keinen anderweitigen Rechtsrat mehr in Anspruch nehmen könnte. Die Kündigung zur Unzeit führt zu einem Schadensersatzanspruch des Mandanten aus § 627 Abs. 2 Satz 2 BGB.

486

Wird der Mandant jedoch rechtzeitig auf die Vergütungsvereinbarung angesprochen, steht der Rechtsanwalt vor der Frage, wie er reagiert,

487

---

22 OLGreport Stuttgart 2003, 34.
23 OLGreport Düsseldorf 2002, 257.

wenn der Mandant nicht bereit ist, diese abzuschließen. Insbesondere steht er vor der Frage, ob er das Mandat kündigen kann und ob er in diesem Fall die bisher verdienten Gebühren behält oder ob er auch des bisherigen Vergütungsanspruches verlustig geht. Die Androhung, das Mandat zu kündigen, wenn die Vergütungsvereinbarung nicht abgeschlossen werde, stellt für sich betrachtet ohne Hinzutreten weiterer Umstände keine rechtswidrige Drohung dar. Das Verlangen nach einer Vergütungsvereinbarung ist vielmehr berechtigt, wenn der mit dem Mandat verbundene Aufwand die Höhe des gesetzlichen Honorars übersteigt.[24]

488   Eine Vergütungsvereinbarung kann aber auch noch **nach Beendigung der Angelegenheit** getroffen werden.[25]

VI. Freiwillige Zahlungen des Mandanten

489   Werden die zwingenden Formvorschriften des § 4 Abs. 1 RVG nicht eingehalten und ist dem Mandanten bekannt, dass er ein über den gesetzlichen Gebühren liegendes Honorar zahlt, kann er dies nicht zurückfordern, wenn er das Honorar freiwillig gezahlt hat. Voraussetzung hierfür ist aber, dass der Rechtsanwalt ihn nicht aufgefordert hat, Zahlung an ihn zu leisten. Schädlich ist insoweit auch die Androhung von Zwangsmaßnahmen (Klage, Mahnverfahren) etc.

---

24   BGH, Urt. v. 4.7.2002 – IX ZR 153/01, MDR 2002, 1182.
25   Madert/Müller-Rabe, Kostenhandbuch, Kapitel L Rn. 23; Madert, Honorarvereinbarung, A VII.

E. Prozesskostenhilfe

Die Tätigkeit im Familienrecht ist ohne Kenntnisse im PKH-Recht kaum   490
vorstellbar. Wer versucht, sich das PKH-Recht über die hierzu ergangenen Entscheidungen zu erschließen, wird verzweifeln. Wer die Entscheidungen nebeneinander legt, hat nicht mehr das Gefühl, es gebe
eine bundeseinheitliche Rechtsgrundlage. Die Rechtsprechung der Gerichte, teilweise auch die Rechtsprechung verschiedener Senate eines
Gerichts, sind häufig nicht miteinander zu vereinbaren.

Es ist daher unerlässlich, sich zunächst eine Struktur zu erschließen. Dies   491
fällt am leichtesten, wenn man sich die gesetzlichen Grundlagen der
PKH vor Augen hält und sich vergegenwärtigt, dass das PKH-Verfahren
ein eigenes Verfahren neben der Hauptsache ist. Vom PKH-Verfahren als
solchen sind die Fragen der Abrechnung zu unterscheiden.

Daneben sind die verschiedenen Rechtsbeziehungen zu unterscheiden
und zwar zwischen

* Rechtsanwalt und Mandant,
* Rechtsanwalt und Staatskasse,
* Rechtsanwalt und Gegner,
* Mandant und Gegner,
* Mandant und Staatskasse,
* Gegner und Staatskasse.

I. Gesetzliche Grundlagen

Bestimmungen zur PKH finden sich vor allem in den **§§ 114 ff. ZPO.**   492
Auf diese Bestimmungen wird in zahlreichen weiteren Gesetzen verwiesen, siehe insoweit:

für den Bereich der freiwilligen Gerichtsbarkeit	§ 14 FGG
durch die Notare	§ 17 Abs. 2 BNotO

Diese betreffen vor allen Dingen das Verfahren auf Bewilligung von PKH durch das Gericht, die Änderung der Bewilligung und deren Aufhebung.

493 Die Bestimmungen zur Abrechnung nach PKH-Bewilligung finden sich hinsichtlich der allgemeinen Vorschriften in den §§ 48 ff. RVG und hinsichtlich der Gebührentatbestände in den Nrn. 3335, 3337 und 3104 VV sowie hinsichtlich der Einigungsgebühr in den Nrn. 1000 ff. VV, bei mehreren Auftraggebern in Nr. 1008 VV und hinsichtlich der Auslagen im Teil 7 VV.

494 Am Beginn der Fragen zur PKH ist es unerlässlich, sich den Sinn und Zweck der PKH auf der Grundlage des Grundgesetzes vor Augen zu halten. Das BVerfG[1] führt hierzu aus:

„Nach ständiger Rechtsprechung des BVerfG ergibt sich aus Art. 3 Abs. 1 GG i.V.m. mit dem Rechtsstaatsgrundsatz, der in Art. 20 Abs. 3 GG allgemein niedergelegt ist, das Gebot einer weitgehenden Angleichung der Situation von Bemittelten und Unbemittelten bei der Verwirklichung des Rechtsschutzes."

495 Für den Rechtsanwalt sind ferner die Bestimmungen zum anwaltlichen Berufsrecht von Bedeutung. Sie finden sich zur PKH zum einen in **§ 48 BRAO**. Aus diesem ergibt sich zum einen eine Pflicht zur Übernahme des Mandats ab dem Zeitpunkt der Beiordnung. Vor diesem Zeitpunkt besteht mithin im Umkehrschluss keine Pflicht.

Hinweis:

Die Beiordnung verpflichtet den Rechtsanwalt zur Übernahme des Mandats. Das Mandat selbst und die Vollmacht muss aber noch durch den Mandanten erteilt werden.[2]

---

1   Beschl. v. 10.12.2001 – 1 BvR 1803/97, FamRZ 2002, 665 = FuR 2002, 185 f.
2   Kalthoener/Büttner/Wrobel-Sachs, PKH und Beratungshilfe, Rn. 594 m.w.N.

Darüber hinaus regelt § 16 BORA zum anderen, dass der Rechtsanwalt   496
verpflichtet ist, bei begründetem Anlass auf die Möglichkeiten der Beratungshilfe und der PKH hinzuweisen.

Er darf nach Bewilligung von PKH und bei Inanspruchnahme von Bera-   497
tungshilfe von seinem Mandanten oder Dritten Zahlungen oder Leistungen nur annehmen, die freiwillig und in Kenntnis der Tatsache gegeben werden, dass der Mandant oder der Dritte zu einer solchen Leistung nicht verpflichtet ist.

II. Voraussetzungen im Einzelnen

Nach § 114 ZPO erhält PKH, wer drei Voraussetzungen erfüllt, und zwar   498

- aufgrund seiner persönlichen und wirtschaftlichen Verhältnisse nicht
  in der Lage ist, die Kosten des Verfahrens aus eigenen Mitteln aufzubringen (im Folgenden s. Rn. 500 ff.),

- die beabsichtigte Rechtsverfolgung bietet hinreichende Aussicht auf
  Erfolg (im Folgenden s. Rn. 524 ff.),

- die beabsichtigte Rechtsverfolgung ist nicht mutwillig (im Folgenden s. Rn. 531 ff.).

Darüber hinaus muss die PKH für einen Rechtsstreit beantragt werden.   499
Unter dem Begriff „Rechtsstreit" fallen auch Mahnverfahren,[3] Maßnahmen im einstweiligen Rechtsschutz und Zwangsvollstreckungsmaßnah-
men. Die PKH kann daher nicht für einen Auftrag zu einer außergerichtlichen Tätigkeit oder für das PKH-Verfahren selbst gewährt werden.
Vom Antrag auf Bewilligung von PKH für einen Auftrag zu einer außergerichtlichen Tätigkeit ist aber die Frage zu unterscheiden, ob die im
Rahmen eines Prozessauftrags nach Teil 3 VV entstehende Terminsge-

---

3   OLG Oldenburg, MDR 1999, 384; OLG München, MDR 1997, 891; Kalthoener/Bütt-
     ner/Wrobel-Sachs, PKH und Beratungshilfe, Rn. 10; Baumbach/Hartmann, ZPO, § 119 Rn.
     40. Umstritten ist allerdings, ob sich die Bewilligung der PKH im Mahnverfahren bereits auf
     die Geltendmachung des Anspruches im nachfolgenden streitigen Verfahren erstreckt oder
     nicht.

bühr auch dann aus der Staatskasse zu erstatten ist, wenn diese für eine Besprechung des Rechtsanwalts nach Vorbemerkung 3 Abs. 3 VV auch ohne Beteiligung des Gerichts entsteht.[4]

1. Persönliche und wirtschaftliche Verhältnisse

500 Ob die persönlichen und wirtschaftlichen Verhältnisse des Antragstellers diesen berechtigen, PKH zu erhalten, richtet sich für natürliche Personen nach § 115 ZPO. Da die Voraussetzungen für die Bewilligung von PKH sich seit 1995 an die Voraussetzungen für die Bewilligung von Sozialhilfe anlehnen, sind auch hier die Änderungen durch das Gesetz zur Einordnung des Sozialhilferechts in das Sozialgesetzbuch[5] zu berücksichtigen. Da diese zum 1.1.2005 in Kraft treten, wird der sich daraus ergebende Rechtszustand bereits nachfolgend aufgeführt. Eine Darstellung des bisherigen Rechtszustands hinsichtlich der Altfälle erfolgt in den Fußnoten.

Zur Erklärung über die persönlichen und wirtschaftlichen Verhältnisse wurde in Ausführung des § 117 Abs. 3 ZPO ein entsprechendes **Formular** eingeführt, dessen Verwendung nach § 117 Abs. 4 ZPO zwingend ist, soweit die Verordnung keine Ausnahmen regelt. Die Erklärung und die vom Antragsteller eingereichten Belege dürfen dem Gegner nur mit Zustimmung der Partei zugänglich gemacht werden (§ 117 Abs. 2 Satz 2 ZPO).

501 Das Formular ist auch dann auszufüllen, wenn über das Vermögen des Antragstellers das Insolvenzverfahren eröffnet worden ist.[6] Soweit sich die persönlichen und wirtschaftlichen Verhältnisse gegenüber einem früher im gleichen Verfahren bereits eingereichten Formular nicht geändert haben, ist zumindest auf das entsprechende Formular Bezug zu nehmen. Das OLG Bremen[7] hat allerdings die Bezugnahme auf eine ein Jahr alte Erklärung für nicht ausreichend erachtet.

---

4 S. hierzu die Ausführungen in Teil B Rn. 412.
5 BGBl. I 2003, S. 3022.
6 BGH v. 4.7.2002 – IX ZB 221/02, ZFE 2002, 322.
7 Beschl. v. 11.10.2001 – 4 U 20/2001, n.v.

Der Zeitpunkt, in dem das vollständig ausgefüllte Formular nebst Bele-   502
gen vorgelegt wird, kann auch für den Zeitpunkt von Bedeutung sein,
ab dem PKH bewilligt wird. Es ist umstritten, ob PKH erst ab diesem
Zeitpunkt oder auch bei einer nachträglichen Vorlage des Formulars bereits ab dem Zeitpunkt der Antragstellung bewilligt werden kann.[8]

Hinweis:

Der Mandant sollte darauf hingewiesen werden, dass ihm eventuell
PKH erst ab Vorlage des vollständig ausgefüllten und mit sämtlichen
Belegen versehenen Formulars über die Erklärung über die persönlichen und wirtschaftlichen Verhältnisse bewilligt werden kann und
dass die rechtzeitige Vorlage desselben auch zur Wahrung prozessu-
aler Fristen erforderlich ist.

a) Einzusetzendes Einkommen

Für die Berechnung des einzusetzenden Einkommens kann folgende   503
Übersicht helfen:

Durchschnittliches Nettoeinkommen	. . . .
zzgl. anteilige Sonderzuwendungen	. . . .
ggf. zzgl. Kindergeld[9]	. . . .
Nettoeinkommen insgesamt	. . . .
abzgl.	
1. Versicherungen	. . . .
2. Berufsbedingte Aufwendungen	. . . .

---

8   Ab Antragstellung: OLG Nürnberg, FamRZ 2002, 759 wenn die Unterlagen innerhalb ei-
     ner vom Gericht gesetzten Frist eingereicht werden; OLG Celle, OLGReport 2002, 61 ff.:
     erst ab Eingang der vollständig ausgefüllten Erklärung nebst Belegen.
9   Ob das Kindergeld, das für einen Minderjährigen bezogen wird, noch bei den Eltern hin-
     zugerechnet werden kann, erscheint nach § 82 SGB XII zweifelhaft. Darin wird klargestellt,
     dass das Kindergeld dem jeweiligen Kind als Einkommen zuzurechnen ist, soweit es bei die-
     sem Kind zur Deckung des notwendigen Lebensunterhaltes benötigt wird.

3. Freibetrag für die Partei nach
   § 115 Abs. 1 Nr. 1 ZPO
   i.V.m. § 82 Abs. 3 SGB XII[10] wg.
   Erwerbstätigkeit ....

4. Freibetrag für die Partei nach
   § 115 Abs. 1 Nr. 2 ZPO[11] ....

5. Freibetrag für jede Person, der die Partei
   unterhaltsverpflichtet ist und der sie Natural-
   unterhalt gewährt (§ 115 Abs. 1 Nr. 2 ZPO)

   Ehegatte ....

   abzgl. eigene Einkünfte ....

   Kinder ....

   abzgl. eigene Einkünfte ....

6. gezahlte Unterhaltsrenten für ....

7. Miete einschließlich Heizung ....

8. abzgl. Wohngeld ....

9. Kreditraten bzw. sonstige besondere
   Belastungen ....

---

10 § 76 Abs. 2a BSHG a.F. lautet:
   „Von dem Einkommen sind ferner Beträge in angemessener Höhe abzusetzen für Erwerbstätige, für Personen, die trotz beschränkten Leistungsvermögens einem Erwerb nach-
   gehen, für Erwerbstätige, die blind sind oder deren Sehschärfe auf dem besseren Auge
   nicht mehr als 1/50 beträgt oder bei denen dem Schweregrad der Sehschärfe gleichzu-
   achtende, nicht nur vorübergehende Störungen des Sehvermögens vorliegen, oder deren
   Behinderung so schwer ist, dass sie als Beschädigte die Pflegezulage nach den Stufen III bis
   VI nach § 35 des Bundesversorgungsgesetzes erhielten."
   Nach dem zum 1.1.2005 in Kraft tretenden § 82 Abs. 3 SGB XII ist ein Betrag von 30 %
   des Einkommens aus selbständiger oder nichtselbständiger Tätigkeit des Leistungsberech-
   tigten abzusetzen. Wegen der weiteren Regelungen siehe den Wortlaut des § 82 Abs. 3
   SGB XII.

11 Nach der Prozesskostenhilfebekanntmachungsverordnung 2002 in der Zeit vom 1.7.2002
   bis zum 30.6.2003 für die Partei 360 €; für den Ehegatten oder Lebenspartner 360 € und
   für jede weitere Person, der die Partei aufgrund gesetzlicher Unterhaltspflicht Unterhalt leistet 253 €; nach der Prozesskostenhilfebekanntmachungsverordnung 2003 in der Zeit vom
   1.7.2003 bis zum 30.6.2004: für die Partei und den Ehegatten je 364 € und für jede weitere Person, der die Partei aufgrund gesetzlicher Unterhaltspflicht Unterhalt leistet: 256 €.
   Die Beträge für 2003 gelten nach der Prozesskostenhilfebekanntmachungsverordnung
   2004 unverändert auch in der Zeit vom 1.7.2004 bis zum 30. 6.2005.

einzusetzendes Einkommen	. . . .
Monatliche Rate gemäß § 115 Abs. 1 ZPO	. . . .

Nach § 115 Abs. 1 Satz 2 ZPO gehören zum Einkommen alle Einkünf-   504
te in Geld oder Geldeswert. Damit zählen zum Einkommen:

• Arbeitseinkommen,

• Jahressonderzuwendungen mit dem auf einen Monat umgerechneten Anteil,

• Steuererstattungen mit dem auf einen Monat umgerechneten Anteil (nach a.A. wird eine Steuererstattung als Vermögen angesehen und unter Berücksichtung des Schonvermögens eingesetzt),

• Wohngeld,[12]

• Kindergeld[13] (beachte hierzu die Änderungen in § 82 Abs. 1 SGB XII ab 1.1.2005),

• Leistungen nach dem Kindererziehungsleistungsgesetz,

• Unterhaltszahlungen (soweit ein Elternteil als Antragsteller PKH begehrt, ist darauf zu achten, dass in sein Einkommen nur die für ihn gezahlten Unterhaltsbeträge eingerechnet werden. Die für das Kind gezahlten Unterhaltsbeträge sind nur gegen dessen Freibetrag zu rechnen. Bleibt danach ein überschießender positiver Betrag, ist dieser nicht dem Einkommen des Elternteils hinzuzurechnen, da das Kind anderenfalls mittelbar den Prozess des Elternteils finanziert und diesem damit quasi versteckt Prozesskostenvorschuss gewährt.).

Nicht zum Einkommen zählen: 505

• freiwillige Leistungen Dritter, wenn sie sozialhilferechtlich unberücksichtigt bleiben,

---

12   OLG Dresden, Beschl. v. 14.1.2002 – 22 WF 443/01, FamRZ 2002, 1413 f.
13   Zu der bis zum 31.12.2004 geltenden Rechtslage: OLG Celle, Beschl. v. 19.11.2002 – 16 WF 71/02, n.v., zu 100 %, soweit es der antragstellenden Partei zufließt; OLG Dresden, Beschl. v. 14.1.2002 – 22 WF 443/01, FamRZ 2002, 1413 f.; LAG Brandenburg, JurBüro 1999, 143 f.; OLG Frankfurt/M., FamRZ 2002, 402 = FamRB 2002, 328: zu 50 % beim kindesbetreuenden Elternteil.

• freiwillige Unterstützungszahlungen.

506 Umstritten hinsichtlich der Zuordnung als Einkommen sind:

• Sozialhilfe,[14]

• Grundrenten nach dem Bundesversorgungsgesetz,

• fiktive Einkünfte, wenn sich der Antragsteller nicht um eine Erwerbstätigkeit bemüht, obwohl er dies könnte,[15]

• Erziehungsgeld,[16]

• Pflegegeldanteil,

• Einkünfte des Partners einer nichtehelichen Lebensgemeinschaft.[17]

507 Abzusetzen sind **Steuern, Sozialversicherungsbeiträge, Versicherungsprämien, mit der Erwerbstätigkeit verbundene notwendige Ausgaben.**[18] § 115 Abs. 1 Satz 3 Ziff. 1 ZPO verweist insoweit auf die Abzüge nach § 82 Abs. 2 SGB XII.[19] Dieser lautet:

„Von dem Einkommen sind abzusetzen

1. auf das Einkommen entrichtete Steuern,

2. Pflichtbeiträge zur Sozialversicherung einschließlich der Beiträge zur Arbeitsförderung,

3. Beiträge zu öffentlichen oder privaten Versicherungen oder ähnlichen Einrichtungen, soweit diese Beiträge gesetzlich vorgeschrie-

---

14 Gegen eine Berücksichtigung: OLG Köln, FamRZ 1993, 1472 m.w.N. auch für die Gegenmeinung.

15 OLG Bremen, FamRZ 1998, 1180 f.; OLG Karlsruhe, FamRZ 1999, 599: soweit sonst ein Missbrauch eintritt; OLG Zweibrücken, Beschl. v. 31.10.2001 – 2 WF 84/01, ZFE 2002, 167 = FamRZ 2002, 892.

16 Gegen eine Einbeziehung: Zöller/Philippi, ZPO, § 115 Rn. 15 m.w.N.; für eine Einbeziehung: OLG München, FamRZ 1999, 598. Das Erziehungsgeld soll aber nicht vom Freibetrag für den unterhaltsberechtigten Ehegatten abgezogen werden, wenn dieser das Erziehungsgeld bezieht: OLG Nürnberg, Beschl. v. 19.1.2001 – 10 WF 4448/00, FamRZ 2002, 104.

17 Gegen den Einsatz: OLG Karlsruhe, Beschl. v. 13.3.2004 – 16 WF 173/03, ZFE 2004, 282 f.; OLG Zweibrücken, ZFE 2002, 167 und OLG Köln, 14 WF 117/99, JMBl. NW 2000, 7 stellen darauf ab, ob der Antragsteller in der neuen Beziehung Versorgungsleistungen erbringt und durch einen zumutbaren Einsatz seiner Arbeitskraft anderweitig Einkommen erzielen könnte.

18 Einen Überblick über die vorzunehmenden Abzüge gibt Brinkmann, JurBüro 2004, 5ff.

19 Bis zum 31.12.2004: § 76 Abs. 2 BSHG.

ben oder nach Grund und Höhe angemessen sind, sowie geförderte Altersvorsorgebeiträge nach § 82 des Einkommensteuergesetzes, soweit sie den Mindesteigenbeitrag nach § 86 des Einkommensteuergesetzes nicht überschreiten,

4. die mit der Erzielung des Einkommens verbundenen notwendigen Ausgaben,

5. das Arbeitsförderungsgeld und Erhöhungsbeträge des Arbeitsentgelts i.S.v. § 43 Satz 4 des Neunten Buches."

Bei den gesetzlich nicht vorgeschriebenen aber angemessenen Versicherungen kommen in Betracht: 508

• Privathaftpflicht-,

• Unfall-,

• Rechtsschutz-,

• Hausrat-,

• Krankenhaustagegeld-,

• Zusatzkranken- und

• Lebensversicherung (Letztere in angemessener Höhe, ggf. als Risikolebensversicherung).

Die mit der Erzielung des Einkommens verbundenen notwendigen Ausgaben sind darzulegen und zu belegen. Bei einem konkreten Nachweis werden diese in der tatsächlichen Höhe berücksichtigt.   509

Ist ein konkreter Nachweis nicht möglich, z.B. weil der Antragsteller in der Vergangenheit keine Belege gesammelt hat, kann versucht werden, auf die entsprechenden Verordnungen der Sozialverwaltung zurückzugreifen. Sie sind zwar nicht direkt anwendbar, bieten aber Anhaltspunkte für die Bewertung der notwendigen Ausgaben.   510

Zu den abzusetzenden **Kosten der Unterkunft** zählen die Miete, die vertraglich vereinbarten Umlagen für Betriebskosten, sonstige Mietnebenkosten und die Kosten der Heizung. Die meisten Gerichte berück-   511 sichtigen ferner die Kosten für die Versorgung mit Wasser und Energie sowie die Kosten der Entsorgung.[20]

512 Wohnt der Antragsteller im Eigenheim sind hier die Finanzierungskosten, die Grundsteuer und sonstige grundstücksbezogene Ausgaben sowie die Instandhaltungskosten anzusetzen.

513 Die Mietkosten bzw. Finanzierungskosten werden nach allg. Meinung dann nicht in vollem Umfang berücksichtigt, wenn im Haushalt des Antragstellers ein Angehöriger lebt, der über eigenes Einkommen verfügt und dessen Einkommen nicht mit in die Berechnung des einzusetzenden Einkommens einbezogen wurde.[21]

514 Schließlich sind **besondere Belastungen** abzusetzen. Beispiele hierfür sind:

- Kosten früherer Gerichtsverfahren (Rechtsanwaltskosten, Gerichtskosten, PKH-Raten an die Staatskasse),

- Darlehensverbindlichkeiten,

- Mehraufwendungen zum Ausgleich von Körperbehinderungen, Diätmehraufwendungen,

- Aufwendungen für Fortbildung oder Umschulung, soweit diese nicht bei den Werbungskosten zu berücksichtigen sind,

- Kosten für Nachhilfeunterricht,[22]

- Freibetrag entsprechend den sozialhilferechtlichen Regelungen für alleinerziehende Eltern (umstritten;[23] s. auch hier die Neuregelung des Mehrbedarfs für alleinerziehende Eltern § 30 SGB XII mit Wirkung zum 1.1.2005).

---

20 OLG Karlsruhe, FamRZ 1999, 599 f., es sei denn, dass diese Kosten in einem auffälligen Missverhältnis zu den Lebensverhältnissen der Partei stehen würden.
21 Zöller/Philippi, ZPO, § 115 Rn. 37a.
22 OLG Düsseldorf, FamRZ 1981, 59.
23 Dafür: OLG Hamburg, Beschl. v. 20.2.1995 – 12 UF 129/94, MDR 1995, 644, 645; a.A. OLG Bremen, FamRZ 1998, 759.

b) Einzusetzendes Vermögen

Generell gilt, dass das Vermögen nur einzusetzen ist, wenn und soweit   515
sein Einsatz zumutbar ist. Der schlichte Vergleich von Aktiva und Passiva greift dabei zu kurz. Die Rechtsprechung stellt ferner darauf ab, ob die entsprechenden Verbindlichkeiten fällig sind und bedient werden.

Darüber hinaus sind auch noch die Vorgaben des SGB XII zu berück-   516
sichtigen. Vermögen ist nur in den Grenzen des § 90 SGB XII[24] einzusetzen. Danach bleiben insbesondere unberücksichtigt:

- ein **angemessenes Hausgrundstück**, das von der nachfragenden Person oder einer anderen in den § 19 Abs. 1 bis 3 SGB XII genannten Person allein oder zusammen mit Angehörigen ganz oder teilweise bewohnt wird und nach ihrem Tod von ihren Angehörigen bewohnt werden soll. Die Angemessenheit bestimmt sich nach der Zahl der Bewohner, dem Wohnbedarf (z.B. behinderter, blinder oder pflegebedürftiger Menschen), der Grundstücksgröße, der Hausgröße, dem Zuschnitt und der Ausstattung des Wohngebäudes sowie dem Wert des Grundstücks einschließlich des Wohngebäudes. Teilweise wird die Auffassung vertreten, dass zu prüfen sei, ob der Antragsteller einen Kredit aufnehmen und auf dem Grundstück absichern könne.[25] Unabhängig davon, ob diese Auffassung mit dem Wortlaut des Gesetzes vereinbar ist, ist in jedem Fall zu prüfen, ob der Antragsteller überhaupt in der Lage wäre, den Kredit zu bedienen. Keine Bank würde ihm einen Kredit geben, wenn er nicht über ein Einkommen verfügt, das die Rückzahlung des Kredites möglich macht;[26]

---

24 Bis zum 31.12.2004: § 88 BSHG.
25 OLG Koblenz, Beschl. v. 11.1.2001 – 9 WF 1/01, FamRZ 2002, 105.
26 OLG Zweibrücken, Beschl. v. 6.1.2003 – 2 WF 144/02, FamRZ 2003, 1395 f.: das Hausgrundstück sei einzusetzen, wenn dessen Veräußerung wegen der Trennung der Parteien in absehbarer Zeit zu erwarten sei; bis zur tatsächlichen Veräußerung könne Stundung gewährt werden.

- Das OLG Hamm[27] ist der Auffassung, dass ein wertvolles Hausgrundstück zur Finanzierung eingesetzt werden muss; ggf. sei die PKH mit der Auflage zu bewilligen, das Hausgrundstück innerhalb angemessener Zeiten zu verwerten;

- **kleinere Barbeträge oder sonstige Geldwerte**; hierbei ist eine besondere Notlage des Antragstellers zu berücksichtigen.

Bei darüber hinausgehendem Vermögen ist zu prüfen, ob dem Antragsteller dessen Einsatz zumutbar ist. Hierfür ist zu prüfen, ob diese Beträge zweckgebunden gezahlt wurden. Unter diesem Gesichtspunkt werden folgende Positionen erörtert:

- **Schmerzensgeldzahlungen** sind i.d.R. nicht einzusetzen;[28] die Begründung liegt in einer analogen Anwendung des § 83 Abs. 2 SGB XII,[29] da es sich um eine Art von zweckgebundener Zahlung handelt;

- Guthaben eines mit öffentlichen Mitteln geförderten, nicht zuteilungsreifen **Bausparvertrags** sind i.d.R. nicht einzusetzen, weil die öffentlichen Mittel entfallen;[30]

- **Kündigungsschutzabfindungen** sind i.d.R. nicht als Vermögen, sondern als Einkommen zu berücksichtigen und daher bis zur Höhe des bisherigen Monatsnettoeinkommens umzulegen und insoweit einzusetzen;[31]

---

27 Beschl. v. 15.12.2003 – 6 WF 348/03, ZFE 2004, 58 f.: im konkreten Fall handelte es sich um ein Hausgrundstück mit einer Wohnfläche von 123 qm, das vom Antragsteller allein bewohnt wurde und bei dessen Verwertung ein Resterlös nach Abzug der Verbindlichkeiten von rund 80.000 € zu erwarten war. Es wurde von einer angemessenen Frist für die Verwertung von 10 Monaten ausgegangen.

28 OLG Köln, Beschl. v. 15.12.2003 – 12 W 50/03, ZFE 2004, 185; OLG Köln, MDR 1994, 406; OLG Stuttgart, Rpfleger 1991, 463.

29 Bis zum 31.12.2004: § 77 Abs. 2 BSHG.

30 LAG Köln, MDR 1993, 481. Hier ist zu prüfen, ob durch die Kündigung die öffentliche Forderung für die Vergangenheit verloren geht.

31 OLG Karlsruhe, Beschl. v. 17.12.2001 – 16 WF 137/01, FamRZ 2002, 1196; Kalthoener/Büttner/Wrobel-Sachs, PKH und Beratungshilfe, Rn. 216 und 316; Zimmermann, Prozeßkostenhilfe in Familiensachen, Rn. 43; Zöller/Philippi, ZPO, § 115 Rn. 5; a.A. LAG Bremen, NJW 1983, 248 und MDR 1998, 801: nicht einzusetzendes zweckgebundenes Vermögen, wenn es sich in den Grenzen des § 10 KSchG hält, so dass eine Abfindung bis 12 bzw. 18 Monatsgehälter nicht als Vermögen einzubeziehen ist.

- bei **Lebensversicherungen** darf der Antragsteller nicht darauf verwiesen werden, die Versicherung zu kündigen und die Kosten aus dem Rückkaufswert aufzubringen.[32] Eine andere Frage ist jedoch, ob dem Antragsteller die Aufnahme eines Kredites zuzumuten ist, für den er die Lebensversicherung als Sicherheit verwenden kann;

- bei **Steuererstattungen** ist es fraglich, ob sie als Einkommen oder als Vermögen einzusetzen sind;[33]

- bei **Guthaben aus einer Teilungsversteigerung** muss nach Ansicht des OLG Koblenz[34] der Antragsteller hieraus zunächst die Kosten des Verfahrens decken, bevor er den Rest neu investieren und als Altersversorgung verwenden kann.

Verwendet der Antragsteller Vermögen, um damit Schulden zu tilgen, wird geprüft, ob die Schuldtilgung rechtsmissbräuchlich war. Davon wird in aller Regel ausgegangen, wenn der Antragsteller im Zeitpunkt der Schuldtilgung den Prozesskostenbedarf kannte und die zu tilgende Schuld noch nicht oder nicht in dieser Höhe fällig war.[35]   517

An dieser Stelle darf die Prüfung, ob der **Einsatz des Vermögens missbräuchlich** war, aber nicht stehen bleiben. Gegen eine Missbräuchlichkeit kann vielmehr sprechen, wenn der Antragsteller durch den Einsatz des Vermögens zur Schuldtilgung die monatlichen Belastungen so reduziert, dass er entweder sofort oder innerhalb des Zeitraums vom 48 Monaten Raten an die Staatskasse zahlen könnte.[36]   518

Eine Sonderstellung nimmt die Frage ein, ob der Antragsteller statt der PKH den Prozess durch einen **Prozesskostenvorschuss** finanzieren   519

---

32 OLG Bamberg, JurBüro 1991, 977; dies gilt um so mehr im Hinblick auf die geänderte Besteuerung von Lebensversicherungen, die nach dem 31.12.2004 abgeschlossen werden.
33 OLG Bremen, FamRZ 1998, 1180 f.: kein Vermögen, sondern Einkommen, das entsprechend auf den Monat umzulegen ist.
34 AnwBl. 2002, 64 f.
35 OLG Karlsruhe, Beschl. v. 2.9.1997 – 16 WF 8/97, FamRZ 1998, 489.
36 OLG Karlsruhe, Beschl. v. 17.12.2001 – 16 WF 137/01.

kann. Ein Prozesskostenvorschussanspruch stellt nach überwiegender Meinung[37] Vermögen dar. Voraussetzung hierfür ist jedoch nicht nur das Bestehen des Anspruchs, sondern auch die Möglichkeit, den Anspruch kurzfristig durchzusetzen.

520 Da auch ein Anspruch auf Zahlung eines Prozesskostenvorschusses in Raten gegeben sein kann, kann unter den gleichen Voraussetzungen auch für den Antragsteller PKH mit Ratenzahlung bewilligt werden.[38]

521 Die Darlegungslast dafür, dass ein Prozesskostenvorschussanspruch nicht besteht oder nicht durchgesetzt werden kann, liegt beim Antragsteller.[39]

522 Problematisch ist in Fällen **gesetzlicher Prozessstandschaft** (§ 1629 Abs. 3 BGB) die Beantwortung der Frage, ob es auf die wirtschaftlichen Verhältnisse des Kindes oder auf die wirtschaftlichen Verhältnisse des kindesbetreuenden Elternteils ankommt, der den Antrag im eigenen Namen stellt. Wax[40] weist zutreffend darauf hin, dass diese Fälle nur dann von Bedeutung sind, wenn der kindesbetreuende Elternteil nicht ohnehin prozesskostenvorschusspflichtig sein sollte. Dies zeige aber zugleich, dass es auf die wirtschaftlichen Verhältnisse des Kindes ankommen müsse, da anderenfalls über den PKH-Antrag faktisch eine Prozesskostenvorschusspflicht herbeigeführt werde, die nach bürgerlichem Recht an der fehlenden Leistungsfähigkeit des kindesbetreuenden Elternteils gescheitert wäre. In diesen Fällen ist aber zu prüfen, ob der kindesbetreu-

---

37 Philippi, FPR 2002, 479 m.w.N.
38 OLG Köln, Beschl. v. 5.12.2001 – 27 WF 230/01, ZFE 2002, 260: für einen Fall, in dem das Kind nur aufgrund eines Prozesskostenvorschussanspruchs gegen beide Elternteile in der Lage war, Raten aufzubringen; OLG Dresden, Beschl. v. 6.2.2002 – 22 WF 750/01, FPR 2002, 536 f.
39 OLG Koblenz, Beschl. v. 25.4.2002 – 9 WF 259/2002, FPR 2002, 545; OLG Brandenburg, Beschl. v. 29.1.2001 – 10 WF 149/00, FamRZ 2002, 1414 f.: wobei das Gericht dem Antragsteller jedoch Hinweise geben müsse, welche Angaben es von ihm erwarte; Kalthoener/Büttner/Wrobel-Sachs, PKH und Beratungshilfe, Rn. 355.
40 FPR 2002, 471, 474 f.

ende Elternteil, der den Anspruch nach § 1629 BGB im eigenen Namen geltend macht, prozesskostenvorschusspflichtig ist.[41]

Werden **Unterhaltsansprüche durch den Sozialhilfeträger** auf den **523** Unterhaltsberechtigten **zurückübertragen**, lehnt die h.M. die Bewilligung von PKH für diejenigen Ansprüche, die übergegangen sind, unter Hinweis auf den Kostenerstattungsanspruch ab. Dieser ergibt sich nicht nur aus § 91 Abs. 4 BSHG (ab dem 1.1.2005 aus § 94 Abs. 5 SGB XII) bzw. § 7 Abs. 4 UVG, sondern auch aus einem Aufwendungsersatzanspruch nach § 670 BGB. Aus dem Auftragsrecht (§ 669 BGB) soll sich nach einer sehr umstrittenen Auffassung auch der Anspruch auf Zahlung eines entsprechenden Vorschusses ergeben.[42] Nach a.A. ist aber nur ein Freihalteanspruch gegeben.[43] Letzteres birgt für den Antragsteller die Gefahr, zunächst selbst mit Kosten belastet zu werden. Erst wenn am Ende des Verfahrens feststeht, dass Kosten von ihm zu tragen sind, hat er einen Anspruch auf Freihaltung. Im Hinblick hierauf könne ihm die Bedürftigkeit für die gerichtliche Geltendmachung nicht abgesprochen werden.

2. Erfolgsaussichten

Die **Erfolgsaussichten** der Rechtsverfolgung sind darzulegen. Maßstab **524** hierfür ist § 117 ZPO. Es ist nicht notwendig, bereits eine fertige Klage,

---

41 OLG Dresden, Beschl. v. 6.2.2002 – 22 WF 750/01, FamRZ 2002, 1412 f. = OLGreport Dresden 2002, 515; OLG Köln, Beschl. v. 13.6.2003 – 26 WF 133/03, ZFE 2004, 25 f.: wobei auch der Prozesskostenvorschussanspruch des Kindes gegenüber dem unterhaltsverpflichteten Elternteil und nicht nur gegenüber dem kindesbetreuenden Elternteil zu prüfen sei.

42 Dafür: OLG Hamburg, FamRZ 1990, 1119; OLG Celle, FamRZ 1999, 1284 m.w.N.; OLG Frankfurt/M., FamRZ 1999, 1283; OLG Karlsruhe, FamRZ 1999, 1508 m.w.N. = NJW-RR 1999, 1226; Wax, FPR 2002, 472, 475; Philippi, FPR 2002, 479; 481; a.A. OLG Bremen, Beschl. v. 15.6.1999 – 5 WF 34/98, OLGR 1999, 388, 389: das OLG Bremen stellt darauf ab, dass im Zeitpunkt der gerichtlichen Geltendmachung kein triftiger Grund mehr für eine Abtretung bestanden habe und die Behörde den Anspruch habe kostengünstiger selber verfolgen können; OLG Düsseldorf, FamRZ 1999, 1147; KG, FamRZ 2000, 758 = NJW-RR 2000, 887; OLG Braunschweig, FamRZ 2000, 1023; OLG Koblenz, NJW-RR 2000, 78; OLG Oldenburg, Beschl. v. 6.2.2003 – 12 WF 22/03, ZFE 2003, 222; OLG Zweibrücken, FamRZ 2001, 629 m.w.N.; OLG Frankfurt/M., FamRZ 2001, 629.

43 OLG Köln, FamRZ 1997, 297, 298 = OLGR 1997, 65; Beschl. v. 15.4.2002 – 4 WF 157/1 und FamRZ 1998, 175, 177; OLG Nürnberg, FamRZ 1999, 1284, 1285; OLG Zweibrücken, Beschl. v. 23.7.2001 – 5 WF 54/01, FamRZ 2002, 105.

eine vollständige Berufsbegründungsschrift oder dergleichen einzureichen. Maßstab ist vielmehr, was die nicht anwaltlich vertretene Partei
dem Gericht an Sachverhalt und Beweismitteln unterbreiten und als Ziel-
vorstellung der Rechtsverfolgung mitteilen kann. § 117 Abs.
1 Satz 2
ZPO besagt ausdrücklich: „In dem Antrag ist das Streitverhältnis unter
Angabe der Beweismittel darzustellen."

525 Die Prüfung der Erfolgsaussichten darf nicht dazu führen, die Hauptsa-
cheentscheidung quasi im PKH-Verfahren vorwegzunehmen.[44] Das
BVerfG[45] führt hierzu aus:

> „Die Fachgerichte überschreiten den Entscheidungsspielraum, der
> ihnen bei der Auslegung des gesetzlichen Tatbestandsmerkmals der
> hinreichenden Erfolgsaussicht verfassungsrechtlich zukommt, je-
> doch dann, wenn sie die Anforderungen an die Erfolgsaussicht der
> beabsichtigten Rechtsverfolgung oder Rechtsverteidigung unter Ver-
> kennung der Bedeutung der in Art. 3 Abs. 1 i.V.m. Art. 20 Abs. 3 GG
> verbürgten Rechtsschutzgleichheit überspannen und dadurch der
> Zweck der PKH, dem Unbemittelten den weitgehend gleichen Zu-
> gang zu Gericht zu ermöglichen, deutlich verfehlt wird (vgl. BVerfG,
> NJW 2000, 1936, 1937)."

526 PKH darf daher insbesondere dann nicht versagt werden, wenn die Entscheidung in der Hauptsache von der Beantwortung einer schwierigen,
bislang ungeklärten Rechtsfrage abhängt.[46] Dementsprechend ist die Erfolgsaussicht auch zu bejahen, wenn die beabsichtigte Rechtsverfolgung
oder Rechtsverteidigung grds. Fragen aufwirft, die einer höchstrichter-
lichen Klärung bedürfen.[47]

---

44 BVerfG, Beschl. v. 10.12.2001 – 1 BvR 1803/97, NJW-RR 2002, 793 f.; OLG Naumburg,
    Beschl. v. 19.12.2001 – 8 WF 290/01, ZFE 2002, 261.
45 Beschl. v. 5.2.2003 – 1 BvR 1526/02, FamRZ 2003, 833 f.
46 BVerfG, FamRZ 2002, 665 m.w.N. = FuR 2002, 185 f. = NJW-RR 2002, 793 f. Im konkre-
    ten Fall ging es um die Frage, ob bereits der Antrag auf Bewilligung von PKH für eine im
    Verbund geltend zu machende Folgesache dazu führt, dass die Folgesache anhängig ist
    mit der weiteren Folge, dass über diese nur zugleich mit der Scheidung entschieden wer-
    den könne.
47 BGH, Beschl. v. 21.11.2002 – V ZB 40/02, FamRZ 2003, 671 f.

Im Scheidungsverfahren kann dem **Antragsgegner**, der der **Scheidung** 527
zustimmen will, die Erfolgsaussicht nicht abgesprochen werden. Er
kann dem Verfahren nicht ausweichen.[48]

Die Auffassung, dass auch der Antragsgegner ein Recht hat, sich anwaltlich beraten zu lassen, führt darüber hinaus dazu, dass ihm auf seinen Antrag auch ein Rechtsanwalt beizuordnen ist.

Dem Antragsgegner ist nach umstrittener Auffassung aber auch PKH für
einen Antrag auf Abweisung des Scheidungsantrags zu bewilligen.[49]

Ferner ist dem **Antragsgegner** auch PKH für einen **eigenen Schei-** 528
dungsantrag zu bewilligen. Nur auf diese Weise hat der Antragsgegner
für den Fall, dass der Antragsteller seinen Scheidungsantrag zurücknimmt, es in der Hand, einen zeitnahen Stichtag aufrechtzuerhalten.

Keine Erfolgsaussichten bestehen für einen Scheidungsantrag, wenn bei
Einreichung des Antrags das Trennungsjahr noch nicht abgelaufen ist
und diese Voraussetzung erst im Zeitpunkt des voraussichtlichen Termins zur mündlichen Verhandlung im Verfahren vorliegen wird.[50] Auch
hier ist jedoch zu überlegen, ob der minderbemittelten Partei die Möglichkeit genommen werden kann, den Scheidungsantrag zum gleichen
Zeitpunkt einzureichen, zu dem ihn eine bemittelte Partei einreichen
könnte.

Erkennt der Beklagte den Klageanspruch ganz oder teilweise an, ist es 529
gleichwohl nicht aussichtslos, einen Antrag auf Bewilligung von PKH
auch in Höhe des anerkannten Betrags zu stellen. Nach einer – umstrittenen – Ansicht kann dem Beklagten dann auch für ein Anerkenntnis PKH bewilligt werden, wenn er keinen Anlass zur Klage gegeben hat
und die Kostenerstattung nach § 93 ZPO anstrebt.[51]

---

48 OLG Bamberg, FamRZ 1995, 370 = NJW-RR 1995, 5.
49 Dafür: OLG Jena, FamRZ 1999, 1179; Philippi, FPR 2002, 481, 482; a.A. OLG Köln, FamRZ
    1987, 400.
50 OLG Dresden, Beschl. v. 6.12.2001 – 20 WF 794/01, ZFE 2002, 194 = FamRZ 2002, 890 f.
51 Dafür: OLG Naumburg, FamRZ 2001, 923; OLG Hamm, FamRZ 1993, 1344; a.A. OLG
    Karlsruhe, Beschl. v. 29.8.2001 – 5 WF 133/01, n.v.

530   In der Rechtsmittelinstanz sind die Erfolgsaussichten für den Rechts-
       mittelgegner nicht zu prüfen (§ 119 Abs. 1 Satz 2 ZPO).

3. Mutwilligkeit

531   Zur Frage der **Mutwilligkeit** gibt es eine weitgefächerte Rechtspre-
       chung. Argumentiert wird damit, ob eine auf eigene Kosten klagende
       Partei den Anspruch in gleicher Weise geltend machen würde. Vor die-
       sem Hintergrund sind z.b. die Fragen zu beantworten, ob Ansprüche
       geltend gemacht werden

       - durch Teilklage oder Klage auf Zahlung des vollen Betrags;[52]

       - im Familienrecht durch Geltendmachung im Verbund oder durch
         isolierte Klage, bzw. durch einstweilige Anordnung nach § 620 ZPO
         und/oder durch Klage.

532   Maßstab müssen dabei zumindest die Überlegungen des Antragstellers
       zur Zweckmäßigkeit sein. Es fragt sich aber, ob dem Antragsteller zu-
       gemutet werden kann, diese im Bewilligungsverfahren darzulegen. Der
       Antragsteller müsste auf diesem Wege seine Taktik offen legen, mithin
       Details preisgeben, die eine auf eigene Kosten klagende Partei der an-
       deren Seite nicht mitteilen müsste.

533   Beispiele, in denen die Rechtsprechung ein mutwilliges Verhalten **be-
       jaht** hat:

       - Klage auf Zahlung von Unterhalt für ein minderjähriges Kind, ohne
         den Unterhaltsverpflichteten zuvor aufzufordern, kostenfrei eine Ur-
         kunde beim Jugendamt zu errichten;[53]

       - Klage auf Zahlung von Minderjährigenunterhalt, wenn der Anspruch
         mit geringeren Kosten im vereinfachten Verfahren hätte geltend ge-
         macht werden können;[54]

---

52   Auch Fragen der Verjährung, des Verlustes von Beweismitteln, der Liquidität des Schuld-
     ners etc.
53   OLG Frankfurt/M., FamRZ 1995, 622, 623.
54   OLG Hamm, FamRZ 1999, 995; FamRZ 2000, 1021; OLG Zweibrücken, JurBüro 2000, 655.

- Klage des ursprünglich Unterhaltsberechtigten aufgrund eines Rück-
  übertrags durch den Sozialhilfeträger; teilweise mit der Einschränkung, das im Zeitpunkt der gerichtlichen Geltendmachung kein triftiger Grund mehr für die Geltendmachung durch den Unterhaltsberechtigten anstatt durch die Behörde besteht[55] (umstr.);

- parallel betriebenes isoliertes Verfahren und einstweiliges Anordnungsverfahren einer Partei mit gleicher Zielrichtung wegen elter-
  licher Sorge, Umgang, Hausratsteilung für die Trennungszeit etc.[56]
  (Hier ist zu prüfen, ob diese Auffassung noch aufrechterhalten werden kann, nachdem seit dem 1.1.2002 auch die einstweiligen Anordnungen im Rahmen isolierter Verfahren selbständige gebührenrechtliche Angelegenheiten darstellen; m.E. kann die bisheriger
  Rechtsprechung daher nicht aufrechterhalten bleiben);

- isolierte Klage, obwohl der Anspruch im Verbund kostengünstiger
  hätte geltend gemacht werden können.[57] Diese Fallgruppe ist höchst
  umstritten.[58] Gegen diese Auffassung spricht, dass sie die übrigen Gesichtspunkte, die für eine isolierte Geltendmachung sprechen kann,
  ausblendet. Darüber hinaus lässt sich nicht von vornherein bestimmen, welche Vorgehensweise für den Antragsteller die kostengüns-
  tigere ist. Der Antragsteller könnte auch darauf abzielen, dem Gegner die Kosten des Verfahrens nach den §§ 91, 92 ZPO auferlegen
  zu lassen, während er bei einer Entscheidung im Verbund in aller Regel nach § 93a ZPO weiter selbst mit den Kosten belastet bleibt.

Teilweise wird die Auffassung vertreten, dass PKH zwar zu bewilligen
sei, diese sich aber nur auf die Kosten erstrecke, die bei einer Gel-

---

55 OLG Bremen, OLGR 1999, 388, 389 m.w.N.; a.A. OLG Köln, Beschl. v. 15.4.2002 – 4 WF
    157/01, n.v.
56 OLG Hamm, FamRZ 1992, 452; OLG Stuttgart, FamRZ 1992, 196.
57 OLG Hamm, FamRZ 1992, 452; FamRZ 1992, 576 f.; OLG Stuttgart, FamRZ 1992, 196;
    OLG Düsseldorf, FamRZ 1994, 312 und 635; OLG Köln, FamRZ 1994, 314 = NJW-RR 1993,
    1480; FamRZ 1994, 1386 = NJW-RR 1994, 1093; OLG Brandenburg, FamRZ 1998, 245
    und FamRZ 2002, 1411 f.: soweit keine besonderen Gründe für die isolierte Geltendma-
    chung vorliegen und Beschl. v. 22.10.2001 – 10 WF 13/01, FPR 2002, 541; OLG Jena,
    FamRZ 2000, 100; OLG Schleswig, FamRZ 2000, 430.
58 Siehe hierzu auch die nachfolgenden Beispiele, in denen Mutwilligkeit verneint wurde.

tendmachung als Folgesache im Verbund entstanden wären.[59] Gegen diese Auffassung spricht, dass sie die Auseinandersetzung ins Kostenfestsetzungsverfahren verlagert. Für dieses ist aber nicht der Richter, sondern der Urkundsbeamte der Geschäftsstelle zuständig. Dies erschwert eine Auseinandersetzung auf materiell-rechtlicher Ebene. Darüber hinaus ist zu berücksichtigen, dass der Antragsteller bei dieser Handhabung bis zum Abschluss des Kostenfestsetzungsverfahrens im Unklaren darüber bleibt, mit welchen Kosten er selbst belastet wird;

- Klage auf Zahlung des Gesamtbetrags, wenn der Anspruch der Höhe nach streitig ist und eine Klärung des Streitpunktes auch mit einer Teilklage erreicht werden kann;[60]

- weiterer Scheidungsantrag kurze Zeit nach Rücknahme des vorausgegangenen Scheidungsantrags, wenn die Zerrüttung angedauert hat und kein Versöhnungsversuch zwischenzeitlich unternommen wurde;[61]

- PKH-Antrag für isolierte Sache, nachdem versäumt wurde, vor Rechtskraft der Scheidung einen entsprechenden Prozesskostenvorschussanspruch geltend zu machen;[62]

- Klage auf Prozesskostenvorschuss anstelle einer einstweiligen Anordnung, weil die einstweilige Anordnung in diesem Fall kein geringeres Schutzniveau für den Berechtigten biete;[63]

---

59   OLG Düsseldorf, FamRZ 1993, 1217; FamRZ 1994, 312; FamRZ 1994, 635 f.; FamRZ 1994, 973; OLG Köln, FamRZ 1994, 139; FamRZ 2000, 1021; OLG Dresden, FamRZ 1999, 601; OLG Rostock, FamRZ 1999, 597 f.: Prüfung unter dem Gesichtspunkt der vermeidbaren Kosten: OLG Zweibrücken, FamRZ 2000, 756.
60   OLG Bremen, Beschl. v. 20.11.1989 – 4 WF 109/89, n.v.
61   OLG Karlsruhe, FamRZ 1998, 485; OLG Köln, FamRZ 1988, 92 für den vierten Scheidungsantrag, der drei Monate nach Rücknahme des dritten Scheidungsantrags gestellt wurde.
62   OLG Zweibrücken, FamRZ 2000, 757.
63   Wax, FPR 2002, 471, 473.

- Erfolgsaussicht nur aufgrund neuen Vorbringens in der Rechtsmittelinstanz obwohl die Tatsachen bereits in erster Instanz hätten
vorgebracht werden können;[64]

- gerichtliche Entscheidung über das Umgangsrecht, ohne zuvor ein
Mediationsangebot des Jugendamtes wahrzunehmen.[65]

Beispiele, in denen die Rechtsprechung ein mutwilliges Verhalten **ver-**   534
neint hat:

- Hauptsacheklage auf Unterhalt, obwohl der Unterhalt auch im Wege der einstweiligen Anordnung geltend gemacht werden könnte.
Hier wird dahingehend argumentiert, es sei dem Unterhaltsberechtigten nicht zumutbar, seine Ansprüche in einem summarischen Verfahren geltend zu machen. Darüber hinaus ziehe ein einstweiliges
Anordnungsverfahren häufig ein Hauptsacheverfahren nach sich,
was im Ergebnis zu höheren Kosten führe;[66]

- Unterhaltsklage auch auf Zahlung des unstreitigen Sockelbetrags,
wenn der Unterhaltsschuldner trotz Aufforderung hierüber keinen Titel errichtet[67] und damit Veranlassung zur Klage gegeben habe;[68]

---

64   OLG Hamm, Beschl. v. 2.12.2003 – 1 UF 220/03, ZFE 2003, 59; OLG Frankfurt/M., Beschl.
v. 17.1.2002 – 1 UF 98/01, FamRB 2002, 298; OLG Karlsruhe, FamRZ 1999, 726. Es bestehen Bedenken gegen diese Entscheidungen. Diese gelten insbesondere nach In-Kraft-
Treten der ZPO-Reform. Insoweit mag streitig sein, inwieweit neues Vorbringen in zweiter
Instanz berücksichtigt werden kann. Hat der Antragsteller aber in erster Instanz den Vortrag unterlassen, weil er angesichts der gerichtlichen Verfahrensführung und Hinweise davon ausgehen konnte, dass dieser für die Entscheidung des Rechtsstreits unerheblich sein
würde, kann ihm nicht PKH mit dem Hinweis auf Mutwilligkeit für die zweite Instanz versagt werden.
65   AG Bochum, FamRZ 2003, 772.
66   OLG Frankfurt/M., FamRZ 1995, 622, 623 und FamRZ 2001, 629; OLG Hamm, OLGR 1999,
141; Finke, in: Finke/Garbe, Familienrecht in der anwaltlichen Praxis, § 4 Rn. 274; zu den
Unterschieden beider Verfahren und zu den Vorteilen des selbständigen Verfahrens: Oelkers, FamRZ 1995, 450; a.A. OLG Hamm, FamRZ 1997, 183.
67   Achtung: Es ist umstritten, ob die Kosten für die Errichtung des Titels vom Unterhaltsschuldner oder vom Unterhaltsgläubiger zu tragen sind, wenn der Titel nicht kostenfrei errichtet werden kann.
68   OLG Nürnberg, FPR 2002, 542; OLG Zweibrücken, Beschl. v. 4.2.2002 – 2 WF 8/02, ZFE
2002, 229 f.

- Klage auf Zahlung von Minderjährigenunterhalt, wenn der Anspruch auch im vereinfachten Verfahren hätte geltend gemacht werden können; [69]

- die Geltendmachung des Zugewinns außerhalb des Verbundes sei nicht mutwillig i.S.d. § 114 ZPO. [70] Das OLG Bremen [71] führt hierzu aus, dass die Partei nach § 623 ZPO wählen könne, ob sie den Anspruch auf Zahlung von Zugewinnausgleich im Verbund oder isoliert geltend mache. Die Einschränkung dieses Wahlrechts auf dem mittelbaren Weg über die PKH-Bewilligung benachteilige die „arme" Partei. Darüber hinaus gibt es weitere, vom OLG Bremen in der Entscheidung nicht ausdrücklich angesprochene Umstände, die für eine isolierte Geltendmachung sprechen:

Nur wenn der Anspruch isoliert geltend gemacht wird, kann der Antragsteller eine Verzinsung der Forderung erreichen. Anderenfalls wäre er darauf angewiesen, dass eine Abtrennung aus dem Verbund nach § 628 ZPO vorgenommen würde. Angesichts der dafür erforderlichen Zeiträume verliert der Antragsteller mithin allein durch die Verzögerung des Verfahrens die Zinsen für mindestens 2 Jahre.

Darüber hinaus ist der Ausgleichsberechtigte wegen § 1378 Abs. 2 BGB daran interessiert, die Vermögensverhältnisse des Ausgleichspflichtigen auf das Ende der Ehe festzuschreiben, um nicht mehr am wirtschaftlichen Risiko des Ausgleichsverpflichteten teilzunehmen.

Schließlich werden im isolierten Verfahren die Kosten nach den Grundsätzen der §§ 91, 92 ZPO und nicht nach § 93a ZPO verteilt. [72] Der Antragsteller hat daher eine bessere Chance, im Falle seines Ob-

---

69 OLG Nürnberg, Beschl. v. 26.10.2001 – 7 WF 3620/01, FamRZ 2002, 891 f.: jedenfalls dann, wenn mit Einwendungen des Antragsgegners zu rechnen ist, die zur Überleitung in ein streitiges Verfahren führen werden; OLG Naumburg, FamRZ 2001, 924; van Els, Rpfleger 1999, 298.
70 OLG Bremen, FamRZ 1998, 245 mit ausführlicher Begründung; OLG Köln, Beschl. v. 18.3.2002 – 4 WF 32/02, unter Hinweis auf die Möglichkeit, nicht mit Kosten belastet zu werden wegen §§ 91, 92 ZPO gegenüber § 93a ZPO im Verbund.
71 FamRZ 1998, 245.
72 Philippi, FPR 2002, 481, 484.

siegens nicht auch noch Teile des erstrittenen Betrags für die Prozesskosten aufwenden zu müssen. Wegen des Übergangs von Ansprüchen auf die Staatskasse nach § 59 Abs. 1 RVG/§ 130 BRAGO erhält auf diesem Wege auch die Staatskasse einen Anspruch gegen den Gegner und zwar i.H.v. drei Gerichtsgebühren nach dem isolierten Wert und nicht nur i.H.v. zwei Gerichtsgebühren im Verbund.

Ferner ist zu berücksichtigen, dass die Parteien sich nach Rechtskraft der Scheidung formfrei über den Zugewinnausgleich einigen können. Es kommt daher in Betracht, dass die Parteien davon ausgegangen waren, sich kostengünstigst und formfrei nach der Scheidung zu einigen und diese Einigung sich dann nicht realisiert hat;

- die isolierte Geltendmachung sei häufig nicht mutwillig, weil auch die subjektiven Gründe der Partei zu berücksichtigen seien. Es sei daher auch anzuerkennen, wenn die Partei glaube, die Folgesache außergerichtlich oder streitfreier regeln zu können, wenn die Ehe erst rechtskräftig geschieden sei;[73]

- die Klage auf Zahlung des gesamten Zugewinnausgleichsbetrags sei auch dann nicht mutwillig, wenn der Anspruch der Höhe nach zwischen den Parteien im Wesentlichen unstreitig sei;[74]

- im Vaterschaftsfeststellungsprozess schließt sich der Beklagte dem Feststellungsantrag des Klägers an oder stellt keinen Antrag.[75] Zur Begründung wird darauf verwiesen, es handele sich nicht um eine formale Rechtsposition, sondern um die Wahrung der Rechtsstaatlichkeit. Der Beklagte werde in einen Rechtsstreit hereingezogen, dessen Ergebnis er nicht durch einen Vergleich, ein Anerkenntnis oder ein Geständnis beeinflussen könne. Viele Gerichte[76] vertreten

---

73   Wax, FPR 2002, 471.
74   OLG Bremen, FamRZ 1998, 245.
75   OLG Koblenz, Beschl. v. 6.6.2001 – 13 WF 330/01, FamRZ 2002, 1194 f.; OLG Karlsruhe, JurBüro 1999, 253; OLG Köln, FamRZ 1996, 1289, 1290; a.A. OLG Düsseldorf, NJW-RR 1996, 1157.
76   OLG Bremen, OLGR 2000, 372; OLG Schleswig, Beschl. v. 11.1.2002 – 12 WF 226/01, ZFE 2002, 230: das OLG Schleswig weist darauf hin, dass der Amtsermittlungsgrundsatz kein geeigneter Ersatz sei. Es sei dem Richter nicht möglich, sowohl objektiv und unparteiisch als auch gezielt Vertreter der rechtlichen Interessen einer Seite zu sein.

daher den Standpunkt, dass bereits die Bedeutung eines derartigen Statusverfahrens dazu führe, dass eine anwaltliche Vertretung erforderlich erscheine. Eine Ausnahme solle davon nur gelten, wenn in der Person des Antragstellers Gründe vorliegen würden, die auch eine vermögende Partei zu einem Verzicht auf eine anwaltliche Vertretung bewegen würden. Dies werde regelmäßig erfüllt sein, wenn beide Parteien des Verfahrens das gleiche Ziel verfolgen würden. Eine Beiordnung erscheint daher zumindest immer dann unerlässlich, wenn Mehrverkehr eingewandt wird;[77]

- bei einer Scheinehe, bei der die Parteien bereits bei Eheschließung beabsichtigen, sich scheiden zu lassen und wissen, dass sie die Kosten hierfür nicht aufbringen können;[78]

- soweit der Beklagte, der sich gegen eine Klage verteidigen will, seine Einwendungen nicht bereits im PKH-Prüfungsverfahren bzgl. des PKH-Antrags des Klägers, sondern erst im Klageverfahren vorbringt[79] (umstr.);

- Antrag auf Regelung des Umgangs ohne zuvor Beratung und Hilfe des Jugendamtes in Anspruch zu nehmen;[80]

- Antrag auf Regelung des Umgangs, ohne zuvor ein Mediationsverfahren beim Jugendamt durchzuführen, wenn der sorgeberechtigte

---

77 OLG Hamm, FamRZ 1995, 747.
78 OLG Frankfurt/M., FamRZ 1996, 615 m.w.N.; OLG Karlsruhe, FamRZ 2003, 1760; OLG Nürnberg, FamRZ 1996, 615; OLG Stuttgart, FamRZ 1997, 1410 und FPR 2002, 537 f. = FamRZ 2002, 890; OLG Naumburg, FamRZ 2001, 629; OLG Hamm, FamRZ 2001, 1081; a.A. OLG Stuttgart, FamRZ 1992, 195; OLG Naumburg, Beschl. v. 31.1.2003 – 14 WF 6/03, n.v.
79 OLG Karlsruhe, Beschl. v. 29.8.2001 – 5 WF 133/01, FamRZ 2002, 1132 f.: das OLG weist darauf hin, dass der Antragsgegner im PKH-Bewilligungsverfahren zwar die Gelegenheit zur Stellungnahme erhält, er ist aber nicht Partei des Verfahrens und kann durch dieses nicht mit rechtlichen Nachteilen für ihn verpflichtet werden. a.A. OLG Oldenburg, Beschl. v. 13.5.2002 – 12 WF 81/02, ZFE 2002, 261 f.; Vogel, FPR 2002, 505, 506.
80 OLG Karlsruhe, Beschl. v. 17.5.2002 – 16 WF 39/02, FPR 2002, 543: zugleich mit Hinweis darauf, dass Mutwilligkeit angenommen werden kann, wenn dem Elternteil bei Durchführung des gerichtlichen Verfahrens voraussichtlich nach § 94 Abs. 3 Satz 2 1. Halbs. KostO die Gerichtskosten und nach § 13a FGG die außergerichtlichen Kosten des anderen Elternteils auferlegt werden müssten; dies könne angenommen werden, wenn die Einschaltung des Jugendamtes voraussichtlich zu einer Einigung zwischen den Eltern geführt hätte. An diese Prognose seien aber hohe Anforderungen zu stellen.

Elternteil jeglichen Umgang des anderen Elternteils mit dem gemeinsamen Kind ablehnt.[81]

III. Beiordnungsfragen

1. Beiordnung eines Rechtsanwalts

Der Antrag auf Bewilligung von PKH umfasst nicht automatisch die **Beiordnung** eines Rechtsanwalts.   535

Hinweis:

Die Beiordnung sollte vorsorglich ausdrücklich beantragt werden. Dies empfiehlt sich insbesondere dann, wenn die Partei nicht nur einen Hauptbevollmächtigten, sondern auch einen Korrespondenzanwalt beigeordnet haben möchte.

Der Antrag auf Bewilligung von PKH ist aber auslegungsfähig. Er umfasst nach Kalthoener/Büttner/Wrobel-Sachs[82] im Zweifel auch den Antrag auf Beiordnung eines Anwalts, selbst wenn dies nicht ausdrücklich beantragt worden ist.[83]   536

Für die Beiordnung eines Rechtsanwalts enthält § 121 ZPO folgende Vorgaben: 537

Anwaltsprozess	immer
Parteiprozess	wenn die Vertretung durch einen Rechtsanwalt geboten erscheint oder der Gegner durch einen Rechtsanwalt vertreten ist (Grundsatz der Waffengleichheit)[84]

---

81   OLG Hamm, FamRZ 2003, 1758 f.
82   PKH und Beratungshilfe, Rn. 78.
83   OLG München, Beschl. v. 22.1.2002 – 17 WF 524/02 – FamRZ 2002, 1196 f. für den Antrag auf Bewilligung von PKH in einem Anwaltsprozess.
84   S. hierzu auch für FGG-Verfahren BVerfG, NJW 1989, 3271 und die Darstellung der unterschiedlichen Auffassungen bei Zimmermann, Prozeßkostenhilfe in Familiensachen, Rn. 348.

538 Streit entzündet sich häufig an der Frage, ob eine Vertretung durch einen Rechtsanwalt erforderlich erscheint. Hierbei ist zu beachten, dass die PKH die „arme" Partei in die Lage versetzen soll, den Prozess in gleicher Weise zu führen wie eine kostenbewusste „reiche" Partei.

Nachfolgend seien aus der Vielzahl streitiger Fälle und dazu ergehender Entscheidungen nur einige praxisrelevante herausgegriffen.

- Teilweise wird die Auffassung vertreten, in **isolierten Sorge- und Umgangsrechtsverfahren** mit einfach gelagertem Sachverhalt und einem Antragsteller, der seine Interessen auch selbst artikulieren könne, sei eine Anwaltsbeiordnung nicht erforderlich, da bereits durch den Amtsermittlungsgrundsatz sowie die Beteiligung des Jugendamtes für ein faires Verfahren gesorgt werde.[85]

Der Auffassung des OLG Hamm und des OLG Köln in den angegebenen Entscheidungen ist nicht zuzustimmen.[86] Es kann bereits bezweifelt werden, ob eine Partei sozusagen in eigener Sache in der Lage ist, den Sachverhalt und die Interessen sachgerecht zu artikulieren. Dies gilt um so mehr, als gerade Sorgerechts- und Umgangsrechtsverfahren stark emotionsgeladen sind.

Darüber hinaus sichert die Beteiligung des Jugendamtes nicht die Grundsätze des rechtlichen Gehörs. Die Mitarbeiter des Jugendamtes sind aufgrund einer Vielzahl von Aufgaben, die ihnen im Laufe der letzten Jahre zugeschrieben worden sind, personell nicht mehr in der Lage, jedes einzelne Verfahren umfassend zu betreuen. Hinzu kommen die Bedenken der Jugendämter hinsichtlich des Datenschutzes und der daraus herrührenden praktischen Konsequenzen, die darin liegen, nach einer vorausgegangenen Beratung im Zu-

---

85 OLG Hamm, FamRZ 1990, 896; Beschl. v. 7.2.2003 – 11 WF 14/03, MDR 2003, 957: Beiordnung nur, wenn tatsächliche oder rechtliche Schwierigkeiten oder wenn der Antragsgegner dem Antrag entgegentritt; OLG Köln, FamRZ 1997, 377; OLG Oldenburg, Beschl. v. 20.8.2001 – 12 WF 126/01, FamRZ 2002, 106; a.A. OLG Nürnberg, FamRZ 1997, 215; OLG Celle, FamRZ 1989, 1107.

86 So auch OLG Köln, Beschl. v. 18.4.2002 – 4 WF 51/02, ZFE 2002, 261: das Regel-Ausnahme-Verhältnis des § 121 Abs. 2 Satz 1 ZPO sei in Verfahren betreffend die elterliche Sorge umzukehren.

sammenhang mit der Trennung und Scheidung keine Stellungnahme im streitigen Verfahren mehr abzugeben.

*   Im **vereinfachten Verfahren** zur Festsetzung des Unterhalts Minderjähriger ist umstritten, ob dieses nicht so einfach ist, dass die Partei dafür keinen Rechtsanwalt benötigt.[87] Ferner wird vielfach darauf hingewiesen, dass die Anwaltskosten durch Einrichtung einer kostenfreien Beistandschaft durch das Jugendamt vermieden werden könnten.

    Immerhin ist mit Wirkung seit dem 1.1.2002 der Vordruck entsprechend verändert worden, so dass jetzt überhaupt die Möglichkeit besteht, im Formular selbst anzukreuzen, dass ein Antrag auf Beiordnung gestellt werde.

*   Verfahren auf Abänderung der Kindergeldanrechung nach § 655 ZPO seien nach der Änderung des § 1612b Abs. 5 BGB so schwierig, dass ein Rechtsanwalt beizuordnen sei.[88]

§ 121 ZPO enthält keine Vorgaben für die Beiordnung eines Rechtsanwalt in der **Zwangsvollstreckung.** Hier ist eine sehr unterschiedliche Handhabung der Gerichte zu beobachten. Kriterium ist, ob die Partei die Maßnahme auch selbst veranlassen könnte oder ob sie hierzu der Hilfe eines Rechtsanwalts bedarf. Die Auffassungen hierüber sind sehr unterschiedlich. Während einzelne Gerichte davon ausgehen, dass keine Naturalpartei mehr irgendeine Vollstreckungsmaßnahme ohne anwaltliche Hilfe in die Wege leiten könne,[89] bejahen andere Gerichte die

539

---

87   OLG München, FamRZ 1999, 1355; OLG Brandenburg, JurBüro 2002, 31; OLG Dresden, FamRZ 2001, 634; OLG Bamberg, FamRZ 2000, 1225 (LS) = JurBüro 312; KG, FamRZ 2000, 762 = FuR 2000, 350 = JurBüro 2000, 311; a.A. OLG Naumburg, FamRZ 2002, 892 (LS), dass die Beiordnung für geradezu unerlässlich und geboten hält; OLG Hamm, Rpfleger 2000, 339; FamRZ 2001, 1155; FamRZ 2002, 403 = NJW-RR 2002, 799 (jedenfalls dann, wenn die Gegenseite durch einen Rechtsanwalt vertreten ist oder es sich um einen Fall handelt, in dem die Übergangsregelungen des Art. 5 KindRG anzuwenden sind); OLG Schleswig, MDR 2000, 706; OLG Nürnberg, FamRZ 2001, 1715 = JurBüro 2001, 482 = MDR 2001, 819; Vogel, FPR 2002, 505, 511.
88   OLG München, FamRB 2002, 141 = MDR 2002, 702; OLG Braunschweig, MDR 2002, 539.
89   OLG Koblenz, Beschl. v. 22.2.2002 – 2 T 66/02, Jurbüro 2002, 321 ff. wegen der Vielzahl denkbarer Vollstreckungsmöglichkeiten und der tatsächlichen und rechtlichen Schwierigkeiten.

Voraussetzungen nur, wenn für die Partei ein sachliches und persönliches Bedürfnis bestehe[90] oder Umfang, Schwierigkeit und Bedeutung der Sache dies erfordern[91] oder die Partei nicht über die Fähigkeiten verfügt, sich entsprechend mündlich oder schriftlich auszudrücken.[92] Als Grundsatz kann gelten, dass keine Naturalpartei mehr in der Lage ist, einen Antrag auf Erlass eines Pfändungs- und Überweisungsbeschlusses richtig zu stellen und daher spätestens für diese Vollstreckungsmaßnahme eines Rechtsanwalts bedarf.[93]

540 Einzelne Fallgruppen seien anhand der Rechtsprechung dargestellt:

- für die Vollstreckung aus Unterhaltstiteln (+);[94]

- Vollstreckung in Bankkonten (+);[95]

- Taschenpfändung (+);[96]

- Mobiliarvollstreckung mit Antrag auf Abgabe der eidesstattlichen Versicherung (-).[97]

Die Beiordnung betrifft im Übrigen immer einen konkreten Rechtsanwalt und nicht eine Sozietät. Gleiches gilt für eine Partnerschaftsgesellschaft.

2. Beiordnung zu den Bedingungen eines ortsansässigen Rechtsanwalts

541 Angesichts der geänderten Postulationsfähigkeit stellt sich häufig die Frage, ob der Rechtsanwalt zur Vertretung vor einem auswärtigen Ge-

---

90   OLG Zweibrücken, FamRZ 1986, 287.
91   KG, FamRZ 1995, 629.
92   OLG München, FamRZ 1999, 792 und 1355.
93   A.A. LG Bonn, Beschl. v. 1.2.2002 – 4 T 71/02, ZFE 2002, 134: Rechtsanwaltsbeiordnung nur dann, wenn es besondere Schwierigkeiten gibt, z.B. der Unterhaltsschuldner häufig umzieht.
94   LG Arnsberg, FamRZ 2000, 1226; LG Siegen, Rpfleger 1988, 41; LG Köln, Beschl. v. 25.1.2002 – 19 T 11/02, ZFE 2002, 134.
95   LG Aachen, JurBüro 1999, 664; LG Heidelberg, AnwBl. 1986, 211.
96   LG Zweibrücken, JurBüro 1997, 665.
97   LG Bayreuth, DGVZ 1999, 138.

richt beigeordnet werden kann, wie dies geschieht und welche Rechte sich ggf. aus den Beiordnungsbeschlüssen ergeben.

§ 126 Abs. 1 Satz 2 BRAGO enthielt hierzu die Regelung, dass Mehr-   542
kosten, die dadurch entstanden, dass der Rechtsanwalt seinen Wohnsitz oder seine Kanzlei nicht an dem Ort hat, an dem sich das Prozess-
gericht oder eine auswärtige Abteilung dieses Gerichts befindet, nicht
zu vergüten seien. Gemeint war die Vergütung aus der Staatskasse. Diese Regelung ist in das RVG nicht übernommen worden. Der Gesetzgeber[98] hielt diese angesichts der Fassung des § 121 Abs. 3 ZPO für ent-
behrlich. Danach kann ein Rechtsanwalt nur beigeordnet werden, wenn
dadurch weitere Kosten nicht entstehen.

> **Hinweis:**
>
> Liegen die Voraussetzungen für die Beiordnung eines Hauptbevoll-
> mächtigten und eines Verkehrsanwalts nach § 121 Abs. 4 ZPO vor,
> kann der Hauptbevollmächtigte auch mit der Maßgabe beigeordnet
> werden, dass ihm die Reisekosten erstattet werden, jedoch begrenzt
> bis zur Höhe der Kosten eines Verkehrsanwalts. In diesem Fall ent-
> stehen der Staatskasse durch die Beiordnung keine Mehrkosten i.S.d.
> § 121 Abs. 3 ZPO.[99]

Eine Regelung zu den **Reisekosten** enthält § 46 RVG. Nach dessen Abs. 1   543
werden Auslagen, insbesondere Reisekosten, nicht erstattet, wenn sie
zur sachgemäßen Durchführung der Angelegenheit nicht erforderlich
waren.

Nach § 46 Abs. 2 RVG kann der Rechtsanwalt vor Antritt der Reise be-   544
antragen, die Erforderlichkeit der Reise festzustellen. Stellt das Gericht

---

98   BT-Drucksache 15/1971, S. 200.
99   OLG Koblenz, Beschl. v. 12.6.2003 – 11 WF 332/03, JurBüro 2003, 476: die Beiordnung
      eines Rechtsanwalts am Wohnsitz des Mandanten sei in nicht einfach gelagerten Fällen zu-
      lässig; bis zur Höhe der Verkehrsanwaltskosten könnten dann auch Reisekosten erstattet
      werden.; Schoreit/Dehn, Beratungshilfe, Prozeßkostenhilfe, § 121 ZPO Rn. 9.

dies fest, sind die Reisekosten aus der Staatskasse zu erstatten. Diese Feststellung ist im Festsetzungsverfahren bindend.

545 Im Zusammenhang mit der Beiordnung eines Rechtsanwalts, der seinen Sitz nicht am Sitz des Gerichts hat, werden unterschiedliche Auffassungen vertreten. Diese lassen sich in Fallgruppen einteilen:

• Ein am Sitz des Gerichts nicht ansässiger Rechtsanwalt beantragt seine Beiordnung. Bereits im Antrag oder auf eine anschließende Nachfrage des Gerichts[100] erklärt er sich damit einverstanden, zu den Bedingungen eines ortsansässigen Rechtsanwalt beigeordnet zu werden. Der Beiordnungsbeschluss enthält die Einschränkung. Der Rechtsanwalt erhält keine Reisekosten aus der Staatskasse.

Nach Auffassung des OLG Zweibrücken[101] können dem Rechtsanwalt jedoch auf seinen Antrag hin Reisekosten in der Höhe fiktiver Verkehrsanwaltskosten zugesprochen werden, wenn die Voraussetzungen für die Beiordnung eines Verkehrsanwalts vorliegen. Dies gilt nach Auffassung des OLG Koblenz[102] jedenfalls für Fälle, die nicht einfach gelagert sind.

• Ein am Sitz des Gerichts nicht ansässiger Rechtsanwalt beantragt seine Beiordnung. Bereits im Antrag oder auf eine anschließende Nachfrage des Gerichts erklärt er sich damit einverstanden, zu den Bedingungen eines ortsansässigen Rechtsanwalt beigeordnet zu werden. Der Beiordnungsbeschluss enthält jedoch keine Einschränkung.

Da der Beiordnungsbeschluss in diesem Fall keine Einschränkung enthält, sind die Reisekosten aus der Staatskasse zu zahlen.[103]

• Ein am Sitz des Gerichts nicht ansässiger Rechtsanwalt beantragt seine Beiordnung ohne Hinweis auf die Einschränkung. Das Gericht er-

---

100 Eine Einschränkung sei nur mit Zustimmung des Rechtsanwalts zulässig: OLG Zweibrücken, Beschl. v. 27.6.2001 – 2 UF 12/01, FamRZ 2002, 107.
101 FamRZ 2002, 107.
102 OLGreport Koblenz 2003, 266 = FamRZ 2003, 1939 f.
103 OLG Oldenburg, FamRZ 2004, 707; Hartmann, in: Baumbach/Lauterbach/Albers/Hartmann, ZPO § 121 Rn. 62.

kundigt sich nicht bei ihm, ob er mit der Einschränkung einverstanden ist. Er wird ohne Einschränkung beigeordnet.

Nach überwiegender Auffassung hat der Rechtsanwalt einen Anspruch auf Erstattung der Reisekosten.[104] Die Beiordnung ohne den einschränkenden Zusatz schafft für den Rechtsanwalt einen Vertrauenstatbestand.[105]

• Ein am Sitz des Gerichts nicht ansässiger Rechtsanwalt beantragt seine Beiordnung ohne Hinweis auf die Einschränkung. Das Gericht erkundigt sich nicht bei ihm, ob er mit der Einschränkung einverstanden ist. Er wird mit Einschränkung beigeordnet.

Hier ist es umstritten, ob er einen Anspruch auf Erstattung der Reisekosten hat. Insoweit wird die Auffassung vertreten, dass ihm ohne sein Einverständnis der Anspruch auf Erstattung der Reisekosten auch nicht durch den einschränkenden Beschluss genommen werden könne; der Rechtsanwalt könne aber durch die widerspruchslose Hinnahme der Einschränkung und die Tätigkeit konkludent gegenüber der Staatskasse auf die Reisekosten verzichten.[106]

• Ein am Sitz des Gerichts nicht ansässiger Rechtsanwalt beantragt seine Beiordnung ohne Hinweis auf die Einschränkung. Das Gericht erkundigt sich nicht nach seinem Einverständnis. Er wird mit Einschränkung beigeordnet.

Es ist umstritten, ob diese Art der Beiordnung zulässig ist. Die Befürworter der Auffassung, dass diese Art der Beiordnung zulässig sei, berufen sich auf den Wortlaut des § 121 Abs. 3 ZPO. Danach dürften durch die Beiordnung eines nicht am Sitz des Gerichts ansässigen Rechtsanwalt keine Mehrkosten entstehen. Dem Rechtsanwalt sei deswegen bereits bei seinem Beiordnungsantrag bekannt, dass

---

104 OLG Koblenz, Beschl. v. 25.7.2001 – 14 W 525/01, FamRZ 2002, 892, 893 (LS).
105 OLG Koblenz, Beschl. v. 25.7.2001 – 14 W 525/01, JurBüro 2002, 84 f.
106 OLG Karlsruhe, FamRZ 2002, 761: Der Kostenbeamte sei nicht an die Einschränkung im Beschluss gebunden, wenn der Rechtsanwalt nicht auf die Erstattung der Reisekosten verzichtet habe.

er die Mehrkosten nicht aus der Staatskasse erhalte.[107] Der Beiordnungsantrag eines nicht am Sitz des Gerichts ansässigen Rechtsanwalt enthalte deswegen immer konkludent auch den Antrag auf Beiordnung zu den Bedingungen eines ortsansässigen Rechtsanwalt.[108]

Die Gegner[109] vertreten die Auffassung, eine ohne Zustimmung des Rechtsanwalts in den Beschluss aufgenommene Beschränkung sei unzulässig. Der Rechtsanwalt könne sich hiergegen mit der Beschwerde wenden. Er erhält keine Fahrtkosten aus der Staatskasse.

546 Wird der Rechtsanwalt zu den Bedingungen eines ortsansässigen Rechtsanwalt beigeordnet, stellt sich die Frage, ob er die ihm entstehenden **Reisekosten** noch **vom Mandanten** verlangen kann oder nicht. Die Antwort auf diese Frage ist umstritten.

• Es wird die Auffassung vertreten, der Rechtsanwalt sei beigeordnet. Daher erstrecke sich die Sperrwirkung des § 122 Abs. 1 Nr. 3 ZPO auch auf die Reisekosten. Er könne sie daher nicht vom Mandanten fordern.[110]

• Jedoch wird aber auch die Auffassung vertreten, dass die Sperrwirkung nur so weit greifen könne, wie dies im Beschluss formuliert sei. Da im Beschluss aber nur die Vergütung eines ortsansässigen Rechtsanwalt erwähnt sei, werde die Erstattung der Reisekosten nicht ausgeschlossen.[111]

---

107 Für die Zulässigkeit: OLG Nürnberg, Beschl. v. 17.4.2001 – 10 WF 614/01, FamRZ 2002, 106 und Beschl. v. 18.7.20003 – 9 W 1706/03; OLG Brandenburg, JurBüro 2000, 481; OLG Celle, MDR 2000, 1038 f.; OLG Hamm, Beschl. v. 31.8.1999 – 7 WF 275/99, FamRZ 2000, 1227; OLG Hamburg, Beschl. v. 15.2.2000 – 12 WF 25/00, FamRZ 2000, 1227 f.; OLG Frankfurt/M., Beschl. v. 22.8.2002 – 2 WF 266/02, n.v.
108 Z.B. OLG Brandenburg, Rpfleger 2000, 279 f. m.w.N.; OLG Nürnberg, Beschl. v. 17.4.2001 – 10 WF 614/01, AnwBl. 2002, 63 f.
109 Zimmermann, Prozeßkostenhilfe in Familiensachen, Rn. 640 m.w.N.
110 OLG München, MDR 2002, 1415; Kalthoener/Büttner/Wrobel-Sachs, PKH und Beratungshilfe, Rn. 677.
111 OLG Karlsruhe, FamRZ 2002, 761, wobei sich die Entscheidung in erster Linie mit der Frage befasst, ob die Reisekosten aus der Staatskasse zu erstatten seien. Lediglich argumentativ wird darauf hingewiesen, dass der RA diese vom Mandanten als gesetzlichen Anspruch fordern könne, wenn er diese nicht aus der Staatskasse erhalte; Zimmermann, Prozeßkostenhilfe in Familiensachen, Rn. 643.

Hinweis:

Hat der Rechtsanwalt einen Vorschuss vom Mandanten für dessen Vertretung im PKH-Bewilligungsverfahren erhalten, wird dieser Vorschuss nach § 58 Abs. 2 RVG auf die Differenz zwischen der Wahlanwaltsvergütung und der PKH-Vergütung angerechnet. Da die Reisekosten des Rechtsanwalts Auslagen nach den Nrn. 7003 ff. RVG darstellen, können diese bei der Berechnung der Wahlanwaltsvergütung mit berücksichtigt werden. Auf den vorstehenden Meinungsstreit kommt es danach nicht mehr an.

Beispiel:

Rechtsanwalt R wird von Mandant M beauftragt, diesen im PKH-Bewilligungsverfahren zu einem beabsichtigten isolierten Verfahren auf Übertragung der elterlichen Sorge auf M allein zu vertreten. Der Antrag soll in der Hauptsache nur eingereicht werden, wenn M PKH erhält. Rechtsanwalt R reicht einen Antrag auf Bewilligung von PKH für die beabsichtigte Rechtsverfolgung bei Gericht ein. Er macht einen Vorschuss von 242,44 € gegen M geltend (1,0 Verfahrensgebühr nach Nr. 3335 VV, 20 € Auslagenpauschale nach Nr. 7002 VV und Umsatzsteuer nach Nr. 7008 VV). Das Gericht bewilligt PKH. Im Verfahren finden 3 Termine beim AG statt, zu denen R mit dem eigenen PKW anreist. Die einfache Entfernung zwischen dem Kanzleisitz und dem Sitz des Gerichts beträgt 20 Kilometer. Das Gericht setzt den Streitwert auf 3.000 € fest.

Die Wahlanwaltsvergütung nach § 13 RVG berechnet sich wie folgt:

1,3 Verfahrensgebühr nach Nr. 3100 VV	*245,70 €*
1,2 Terminsgebühr nach Nr. 3104 VV	*226,80 €*
Auslagenpauschale nach Nr. 7002 VV	*20,00 €*
Fahrtkosten (3 x 40 km x 0,30 €) nach Nr. 7003 VV	*36,00 €*
Abwesenheitsgeld für 3 Termine nach Nr. 7005 Nr. 1 VV	*60,00 €*
Gesamtbetrag netto	*588,50 €*
16 % Umsatzsteuer nach Nr. 7008 VV	*94,16 €*
Gesamt	*682,66 €*

Aus der Staatskasse würden nach der Tabelle zu § 49 RVG die nachfolgenden Beträge gezahlt, die mit den Gebühren als Wahlanwalt identisch sind, weil die Tabelle nach § 13 RVG und die Tabelle für den PKH-Anwalt nach § 49 RVG erst ab einem Gegenstandswert von mehr als 3.000 € voneinander abweichen.

1,3 Verfahrensgebühr nach Nr. 3100 VV	*245,70 €*
1,2 Terminsgebühr nach Nr. 3104 VV	*226,80 €*
Auslagenpauschale nach Nr. 7002 VV	*20,00 €*
Gesamtbetrag netto	***492,50 €***
16 % Umsatzsteuer nach Nr. 7008 VV	*78,80 €*
Gesamt	***571,30 €***

Die Differenz zwischen der Wahlanwaltsvergütung und der

PKH-Vergütung beträgt damit   *111,36 €*

Vom Vorschuss des Mandanten über 242,44 €
werden nur   *131,08 €*

auf den Vergütungsanspruch gegenüber der
Staatskasse angerechnet.

Rechtsanwalt R hat also erhalten:

vom Mandanten   *242,44 €*

aus der Staatskasse   *440,22 €*

Er erhält damit auch seine Fahrtkosten in vollem Umfang erstattet.

3. Beiordnung eines Verkehrsanwalts

547 Nach § 121 Abs. 3 ZPO kann der Partei ein zu ihrer Vertretung bereiter Rechtsanwalt als Prozessbevollmächtigter beigeordnet werden, wenn besondere Umstände dies erfordern. Solche besonderen Umstände können z.B. die weite Entfernung,[112] Sprachunkenntnisse, körperliche Einschränkungen, Alter etc. sein.

548 Da nach dem Wortlaut des Gesetzes „besondere Umstände" erforderlich sind, soll eine enge Auslegung erforderlich sein.[113] Teilweise wird

---

112 OLG Karlsruhe, FamRZ 2004, 1299 bei 250 Kilometern.
113 Hartmann, in: Baumbach/Lauterbach/Albers/Hartmann, ZPO, § 121 Rn. 65.

auch die Auffassung vertreten, in Verfahren von existentieller Bedeutung für die Partei sei dieser auch dann ein Verkehrsanwalt beizuordnen, wenn keine besonderen Umstände wie Sprachunkenntnisse etc. vorliegen würden. Dem Rechtssuchenden müsse die Möglichkeit gegeben werden, die mit dem Verfahren zusammenhängenden Rechtsfragen in einem persönlichen Gespräch mit einem Rechtsanwalt erörtern zu können.[114] Dies sei insbesondere erforderlich in allen Rechtsangelegenheiten, die nicht einfach seien.

IV. Verfahrensfragen

1. Umfang der Bewilligung und Auswirkungen

Die Bewilligung von PKH bewirkt nach § 122 ZPO, dass   549

• die Bundes- oder Landeskasse die rückständigen und die entstehenden Gerichtskosten und Gerichtsvollzieherkosten sowie die auf sie übergegangenen Ansprüche der beigeordneten Rechtsanwälte gegen die Partei nur nach den Bestimmungen, die das Gericht triff, gegen die Partei geltend macht;

• die Partei von der Verpflichtung zur Sicherheitsleistung für die Prozesskosten befreit ist;

• die beigeordneten Rechtsanwälte Ansprüche auf Vergütung gegen die Partei nicht geltend machen können.

Die Bewilligung von PKH an eine Prozesspartei hat aber auch Auswir-   550
kungen auf die Prozessparteien, denen keine PKH bewilligt worden ist. Nach § 31 Abs. 3 Satz 1 GKG kann die Zweitschuldnerhaftung der anderen Partei nicht geltend gemacht werden. Nach § 122 Abs. 2 ZPO ist auch der **Gegner** von rückständigen Gerichtskosten befreit.

Ein Augenmerk sollte auf die Kostenregelung – insbesondere in isolier-   551
ten FGG-Verfahren – gerichtet werden, in denen einer Seite PKH bewil-

---

114 OLG Brandenburg, 2. FamS, FamRZ 1998, 1301 und 1999, 1357; a.A. OLG Brandenburg, 3. FamS, FamRZ 2002, 107.

ligt wurde. Nach § 2 Nr. 1 KostO sind die Kosten vom Antragsteller, nach § 2 Nr. 2 KostO aber auch dem Interessenschuldner aufzuerlegen. Die Staatskasse vertritt hier teilweise die Auffassung, dass die PKH-Bewilligung für eine Seite dazu führe, dass die andere Seite die entstandene Sachverständigenkosten allein zu tragen habe. Diese Auffassung ist falsch, wie sich insbesondere in Verfahren betreffend der elterlichen Sorge zeigt. Derjenige, der auf Antragsgegnerseite mit einem Verfahren überzogen wird, hat bereits kein Interesse an dem Verfahren als solchem. Dies gilt insbesondere in einem Verfahren, in dem diesem Elternteil die elterliche Sorge entzogen werden soll.[115]

552　PKH ist für **jeden Rechtszug** besonders zu beantragen (§ 119 Abs. 1 Satz 1 ZPO). Sie umfasst nur den jeweiligen Rechtszug und nicht die im Zusammenhang hiermit weiter erforderlichen Handlungen wie z.B. Maßnahmen im einstweiligen Rechtsschutz oder die Vollstreckung. Hierfür sind jeweils gesonderte PKH-Anträge notwendig.

553　In Familiensachen sind drei Besonderheiten zu beachten:

- Nach § 624 Abs. 2 ZPO umfasst die Bewilligung von PKH für die **Scheidungssache** auch die Vertretung in der Folgesache **Versorgungsausgleich**. Damit sind jegliche Tätigkeiten wegen des Versorgungsausgleichs umfasst.

- Gemäß § 48 Abs. 3 RVG **erstreckt** sich die **Beiordnung** eines Rechtsanwalts in einer Ehesache auf den **Abschluss eines Vertrags i.S.d. Nr. 1000 VV**. Dieser Vertrag hat folgende Punkte zum Inhalt:

  - den gegenseitigen Unterhalt der Ehegatten;

  - den Unterhalt der Kinder im Verhältnis der Ehegatten zueinander;

  - die Sorge für die Person der gemeinschaftlichen minderjährigen Kinder;

115　Hartmann, KostG, § 2 KostO Rn. 29 mit weiteren Beispielen zu den Bereichen Sorge- und Umgangsrecht.

- die Regelung des Umgangs;
- die Rechtsverhältnisse an der Ehewohnung und dem Hausrat;
- die Ansprüche aus dem ehelichen Güterrecht.

Die Beiordnung erstreckt sich nach der ausdrücklichen Regelung in   554
§ 48 Abs. 4 RVG nicht automatisch auf die Zwangsvollstreckung, das
Arrestverfahren, die einstweilige Verfügung und einstweilige Anordnung, das selbständige Beweisverfahren und die Widerklage. Hierfür
bedarf es daher eines gesonderten Antrags. Dies gilt hinsichtlich der
Widerklage aber nicht bezüglich der Rechtsverteidigung gegen eine
Widerklage in Ehesachen und in Verfahren über Lebenspartnerschaftssachen nach § 661 Abs. 1 – 3 ZPO.

- Eine Ausnahme gilt nach dem durch das RVG insoweit für **einstweilige Anordnungen** neu eingeführten § 48 Abs. 2 RVG. Während
  die BRAGO nur eine Regelung enthielt, wonach die Bewilligung von
  PKH für einen Antrag auf Erlass eines Arrestes oder einer einstweiligen Verfügung auch die Vollziehung derselben umfasste, war dies
  bislang für die einstweilige Anordnung nicht vorgesehen. Aufgrund
  der vergleichbaren Interessenlage und des Beschleunigungsbedürf-
  nisses, ist die Regelung erweitert worden.

Nichts geändert hat sich an der Auffassung in der Literatur, dass für
ein Verfahren auf Abänderung oder Aufhebung einer einstweiligen
Anordnung ein gesonderter PKH-Antrag und eine gesonderte PKH-
Beiordnung erforderlich sei.[116]

Hinweis:

Die Bewilligung von PKH für einen Antrag auf Erlass einer einstweiligen oder vorläufigen Anordnung umfasst jetzt auch deren Vollstreckung, wenn der Beiordnungsbeschluss nicht ausdrücklich etwas anderes bestimmt.

---

116   Wassen, in: Goebel/Gottwald, RVG, § 48 Rn. 31 m.w.N.

> Für Verfahren über andere Folgesachen als den Versorgungsausgleich muss ergänzend PKH beantragt werden. Auch beim Abschluss einer Einigung sollte überprüft werden, ob alle in der Einigung geregelten Gegenstände unter § 48 Abs. 3 RVG gefasst werden können, anderenfalls ist die Erstreckung der PKH-Bewilligung zu beantragen.

555 Die Erstreckung der PKH-Bewilligung auf den Abschluss eines Vertrags i.S.d. Nr. 1000 VV führt zu verschiedenen weiteren Fragen bzw. Feststellungen.

556 Aus der Formulierung des § 48 Abs. 3 RVG, wonach sich die Bewilligung auf den Abschluss eines Vertrags i.S.d. Nr. 1000 VV erstreckt, wird geschlossen, dass diese auch den Abschluss einer außergerichtlichen Einigung über die in § 48 Abs. 3 RVG genannten Gegenstände umfasse.[117]

557 Es war bereits in der Vergangenheit umstritten, ob die gesetzliche Erstreckung der Beiordnung in der Ehesache auf die in § 48 Abs. 3 RVG genannten Gegenstände nur die Rechtsanwaltsgebühren betrifft oder ob dies auch Auswirkungen auf die Gerichtskosten hat. Einschlägig ist Nr. 1900 KV-GKG. Danach wird für die Protokollierung eines gerichtlichen Vergleichs über einen Gegenstand, der nicht anhängig ist, eine 0,25 Gerichtsgebühr erhoben, soweit es sich nicht um einen Vergleich in Verfahren nach § 620 ZPO oder § 641d ZPO handelt. Wenn der Gesetzgeber aber mit der gesetzlichen Erstreckung den Abschluss derartiger Einigungen fördern wollte, wäre nicht einzusehen, warum ein ausdrücklicher PKH-Bewilligungsantrag für den Abschluss der Einigung noch wegen der Gerichtskosten gestellt werden soll. Dieser stellt eine reine Förmlichkeit dar, die dem Gericht zusätzliche Arbeit verursacht. Die in der Vergangenheit im Zusammenhang mit derartigen Anträgen diskutierte Frage, ob ein derartiger Antrag dazu führe, dass sich die Vergleichsgebühr von 15/10 auf 10/10 ermäßige, ist nach dem Wortlaut der Anm. zu Nr. 1003 VV nicht mehr strittig. In Fällen der gesetzlichen

---

117 Schneider, in: Schneider/Gebauer, RVG, § 48 Rn. 45.

Erstreckung nach Nr. 1003 VV bleibt es bei der 1,5 Einigungsgebühr nach Nr. 1000 VV.

2. Beschwerde gegen eine die PKH oder die Beiordnung ganz oder teilweise versagende Entscheidung

Gegen eine die PKH-Bewilligung ganz oder teilweise versagende Entscheidung oder gegen die Anordnung der Ratenzahlung kann nach § 127 Abs. 2 ZPO eine sofortige Beschwerde eingelegt werden.   558

Die **Notfrist für diese sofortige Beschwerde** beträgt seit In-Kraft-Treten der ZPO-Reform **einen Monat.** Verschiedene Gerichte vertreten die Auffassung, dass die Beschwerde gegen eine die PKH ganz oder teilweise versagende Entscheidung in **FGG-Sachen** nur 14 Tage betrage. Die Verweisung im FGG enthalte keine Verweisung auf die Monatsfrist in § 127 Abs. 2 ZPO.[118]   559

Hinweis:

Der Rechtsanwalt sollte dem Grundsatz des sichersten Weges folgen und dementsprechend in FGG-Sachen vorsorglich die 14-tägige Frist notieren. Erscheint der Mandant jedoch erstmals nach Ablauf der 14-tägigen Frist, aber binnen der Monatsfrist sollte vorsorglich noch die sofortige Beschwerde eingelegt werden.

Ist eine Beschwerde gegen die Entscheidung nicht gegeben, etwa weil es sich um eine Entscheidung eines OLG handelt, kann der eigene Standpunkt noch über eine **Gegenvorstellung** nochmals dargelegt werden. Es ist umstritten, ob die Gegenvorstellung innerhalb der Frist, die sonst für ein Rechtsmittel gegeben wäre, einzulegen ist. Sicherheitshalber sollte daher auch eine Gegenvorstellung innerhalb der Monatsfrist eingelegt werden.   560

Die Beschwerde ist auch dann möglich, wenn über den PKH-Antrag nicht entschieden worden ist. Dieser Fall ist gegeben, wenn die Vo-   561

---

118   S. zum Meinungsstand und zur dogmatischen Begründung Decker, NJW 2003, 2291 ff.

raussetzungen für eine Entscheidung über den Antrag vorliegen, dass Gericht aber gleichwohl über einen längeren Zeitraum hinweg nicht über den Antrag entscheidet.

562   Liegen die Voraussetzungen für eine Entscheidung vor, sollte darauf gedrängt werden, dass diese auch ergeht. Das Gericht soll insbesondere auch die Frage der Erfolgsaussichten nicht erst prüfen, wenn es in der Hauptsache selbst eine Entscheidung trifft. Wartet das Gericht mit der Entscheidung bis zur Entscheidung in der Hauptsache, birgt dies für den Antragsteller das Risiko, letztlich auch hinsichtlich der PKH nicht mit seinem Anliegen durchzudringen. Es wird die Auffassung vertreten, dass der Antragsteller keine Beschwerde mehr gegen die Versagung der PKH wegen Erfolglosigkeit einlegen könne, wenn er in der Hauptsache rechtskräftig unterlegen sei.[119]

3. Abänderung der Entscheidung

563   Das Gericht kann die Entscheidung nach § 120 Abs. 4 ZPO abändern, wenn sich die für die PKH maßgebenden persönlichen und wirtschaftlichen Verhältnisse wesentlich geändert haben. Die Abänderung ist ausgeschlossen, wenn seit der rechtskräftigen Beendigung des Verfahrens mehr als 4 Jahre vergangen sind. In diesem Zusammenhang ist die Frage aufgekommen, ob die 4-Jahres-Frist bei einer Abtrennung der Ehescheidung von den sonstigen Folgesachen nach § 628 ZPO mit Rechtskraft der Ehesache oder erst mit Rechtskraft der Entscheidung in der letzten nach § 628 ZPO abgetrennten Folgesache beginnt. Hierzu wird die Auffassung vertreten, dass es auf die letzte Folgesache ankomme, da

---

119 OLG Karlsruhe, Beschl. v. 25.2.2000 – 7 W 3/00: Dies gelte sogar dann, wenn das Gericht fehlerhaft nicht rechtzeitig über den PKH-Antrag entschieden habe, weil der Antragsteller es über eine Beschwerde in der Hand habe, einem solchen Verhalten entgegenzutreten; ebenso, wenn über die Beschwerde erst nach Rechtskraft in der Hauptsache entschieden werden soll: Zöller/Philippi, ZPO, § 127 Rn. 52; bei Zöller/Philippi finden sich auch weitere Hinweise auf die umstrittene Rechtslage, wenn die Entscheidung über die Beschwerde zwar nach Entscheidung in der Hauptsache aber vor deren Rechtskraft ergehen kann und die Entscheidung über die PKH vom erstinstanzlichen Gericht durch Nachlässigkeit verzögert wurde.

§ 628 ZPO den Verbund nicht auflöse.[120] Etwas anderes gilt nach Auffassung des OLG Brandenburg[121] jedoch hinsichtlich einer Abtrennung nach § 2 Abs. 1 Satz 2 VAÜG.

Unter den Voraussetzungen des **§ 124 ZPO** kann die Bewilligung auch nachträglich wieder aufgehoben werden. Eine Aufhebung kommt danach auch dann in Betracht, wenn die Partei die von ihr geforderte Auskunft über die aktuellen persönlichen und wirtschaftlichen Verhältnisse nicht einreicht. In dieser Fallgruppe ist umstritten, ob die Partei nach Aufhebung der Bewilligung und entsprechend verspäteter Einreichung überhaupt noch die „Aufhebung der Aufhebung" erreichen und damit wieder der vor der Aufhebung geltende Zustand hergestellt werden kann.

564

Ferner kommt die Aufhebung der Bewilligung insbesondere dann in Betracht, wenn die Partei die von ihr geforderten Raten nicht zahlt. Hier sollte der Rechtsanwalt darauf achten, dass mit der Aufhebung der Bewilligung auch die Sperrwirkung des § 122 ZPO entfällt. Dem Mandanten steht damit gegen dem Vergütungsanspruch des Rechtsanwalts kein gesetzliches Leistungsverweigerungsrecht mehr zu. Der Rechtsanwalt kann dem Mandanten nunmehr eine den Anforderungen des § 10 RVG genügende Abrechnung erteilen. Mit der Aufhebung der Bewilligung endet damit aber auch die sich aus der Sperrwirkung des § 122 ZPO ergebende Hemmung der Verjährung des Anwaltsvergütungsanspruches.

565

4. Einzelfragen

a) PKH für eine Stufenklage

Da bei einer Stufenklage sämtliche Anträge sofort rechtshängig werden, ist die PKH nach h.M. von Anfang an sowohl für die Auskunftsstufe als

566

---

120 OLG Dresden, Beschl. v. 12.2.2002 – 22 WF 470/00, FamRZ 2002, 1415 f.; OLG Brandenburg, Beschl. v. 26.7.2001 – 10 WF 112/00, FamRZ 2002, 1416 f.
121 OLG Brandenburg, Beschl. v. 26.7.2001 – 10 WF 112/00, FamRZ 2002, 1416 f.; Hartmann, in: Baumbach/Lauterbach/Albers/Hartmann, ZPO, § 120 Rn. 30.

auch für die Leistungsstufe zu bewilligen.[122] Bei der späteren Bezifferung der Leistungsstufe soll von der PKH aber nur ein Anspruch umfasst sein, der objektiv nach der Auskunft auch gerechtfertigt ist.

567 Zimmermann[123] schlägt daher für den Ablauf einer solchen Angelegenheit vor, dass die PKH von Anfang an für die gesamte Klage beziffert wird. Da diese PKH-Bewilligung aber nicht den bezifferten Antrag umfasse, sondern nur dessen vorläufig absehbare Bezifferung bei Eingang des Antrags, müsse später (ohne einen gesonderten zweiten Antrag) über den nunmehr gestellten bezifferten zweiten Antrag entschieden werden. Die vorläufig absehbare Bezifferung bei Eingang des Antrags ist auch deswegen von Bedeutung, weil diese in aller Regel für den Streitwert der Klage maßgebend ist.[124] Da auch die Leistungsstufe mit Einreichung der Stufenklage sofort anhängig wird, gilt § 44 GKG. Danach ist der höhere der beiden Ansprüche maßgebend. Dies ist in aller Regel der Leistungsantrag und zwar auch dann, wenn dieser noch nicht beziffert wurde.

b) PKH für die Zwangsvollstreckung

568 Seit der Zwangsvollstreckungsnovelle (d.h. mit Wirkung zum 1.1.1999) hat § 119 ZPO einen zweiten Absatz erhalten, der viele zuvor bestehende Zweifelsfragen und unterschiedlichen Handhabungen in der Zwangsvollstreckung beseitigt hat.

569 Die Bewilligung von PKH für die Zwangsvollstreckung in das bewegliche Vermögen umfasst danach alle Vollstreckungshandlungen im Bezirk des Vollstreckungsgerichts einschließlich des Verfahrens auf Abgabe der eidesstattlichen Versicherungen.

---

122 OLG Nürnberg, Beschl. v. 8.11.2001 – 10 WF 3529/01, FamRZ 2002, 1193; Zimmermann, a.a.O., Rn. 286 ff. mit einer sehr detaillierten Darstellung und zahlreichen Fußnoten.
123 Prozeßkostenhilfe in Familiensachen, Rn. 291.
124 OLG Hamm, JurBüro 1989, 1004; OLG Schleswig, JurBüro 2002, 80 f.; Madert/Müller-Rabe, Kostenhandbuch Familiensachen, Rn. B 62.

5. PKH und Verjährung

Bei diesem Thema ist zwischen der Rechtslage, die bis zum 31.12.2001   570
galt und der Rechtslage seit In-Kraft-Treten des Schuldrechtsmoderni-
sierungsgesetzes zum 1.1.2002 zu unterscheiden.

Im „alten" Recht war der Antrag auf Bewilligung von PKH nicht aus-   571
drücklich erwähnt. Die Rechtsprechung ist unter bestimmten Umständen jedoch davon ausgegangen, dass der Antrag auf Bewilligung von
PKH die Verjährungsfrist nach § 203 Abs. 2 BGB hemmen konnte. Voraussetzung hierfür war zum einen, dass die Partei arm war oder zumindest subjektiv davon ausgehen konnte, arm zu sein. Ferner musste
der Antrag ordnungsgemäß begründet und eine vollständige und mit
Belegen versehene Erklärung über die persönlichen und wirtschaftlichen
Verhältnisse beigefügt sein.

Nach der jetzigen Rechtsprechung wird nach § 204 Abs. 1 Nr. 14 BGB   572
die Verjährung nunmehr gehemmt durch die Veranlassung der Bekanntgabe des erstmaligen Antrags auf Gewährung von PKH.

Wird die Bekanntgabe „demnächst" nach Einreichung des Antrags be-   573
wirkt, wirkt diese auf den Zeitpunkt der Einreichung zurück.

Im Gesetzestext findet sich kein Hinweis darauf, dass der Antrag wiede-   574
rum ordnungsgemäß begründet und vollständig sein müsse. Nach den
Gesetzesmaterialien soll es hierauf auch nicht ankommen. Gleichwohl
wird in der Literatur die Auffassung vertreten, dass dieses Kriterium nach
wie vor gelte.[125] Im Hinblick hierauf dürfte es dem Grundsatz des sichersten Weges entsprechen, auf einen vollständigen Antrag zu drin-
gen.

Zu Diskussionen hat ferner das **Tatbestandsmerkmal des „erstmaligen**   575
Antrags" auf Bewilligung von PKH geführt. Hier wird insbesondere bei

---

125   Wax, FPR 2002, 471, 478; Palandt/Heinrichs, Ergänzungsband zur 61. Aufl. des Palandt,
      § 204 Rn. 30: Der Antrag müsse den wesentlichen Erfordernissen des § 117 ZPO entspre-
      chen. Die Erklärung über die persönlichen und wirtschaftlichen Verhältnisse müssen voll-
      ständig und mit Belegen versehen eingereicht werden.

einer Teilklage darüber gestritten, ob ein früherer PKH-Antrag für einen Teil des Anspruches dazu führt, dass auch wegen des weiteren Anspruches kein erstmaliger Antrag mehr gestellt werden könne.

576 Ferner ist umstritten, ob es darauf ankommt, ob ein früherer Antrag bekannt gegeben wurde oder nicht. Diese Diskussion ist für den Rechtsanwalt besonders heimtückisch, da ihm ein bereits früher gestellter aber vor Bekanntgabe an die Gegenseite zurückgenommener Antrag auf Bewilligung von PKH nicht ohne weiteres benannt wird. Evtl. hat die Partei selbst diesen Antrag nicht einmal als Antrag angesehen, so dass in Fällen, in denen die Verjährung mit einem PKH-Antrag gehemmt werden soll, hiernach ausdrücklich gefragt werden sollte.

6. PKH und Fristen im Berufungsverfahren

577 Der BGH hat sich in seiner Entscheidung vom 9.7.2003[126] umfassend mit den hierzu vertretenen Auffassungen auseinandergesetzt und auch die Rechtsprechung der übrigen obersten Gerichtshöfe dargestellt. Er gibt ferner einen Ausblick auf die diesbezügliche Regelung im Entwurf des Justizmodernisierungsgesetzes. Letztlich musste sich der BGH im konkreten Fall nicht zwischen den verschiedenen Auffassungen entscheiden, da die Berufungseinlegungsfrist und die Berufungsbegründungsfrist nach allen in Betracht kommenden Auffassung gewahrt war.

V. Sinnvolle Mitteilungen an den Mandanten

578 Entschließt sich der Mandant einen PKH-Antrag zu stellen, sollten ihm einige Belehrungen und Hinweise gegeben werden:

- Zunächst ist zu klären, ob der Mandant nur für den Fall und ggf. nur im Umfang der PKH-Bewilligung klagen will;

- PKH kann nur mit Wirkung für die Zukunft ab Antragstellung bewilligt werden. Einzelne Gerichte gehen von einer ordnungsgemäßen

---

126   XII ZB 147/02.

Antragstellung erst aus, wenn auch sämtliche Belege zur Erklärung über die persönlichen und wirtschaftlichen Verhältnisse vorliegen;

- bereits der Antrag auf Bewilligung von PKH (so er in diesem Bewilligungsverfahren vom Rechtsanwalt vertreten wird) löst Rechtsanwaltsgebühren aus. Diese Rechtsanwaltsgebühren werden nicht aus der Staatskasse gezahlt, wenn dem Mandanten wider sein eigenes Erwarten keine PKH bewilligt wird;

- die Bewilligung von PKH hat keine Auswirkungen auf seine Verpflichtung, die dem Gegner entstandenen Kosten zu erstatten (§ 123 ZPO). Sofern auch dem Gegner PKH bewilligt werden sollte, ist festzuhalten, dass umstritten ist, ob die Staatskasse im Falle des Unterliegens des Mandanten die nach § 59 RVG übergegangenen Ansprüche des Gegners gegen den Mandanten geltend machen darf oder nicht.[127] Diejenigen, die von einer Zahlungspflicht ausgehen, führen § 123 ZPO ins Feld. Diejenigen, die eine Zahlungspflicht verneinen, berufen sich auf § 122 ZPO und den Sinn und Zweck der PKH.[128]

- Auch wenn ihm PKH ohne Ratenzahlung bewilligt wird, muss dies für ihn nicht die dauerhafte Befreiung von Gerichtskosten jeglicher Art und Anwaltsgebühren in diesem Verfahren zur Folge haben. Das Gericht kann vielmehr innerhalb von 4 Jahren nach rechtskräftigem Abschluss des Verfahrens immer wieder bei dem Mandanten nachfragen und sich nach seinen wirtschaftlichen Verhältnissen erkundigen. Haben sich diese dann so gebessert, dass er Raten oder sogar den gesamten Betrag in einer Summe zahlen kann,[129] kann die Staatskasse noch bis 4 Jahre nach rechtskräftigem Abschluss des Verfahrens Ratenzahlung oder eine Rückführung in einer Summe anordnen.

---

127   Hier stellt sich allerdings die Frage, ob diese Auffassung nach der Entscheidung des BVerfG aus dem Jahre 1999 noch so haltbar ist.

128   Groß, FPR 2002, 513, 517; eine Darstellung der Rechtsprechung mit zahlreichen Nachweisen findet sich bei Hansens, ZFE 2002, 215 ff.

129   Z.B. weil der Zugewinnausgleichsanspruch und/oder der Unterhaltsanspruch erfolgreich realisiert wurden.

Da einige Gerichte die in diesen 4 Jahren liegenden „Null-Monate"[130] nicht mitzählen, kann dies dazu führen, dass der Mandant ggf. bis zu 8 Jahren nach rechtskräftigem Abschluss des Verfahrens noch auf dessen Kosten zahlt.

579   Der Antragsgegner sollte auf den Ausschluss der Kostenerstattung nach § 118 Abs. 1 Satz 4 ZPO hingewiesen werden. Ihm sollte zugleich erläutert werden, dass er für seine Rechtsvertretung im PKH-Bewilligungsverfahren selbst keine PKH beantragen kann.[131]

VI. Abrechnungsfragen

1. Vertretung im PKH-Verfahren selbst

a) Vertretung im Bewilligungsverfahren

580   Den Gebühren im PKH-Verfahren wird häufig zu wenig Beachtung geschenkt, da das PKH-Bewilligungsverfahren nach § 16 Nr. 2 RVG mit dem Verfahren, für das PKH beantragt wird, dieselbe Angelegenheit bildet.

581   Auch hier kommt es wieder darauf an, welchen Auftrag der Rechtsanwalt erhalten hat:

- In Betracht kommt ein **unbedingter Auftrag zur Klage**. Im Klageverfahren soll dann PKH beantragt werden. Der Klagauftrag wird aber nicht von der Bewilligung der PKH abhängig gemacht. Derartige Fallgestaltungen sind von Bedeutung, wenn der Mandant darauf angewiesen ist, dass der Klaganspruch rechtshängig wird (z.B. im Hinblick auf die Jahresfrist für den nachehelichen Unterhalt nach § 1585b Abs. 3 BGB oder bei der Abänderung einer vor dem 30.6.1998 geschlossenen Unterhaltsvereinbarung, in der die Par-

---

130   Gemeint sind Monate innerhalb der vier Jahre, in denen der Mandant keine Raten an die Staatskasse zahlen musste.
131   OLG Nürnberg, FamRZ 2002, 758: nicht zur Hinweispflicht aber zur Rechtslage für den Antragsgegner.

teien eine Abänderung nur durch Erhebung einer Klage vorgesehen haben oder streitig ist, ob mit der Vereinbarung der Abänderung nach § 323 ZPO dessen bis zum 30.6.1998 geltende Fassung oder dessen neue Fassung vereinbart werden sollte). In diesem Fall erhält der Rechtsanwalt die Gebühren nach Teil 3 Abschnitt 1 VV.

* Erteilt der Rechtssuchende aber nur einen **unbedingten Auftrag für die Vertretung im PKH-Bewilligungsverfahren** und einen durch die PKH-Bewilligung bedingten Auftrag zur Vertretung im Prozess greifen die Gebührentatbestände für die Vertretung im Prozess erst mit Eintritt der Bedingung ein.

  Bis zum Eintritt der Bedingung entstehen die Gebührentatbestände für die Vertretung im PKH-Bewilligungsverfahren. Beide entstehen nicht nebeneinander, da es sich um dieselbe Angelegenheit i.S.d. § 16 Nr. 2 RVG handelt. Auch die Gegenstandswerte werden nicht addiert (Abs. 2 der Anm. zu Nr. 3335 VV).

* Schließlich kommt in Betracht, dass der Mandant nur einen **Auftrag zur Vertretung im PKH-Bewilligungsverfahren** erteilt.

Hinweis:

Die Gebühren für die Vertretung im PKH-Verfahren sind vor allem von Bedeutung

* für den Rechtsanwalt des Antragstellers,
  - wenn diesem keine oder nur eingeschränkt PKH bewilligt wird;
  - für die Vertretung im Beschwerdeverfahren gegen die Versagung der PKH oder die Anordnung der Ratenzahlung;
  - für die Vertretung im Verfahren über die Aufhebung der PKH-Bewilligung;
* bei Abschluss einer Einigung im PKH-Bewilligungsverfahren;
  - für den **Rechtsanwalt des Antragsgegners,** wenn dem Antragsteller keine PKH bewilligt wird und das Verfahren damit im PKH-Bewilligungsverfahren endet.

255

> Dies gilt jedoch in beiden Fällen nur, wenn nicht zugleich ein unbedingter Auftrag zur Vertretung im Klageverfahren erteilt wird.

582   Sowohl die Gebührentatbestände als auch die Gegenstandswerte für die Vertretung im PKH-Verfahren sind im RVG geregelt.

583   Der **Gegenstandswert** für die Rechtsanwaltsgebühren ist in Abs. 1 der Anm. zu Nr. 3335 VV geregelt. Eine eigenständige Regelung im RVG ist notwendig, da für das gerichtliche Verfahren erster Instanz keine Gerichtsgebühren erhoben werden und im Beschwerdeverfahren eine wertunabhängige Gerichtsgebühr von 50 € nach Nr. 1811 KV-GKG erhoben wird, wenn die Beschwerde verworfen oder zurückgewiesen wird. Wird die Beschwerde nur teilweise verworfen oder zurückgewiesen, kann das Gericht die Gebühr nach billigem Ermessen auf die Hälfte ermäßigen oder bestimmen, dass die Gebühr nicht zu erheben ist (Anm. zu Nr. 1811 KV-GKG).

584   Aus der Anm. zu Nr. 3335 VV ergeben sich folgende Gegenstandswerte:

Gegenstand	Wert
Bewilligung von PKH	Hauptsache
Aufhebung der Bewilligung nach § 124 Nr. 1 ZPO[132]	Hauptsache

---

132   Wenn die Partei durch eine unrichtige Darstellung des Streitverhältnisses die für die Bewilligung der PKH maßgebenden Voraussetzungen vorgetäuscht hat.

Aufhebung der Bewilligung aus anderen Gründen (§ 124 Nr. 2 bis 4 ZPO)[133]	entsprechend dem Kosteninteresse nach billigem Ermessen

Das RVG enthält eigenständige **Gebührentatbestände** für die Vertre-   585
tung im PKH-Verfahren und zwar

Nr. 3335 VV	Verfahrensgebühr für die Vertretung im PKH-Verfahren	1,0
Nr. 3337 VV	Verfahrensgebühr, wenn sich der Auftrag vorzeitig erledigt	0,5
Nr. 3104 VV i.V.m. Vorbem. 3.3.6	Terminsgebühr	1,2

Damit sind die Gebühren gegenüber den nach der BRAGO entstehen-   586
den Gebühren angehoben worden. Der Gesetzgeber[134] stellt darauf ab,
dass das PKH-Gesuch meist wie eine Klageschrift gefertigt sei. De facto
bleibt daher die Tätigkeit im PKH-Bewilligungsverfahren meist nicht hinter der Tätigkeit in der Hauptsache zurück.

Mit der Begrenzung der Verfahrensgebühr auf 1,0 anstelle der in der   587
Hauptsache entstehenden Gebühr von 1,3 nach Nr. 3100 VV soll das
Kostenrisiko der sozial schwachen Mandanten begrenzt werden.

Im PKH-Bewilligungsverfahren können daher bereits folgende Gebüh-   588
ren anfallen:

1,3 Verfahrensgebühr nach Nr. 3335 VV

---

133 Absichtlich oder aus grober Nachlässigkeit unrichtige Angaben über die persönlichen oder
wirtschaftlichen Verhältnisse; die persönlichen oder wirtschaftlichen Voraussetzungen für
die Bewilligung haben nicht vorgelegen; die Partei befindet sich länger als drei Monate mit
der Zahlung einer Monatsrate oder mit der Zahlung eines sonstigen Betrags im Rückstand.
134 BT-Drucks. 15/1971, S. 217.

1,2 Terminsgebühr nach Nr. 3104 VV

1,0 Einigungsgebühr nach Nr. 1003 VV

3,2 Gebühren

589   Anders als nach der BRAGO hängt die Höhe des **Gebührensatzes** nicht mehr von der Höhe des Gebührensatzes für die Vertretung im gerichtlichen Verfahren ab.[135] Mehrere PKH-Verfahren im gleichen Rechtszug gelten als die gleiche Angelegenheit (§ 16 Nr. 3 RVG).

590   Nach § 122 ZPO bewirkt die Beiordnung, dass der Rechtsanwalt vom Mandanten keine Vergütung wegen derjenigen Gegenstände, deretwegen er beigeordnet worden ist, mehr verlangen kann. Er kann daher nach diesem Zeitpunkt vom Mandanten auch keine Vergütung mehr für die Vertretung im PKH-Verfahren verlangen, soweit sich der Gegenstand des PKH-Verfahrens und der seiner Beiordnung decken. Der Rechtsanwalt kann also vom Mandanten bis zum Zeitpunkt der Beiordnung die Gebühren für die Vertretung im PKH-Bewilligungsverfahren fordern. Nach der Beiordnung kann er sie nicht mehr fordern, d.h. weder eine Rechnung hierüber fertigen noch aus einer bislang nicht bezahlten Rechnung gegen den Mandanten vorgehen.[136]

b) Vertretung im PKH-Beschwerdeverfahren

591   Für die **sofortige Beschwerde** gegen einen die PKH-Bewilligung ganz oder teilweise versagenden Beschluss, die Ablehnung der Rechtsanwalt-

---

135   Nach § 51 BRAGO entstanden die Gebühren des § 31 BRAGO zur Hälfte. Da die Gebühren des § 31 BRAGO wegen § 11 BRAGO in der ersten Instanz i.H.v. 10/10 entstanden, betrug die Prozess-, Verhandlungs-, Erörterungs- und Beweisgebühr in der ersten Instanz je 5/10; im Berufungsverfahren aber 6,5/10, da die volle Prozessgebühr dort 13/10 beträgt.

136   Wegen einer abweichenden Auffassung siehe aber Enders, JurBüro 1997, 449, 453. Enders überlegt, ob der Grundsatz, dass einmal entstandene Gebühren nicht nachträglich wegfallen können, nicht auch hinsichtlich der Gebühren aus dem PKH-Bewilligungsverfahren gelten müsse. Wenn mithin die Gebühren für die Vertretung im PKH-Bewilligungsverfahren über den Gebühren für die Vertretung im nachfolgenden Prozess liegen, weil im PKH-Bewilligungsverfahren die Gebühren nach der Wahlanwaltstabelle entstehen, geht es um die Differenz. Auch diese kann aber nach dem klaren Wortlaut des § 122 ZPO nicht geltend gemacht werden. Die Sperrwirkung des § 122 ZPO erfasst auch die Gebühren des PKH-Bewilligungsverfahrens, da dieses mit dem Hauptverfahren dieselbe Angelegenheit nach § 16 Nr. 2 RVG bildet.

Beiordnung bzw. die Anordnung von Ratenzahlungen fällt die Verfahrensgebühr nach Nr. 3500 VV i.H.v. 0,5 an.

Probleme können sich hinsichtlich der Erstattungsfähigkeit dieser Gebühren gegenüber dem Gegner ergeben. Während § 118 ZPO Erstattungsansprüche im Bewilligungsverfahren ausschließt, wird vertreten, dass die im Beschwerdeverfahren entstehenden Kosten als Kosten der Hauptsache angesehen werden könnten, wenn es zu dieser kommt. Die im Beschwerdeverfahren entstehenden Kosten könnten dann nach der Kostengrundentscheidung entsprechend der §§ 91, 92 ZPO von einer Partei zu tragen sein.   592

Es wird ferner die Auffassung vertreten, dass § 118 Abs. 1 Satz 4 ZPO materiell-rechtliche Kostenerstattungsansprüche nicht ausschließe. Sie könnten daher Grundlage für entsprechende Ansprüche im Beschwerdeverfahren sein. Insoweit erscheint es aber inkonsequent, hier einen Unterschied zwischen den Kosten im Bewilligungsverfahren und im Beschwerdeverfahren zu machen.

2. Vorschussanspruch gegen die Staatskasse

Nach § 47 RVG kann der Rechtsanwalt für die entstandenen Gebühren des § 49 RVG und die entstandenen und voraussichtlich entstehenden Auslagen einen Vorschuss aus der Staatskasse fordern. I.d.R. wird eine solche Vorschusszahlung erst vorgenommen, wenn der Streitwert vorläufig durch das Gericht festgesetzt worden ist.   593

Hinweis:

Es empfiehlt sich einen Antrag auf vorläufige Streitwertfestsetzung zu stellen und darin auch die eigenen Vorstellungen darzulegen, um auf der Grundlage der vorläufigen Streitwertfestsetzung einen Vorschuss auf die Vergütung aus der Staatskasse zu beantragen. Dies gilt vor allem in den Bezirken, in denen die Staatskasse Festsetzungen erst mit einer Verzögerung von mehreren Monaten vornimmt und der Rechts-

---

anwalt auf diese Weise nicht nur die Dauer des Verfahrens, sondern auch noch die Dauer der Festsetzung vorfinanzieren würde.

3. Abrechnung bei PKH ohne Ratenzahlung

594 Die PKH-Vergütung wird auf Antrag festgesetzt. Hierfür sind Vordrucke gefertigt, die regional unterschiedlich sind.

595 Die Festsetzungsanträge sind während des laufenden Verfahrens jeweils bei dem Gericht einzureichen, dass die PKH bewilligt hat. Für die Bearbeitung innerhalb des Gerichts ist der Urkundsbeamte der Geschäftsstelle zuständig.

596 Ist das Verfahren jedoch durch eine rechtskräftige Entscheidung oder in sonstiger Weise beendet und handelt es sich um eine aus der Landeskasse zu zahlende Vergütung, ist der Antrag beim Gericht des ersten Rechtszuges einzureichen.

597 In den Fällen der PKH ohne Ratenzahlung sind nur die Spalten mit den Vergütungssätzen des § 49 RVG auszufüllen. Wird auch die Spalte nach § 50 RVG ausgefüllt, muss das Gericht diesen Antrag im gegenwärtigen Zeitpunkt zurückweisen.

598 Im Antrag auf Festsetzung der Vergütung ist anzugeben, ob der Rechtsanwalt Vorschüsse erhalten hat, die nach § 58 Abs. 2 RVG anzurechnen wären.

4. Abrechnung bei PKH mit Ratenzahlung

599 Für die Abrechnung bei PKH mit Ratenzahlung ist § 50 RVG maßgebend. In den Vordrucken sind in diesen Fällen nicht nur die Spalten mit der Vergütung nach den §§ 45, 49 RVG, sondern auch die Spalten betreffend eine Vergütung nach den §§ 50, 13 RVG auszufüllen. Der Unterschied liegt darin, dass der Spalte nach § 50 RVG nicht die niedrige PKH-Tabelle, sondern die Tabelle des § 13 RVG zugrunde zu legen ist.

§ 50 RVG greift auch ein, wenn die **Ratenzahlung** erst **nachträglich**   600
angeordnet wird.

Anträge auf eine Festsetzung nach § 50 RVG sollen nach § 50 Abs. 2   601
RVG unverzüglich zu den Prozessakten eingereicht werden.

Der Urkundsbeamte der Geschäftsstelle kann den Rechtsanwalt nach   602
§ 55 Abs. 6 RVG vor einer Festsetzung auffordern, einen Antrag auf Festsetzung der Vergütung nach § 50 RVG einzureichen. Dem Rechtsanwalt
kann eine **Frist von einem Monat** gesetzt werden. Kommt der Rechtsanwalt der Aufforderung nicht innerhalb dieser Monatsfrist nach, erlö-
schen seine Ansprüche gegen die Staatskasse. Davon erfasst sind in diesem Fall nicht nur die Ansprüche auf die weitere Vergütung, also die Differenz zwischen der Wahlanwaltsvergütung und der PKH-Vergütung,
sondern auch die bereits ausgezahlte PKH-Vergütung nach § 49 RVG.

Hinweis:

Die Monatsfrist des § 55 Abs. 6 RVG ist unbedingt zu beachten, um
Gebührenverluste zu vermeiden. Die Staatskasse muss den Rechtsanwalt nicht mit der Fristsetzung über die Rechtsfolgen belehren.

Besonderes Augenmerk ist auch in folgender Situation notwendig: Der   603
Rechtsanwalt hat den Mandanten im ersten und zweiten Rechtszug vertreten. Im ersten Rechtszug wird dem Mandanten ratenfreie PKH bewilligt. Der Rechtsanwalt reicht nach Schluss der Instanz für diese Instanz seinen Antrag nach den §§ 45, 49 RVG ein. Im zweiten Rechtszug
wird dem Mandanten PKH mit Raten bewilligt.

Die Urkundsbeamten stehen in diesen Fällen häufig auf dem Stand-   604
punkt, dass der Rechtsanwalt hier nicht mehr auf einen Antrag nach
§ 50 RVG für die erste Instanz hingewiesen werden müsse, da ihm aus
der Vertretung in der zweiten Instanz bekannt sei, dass die Voraussetzungen hierfür vorliegen würden.

605 Der **Antrag auf Festsetzung der weiteren Vergütung** kann, muss aber nicht dazu führen, dass der Rechtsanwalt seine Wahlanwaltsvergütung erhält.

606 Nach § 45 RVG erhält der Rechtsanwalt sofort die niedrigen Gebühren des § 49 RVG. Übersteigen die vom Mandanten an die Staatskasse gezahlten Raten diesen Betrag zuzüglich der Gerichtskosten und Gerichtsvollzieherkosten, werden die weiter vom Mandanten gezahlten Raten für die Wahlanwaltsvergütung des Rechtsanwalts verwendet und an diesen ausgezahlt. Bislang war umstritten, ob die Staatskasse sich darauf berufen konnte, sie müsse keine weiteren Raten mehr einziehen, wenn der von ihr an den Rechtsanwalt verauslagte PKH-Betrag sowie etwaige Gerichtskosten und -auslagen gedeckt seien. Das RVG stellt nunmehr klar, dass die Staatskasse **verpflichtet** ist, die weitere Vergütung einzuziehen. In § 50 Abs. 1 RVG heißt es, dass die Staatskasse die weitere Vergütung einzuziehen hat, soweit dies nach den Vorschriften der ZPO und den Bestimmungen des Gerichts zulässig ist. Damit ist es unzulässig, dass das Gericht die Ratenzahlungsanordnung aufhebt, wenn die von ihm bisher verauslagten Beträge gedeckt sind.

607 Die weitere Vergütung kann erst festgesetzt werden, wenn über das Verfahren insgesamt rechtskräftig entschieden worden ist. Probleme bereiten hier **Abtrennungen**, bei denen der Gebührenverbund aufrechterhalten bleibt. Zu beachten ist, dass nach Ansicht des OLG Koblenz[137] bei Abtrennung des Versorgungsausgleichs aus dem Verbund nach § 628 ZPO eine Festsetzung der weiteren Vergütung erst zulässig sein soll, wenn auch das abgetrennte Versorgungsausgleichsverfahren abgeschlossen sei. Dies gelte auch dann, wenn mit einer Entscheidung über den Versorgungsausgleich aufgrund besonderer Umstände des Falles erst nach einem extrem langen Zeitraum zu rechnen sei. Eine solche Auffassung und Handhabung ist jedoch für den Rechtsanwalt unzumutbar und würde rein wirtschaftlich zu einer zinsfreien Kreditvergabe des Rechtsanwalts an die Staatskasse führen.

---

137 Beschl. v. 6.4.2000 – 9 WF 196/00, FamRZ 2000, 1389 (LS).

Zieht die Staatskasse die Beträge nicht zugunsten des Rechtsanwalts ein, obwohl sie dies müsste, muss zumindest konsequent vom Gericht die PKH-Bewilligung aufgehoben werden.[138]   608

Hierdurch entfällt die Sperrwirkung des § 122 ZPO. Der Rechtsanwalt kann nunmehr vom Mandanten noch die restliche Vergütung fordern (hierfür ist es erforderlich, dass er dem Mandanten eine den Anforderungen des § 10 RVG genügende Rechnung übersendet).   609

Zahlt der Mandant nach Aufhebung der PKH-Bewilligung die ihm vom Rechtsanwalt berechneten restlichen Gebühren nicht, kann der Rechtsanwalt die restliche Gebühren gegen ihn geltend machen (z.B. im Verfahren nach § 11 RVG).   610

Hinweis:

In verjährungsrechtlicher Hinsicht ist zu beachten, dass dem Mandanten für die Dauer der PKH-Bewilligung ein gesetzliches Leistungsverweigerungsrecht zusteht. In dieser Zeit ist mithin die Verjährung gehemmt.

5. Einigungsgebühr im Besonderen

Das RVG hat die Frage, in welcher Höhe die Einigungsgebühr anfällt, detailliert geregelt und im Interesse der Förderung einer außergerichtlichen Einigung auch den Anwendungsbereich der Nr. 1003 VV eingeschränkt.[139]   611

An dieser Stelle sollen daher nur die Besonderheiten im Familienrecht dargestellt werden. Eine solche Besonderheit liegt darin, dass die Ei-   612

---

138   A.A. ist das LAG Schleswig-Holstein, Beschl. v. 27.3.2001 – 3 Ta 11/01, AnwBl. 2002, 62 f.: Es gebe keinen Rechtsgrund für weitere Zahlungen des Betroffenen an die Staatskasse, wenn die von dieser verauslagten Beträge einschließlich der Vergütung des Rechtsanwalts nach § 123 BRAGO gezahlt seien. Die Staatskasse müsse deswegen konsequenterweise auch die Einstellung der Ratenzahlung bewilligen. Die Auffassung, wonach die Staatskasse auch die weitere Vergütung nach § 124 BRAGO erheben könne, wird vom LAG Schleswig-Holstein als Mindermeinung angesehen.
139   Wegen weiterer Einzelheiten siehe oben zur Einigungsgebühr in Kap. B Rn. 373.

nigungsgebühr auch dann i.H.v. 1,5 nach Nr. 1000 VV anfällt, wenn sich die Bewilligung der PKH in der Ehesache auf den Abschluss einer Einigung über die in § 48 Abs. 3 RVG genannten Fälle erstreckt.

613 Hat die Partei jedoch bereits zuvor einen Antrag auf Bewilligung von PKH für die Durchführung eines streitigen Verfahrens beantragt, wird die Einigungsgebühr auf 1,0 nach Nr. 1003 VV gekürzt.

Beispiele:

(1) Dem Antragsteller ist PKH für die Durchführung des Ehescheidungsverfahrens bewilligt. Die Parteien einigen sich zu gerichtlichem Protokoll über den Kindesunterhalt und den Ehegattenunterhalt.

Die Einigungsgebühr fällt i.H.v. 1,5 nach Nr. 1000 VV an, da über den Gegenstand der Einigung kein gerichtliches Verfahren und kein PKH-Verfahren anhängig ist.

(2) Dem Antragsteller ist PKH für die Durchführung des Ehescheidungsverfahrens bewilligt. Die Antragsgegnerin hat beantragt, ihr PKH zu bewilligen für die Geltendmachung von Kindes- und Ehegattenunterhaltsansprüchen. Bevor die PKH bewilligt wird, einigen sich die Parteien zu gerichtlichem Protokoll über den Kindesunterhalt und den Ehegattenunterhalt.

Die Einigungsgebühr fällt i.H.v. 1,0 nach Nr. 1003 VV an, da über den Gegenstand der Einigung ein PKH-Verfahren anhängig ist.

(3) Dem Antragsteller ist PKH für die Durchführung des Ehescheidungsverfahrens bewilligt. Die Parteien einigen sich zu gerichtlichem Protokoll über den Kindesunterhalt und den Ehegattenunterhalt, allerdings unter Widerruf. Die Antragsgegnerin beantragt, ihr für den Fall des Widerrufs PKH für die Geltendmachung von Kindes- und Ehegattenunterhalt zu bewilligen.

Die Einigungsgebühr fällt i.H.v. 1,5 nach Nr. 1000 VV an, wenn die Einigung nicht widerrufen wird, da über den Gegenstand der Einigung im Zeitpunkt der Einigung kein gerichtliches Verfahren und kein PKH-Verfahren anhängig ist.

Einigen sich die Parteien erneut, nachdem einer von beiden die Einigung widerrufen hatte, entsteht die Einigungsgebühr nur noch i.H.v. 1,0 nach Nr. 1003 VV, da inzwischen ein PKH-Antrag anhängig ist.

614 Die oben geschilderte Situation war unter der Geltung des § 122 BRA-GO umstritten. Das RVG hat hier für Klärung gesorgt. Da aufgrund der

Scheidungsverbundverfahren noch längere Zeit mit Abrechnungen nach BRAGO zu rechnen ist, soll der Rechtszustand zu § 122 BRAGO noch geschildert werden.

In der Rechtsprechung waren vereinzelt Stimmen laut geworden, die dem Rechtsanwalt auch dann eine 15/10-Vergleichsgebühr zusprechen wollten, wenn zwar ausdrücklich die Erstreckung von PKH für einen abzuschließenden Vergleich beantragt wird und hierüber auch außerhalb des Anwendungsbereichs des § 122 Abs. 3 ZPO entschieden werden muss, die Parteien und die Rechtsanwälte aber den Vergleich in vollem Umfang außergerichtlich ausgehandelt hatten.   615

Umstritten ist schließlich, ob der Rechtsanwalt aus der Staatskasse überhaupt eine Einigungsgebühr erhalten kann, wenn die **Einigung außergerichtlich abgeschlossen** und nicht einmal gerichtlich protokolliert wird.[140] Festzuhalten ist zunächst, dass es sich hierbei um Fallgestaltungen handelt, in denen der Partei grds. für den Gegenstand der Einigung PKH bewilligt und ein Rechtsanwalt beigeordnet worden ist. Die einzige Besonderheit ist, dass die Einigung nicht vor Gericht, sondern außergerichtlich abgeschlossen wird. Diese Fallgestaltung darf nicht mit Fällen verwechselt werden, in denen der Partei für den Gegenstand des Vergleichs überhaupt keine PKH bewilligt worden ist.   616

Die Befürworter[141] einer Einigungsgebühr weisen darauf hin, dass die „arme" Partei in der Lage sein muss, den Prozess in gleicher Weise wie eine „reiche" Partei zu führen. Wenn aber die „reiche" Partei die Eini-   617

---

140 S. hierzu auch Hansens, ZFE 2002, 51 ff.
141 BGH, NJW 1988, 494 = JurBüro 1988, 1367 = MDR 1988, 210; LAG Berlin, JurBüro 1994, 481; LAG Düsseldorf, AnwBl. 1994, 430; LAG Erfurt, JurBüro 1997, 588; LAG Köln, 5. Kammer, JurBüro 1998, 359 f.; OLG Celle, 2. ZS, MDR 1989, 647; OLG Celle, 19. FamS, OLGR 1998, 332; OLG Düsseldorf, 10. ZS, JurBüro 1992, 541 = AnwBl. 1993, 45; OLG Frankfurt/M., 12. ZS, JurBüro 1991, 709 = MDR 1991, 450; OLG Hamburg, 2. FamS, JurBüro 1991, 208; OLG Hamm, 23. ZS, OLGR 2000, 381; OLG München, JurBüro 2004, 37 f. unter ausdrücklicher Aufgabe der früheren Rechtsprechung des Senats in JurBüro 1991, 945; OLG Nürnberg, Beschl. v. 19.11.2002 – 7 WF 3360/02, MDR 2003, 658; OLG Oldenburg, 2. FamS, JurBüro 1994, 545; OLG Schleswig, 9. ZS, JurBüro 1989, 1397; Beschl. v. 20.12.2002 – 9 W 113/02, MDR 2003, 657 f.; OLG Stuttgart, 8. FamS, JurBüro 1991, 65; OLG Zweibrücken, 2. FamS, JurBüro 1986, 223.

gung nicht gerichtlich protokollieren lassen muss, so muss dies auch die „arme" Partei nicht. Aus keiner gesetzlichen Bestimmung ergibt sich eine Beschränkung auf den Abschluss einer Vereinbarung vor Gericht. Bedenken des Gerichts, ob sich die Einigung auf einen Gegenstand beziehe, für den PKH bewilligt worden ist, können durch Vorlage der Einigung ausgeräumt werden.[142] Ohnehin sind insoweit die Fragen, ob die Einigung von der PKH umfasst ist und wie der Nachweis gegenüber der Staatskasse über den Abschluss der Einigung erbracht wird, voneinander zu unterscheiden. Letzteres kann hierbei nicht nur durch Vorlage der Einigung geschehen, sondern auch darüber, dass die Parteien übereinstimmend den Abschluss einer Einigung erklären und damit auch den Rechtsstreit für erledigt erklären.

618   Die Gegner[143] berufen sich darauf, dass PKH nach § 114 ZPO, § 45 RVG nur für die Kosten der Prozessführung in Verfahren vor Gerichten bewilligt werde. Aus diesem Grunde könnten auch nur die im gerichtlichen Verfahren selbst entstandenen Gebühren ersetzt werden. Auch bei dieser Fallgestaltung bleibt aber festzuhalten, dass für die Festsetzung der Vergleichsgebühr festgestellt werden muss, dass diese überhaupt angefallen ist. Es kommt daher vor allem darauf an, wie dieser Nachweis gegenüber dem Gericht geführt werden kann.

619   Als Alternativen kommen der Abschluss des Vergleichs vor Gericht oder die Erstreckung der Beiordnung auf den Abschluss eines außergerichtlichen Vergleichs in Betracht.

620   Hierbei ist allerdings darauf zu achten, ob im Falle einer gerichtlichen Vergleichsprotokollierung der Vergleich wegen § 154 BGB erst später wirksam wird und ob dem Mandanten hieraus rechtliche Nachteile entstehen können.

---

142   OLG München, JurBüro 2004, 37.
143   LAG Köln, 4., 8. und 9. Kammer, AGS 1998, 37 und JurBüro 1994, 481; OLG Bamberg, Rpfleger 2001, 139 = FamRZ 2001, 1394; OLG Düsseldorf, 3. FamS, FamRZ 1998, 1036; OLG Saarbrücken, JurBüro 1989, 1688; OLG Nürnberg, JurBüro 1990, 1170.

Hinweis:

Für die Abrechnung einer Einigung, die im Termin zur Erörterung im PKH-Bewilligungsverfahren abgeschlossen wird, kommt es auf den Wortlaut des Bewilligungsbeschlusses an.

Es ist umstritten, ob die PKH **nur für den Abschluss des Vergleichs/der** 621 **Einigung oder für das PKH-Bewilligungsverfahren und den Abschluss des Vergleichs/der Einigung**[144] zu bewilligen ist. Die Entscheidung dieser Frage ist für die im Familienrecht tätigen Rechtsanwälte von großer Bedeutung, da zahlreiche Gerichte nahezu immer eine Erörterung im PKH-Bewilligungsverfahren durchführen, um zu versuchen, die Angelegenheit bereits in diesem Verfahrensstadium einer gütlichen Einigung zuzuführen.

Für den die Partei beratenden Rechtsanwalt stellt sich daher die Frage, 622 ob er der Partei, die befürchten muss, die beim Rechtsanwalt entstehenden Gebühren für einen derartigen Termin nicht erstattet zu bekommen, nicht raten muss, nicht an dem Termin teilzunehmen. Hierbei ist aber wiederum die regional sehr unterschiedliche Rechtsprechung zur Frage zu berücksichtigen, ob die Partei mutwillig handelt und ihr aus diesem Grunde die PKH versagt werden kann, wenn sie nicht teilnimmt. Von Mutwilligkeit kann aber nicht gesprochen werden, wenn die Partei wirtschaftlich nicht in der Lage ist, die Kosten für ihre anwaltliche Vertretung in einem derartigen Termin aufzubringen.

Die Befürworter einer umfassenden Bewilligung weisen darauf hin, dass 623 die Partei mit der Verhandlungs-/Erörterungsgebühr bzw. nach RVG mit der Terminsgebühr belastet würde, wenn die PKH nur für den Abschluss des Vergleichs/der Einigung bewilligt würde. Der Rechtsanwalt kann die-

---

144 OLG Köln, FamRZ 2002, 760: im Umfang des abgeschlossenen Vergleichs sei von der Erfolgsaussicht auch einer etwaigen Klage auszugehen, so dass aus prozessökonomischen Gründen die PKH entsprechend auf die gesamte Tätigkeit im PKH-Bewilligungsverfahren erstreckt werden sollte.

se dem Mandanten auch nicht während des laufenden Verfahrens erlassen, da weder § 49b BRAO noch das RVG hierzu eine entsprechende Grundlage bieten. Um Kosten zu vermeiden, wäre die Partei daher faktisch gezwungen, im PKH-Bewilligungsverfahren den Abschluss eines Vergleichs/einer Einigung abzulehnen, um diesen sodann im Hauptsacheverfahren mit noch höheren Kosten für die Staatskasse abzuschließen. Darüber hinaus ist festzuhalten, dass die PKH nach den verfassungsrechtlichen Vorgaben die minderbemittelte Partei in die Lage versetzen soll, den Prozess in gleicher Weise zu führen, wie eine kostenbewusste Partei. Die kostenbewusste Partei würde bereits im Bewilligungsverfahren den Vergleich abschließen.

624   Problematisch ist insoweit aber, dass der BGH[145] entschieden hat, es könne keine PKH für das PKH-Bewilligungsverfahren bewilligt werden. Einer solchen Bewilligung stehe der ausdrückliche Wortlaut des § 118 Abs. 1 Satz 3 ZPO entgegen. Der BGH knüpft insoweit an seine Entscheidung aus dem Jahre 1984 an.[146] Er gibt zu bedenken, dass der Abschluss einer Einigung im Hauptsacheverfahren für die Partei nicht günstiger sein müsse als der Abschluss einer Einigung im PKH-Verfahren. Die Partei wisse nicht, ob sie überhaupt PKH für das Hauptverfahren erhalte. Sie wisse auch nicht, ob der Gegner noch bereit sei, sich zu vergleichen, wenn die Hauptsache anhängig sei. Werde das Hauptsacheverfahren aber anhängig und lasse sich der Gegner nicht mehr auf einen Vergleich ein, laufe die Partei sogar noch Gefahr, dem Gegner Kosten erstatten zu müssen.

625   Diese Ausführungen des BGH sind von der Überlegung geprägt, dass derjenige, der einen Rechtsanwalt mit seiner Vertretung in einem PKH-Bewilligungsverfahren vertritt, in der Lage ist, die Rechtsanwaltskosten für die Vertretung im Bewilligungsverfahren aufzubringen. Dies ist aber in vielen Fällen im Familienrecht nicht der Fall.

---

145 Beschl. v. 8.6.2004 – VI ZB 49/03, FamRZ 2004, 1708 ff.
146 Beschl. v. 30.5.1984 – VIII ZR 298/83, BGHZ 91, 311 ff.

Die aktuelle Entscheidung führt dazu, dass eine „arme" Partei das Ver-   626
fahren nicht in gleicher Weise wie eine kostenbewusste „reiche" Partei
führen könnte. Dies ergibt sich aus Folgendem:

Wenn das Gericht zur Erörterung im PKH-Bewilligungsverfahren lädt,
entsteht dem Rechtsanwalt für die Vertretung einer Partei darin die Terminsgebühr nach Nr. 3104 VV. Anders als in der Anm. zu Nr. 2600 VV
ist bei der Terminsgebühr aber nicht bestimmt, dass der Rechtsanwalt
diese Gebühr dem Auftraggeber erlassen kann. Dies ergibt sich auch
nicht aus anderen Bestimmungen des RVG.

Der Rechtsanwalt muss sich daher mit § 49b Abs. 1 Satz 1 BRAO aus-   627
einandersetzen. Danach ist es verboten, geringere Gebühren oder Auslagen zu vereinbaren oder zu fordern, als das RVG vorsieht. Der Rechtsanwalt kann dem Auftraggeber die Gebühr vielmehr nur im Einzelfall
aufgrund besonderer Umstände in dessen Person, insbesondere dessen
Bedürftigkeit, nach Erledigung des Auftrags erlassen. Damit ist es dem
Rechtsanwalt auch untersagt, dem Auftraggeber bereits im Gerichtssaal
zuzusagen, er werde die Gebühr nicht berechnen.

Da der Bewilligungsbeschluss die Terminsgebühr ausdrücklich nicht um-   628
fasst, steht insoweit auch der PKH-Bewilligungsbeschluss der Geltendmachung der Gebühr nicht entgegen.

Der Rechtsanwalt müsste dem Auftraggeber daher dazu raten, sich nicht   629
zu vergleichen/zu einigen, sondern um die PKH-Bewilligung zu streiten.
Nach erfolgter PKH-Bewilligung würden dann aber im Verfahren insgesamt 3,5 Gebühren für den Abschluss der Einigung anfallen (1,3 Verfahrensgebühr; 1,2 Terminsgebühr und 1,0 Einigungsgebühr). Sowohl
die Staatskasse als auch der Auftraggeber bei einer späteren Änderung
oder Aufhebung der Bewilligung nach § 120 Abs. 4 ZPO müssten daher höhere Kosten tragen.

Da die Fassung des Bewilligungsbeschlusses auch schon nach bisheri-   630
gem Recht umstritten war, bleibt zu hoffen, dass diese Frage nunmehr
angesichts der gestiegenen wirtschaftlichen Bedeutung geklärt wird.

Wird PKH für das Bewilligungsverfahren nicht bewilligt, müsste der Rechtsanwalt der Partei ggf. raten, den Termin allein wahrzunehmen.

631 Für die Abrechnung der Rechtsanwaltsvergütung haben die unterschiedlichen Beschlussfassungen unmittelbare Auswirkungen:

Beispiele:

Der Antragsteller beantragt PKH für eine beabsichtigte Klage auf Zahlung eines monatlichen Unterhalts von 400 €; der geltend gemachte Rückstand beträgt 1.600 € (4 Monate)

(1) PKH-Bewilligung für das PKH-Bewilligungsverfahren und den Abschluss der Einigung

Wert: 6.400 €; da PKH bewilligt wurde, ist die Tabelle zu § 49 RVG zugrunde zu legen

1,3 Verfahrensgebühr nach Nr. 3100 VV	*299,00 €*
1,2 Terminsgebühr nach Nr. 3104 VV	*276,00 €*
1,0 Einigungsgebühr nach Nr. 1003 VV	*230,00 €*
Auslagenpauschale nach Nr. 7002 VV	*20,00 €*
Gesamtbetrag netto	***825,00 €***

(2) PKH-Bewilligung nur für den Abschluss der Einigung

In diesem Fall ist umstritten, welche Gebühren aus der Staatskasse erstattet werden. Unstreitig ist, dass die Terminsgebühr nicht aus der Staatskasse gezahlt wird. Strittig ist jedoch, ob und ggf. in welcher Höhe die Verfahrensgebühr zu zahlen ist.

Wert: 6.400 €; nur für die aus der Staatskasse zu zahlenden Beträge gilt die Tabelle zu § 49 RVG; soweit die Beträge nicht aus der Staatskasse zu zahlen sind, ist die Wahlanwaltstabelle nach § 13 RVG zugrunde zu legen.

(a) aus der Staatskasse wird die Verfahrensgebühr nach Nr. 3335 VV gezahlt, da eine Einigungsgebühr nie ohne eine Betriebsgebühr entstehen könne und deswegen die Einigungsgebühr nicht isoliert abgerechnet werden kann.

1,0 Verfahrensgebühr nach Nr. 3335 VV	*230,00 €*
1,0 Einigungsgebühr nach Nr. 1003 VV	*230,00 €*
Auslagenpauschale nach Nr. 7002 VV	*20,00 €*
Gesamtbetrag netto	***480,00 €***

Die Terminsgebühr ist vom Auftraggeber zu zahlen. Sie beträgt:

1,2 Terminsgebühr nach Nr. 3104 VV	*375,00 €*

(b) aus der Staatskasse wird nur eine Verfahrensgebühr i.H.v. 0,5 nach Nr. 3337 VV gezahlt. Eine Begründung für diese Auffassung ist nicht erkennbar.

0,5 Verfahrensgebühr nach Nr. 3337 VV	*149,50 €*
1,0 Einigungsgebühr nach Nr. 1003 VV	*230,00 €*
Auslagenpauschale nach Nr. 7002 VV	*20,00 €*
Gesamtbetrag netto	**399,50 €**

Die Terminsgebühr ist vom Auftraggeber zu zahlen. Sie beträgt:

1,2 Terminsgebühr nach Nr. 3104 VV	*450,00 €*

(c) aus der Staatskasse wird nur die Einigungsgebühr, nicht aber eine Verfahrensgebühr gezahlt.[147]

1,0 Einigungsgebühr nach Nr. 1003 VV	*230,00 €*
Auslagenpauschale nach Nr. 7002 VV	*20,00 €*
Gesamtbetrag netto	**250,00 €**

Die Verfahrensgebühr und die Terminsgebühr sind vom Auftraggeber zu zahlen. Sie betragen:

1,0 Verfahrensgebühr nach Nr. 3335 VV	*375,00 €*
1,2 Terminsgebühr nach Nr. 3104 VV	*450,00 €*
Gesamtbetrag netto	**825,00 €**

6. „Wahlanwaltsvergütung" bei PKH-Beiordnung[148]

a) Kostenerstattungsanspruch gegen den Gegner nach Obsiegen

Nach § 126 ZPO sind die für die Partei bestellten Rechtsanwälte berechtigt, ihre Gebühren und Auslagen von dem in die Prozesskosten verurteilten Gegner im eigenen Namen beizutreiben. **632**

---

147   BGH, Beschl. v. 8.6.2004 – VI ZB 49/03, FamRZ 2004, 1708, 1709.
148   Enders, JurBüro 1995, 170.

633   Der Gegner kann dem keine Einreden entgegensetzen, die aus der Person des Mandanten begründet sind. Eine Aufrechnung ist ihm nur gestattet, soweit es sich um Kosten handelt, die nach der in demselben Rechtsstreit über die Kosten erlassenen Entscheidung vom Mandanten an ihn zu erstatten sind.

634   Dieser Kostenerstattungsanspruch ist nicht nach der niedrigeren Tabelle des § 49 RVG, sondern nach der Tabelle des § 13 RVG zu berechnen.

635   Der Kostenfestsetzungsantrag des Rechtsanwalts lautet daher:

„… beantrage ich für mich nach § 126 ZPO die nachfolgend berechneten Kosten nebst Zinsen i.H.v. 5 Prozentpunkten über dem Basiszinssatz ab dem Tag des Eingangs dieses Antrags gegen den Antragsgegner festzusetzen".

> **Hinweis:**
>
> Wenn ein Antrag auf Kostenfestsetzung gegen den Gegner im eigenen Namen nach § 126 ZPO zulässig ist, ist dieser Weg unbedingt zu beschreiten, um Schadensersatzforderungen der Staatskasse gegen den Rechtsanwalt im Falle der Aufrechnung durch den Gegner zu vermeiden.

636   Probleme können entstehen, wenn der Kostenfestsetzungsantrag vom Rechtsanwalt versehentlich im Namen des Mandanten beantragt wird und das Gericht diesen versehentlich auch noch erlässt. Das Gericht hätte an und für sich den Kostenfestsetzungsbeschluss jedenfalls nicht ohne Nachfrage erlassen dürfen, da dem Mandanten aufgrund der Sperrwirkung des § 121 ZPO keine Rechtsanwaltskosten entstanden sind (es sei denn, der Rechtsanwalt hat im Antrag auf Festsetzung der PKH-Vergütung Vorschüsse angegeben).

637   Ist es aber versehentlich zu einer Festsetzung der Kosten im Namen des Mandanten gekommen, treten die Vorteile des § 126 Abs. 2 Satz 1 ZPO solange außer Kraft, bis der unrichtige Kostenfestsetzungsbeschluss auf-

gehoben oder durch einen zweiten Kostenfestsetzungsbeschluss auf den Namen des Rechtsanwalts ersetzt wurde. Die Leitsätze der Entscheidung des BGH vom 22.6.1994[149] zu dieser Thematik lauten:

„1. Die sich aus § 126 Abs. 2 Satz 1 ZPO ergebende Verstrickung des Kostenfestsetzungsanspruchs zugunsten eines im Wege der PKH beigeordneten Rechtsanwalts tritt außer Kraft, wenn auf den Namen der von ihm vertretenen Partei ein Kostenfestsetzungsbeschluss ergangen ist, und zwar solange, bis dieser Kostenfestsetzungsbeschluss aufgehoben oder durch einen zweiten, auf den Namen des Rechtsanwalts erlassenen ersetzt worden ist.

2. Im Einzelfall kann es treuwidrig sein, wenn sich der Kostenschuldner darauf beruft, es sei ein Kostenfestsetzungsbeschluss auf den Namen der Partei ergangen. In einem solchen Fall wird durch eine vor der Aufhebung oder Änderung erklärte Aufrechnung mit Ansprüchen der Partei das Beitreibungsrecht des beigeordneten Rechtsanwalts nicht beeinträchtigt."

Ist erst einmal ein „unrichtiger" Kostenfestsetzungsbeschluss in der Welt, stellt sich die Frage, wie dieser beseitigt werden soll. Den Bedürfnissen der Praxis kommt eine „Umschreibung" des Titels auf den Namen des beigeordneten Rechtsanwalts entgegen.[150] Es handelt sich dabei jedoch nicht um eine Umschreibung nach § 727 ZPO, da es an einer Rechtsnachfolge nach Erlass der Entscheidung fehlt. Der Rechtsanwalt hätte den Antrag von Anfang an im eigenen Namen stellen können. De facto handelt es sich daher auch bei einer derartigen „Umschreibung" um einen neuen Kostenfestsetzungsbeschluss, so dass dem Gegner erneut die Rechtsbehelfe gegen einen Kostenfestsetzungsbeschluss zustehen.[151]

638

Die Festsetzung der vom Gegner zu erstattenden Kosten im eigenen Namen des Rechtsanwalts ist für diesen vor allen Dingen im Hinblick auf § 59 RVG von Bedeutung. Danach geht der Kostenerstattungsanspruch

639

---

149 NJW 1994, 3292.
150 Baumbach/Lauterbach/Albers/Hartmann, ZPO, § 126 Rn. 24 m.w.N.
151 BGHZ 5, 256.

des Rechtsanwalts gegen den Gegner in dem Umfang auf die Staatskasse über, in dem dieser Zahlungen an den Rechtsanwalt erbracht hat.
Wenn dem Gegner durch die „fehlerhafte" Festsetzung im Namen des
Mandanten die Möglichkeit einer Aufrechnung geschaffen wurde, kann
der Staatskasse in Höhe des aufgerechneten Betrags ein Schadensersatzanspruch gegen den Rechtsanwalt zustehen. Die Argumentation
hierfür lautet: Hätte der Rechtsanwalt die Festsetzung im eigenen Namen statt im Namen des Mandanten betrieben, hätte der Gegner nicht
aufrechnen können.

Wie bei jedem Schadensersatzanspruch wäre dann aber zu prüfen, ob
ein Mitverschuldenseinwand greift. Dieser läge darin, dass auch das Gericht an der fehlerhaften Festsetzung mitgewirkt hat, da auch dem Gericht die PKH-Bewilligung und die daraus folgende Sperrwirkung des
§ 121 ZPO bekannt war. Eine solche Diskussion wird aber zur Zeit nicht
geführt.

640   Es ist aber Folgendes zu beachten: Die Kostengrundentscheidung kann
aufgehoben oder geändert werden, bis sie rechtskräftig ist. Die Kostenfestsetzung zugunsten des Rechtsanwalts nach § 126 ZPO Abs. 2 Satz 1
ZPO beruht auf dieser Kostengrundentscheidung. Sie ist damit bis zur
rechtskräftigen Entscheidung auflösend bedingt.[152]

641   Hat der Rechtsanwalt die nach § 126 Abs. 2 Satz 1 ZPO festgesetzten
Kosten vor Rechtskraft beim Gegner beigetrieben und wird die Kostengrundentscheidung anschließend aufgehoben, ist an § 717 Abs. 2 ZPO
zu denken. Danach kommt eine Verpflichtung des Rechtsanwalts zum
Ersatz des Schadens in Betracht, der dem Gegner durch die Vollstreckung des Kostenfestsetzungsbeschlusses oder durch die vom Gegner
zur Abwendung der Vollstreckung gemachten Aufwendungen entstanden sind.

---

152   Demgegenüber vertritt das OLG Düsseldorf die Auffassung, dass ein Anspruchsübergang
erst stattfinde, wenn der Titel rechtskräftig sei: Rpfleger 2001, 87; so auch: Kalthoener/Bütt-
ner/Wrobel-Sachs, Prozeßkostenhilfe und Beratungshilfe, Rn. 804; a.A. Zimmermann, Prozeßkostenhilfe in Familiensachen, Rn. 678.

Die praktische Bedeutung dieser Regelung ist jedoch regional unter- 642
schiedlich, da in vielen Fällen die Festsetzung der Kosten erst nach Eintritt der Rechtskraft erfolgt. Insoweit ist eine Tendenz zu beobachten,
die Entscheidung über den Kostenfestsetzungsantrag bis zur Rechtskraft
der Entscheidung zurückzustellen.

Wird nur für einen Teil des geltend gemachten Anspruchs PKH bewil- 643
ligt, beschränkt sich das eigene Beitreibungsrecht des Rechtsanwalts auf
die Gebühren und Auslagen für die Tätigkeit, auf die sich die Gewährung der PKH bezieht.[153]

b) Anrechnung von Vorschüssen des Mandanten oder Dritter nach § 58 RVG

Nach § 58 Abs. 2 RVG sind Vorschüsse und Zahlungen, die der Rechts- 644
anwalt von seinem Auftraggeber oder einem Dritten vor oder nach der
Beiordnung erhalten hat, zunächst auf die Vergütungen anzurechnen,
für die ein Anspruch gegen die Bundes- oder Landeskasse nicht oder
nur unter den Voraussetzungen des § 50 BRAGO besteht.

Hinweis:

Die Formulierung in § 58 Abs. 2 RVG, dass der Rechtsanwalt die Vorschüsse oder Zahlungen auch nach der Beiordnung erhalten haben
kann, darf nicht dazu verführen, anzunehmen, der Rechtsanwalt könne auch nach der Beiordnung vom Auftraggeber noch Zahlungen
auf die Differenz zwischen Wahlanwaltsvergütung und PKH-Vergütung verlangen. Soweit der Rechtsanwalt beigeordnet ist, steht dem
die Sperrwirkung des § 122 ZPO entgegen. Zulässig sind ab diesem
Zeitpunkt nur freiwillige Zahlungen des Mandanten oder Dritter.

Da § 122 ZPO erst nach der Beiordnung eingreift, ist der Rechtsanwalt 645
nicht gehindert, bis zu diesem Zeitpunkt Vorschüsse für die Vertretung
durch den Rechtsanwalt im PKH-Bewilligungsverfahren oder bei unbe-

---

153   OLG Koblenz, AGS 1995, 126.

dingter Einleitung gerichtlicher Maßnahmen (z.B. Klagerhebung, Berufung etc.) für das Hauptsacheverfahren geltend zu machen.

646 Vom Mandanten gezahlte Vorschüsse sind mithin zunächst auf die Differenz zwischen der Wahlanwaltsvergütung und der niedrigeren PKH-Vergütung der Tabelle zu § 49 RVG zu verrechnen. Erst wenn diese Differenz überschritten wird, sind gezahlte Vorschüsse auf die Ansprüche gegen die Staatskasse anzurechnen.

647 Da erst für Gebühren ab einem Streitwert über 3.000 € eine Differenz zwischen den Gebühren nach § 49 RVG und nach § 13 RVG vorliegt, wird die Staatskasse durch Vorschüsse entlastet, die in Rechtsstreitigkeiten mit einem Gegenstandswert bis 3.000 € gezahlt werden.

Beispiel:

Der Antragsteller möchte ein Verfahren mit einem Gegenstandswert von 10.000€ führen. Der Rechtsanwalt macht im Wege des Vorschusses die Verfahrensgebühr für die Vertretung im PKH-Bewilligungsverfahren geltend. PKH wird ohne Einschränkung bewilligt.

Der Rechtsanwalt hat vom Mandanten im Wege des Vorschusses nach § 9 RVG erhalten:

1,0 Verfahrensgebühr nach Nr. 3335 VV	*486,00 €*
Pauschale nach Nr. 7002 VV	*20,00 €*
Gesamt netto	***506,00 €***

Im Wahlanwaltsmandat wären entstanden:

Wert: 10.000€

1,3 Verfahrensgebühr nach Nr. 3100 VV	*631,80 €*
1,2 Terminsgebühr nach Nr. 3104 VV	*583,20 €*
Pauschale nach Nr. 7002 VV	*20,00 €*
Gesamt brutto	***1.235,00 €***

Nach der Tabelle zu § 49 RVG entstehen:

Wert: 10.000 €

1,3 Verfahrensgebühr nach Nr. 3100 VV	*314,60 €*
1,2 Terminsgebühr nach Nr. 3104 VV	*290,40 €*
Pauschale nach Nr. 7002 VV	*20,00 €*
Gesamt netto	**625,00 €**

Damit ergibt sich eine Differenz zwischen der

Wahlanwaltsvergütung und der PKH-Vergütung von   610,00 €.

Da der vom Mandanten gezahlte Vorschuss darunter liegt, werden die aus der Staatskasse zu zahlenden Gebühren nicht gekürzt.

c) Teilweise Bewilligung von PKH

Bei der Fallgestaltung der teilweisen Bewilligung von PKH sind vorab folgende Fragen auseinander zu halten: 648

• Welcher Auftrag ist dem Rechtsanwalt erteilt worden?

• Welche Gebühren sind danach entstanden?

• Wer muss diese Gebühren zahlen bzw. erstatten?

Soweit der Mandant einen über den Umfang der PKH-Bewilligung hinausgehenden Auftrag erteilt hat und hiernach Gebühren entstanden sind, greifen die Beschränkungen des § 122 ZPO nicht ein. Dem Rechtsanwalt steht daher wegen dieses Teils ein Anspruch auf Vergütung gegen den Mandanten zu. 649

In welcher Weise die aus der Staatskasse gezahlten Gebühren auf den Anspruch gegenüber dem Mandanten angerechnet werden, ist umstritten. Die verschiedenen Berechnungswege unterscheiden sich danach, auf welcher Stufe die Gebührendegression berücksichtigt wird.[154] 650

Das VG Stuttgart[155] berechnet die aus der Staatskasse zu zahlende Vergütung so, als sei nur der Teilbetrag, für den PKH bewilligt wurde, bei Gericht anhängig gewesen.

---

154 Berechnungsbeispiele bei Enders, JurBüro 1995, 169, 172.
155 Beschl. v. 9.7.2001 – 3 K 10288/00, AnwBl. 2002, 64.

7. Auslagenpauschale nach Nr. 7002 VV

651 Die Auslagenpauschale nach Nr. 7002 VV wird nicht auf der Grundlage der niedrigeren Gebühren der Tabelle zu § 49 RVG (PKH-Tabelle), sondern auf Grundlage der ungekürzten Tabelle des § 13 RVG (Wahlanwaltstabelle) berechnet.[156]

652 Dies hat in aller Regel keine Auswirkungen auf die Vergütung im Prozess, da in diesen Fällen für Gegenstandswerte bis 3.000 € die Gebühren nach beiden Tabellen gleich hoch sind und aufgrund der Anhebung der Pauschale auf 20 % (max. 20 €) dieser Wert bereits allein mit der Verfahrensgebühr von 1,3 bei einem Gegenstandswert von mehr als 900 € überschritten wird.

Diese Differenzierung hat daher nur noch Bedeutung bei niedrigen Gebührensätzen und damit in der Zwangsvollstreckung. Hier wirkt sich die Differenzierung aus bei Gegenstandswerten von mehr als 3.000 € bis 5.000 €, wenn nur ein Auftraggeber vertreten wird.

8. Vergütung nach Rechtsanwaltswechsel

653 Bis zur Beiordnung kann der Antragsteller verlangen, ihm einen anderen Rechtsanwalt beizuordnen.[157]

654 Nach der Beiordnung ist danach zu unterscheiden, ob die Partei einen wichtigen Grund für den Wechsel des Rechtsanwalts hatte oder nicht. Hat der Rechtsanwalt den Wechsel verschuldet, kann er die Gebühren, die auch für den neuen Rechtsanwalt entstehen, nicht fordern (§ 54 RVG).

655 Gibt es einen wichtigen Grund, ohne dass dem Rechtsanwalt ein Verschulden vorzuwerfen ist, z.B. der Fall der Erkrankung, ist ein neuer Rechtsanwalt beizuordnen und sind die bei beiden Rechtsanwälten entstehenden Gebühren zu erstatten. Gibt es einen solchen wichtigen

---

156   Hansens, BRAGO, § 26 Rn. 5 m.w.N.
157   Zimmermann, Prozeßkostenhilfe in Familiensachen, Rn. 354.

Grund nicht, ist die Beiordnung eines neuen Rechtsanwalts jedenfalls insoweit wegen Mutwilligkeit zu versagen, als bereits Vergütungsansprüche des bisherigen Rechtsanwalts entstanden sind.

In der Praxis wird in derartigen Fällen häufig ein „Mittelweg" versucht,   656
indem der Rechtsanwalt beigeordnet wird mit der Maßgabe, dass die angefallenen Gebühren nur einmal von der Staatskasse zu erstatten sind. Eine derartige Einschränkung der Beiordnung könnte in die Vergütungsansprüche des Rechtsanwalts gegenüber der Staatskasse eingreifen. Sie ist daher nach zutreffender Auffassung nur mit seiner Zustimmung zulässig.[158]

9. PKH und Honorarvereinbarung?

Die Bewilligung von PKH macht eine Honorarvereinbarung nicht nich-   657
tig, aber unverbindlich (§ 4 Abs. 5 Satz 1 RVG). Vom Auftraggeber freiwillig und vorbehaltlos geleistete Beträge können von diesem jedoch nicht deswegen zurückgefordert werden (§ 4 Abs. 5 Satz 2 RVG). Allerdings wird an die „freiwillige" Zahlung eine hohe Anforderung gestellt. Die Freiwilligkeit liegt bereits dann nicht mehr vor, wenn der Rechtsanwalt den Auftraggeber zur Zahlung aufgefordert hat.

VII. Gerichtskosten und PKH

Nach § 121 ZPO ist der Antragsteller von der Zahlung eigener Ge-   658
richtskosten befreit. Probleme bereiten die Fälle, in denen zunächst der Antragsteller/Kläger die Gerichtskosten einzahlt und anschließend dem Antragsgegner/Beklagten PKH bewilligt wird. Wäre dieser in der Situation des „Angreifers" gewesen und wäre ihm schon zu diesem Zeitpunkt PKH bewilligt worden, hätte er keinen Vorschuss einzahlen müssen.

Für ihn stellt sich jetzt die Frage, ob er einem Kostenerstattungsanspruch   659
des Gegners ausgesetzt ist oder ob der Gegner sich wegen seines Erstattungsanspruchs an die Staatskasse halten kann.

---

158   OLG Köln, Beschl. v. 25.4.2001 – 26 WF 61/01, NJW-RR 2002, 133 f.

660 Probleme bereitete in der Vergangenheit die Frage, ob die Partei, der PKH bewilligt worden war, dem Gegner die von diesem gezahlten Gerichtskosten erstatten musste, oder ob der Gegner diese aus der Staatskasse zurückverlangen konnte. Nach h.M. in der Vergangenheit waren diese von der PKH-berechtigten Partei zu erstatten. Dies hätte zur Folge, dass gegen diese ein Kostenfestsetzungsbeschluss erlassen wurde.

661 Hierzu hat das BVerfG[159] bereits 1999 entschieden, dass die Kosten im Fall einer Entscheidung durch Urteil der obsiegenden Partei aus der Staatskasse zu erstatten sind, wenn dem nach der Kostengrundentscheidung Erstattungspflichtigen PKH ohne Ratenzahlung bewilligt worden ist. Das BVerfG hat in dieser Entscheidung jedoch eine entsprechende Anwendung für den Fall einer Kostengrundentscheidung durch Vergleich abgelehnt und dies in einer späteren Entscheidung[160] auch noch einmal ausdrücklich bestätigt. Dem sind auch die Instanzgerichte[161] und der BGH[162] gefolgt.

662 Diese Rechtsprechung ist nunmehr in § 31 Abs. 3 GKG normiert worden. Danach sind von einem Kostenschuldner erhobene Kosten an diesen aus der Staatskasse zurückzuerstatten, wenn dem **Entscheidungsschuldner** (§ 29 Abs. 1 GKG) die Kosten auferlegt wurden. Auch hier gilt, dass diese Regelung nur eingreift, wenn dem PKH-Berechtigten die Kosten durch eine gerichtliche Entscheidung auferlegt wurden, nicht aber, wenn dieser die Kosten durch Vergleich übernommen hat und damit zum sog. Übernahmeschuldner wird.

663 Eine gerichtliche Kostenentscheidung liegt auch dann vor, wenn das Gericht nach § 91a ZPO über die Kosten des Verfahrens durch Beschluss entscheidet, da auch in diesem Fall der vom BVerfG und dem Gesetz-

---

159 NJW 1999, 3186 = JurBüro 1999, 540.
160 BVerfG, MDR 2000, 1157.
161 OLG Braunschweig, Beschl. v. 28.2.2003 – 2 UF 224/02, JurBüro 2003, 477; OLG Bamberg, NJW 2000, 3077, 3078; OLG Hamm, OLGR 2002, 162; OLG Koblenz, Beschl. v. 15.10.2001 – 11 WF 624/01, n.v.; OLG München, FamRZ 2002, 257; OLG Zweibrücken, Rpfleger 2002, 33; a.A. OLG Frankfurt/M., NJW 2000, 1210.
162 Beschl. v. 23.10.2003 – III ZB 11/03, NJW 2004, 366 f.

geber gesehenen Gefahr einer Manipulation bei der Kostenverteilung zu Lasten der Staatskasse vorgebeugt wird. Insoweit ist es zu begrüßen, dass der Gesetzgeber durchgängig im Kostenverzeichnis die Fälle, in denen trotz einer Entscheidung des Gerichts nach § 91a ZPO die Gerichtsgebühren ermäßigt werden, erweitert hat.[163]

Hinweis:

Daher sollte bevor eine Einigung abgeschlossen wird, an der eine Partei beteiligt ist, der PKH bewilligt wurde, überlegt werden, welche Kosten in dem genannten Verfahren angefallen sind. Dies gilt insbesondere dann, wenn die Verfahrenskosten sehr hoch sind, weil z.B. im Laufe des Verfahrens Sachverständigengutachten eingeholt wurden. Die prozesskostenhilfeberechtigte Partei setzt sich durch eine Einigung über die Kosten der Gefahr aus, dem Gegner diese Kosten erstatten zu müssen. Ggf. kann Abhilfe geschaffen werden, indem das Gericht nach § 91a ZPO über die Kosten entscheiden soll.

Interessant ist die Entscheidung des OLG Frankfurt/M.,[164] wonach die Kostenprivilegierung zugunsten des Gegners einer Partei, der PKH bewilligt wurde, auch dann eingreift, wenn ein Vergleich auf Vorschlag des Gerichts zustande kommt.   **664**

In diesem Zusammenhang ist zu beachten, dass durch das Kostenrechtsmodernisierungsgesetz auch im Ehescheidungsverfahren das **Pauschalgebührensystem** eingeführt wurde. Dies bedeutet, dass der Antragsteller nach Nr. 1310 KV-GKG zwei Gebühren einzahlt und damit die Gebühren für das Verfahren im Allgemeinen abgegolten sind. Da es nach § 93a ZPO grds. bei der Aufhebung der Kosten gegeneinander bleibt, kommt in jedem Ehescheidungsverfahren die Frage auf, ob der Antragsteller vom Antragsgegner einen Teil der von ihm eingezahlten Gerichtsgebühren erstattet bekommen kann. Ist dem Antragsgegner   **665**

---

163   S. z.B. die Neuregelung in Nr. 1311 Nr. 4 KV-GKG.
164   FamRZ 2002, 1417 f.; a.A. OLG Frankfurt/M., Beschl. v. 1.12.2002 – 25 W 70/02, n.v.

PKH bewilligt worden, sollte daher darauf geachtet werden, dass über die Kosten der Ehesache durch das Gericht entschieden wird und diese nicht in den Vergleich einbezogen werden. Ferner sollte der Antragsteller die Kosten nur nach dem Wert der Ehesache und nicht auch nach dem Wert der Folgesachen einzahlen, da sich dann ergeben kann, dass aufgrund der auf den Antragsteller wegen der Folgesachen entfallenden Gebührenanteile ohnehin kein Erstattungsanspruch mehr besteht.

Beispiel:

Der Antragsteller zahlt 2 Gerichtsgebühren nach einem Wert von 6.000 € für die Ehesache und damit 272 € ein. Der Versorgungsausgleich wird mit 1.000 € bewertet. Im Verfahren werden noch die Folgesachen elterliche Sorge mit einem Wert von 900 € und Ehegattenunterhalt mit einem Wert von 3.600 € sowie der Zugewinnausgleich mit 8.000 € anhängig gemacht. Über sämtliche Anträge wird durch Urteil entschieden.

Für die Staatskasse sind 2,0 Gerichtsgebühren gemäß Nr. 1310 KV-GKG nach einem zusammengerechneten Wert von 19.500 € und damit 576 € entstanden.

Auf den Antragsteller entfallen hiervon 288 €.

Dieser hatte einen Gerichtskostenvorschuss i.H.v. 272 € eingezahlt. Er hat daher keinen Erstattungsanspruch gegen die Antragsgegnerin. Die Staatskasse wird daher von ihm noch 16 € anfordern.

VIII. Beiordnung nach § 625 ZPO

666 § 625 ZPO enthält eine besondere Form der Beiordnung im Familienrecht. Nach § 625 ZPO kann dem Antragsgegner ein Rechtsanwalt beigeordnet werden. Dieser beigeordnete Rechtsanwalt hat nicht automatisch die Stellung eines im Wege der PKH beigeordneten Rechtsanwalts. Dies zeigt sich z.B. daran, dass sich sein Vorschussanspruch zunächst gegen die Partei richtet und erst im Falle ihres Verzuges gegen die Staatskasse. Auch die Möglichkeit, einen Vorschuss von der Partei zu fordern, ist erst durch das Kostenrechtsmodernisierungsgesetz eingefügt worden. Sie ergibt sich aus § 39 RVG. Der Anspruch gegen die Staatskasse bei Verzug der Partei mit der Zahlung des Vorschusses oder der Vergütung ergibt sich aus § 45 Abs. 2 RVG.

Zu beachten ist ferner, dass der Umfang der Bewilligung von der Bewilligung in der Ehesache abweicht. Nach § 625 ZPO erfolgt die Beiordnung in der Ehesache und in einem Verfahren betreffend die elterliche Sorge.

667

Auch für den nach § 625 ZPO beigeordneten Rechtsanwalt gilt, dass er eine Stellung als Bevollmächtigter nur dadurch erhält, dass der Mandant ihm einen Auftrag und eine Vollmacht erteilt.[165] Bis zur Erteilung des Auftrags hat der Beigeordnete nur die Stellung eines Beistandes nach § 90 ZPO.

668

Hinweis:

Es sollte darauf geachtet werden, ob nicht nur die Voraussetzungen für eine Beiordnung nach § 625 ZPO, sondern auch die Voraussetzungen für eine Beiordnung im Wege der PKH vorliegen, da sich der Umfang der Bewilligung und der Zeitpunkt, zu dem ein Vorschuss aus der Staatskasse beansprucht werden können, unterscheiden.

---

165   Albers, in: Baumbach/Lauterbach/Albers/Hartmann, ZPO, § 625 Rn. 7.

F. Beratungshilfe

I. Allgemeines

Nach § 16 Abs. 1 BORA ist der Rechtsanwalt verpflichtet, bei begründetem Anlass auf die Möglichkeiten von Beratungshilfe **hinzuweisen**. Der Mandant ist nicht gezwungen, Beratungshilfe in Anspruch zu nehmen. Nimmt er diese nicht in Anspruch, kommt das Mandat zu Wahlanwaltsbedingungen zustande. **669**

Nimmt der Mandant die Beratungshilfe in Anspruch, besteht für den Rechtsanwalt nach § 49a Abs. 1 BRAO grds. eine **Pflicht zur Übernahme des Mandats**. Es kann aus wichtigem Grund abgelehnt werden. Ein **wichtiger Grund** liegt vor, wenn der Rechtsanwalt im Falle der Übernahme widerstreitende Interessen vertreten müsste oder an der Übernahme durch Krankheit gehindert ist. Ferner wird in der Literatur auch **Aussichtslosigkeit** des vom Rechtssuchenden vorgetragenen Begehrens als wichtiger Grund angesehen.[1] Strittig ist, ob der Rechtsanwalt sich darauf berufen kann, er sei **mit dem Rechtsgebiet nicht vertraut**.[2] **670**

Hinweis:

Entscheidet sich der Mandant nach einem Hinweis auf die Möglichkeiten von Beratungshilfe durch den Rechtsanwalt, keine Beratungshilfe in Anspruch zu nehmen, etwa weil er den damit verbundenen Zeit- und Arbeitsaufwand bei der Beschaffung des Berechtigungsscheines scheut, sollte sich der Rechtsanwalt schriftlich bestätigen lassen, dass er den Hinweis erteilt hat. Er läuft ansonsten Gefahr, nach Erteilung der Rechnung mit dem Einwand des Mandanten konfrontiert zu werden, dieser sei nicht auf die Beratungshilfemöglichkeiten hingewiesen worden und rechne jetzt mit einem Schadensersatzanspruch gegen den 10 € übersteigenden Gebührenanspruch auf.

---

1   Henssler/Schaich, in: Henssler/Prütting, Bundesrechtsanwaltsordnung, § 49a BRAO Rn. 11.
2   Henssler/Schaich, in: Henssler/Prütting, Bundesrechtsanwaltsordnung, § 49a BRAO Rn. 12 unter Darstellung der hierzu vertretenen Auffassungen.

671 Berät der Rechtsanwalt den Rechtssuchenden erst, nachdem dieser ihm einen **Berechtigungsschein** vorgelegt hat, berät er im **Vertrauen** auf einen ihm vorgelegten Berechtigungsschein. In diesem Fall behält der Rechtsanwalt den Vergütungsanspruch gegen die **Staatskasse** auch dann, wenn die Staatskasse die Beratungshilfe nachträglich aufhebt, weil der Rechtssuchende dieser gegenüber falsche Angaben gemacht hatte und nach seinen tatsächlichen Verhältnissen nicht berechtigt war.[3]

672 Anders ist die Situation, wenn der Rechtssuchenden dem Rechtsanwalt mitteilt, dass er Beratungshilfe in Anspruch nehmen will, den Berechtigungsschein aber noch nicht mitgebracht habe. Führt der Rechtsanwalt dann die Beratung durch und wird dem Rechtssuchenden keine Beratungshilfe bewilligt, hat der Rechtsanwalt nur einen Anspruch auf Zahlung von 10 € gegen den Rechtssuchenden.[4] Gleiches gilt, wenn dem Rechtssuchenden nach der Beratung zwar zunächst Beratungshilfe bewilligt wird; diese aber sodann widerrufen wird, weil der Rechtssuchende falsche Angaben gemacht hatte. In diesem Fall ist der Rechtsanwalt auf Aufforderung durch die Staatskasse verpflichtet, die von dieser erhaltene Vergütung an diese zurückzuzahlen.[5]

Hinweis:

Der Rechtsanwalt sollte eine Tätigkeit im Rahmen der Beratungshilfe erst entfalten, wenn ihm der Berechtigungsschein vorgelegt wird. Da er nur in diesem Fall sicher sein kann, die Vergütung zu erhalten, ist er so lange berechtigt, seine Tätigkeit abzulehnen.[6] Der Rechtsanwalt sollte sich aber vorsichtshalber vergewissern, dass dem Rechtssuchenden durch die **Verzögerung** kein **Schaden** entsteht. Um Verzögerungen zu vermeiden, könnte in geeigneten Fällen be-

---

3   Hansens, in: Hansens/Braun/Schneider, Praxis des Vergütungsrechts, Teil 6 Rn. 96 m.w.N.
4   Wegen der Frage, ob für diesen Fall eine Vergütungsvereinbarung getroffen werden kann, s. die nachfolgenden Ausführungen zu Rn. 692.
5   Pukall, in: Mayer/Kroiß, RVG, § 44 Rn. 36.
6   Pukall, in: Mayer/Kroiß, a.a.O.

reits bei der Vereinbarung des Termins darauf hingewiesen werden, dass der Berechtigungsschein zur Besprechung bereits mitgebracht werden soll.

Eine Überprüfung der wirtschaftlichen Verhältnisse des Rechtssuchen-   673
den nach Bewilligung der Beratungshilfe mit der Folge, dass diese bei einer Verbesserung der wirtschaftlichen Verhältnisse widerrufen werden könnte, ist im BerHG nicht vorgesehen. Hierin liegt ein wesentlicher Unterschied zum PKH-Recht. Setzt der Rechtsanwalt z.b. erfolgreich außergerichtlich für den Rechtssuchenden einen Anspruch auf Zahlung eines Zugewinnausgleichs durch und wird dieser auch gezahlt, bleibt er trotzdem gegenüber dem Rechtssuchenden und der Staatskasse auf die niedrigen Gebühren der Nrn. 2600 ff. VV beschränkt. Lediglich **gegenüber dem Gegner** kann ein Anspruch auf Zahlung der vollen **Wahlanwaltsvergütung** bestehen, und zwar dann, wenn dem Mandanten ein materiell-rechtlicher Kostenerstattungsanspruch gegen den Gegner zusteht.[7]

In den Ländern **Bremen** und **Hamburg** tritt die eingeführte öffentliche   674
Rechtsberatung an die Stelle der Beratungshilfe, soweit nicht das Landesrecht etwas anderes bestimmt (§ 14 Abs. 1 BerHG). Im **Land Berlin** hat der Rechtssuchende die Wahl zwischen der Inanspruchnahme der dort eingeführten öffentlichen Rechtsberatung und anwaltlicher Beratungshilfe nach dem Beratungshilfegesetz (§ 14 Abs. 2 BerHG).

II. Persönliche und wirtschaftliche Voraussetzungen

Voraussetzung für die Bewilligung von Beratungshilfe ist nach § 1 Abs.   675
1 BerHG, dass

(1) der **Rechtssuchende die erforderlichen Mittel** nach seinen persönlichen und wirtschaftlichen Verhältnissen **nicht aufbringen**

---

7   S. hierzu nachfolgend die Ausführungen in diesem Kapitel zu Rn. 693.

kann; diese Voraussetzung ist nach § 1 Abs. 2 BerHG gegeben, wenn der Rechtssuchende die wirtschaftlichen Voraussetzungen für die Bewilligung von PKH ohne Ratenzahlung nach den Bestimmungen der ZPO erfüllt;

(2) **keine anderen Möglichkeiten für eine Hilfe** zur Verfügung stehen, wobei die Inanspruchnahme dem Rechtssuchenden zumutbar sein muss.

Aus diesem Grunde wird vereinzelt keine Beratungshilfe für die Beratung und Vertretung wegen eines **Minderjährigenunterhaltsanspruchs** bewilligt.[8] Die Betroffenen werden in diesen Fällen darauf verwiesen, eine **Beistandschaft beim Jugendamt** zu beantragen.[9] Eine Beistandschaft sei eine andere Leistung Dritter, die auch zumutbar sei; jedenfalls solange die Beratung durch das Jugendamt nicht gescheitert sei.[10] Die Gerichte, die dieser Auffassung folgen, verlagern mithin den bei staatlichen Stellen auftretenden Kostenbedarf aus dem Justizhaushalt in das Sozialressort. Der dort entstehende Aufwand wird in aller Regel über den Gebührenbeträgen nach Teil 2 Abschnitt 6 VV liegen.

(3) die **Wahrnehmung der Rechte nicht mutwillig** ist. Hierbei ist zu berücksichtigen, dass der Begriff der Mutwilligkeit im Rahmen der PKH nach § 114 ZPO und die hierzu ergangene Rechtsprechung nicht – jedenfalls nicht ohne weiteres – auf die Prüfung der Mutwilligkeit nach § 1 Abs. 1 Nr. 3 BerHG übertragen werden können.[11]

III. Verfahrensfragen bei Antragstellung

676 Für die Entscheidung über einen Antrag auf Bewilligung von Beratungshilfe ist dasjenige Gericht zuständig, in dessen Bezirk der Mandant

---

8   S. zu den unterschiedlichen Meinungen auch Schoreit/Dehn, Beratungshilfe, Prozesskostenhilfe, § 1 BerHG Rn. 50.
9   AG Neunkirchen, FamRZ 1998, 253 f.
10 Kalthoener/Büttner/Wrobel-Sachs, Prozesskostenhilfe und Beratungshilfe, Rn. 949.
11 Schoreit/Dehn, Beratungshilfe, Prozesskostenhilfe, § 1 BerHG Rn. 100 ff.

seinen **allgemeinen Gerichtsstand** und damit in aller Regel seinen Wohnsitz nach § 12 ZPO hat (§ 4 Abs. 1 Satz 1 BerHG).

Wird der **Antrag nachträglich** gestellt, kommt es auf den **Wohnsitz im Zeitpunkt der Antragstellung** und nicht auf den Wohnsitz im Zeitpunkt des Bedürfnisses/der Beratung an.[12]

677

Für den Antrag auf nachträgliche Bewilligung von Beratungshilfe ist im Gesetz **keine Frist** vorgesehen. Der Antrag kann mithin auch noch gestellt werden, wenn der Rechtsanwalt die Beratungshilfe gewährt hat. Das AG Koblenz[13] geht davon aus, dass ein Antrag auch noch ein Jahr nach der letzten erkennbaren Tätigkeit des Rechtsanwalts gestellt werden kann. Es erwägt jedoch, einen Antrag als verspätet anzusehen, wenn der Anspruch auf die Anwaltsvergütung verjährt ist. Im Hinblick darauf, dass die **Regelverjährung** eingreift, werden diese Fälle jedoch kaum praktische Relevanz haben.

Entgegen vereinzelter Auffassungen verschiedener Gerichte[14] kommt es auch nicht darauf an, ob die Erklärung des Mandanten über seine wirtschaftlichen Verhältnisse ein Datum trägt, dass vor dem Tag der erstmaligen Beratung durch den Rechtsanwalt liegt. Für ein solches Erfordernis ist eine Rechtsgrundlage nicht erkennbar.[15]

678

IV. Die „Angelegenheit" in der Beratungshilfe

Strittig ist immer wieder die Frage, **wie viele Berechtigungsscheine** der Mandant erhalten muss und wie viele Angelegenheiten vorliegen. Beispiele aus der Rechtsprechung zeigen, dass hier nicht von einer einheitlichen Handhabung gesprochen werden kann und dass die Grundsätze, die ansonsten für die Frage gelten, **wie viele Angelegenheiten** vorliegen, in der Beratungshilfe nicht angewendet werden.

679

---

12 Hansens, in: Hansens/Braun/Schneider, Praxis des Vergütungsrechts, Teil 6 Rn. 36 m.w.N.
13 JurBüro 2004, 38; so auch AG Sinzig, BRAGOreport 2001, 39.
14 LG Hannover, FamRZ 2000, 1230.
15 Hansens, in: Hansens/Braun/Schneider, Praxis des Vergütungsrechts, Teil 6 Rn. 28.

680   Groß[16] unterscheidet danach, ob es sich um eine Beratung handelt oder um eine Vertretung. Bei einer Beratung sei von einer Angelegenheit auszugehen. Bei einer Vertretung komme es darauf an, ob die Angelegenheiten im Verbund geltend gemacht werden könnten oder nicht.

Kalthoener/Büttner/Wrobel-Sachs[17] lehnen demgegenüber eine Differenzierung danach, ob die Sachen im Verbund geltend gemacht werden können oder nicht ab. Es komme darauf an, ob ein innerer Zusammenhang vorliege oder nicht. Dementsprechend handele es sich um eine Angelegenheit, wenn die Ehefrau sich anlässlich der Trennung über die Voraussetzungen der Ehescheidung und die Unterhaltsansprüche für sich und die Kinder beraten lasse und eine außergerichtliche Vertretung wegen des Unterhalts erfolge. Verschiedene Angelegenheiten lägen jedoch vor, wenn die Ehefrau sich wegen der Unterhaltsansprüche gegen den Ehemann und wegen Ansprüche auf Leistung von Sozialhilfe beraten lasse. Eine weitere Angelegenheiten liege auch vor, wenn nach Beendigung einer Angelegenheit ein neuer Streitpunkt aufkomme.

681   Aus der Sicht des BVerfG[18] spricht viel dafür, die Beratung über den Unterhalt des Kindes und das Umgangsrecht des Vaters nicht als dieselbe Angelegenheit (seinerzeit i.S.d. § 13 Abs. 2 Satz 1 BRAGO) anzusehen, um den Rechtsanwalt, der ohnehin in der Beratungshilfe zu niedrigen Gebühren tätig werde, nicht unnötig zu belasten. Gleichwohl könne im Einzelfall die mit dem zeitlichen und sachlichen Zusammenhang der Bearbeitung begründete gegenteilige Auffassung verfassungsrechtlich vertretbar sein.

682   Im Einzelnen ist hier eine **regional sehr unterschiedliche Praxis der Gerichte** zu beobachten.

So sind **als eine Angelegenheit angesehen** worden:

---

16   In: Schnitzler, Münchener Anwaltshandbuch Familienrecht, § 30 Rn. 173.
17   A.a.O., Rn. 1002.
18   Beschl. v. 31.10.2001 – 1 BvR 1720/01 – NJW 2002, 429 (LS).

- Ehescheidung und Ehegatten- sowie Kindesunterhalt,[19]
- einheitliche Beratung über die Neuberechnung des Unterhaltsanspruchs für zwei Kinder,[20]
- erstmalige Berechnung des Unterhaltsanspruches zweier Kinder gegen den gleichen Vater.[21]

Als **verschiedene Angelegenheiten** sind zivilrechtlicher Ehrenschutz und Geltendmachung von Kindesunterhaltsansprüchen angesehen worden.[22]

Hinweis:

Nach h.M. ist das Gericht im Rahmen der Festsetzung nicht an die Anzahl der erteilten Berechtigungsscheine gebunden. Es kann daher auch in der Festsetzung noch mehrere Berechtigungsscheine zu einer Angelegenheit zusammenziehen.[23]

V. Beratungshilfe für ein PKH-Bewilligungsverfahren?

Für das PKH-Bewilligungsverfahren kann im Grundsatz[24] weder dem Antragsteller noch dem Antragsgegner PKH bewilligt werden. Für beide stellt sich daher die Frage, ob ihnen für die anwaltliche Vertretung in diesem Verfahren Beratungshilfe bewilligt werden kann. Die ganz h.M. verneint dies. Diskutiert wird allerdings die Bewilligung von Beratungshilfe für die Beratung des Antragstellers bis zur Einreichung des PKH-Bewilligungsantrages bei Gericht.[25]

683

---

19 AG Koblenz, FamRZ 2002, 480.
20 AG Koblenz, FamRZ 2002, 296.
21 AG Koblenz, FamRZ 2001, 512 (LS).
22 LG Münster, Rpfleger 1990, 78; AG Kehlheim, FamRZ 2000, 1589 (LS).
23 Hansens, in: Hansens/Braun/Schneider, Praxis des Vergütungsrechts, Teil 6 Rn. 149 f.
24 Wegen der (umstrittenen) Ausnahmen bei Abschluss eines Vergleichs im PKH-Bewilligungsverfahren s. die Ausführungen in Kapitel E Rn. 630 ff.
25 Darstellung der Einzelheiten in der Rechtsprechung der letzten Jahrzehnte bei Schoreit/Dehn, Beratungshilfe, Prozesskostenhilfe, § 1 BerHG Rn. 13 und Hansens, in: Hansens/Braun/Schneider, Praxis des Vergütungsrechts, Teil 6 Rn. 121 sowie Fn. 117.

VI. Höhe der Vergütung und deren Festsetzung

684 Dem Rechtsanwalt steht gegen den **Rechtssuchenden** die **Beratungshilfegebühr** nach Nr. 2600 VV i.H.v. 10 € zu. Satz 1 der Anm. zu Nr. 2600 VV stellt klar, dass neben der Gebühr **keine Auslagen** erhoben werden. Da auch die **Umsatzsteuer** in Nr. 7008 VV einen Auslagentatbestand darstellt, ist damit auch festgestellt, dass es sich dabei um den Bruttobetrag handelt. Da kaum ein Rechtsanwalt unter die umsatzsteuerliche Kleinunternehmerklausel fällt, teilt sich der Betrag von 10 € mithin auf in einen Nettobetrag von 8,62 €[26] und Umsatzsteuer von 1,38 €.

685 Die aus der **Staatskasse** zu zahlenden Gebühren (ab Nr. 2601 VV) richten sich nach der Tätigkeit des Rechtsanwalts. Hinsichtlich dieser Gebühren sind im Vergütungsverzeichnis die Nettobeträge ausgewiesen, so dass bei diesen Gebühren jeweils noch **Auslagen und Umsatzsteuer hinzuzusetzen** sind.

686 Für eine **Beratung**, die nicht mit einer anderen Tätigkeit zusammenhängt – sei sie mündlich oder schriftlich – entsteht die **Beratungsgebühr** nach Nr. 2601 VV i.H.v. 30 €. Diese Gebühr wird in voller Höhe auf eine Gebühr für eine sonstige Tätigkeit angerechnet, die mit der Beratung zusammenhängt.

687 Geht die Tätigkeit über eine Beratung hinaus, entsteht die **Geschäftsgebühr** nach Nr. 2603 VV i.H.v. 70 €. Ihr Anwendungsbereich entspricht nach dem Wortlaut des Abs. 1 der Anm. dem Anwendungsbereich der Nr. 2400 VV für das Wahlanwaltsmandat. Danach entsteht die Gebühr für das Betreiben des Geschäfts einschließlich der Information oder die Mitwirkung bei der Gestaltung eines Vertrages. Sie umfasst damit auch die – im Familienrecht kaum vorstellbaren – Aufträge zu einem einfachen Schreiben nach Nr. 2402 VV, da bei genauem Hinsehen auch Nr. 2402 VV kein eigenständiger Gebührentatbestand ist, sondern die Gebühr der Nr. 2400 VV reduziert. Die Geschäftsgebühr nach Nr. 2603 VV

---

26   Schneider/Mock, Das neue Gebührenrecht für Anwälte, § 32 Rn. 10.

wird zu 50 % auf die Gebühren für ein anschließendes gerichtliches oder behördliches Verfahren **angerechnet.** Auf die Gebühren für ein **Verfahren auf Vollstreckbarerklärung eines Vergleichs** nach den §§ 796a, 796b und 796c Abs. 2 Satz 2 ZPO ist die Gebühr zu einem Viertel anzurechnen.

Vertritt der Rechtsanwalt **mehrere Auftraggeber** wegen eines einheit-   688
lichen Auftrags, erhöht sich die Geschäftsgebühr für jeden weiteren Auftraggeber um **30 %,** mithin um 21 € bis zu einer Höchstgrenze von 140 € nach Nr. 1008 VV. Da es sich um eine Festgebühr handelt, kommt es nicht darauf an, dass die Auftraggeber alle an demselben Gegenstand beteiligt sind. Dieses zusätzliche Tatbestandsmerkmal ist nach Nr. 1008 VV nur für wertabhängige Gebühren vorgesehen.

Im Zusammenhang mit der **Anrechnung** stellen sich verschiedene Fra-   689
gen:

(1) Anrechnung der Gebühren für Beratungshilfe bei nachfolgender PKH-Bewilligung

Wird dem Rechtssuchenden in der Angelegenheit, deretwegen ihm Beratungshilfe bewilligt worden war, nachfolgend noch PKH bewilligt, stellt sich die Frage, ob die während der Dauer der Beratungshilfe angefallenen Gebühren entsprechend § 58 Abs. 2 RVG auf die Differenz zwischen der Wahlanwaltsvergütung und der niedrigeren PKH-Vergütung angerechnet werden kann oder nicht. Pukall[27] spricht sich ohne Begründung dafür aus, dass die aus der Staatskasse anzurechnenden Beträge nicht auf die Differenz zwischen der Wahlanwaltsvergütung und der PKH-Vergütung anzurechnen seien, sondern in vollem Umfang auf die aus der Staatskasse im Wege der PKH zu zahlenden Beträge. Dagegen spricht, dass Abs. 2 der Anm. zu Nr. 2603 VV die hälftige Anrechnung auf die Gebühren für ein anschließendes gerichtliches oder behördliches Verfahren vorschreibt. Daraus ergibt sich zweierlei:

---

27   In: Mayer/Kroiß, RVG, Nr. 2603 VV Rn. 8.

- Die Gebühr nach Nr. 2603 VV wird auf die nachfolgende Gebühr angerechnet. Sie entsteht daher in voller Höhe. Der Anspruch gegen die Staatskasse bleibt i.h.v. 70 € nebst Auslagen und Umsatzsteuer erhalten.[28] Die Anrechnung erfolgt auf die zeitlich nachfolgende Gebühr; mithin bei einem etwaigen Anspruch gegen die Staatskasse bei nachfolgender PKH-Bewilligung dadurch, dass dort Vorschüsse oder Zahlungen Dritter anzugeben sind.

- Die aus der Staatskasse gezahlte Beratungsgebühr nach Nr. 2601 VV bzw. die Geschäftsgebühr nach Nr. 2603 VV sind kein Vorschuss auf die Vertretung im PKH-Bewilligungsverfahren. Sie werden angerechnet, auf die „Gebühren im nachfolgenden Verfahren".

Die Gebühren im nachfolgenden Verfahren berechnen sich aber nach der Wahlanwaltsvergütung. Der Geltendmachung dieser Gebühren gegen den Mandanten steht lediglich die Sperrwirkung des § 122 ZPO entgegen. Der Anspruch gegen die Staatskasse richtet sich nach der niedrigeren Tabelle nach § 49 RVG. Dies ändert aber nichts daran, dass die Frage, in welcher Höhe der Anwalt Ansprüche gegen die Staatskasse geltend machen kann, nicht mit der Frage verquickt werden soll, welche Gebühren entstehen.

(2) **Anrechnung der Geschäftsgebühr auf eine nachfolgende Tätigkeit bei der Vertretung mehrerer Auftraggeber**

- Hier stellt sich die Frage, wie angerechnet werden soll, wenn der Rechtsanwalt nicht mehr alle Auftraggeber auch im anschließenden gerichtlichen Verfahren vertritt, z.B. weil er für einzelne Auftraggeber deren Ansprüche erfolgreich außergerichtlich geltend machen konnte.

- Da die Gebühren nach Teil 2 Abschnitt 6 VV Festgebühren sind, scheidet m.E. eine Anrechnung nach dem Verhältnis der Gegenstandswerte aus.

---

28   Anders Enders, RVG für Anfänger, Rn. 572.

- Es verbleiben dann noch die Möglichkeiten einer Anrechnung nach Kopfteilen oder einer Anrechnung nur nach dem Betrag der Erhöhung oder nach dem Betrag ohne die Erhöhung.

Beispiel:

Der Rechtsanwalt wird während der Trennungszeit beauftragt, für die Kindesmutter und die beiden bei ihr lebenden minderjährigen Kinder Unterhaltsansprüche gegen den Ehemann und Kindesvater geltend zu machen. Die Kindesmutter legt ihm einen Berechtigungsschein vor für „Ehegattentrennungs- und Kindesunterhalt". Der Kindesvater erkennt die Kindesunterhaltsansprüche außergerichtlich an. Wegen des Ehegattentrennungunterhaltsanspruchs wird ein gerichtliches Verfahren notwendig.

Die Geschäftsgebühr beträgt 112 € (ohne Auslagen und Umsatzsteuer; 70 € + 2 x 21 €).

In Betracht kommt die Anrechnung:

- *eines Betrages von 18,67 € (112 € geteilt durch 3 Auftraggeber ergeben je Auftraggeber 37,34 € gerundet; 50 % hiervon ergeben den Anrechnungsbetrag),*

- *eines Betrages von 10,50 € (die Hälfte des Erhöhungsbetrages),*

- *eines Betrages von 35 € (die Hälfte der Gebühr nach Nr. 2603 VV).*

M.E. sollte eine Anrechnung nach Kopfteilen erfolgen, da die Tätigkeit für weitere Auftraggeber zur Erhöhung der Ausgangsgebühr führt und nicht zu einem eigenständigen Gebührentatbestand. Es lässt sich daher auch nicht ermitteln, wer zu welchem Teil an der Gebühr beteiligt war. **690**

Neben der Beratungsgebühr bzw. der Geschäftsgebühr kann auch noch die **Einigungsgebühr** nach Nr. 2608 VV i.H.v. 125 € entstehen. Da Abs. 1 der Anm. zu Nr. 2608 VV auf die Anm. zu Nr. 1000 VV verweist, müssen insoweit die gleichen Voraussetzungen für das Entstehen der Gebühr erfüllt sein, wie dies auch im Wahlanwaltsmandat der Fall wäre. **691**

Die **Aussöhnungsgebühr** entsteht in Beratungshilfeangelegenheiten nicht, da sie nicht in der Liste der Nummer, die in Nr. 2603 VV aufgezählt sind, erwähnt wurde.[29]

692 Nimmt der Mandant Beratungshilfe in Anspruch, ist eine **Vergütungsvereinbarung** nach § 4 Abs. 6 RVG i.V.m. § 8 BerHG **nichtig**. § 8 BerHG heißt wörtlich: „Eine Vereinbarung über die Vergütung ist nichtig."

Um Missverständnissen vorzubeugen, sind hier die einzelnen Situationen und Fallgestaltungen sehr genau **zu differenzieren**:

(1) Ist der Rechtssuchende berechtigt, Beratungshilfe in Anspruch zu nehmen; will er diese aber nicht in Anspruch nehmen, kann mit ihm eine Vergütungsvereinbarung getroffen werden. Das Mandat kommt in diesem Fall zu Wahlanwaltsbedingungen zustande.[30]

(2) Der Rechtssuchende bringt den Berechtigungsschein bereits mit. In diesem Fall ist unstreitig jegliche Vereinbarung über die Vergütung nichtig.

(3) Der Rechtssuchende bringt den Berechtigungsschein noch nicht mit. Er möchte sofort beraten werden.

Es ist umstritten, ob für diesen Fall eine wirksame Vergütungsvereinbarung getroffen werden kann mit der Maßgabe, dass diese nur gelten soll, wenn dem Rechtssuchenden keine Beratungshilfe bewilligt wird. Diejenige, die die Vereinbarung für unwirksam halten, verweisen auf den Wortlaut des § 8 BerHG.[31] Kalthoener/Büttner/Wrobel-Sachs[32] und Pukall[33] weisen demgegenüber zutreffend darauf hin, dass die Vereinbarung in diesem Fall als wirksam angesehen werden sollte. Wenn sich nach der Beratung herausstelle, dass der Rechtssuchende die subjektiven Anforderungen an die Beratungshilfe nicht

---

29   Hansens, in: Hansens/Braun/Schneider, Praxis des Vergütungsrechts, Teil 6 Rn. 98.
30   Brieske, AGS 1995, 43.
31   Schoreit/Dehn, Beratungshilfe, Prozesskostenhilfe, § 8 BerHG Rn. 2; Hansens, in: Hansens/Braun/Schneider, Praxis des Vergütungsrechts, Teil 6 Rn. 72.
32   Prozesskostenhilfe und Beratungshilfe, Rn. 996.
33   In: Mayer/Kroiß, RVG, § 44 Rn. 37.

erfülle, sei er nicht aufgrund seiner sozialen Lage schutzwürdig. Dem könnte entgegengehalten werden, dass der Rechtsuchende nicht weiß, ob er die Voraussetzungen erfüllt und dass zudem die regionale Handhabung bei der Gewährung von Beratungshilfe durch die Gerichte sehr unterschiedlich sei. Diese Unsicherheit haben Anwalt und Mandant aber in den geschilderten Fällen gesehen und diese ausdrücklich zum Bestandteil ihrer Vereinbarung gemacht. Wenn es dem Rechtssuchenden darauf angekommen wäre, den Rechtsrat nur in Anspruch zu nehmen, wenn er auch einen Berechtigungsschein erhält, hätte er den Auftrag nicht erteilt, sondern zunächst die Frage der Berechtigung geklärt und erst dann die Beratung in Anspruch genommen. Nach Auffassung von Pukall[34] ist aber eine solche Vereinbarung der Höhe nach auf die gesetzliche Vergütung beschränkt. Die Vereinbarung der gesetzlichen Vergütung stelle in diesem Fall aber eine Vergütungsvereinbarung dar, da das Mandat ansonsten nur zu den Gebühren des Teil 2 Abschnitt 6 VV zustande komme.

(4) Erteilt der Mandant den Auftrag zunächst als Wahlanwaltsmandat und beantragt er später, ihm einen Berechtigungsschein zu erteilen, kommt das Mandat zunächst zu Wahlanwaltsgebühren zustande. Das Verlangen nach einem Berechtigungsschein enthält die Kündigung des Wahlanwaltsmandats mit der Folge, dass bei Bewilligung von Beratungshilfe für die Zukunft nur noch die Gebühren des Teil 2 Abschnitt 6 VV maßgebend sind. Die Wirksamkeit der Vergütungsvereinbarung wird damit für die Zeit vom Beginn des Auftrages bis zur Kündigung nicht berührt.[35]

> **Hinweis:**
>
> Steht noch nicht fest, ob der Rechtssuchende Beratungshilfe erhält und wollen Anwalt und Rechtssuchender für den Fall, dass keine Beratungshilfe bewilligt wird, eine Vergütungsvereinbarung treffen,

---

34 In: Mayer/Kroiß, RVG, § 44 Rn. 37.
35 Brieske, Honorarvereinbarung, S. 48.

sollte der Rechtssuchende zunächst mit dem Amtsgericht die Frage klären, ob er Beratungshilfe erhält oder nicht.

VII. Kostenerstattungsanspruch gegen den Gegner nach § 9 BerHG

693 § 9 BerHG ist eine in der Praxis leider viel zu selten beachtet Vorschrift. Nach § 9 Satz 1 BerHG gehen Kostenerstattungsansprüche des Mandanten gegen den Gegner auf den Rechtsanwalt über. Der Übergang darf nicht zum Nachteil des Mandanten geltend gemacht werden (§ 9 Satz 2 BerHG). Zahlt der Gegner mithin an den Rechtsanwalt Beträge, die nicht die volle Höhe des Anspruchs des Rechtssuchenden und der Anwaltsgebühren erreichen, sind eingehende Zahlungen zunächst auf die Forderungen des Rechtssuchenden zu verrechnen.

694 Voraussetzung dafür, dass Ansprüche übergehen können, ist, dass solche überhaupt entstanden sind. Grundlage hierfür sind materiell-rechtliche Erstattungsansprüche des Mandanten gegen den Gegner. Angesichts der Tatsache, dass im Hinblick auf die geänderte Anrechnung der Gebühr für die außergerichtliche Tätigkeit nach Nr. 2400 VV die Bedeutung und Kenntnis materiell-rechtlicher Erstattungsansprüche ohnehin im Bewusstsein der Rechtsanwälte aber auch der Gerichte gewachsen ist und weiter wachsen wird, lassen sich diese Kenntnisse auch im Verhältnis zum Gegner einsetzen.

695 Da vom Gegner eingehende Zahlungen nach § 58 Abs. 1 RVG auf die aus der Landeskasse zu zahlende Vergütung angerechnet werden, kann dies auch zu einer Entlastung der Länder führen.

Hinweis:

Die nach § 9 BerHG auf den Rechtsanwalt übergehenden Ansprüche sind solche nach der Wahlanwaltstabelle. Der Gegner soll nicht dadurch entlastet werden, dass der Mandant Beratungshilfe erhält.

Beim **Anspruchsübergang** ist noch zu beachten, dass der Rechtsan- 696
walt die auf ihn übergegangenen Ansprüche gegen den Gegner **im eigenen Namen und auf eigenes Kostenrisiko** geltend macht. Einwendungen, die dem Gegner gegen den Mandanten wegen der Anwaltskosten zustehen, kann der Gegner auch dem Rechtsanwalt entgegenhalten.

Hat der Mandant die Beratungshilfegebühr von 10 € nach Nr. 2600 VV 697
an den Rechtsanwalt gezahlt und erhält dieser vom Gegner die **vollen
Anwaltsgebühren nach der Wahlanwaltstabelle erstattet**, muss der
Rechtsanwalt dem Mandanten die Beratungshilfegebühr von 10 € erstatten.

Angesichts der **mit der Durchsetzung verbundenen wirtschaftlichen** 698
Risiken ist der Rechtsanwalt nicht verpflichtet, den Anspruch geltend
zu machen.[36]

---

36 Hansens, in: Hansens/Braun/Schneider, Praxis des Vergütungsrechts, Teil 6 Rn. 83.

G. Vorschuss- oder Erstattungsansprüche gegen den Gegner

I. Prozesskostenvorschuss

Die Frage nach einem Prozesskostenvorschussanspruch gegen den Geg-   699
ner oder sonstige Dritte wird in familienrechtlichen Sachverhalten häufig gestellt. Der Anwendungsbereich geht jedoch weit über familienrechtliche Streitigkeiten hinaus und erfasst alle gerichtlichen Verfahren
in persönlichen Angelegenheiten zwischen denjenigen Personen, die
einander prozesskostenvorschusspflichtig sind. Dementsprechend wird
vielfach die Bewilligung von PKH davon abhängig gemacht, dass ein
Prozesskostenvorschussanspruch nicht besteht. Ob beim Antrag auf Bewilligung von PKH überhaupt zu einem Prozesskostenvorschussanspruch vorzutragen ist, ob nachgewiesen werden muss, dass dieser erfolglos geltend gemacht wurde und ob dafür ggf. auch noch der Ver-
such einer Durchsetzung im einstweiligen Rechtsschutz erforderlich ist,
ist regional sehr unterschiedlich.

Aufgrund seiner Bedeutung ist es daher notwendig, sich näher mit dem
Prozesskostenvorschuss zu beschäftigen.

1. Grundsätzliches

Im nationalen Recht werden sowohl der Anspruch auf Zahlung eines   700
Prozesskostenvorschussanspruches als auch der Anspruch auf dessen
Rückzahlung als **unterhaltsrechtliche Ansprüche** angesehen. Daraus
folgt, dass der **Verpflichtete** gegen den Anspruch auf Zahlung des Prozesskostenvorschusses **nicht aufrechnen** kann.[1]

Der Prozesskostenvorschuss unterliegt einer „treuhänderischen Zweck-
gebundenheit", die auch eine Abtretung an andere Personen als den
bevollmächtigten Rechtsanwalt und das Gericht – jeweils wegen der bei

---

1   BGHZ 94, 316, 322.

diesen entstehenden Kosten – verbietet und die eine **Pfändung des Anspruches ausschließt.**[2]

701   Der Verpflichtete (= Rückzahlungsberechtigte) kann mit seinem Rückerstattungsanspruch gegen Zahlungsansprüche des Empfängers aufrechnen.[3]

Der Anspruch auf Zahlung des Prozesskostenvorschusses und der Rückzahlungsanspruch sind vor den **Familiengerichten** geltend zu machen und zwar unabhängig davon, wegen welchem gerichtlichen Verfahren der Prozesskostenvorschussanspruch geltend gemacht wird. Mithin ist auch für die Entscheidung über einen Anspruch auf Zahlung eines Prozesskostenvorschusses wegen eines arbeitsgerichtlichen Verfahrens das Familiengericht **zuständig.**

702   Gegenüber einem **Rückzahlungsanspruch** greift nicht der **Einwand der Entreicherung,** weil es sich nicht um einen bereicherungsrechtlichen Anspruch handelt, sondern um einen Vorschussanspruch.[4] Es können aber Billigkeitserwägungen eingreifen, die letztlich doch dazu führen, dass der erhaltene Betrag zurückzugewähren ist. Dies gilt insbesondere dann, wenn sich nachträglich herausstellt, dass die Angaben des Anspruchstellers zu seinen persönlichen und wirtschaftlichen Verhältnissen falsch waren und ihm unter Zugrundelegung der tatsächlichen Verhältnisse kein Anspruch zugestanden hätte.[5]

Bei **gemischtnationalen Ehen** oder **Ehen von Ausländern** mit gewöhnlichem Aufenthalt in der Bundesrepublik Deutschland kann ein Prozesskostenvorschussanspruch nach deutschem Recht unter den danach geltenden Voraussetzungen geltend gemacht werden. Da der Anspruch nach deutschem Recht unterhaltsrechtlicher Natur ist, kommt es

2   BGHZ 94, 316, 322.
3   OLG Koblenz, FamRZ 2000, 1219 nur LS.
4   BGHZ 110, 247, 252 = FamRZ 1990, 491 f.
5   Gerhardt, in: Wendl/Staudigl, Das Unterhaltsrecht in der familienrichterlichen Praxis, § 6 Rn. 240.

darauf an, ob nach den Bestimmungen des EGBGB deutsches Unterhaltsrecht zur Anwendung kommt. Kommt ausländisches Recht zur Anwendung, kann geprüft werden, ob auch nach dem ausländischen Recht
ein Prozesskostenvorschussanspruch gegeben ist. Davon zu unterscheiden ist aber die Frage, ob dieser auch nach der ausländischen Rechts-
ordnung als materiell-rechtlicher Anspruch oder als verfahrensrechtlicher Anspruch ausgestaltet ist.

2. Voraussetzungen im Allgemeinen

Es gibt nur wenige ausdrückliche gesetzliche Bestimmungen zum Pro-   703
zesskostenvorschussanspruch. Die **Tatbestandsmerkmale** werden vor
allen Dingen aus § 1360a Abs. 4 BGB entnommen, auf den § 1361 Abs. 4
BGB verweist. Die Tatbestandsmerkmale des § 1360a Abs. 4 BGB werden in entsprechender Weise auch beim **Verwandtenunterhalt** zugrunde gelegt. Im Hinblick auf die Vielzahl der Fallgestaltungen, sollen
die Kriterien für die Beurteilung in Tabellenform dargestellt werden.

a) Betroffener Personenkreis

Ehegatten	704

- während bestehender Ehe vor Trennung (+), § 1360a Abs. 4 BGB,

- in der Trennungszeit bis zur rechtskräftigen Scheidung (+), § 1361
  Abs. 4 i.V.m. § 1360a Abs. 4 BGB,

- nach rechtskräftiger Ehescheidung (–), keine ausdrückliche gesetzliche Regelung; weder als Bedarf nach den ehelichen Lebensverhältnissen noch als Sonderbedarf[6] (daher ggf. in Vereinbarungen regeln!).

---

6   BGH, FamRZ 1984, 148 f.; s. hierzu auch die Ausführungen zu Sonderbedarf als Grundla-
     ge materiell-rechtlicher Erstattungsansprüche in Teil B Rn. 361 ff.

Kinder ./. Eltern

- Minderjährige (+), § 1601 BGB, wegen der gesteigerten Unterhaltspflicht bestehe eine Beziehung, die der Situation zwischen Ehegatten vor rechtskräftiger Scheidung vergleichbar sei,

- Volljährige (umstr.),

- privilegierte Volljährige, (+) OLG Hamm:[7] gegen beide Elternteile entsprechend der Haftungsquote, die sich aus dem Einkommen der Eltern ergibt,

- Volljährige ohne eigene Lebensstellung
  (–) OLG Hamm:[8] keine ausdrückliche gesetzliche Grundlage; nicht § 1360a Abs. 4 BGB analog, da nach Eintritt der Volljährigkeit keine Einstandspflicht, die derjenigen zwischen Ehegatten entspricht; kein Sonderbedarf, kein laufender Unterhaltsbedarf,
  (+) OLG Hamm:[9] besondere Pflichtenstellung der Eltern ende erst durch Heirat des Kindes oder durch den Abschluss der Ausbildung; so auch OLG Köln,[10]

- Volljährige mit eigener Lebensstellung (Stichwort: Finanzierung der Ehescheidung durch die Eltern) (–)[11]

- Kind ./. Putativvater (str.)
  Befürworter: Putativvater kann auch bereits auf Unterhalt in Anspruch genommen werden; daher auch auf Zahlung eines Prozesskostenvorschusses;
  Gegner: Vaterschaft soll in diesem Prozess erst geklärt werden.[12]

---

7   13. FamS, NJW 1999, 798 f.
8   13. FamS, FamRZ 1996, 1021 f.; 10. FamS, FamRZ 1995, 1008 f.
9   8. FamS, FamRZ 2000, 255.
10   FamRZ 2000, 757.
11   OLG Hamm, FamRZ 1996, 1433 (... jedenfalls ...).
12   OLG Koblenz, FamRZ 1999, 241 f.

- Kind ./. Scheinvater
Gehört zum betroffenen Personenkreis, daher auf dieser Stufe (+);aber bei Verfahren auf Anfechtung der Vaterschaft ist die Frage der Billigkeit zu prüfen.

- Kind ./. betreuenden Elternteil für Unterhaltsverfahren gegen den barunterhaltspflichtigen Elternteil:

- Nach Auffassung des BGH[13] ist auch der kindesbetreuende Elternteil prozesskostenvorschusspflichtig; dies gelte auch dann, wenn der Vorschuss nicht in einer Summe, sondern entsprechend den Raten des § 115 Abs. 1 und 2 ZPO gezahlt werden könne; der BGH weist in der Entscheidung ausdrücklich auf die abweichende Auffassung zahlreicher Oberlandesgerichte hin.

- „Nichteheliche" Kindesmutter ./. Kindesvater (–)

- Partner einer nichtehelichen Lebensgemeinschaft im Verhältnis zueinander (–)

- Enkel ./. Großeltern/Urenkel ./. Urgroßeltern (str.).[14]

b) **Rechtsstreit**

- Grds. nur für einen Rechtsstreit, unabhängig davon, ob es sich um ein Klagverfahren oder ein Verfahren im einstweiligen Rechtsschutz handelt.   705

- Ausnahme: Das OLG Karlsruhe[15] hat einen Vorschussanspruch auch für eine vollstreckbare Urkunde zugelassen.

---

13 Beschl. v. 4.8.2004 – XII ZA 6/04.
14 OLG Koblenz, FamRZ 1999, 241 f. (–), soweit sonst PKH zu bewilligen wäre, weil PKH-Voraussetzungen seit Januar 1995 der Sozialhilfe angenähert sind und in dieser die Großeltern nicht leisten müssten, wenn die Eltern nicht leistungsfähig wären; (+) OLG Koblenz, FamRZ 1997, 681; LG Koblenz, FamRZ 2000, 761: Erklärung über die persönlichen und wirtschaftlichen Verhältnisse bei PKH-Antrag müsse sich daher auch auf die wirtschaftlichen Verhältnisse der Großeltern und Urgroßeltern (!!) erstrecken.
15 FamRZ 1984, 584 f.

- Nach ganz überwiegender Auffassung (–), für außergerichtliche Tätigkeit, aber: nach Auffassung von Borth[16] sprechen Sinn und Zweck der Regelung des § 1360a Abs. 4 BGB gegen eine Begrenzung auf einen Rechtsstreit. Die aus der allgemeinen Unterhaltspflicht abgeleitete allgemeine Einstandspflicht lasse sich sinnvoll nicht auf einen Prozess begrenzen. Entgegen der Auffassung von Borth liegt die Bedeutung seiner weiten Auslegung nicht nur im Bereich der Beratungshilfe, sondern nach der geänderten Anrechnungsbestimmung für die außergerichtlich entstandene Geschäftsgebühr nach Nr. 2400 VV in den sich daraus ergebenden Konsequenzen für einen materiell-rechtlichen Erstattungsanspruch, auf den der Berechtigte seinen Anspruch auf Erstattung der nicht anrechenbaren Geschäftsgebühr stützen könnte.

c) Persönliche Angelegenheit

706   Eine persönliche Angelegenheit wurde u.a. in folgenden Fällen **bejaht**:

- Räumungsrechtsstreit für ein volljähriges, in Ausbildung befindliches Kind,[17]

- Ersatz von Steuernachteilen gegen den früheren Ehegatten aus der Durchführung des begrenzten Realsplittings,[18]

- Auskunftsanspruch, der der Vorbereitung einer Unterhaltsklage dient,[19]

- Prüfungsrechtsstreit,[20]

- Klage auf Zahlung von Schmerzensgeld,[21]

---

16   In: Schwab, Handbuch des Scheidungsrechts, IV Rn. 83.
17   LG Bremen, FamRZ 1992, 984.
18   OLG Hamm, FamRZ 1989, 277 f.
19   OLG Zweibrücken, FamRZ 1998, 490 f.
20   OVG Münster, FamRZ 2000, 21.
21   LG Koblenz, FamRZ 2000, 761.

- alle familienrechtlichen Sachverhalte, wie z.B. Ehescheidung, Unterhalt etc.,

- für arbeitsrechtliche Kündigungsschutzprozesse in aller Regel bejaht.[22]

Demgegenüber wird die persönliche Angelegenheit **verneint** bei: 707

- finanziellen Ausgleichsforderungen eines geschiedenen Ehegatten gegen dessen früheren Ehegatten, die ihre Grundlage nicht in familienrechtlichen Sachverhalten, sondern in sonstigen vermögensrechtlichen Anspruchsgrundlagen haben (z.B. § 426 BGB),[23]

- Mieterhöhungsrechtsstreit eines volljährigen, in Ausbildung befindlichen Kindes.[24]

d) Bedürftigkeit des Berechtigten

Für die Bedürftigkeit des Berechtigten gilt Folgendes: 708

- Dieser muss, anders als beim Unterhalt, auch den Stamm eigenen Vermögens einsetzen; dementsprechend ist es ihm auch zumutbar, eine Vorauszahlung auf den Zugewinnausgleich für die Begleichung seiner eigenen Anwaltsvorschusskostenrechnung einzusetzen; Abweichendes kann sich nur aus Billigkeitsgesichtspunkten ergeben.

- Bedürftigkeit ist grds. nicht gegeben, wenn der Berechtigte den Vorschussanspruch aus seinem eigenen Einkommen zahlen kann. Es kommt nicht darauf an, ob der Verpflichtete über ein höheres Einkommen verfügt und diesem die Zahlung des Vorschusses leichter fallen würde.

---

22 Kalthoener/Büttner/Wrobel-Sachs, Prozesskostenhilfe und Beratungshilfe, Rn. 365 m.w.N.; ablehnend für sonstige arbeitsrechtliche Streitigkeiten; auch insoweit m.w.N.
23 OLG Köln, FamRZ 1993, 1333 f.
24 LG Bremen, FamRZ 1992, 983 f.

e) Leistungsfähigkeit des Verpflichteten

709 Es bleibt abzuwarten, ob die bisher umstrittene Frage, ob der Verpflichtete auch dann leistungsfähig ist, wenn er selbst die Voraussetzungen für PKH mit Ratenzahlung erfüllt, angesichts der dies bejahenden Rechtsprechung des BGH[25] aufrecht erhalten bleibt. In der **bisherigen Rechtsprechung der Instanzgerichte** war dies umstritten:

- dagegen:
  OLG Bamberg, FamRZ 2000, 1093 (nur LS; ausdrückliche Aufgabe der früheren anderslautenden Rspr.), OLG Oldenburg, FamRZ 1999, 1148 f.

- dafür:
  OLG Köln, FamRZ 1999, 792: betr. PKV eines Kindes gegen seine Mutter für ein Verfahren auf Feststellung der Vaterschaft; aber: der Mutter müsse der angemessene Selbstbehalt (hier: 1.800 DM) verbleiben und nicht nur der Betrag nach der Tabelle zu § 115 ZPO,

- nicht leistungsfähig, wenn nur aus Vermögen gezahlt werden könnte, das für den eigenen Unterhalt benötigt wird (OLG Düsseldorf, FamRZ 1999, 1673).

f) Billigkeitserwägungen

710 - Prozessaussichten – kein Prozesskostenvorschuss für mutwilligen oder von vornherein aussichtslosen Prozess.[26]
  Die **Erfolgsaussichten** werden wie bei einem PKH-Antrag beurteilt.[27] Dies gilt nicht, wenn im Scheidungsverfahren der Antrags-

---

25 Beschl. v. 4.8.2004 – XII ZA 6/04.
26 OLG Zweibrücken, FamRZ 1998, 490 f. betreffend Auskunftsantrag eines unterhaltsberechtigten Kindes, wenn der Barunterhaltspflichtige erklärt „jeden Unterhaltsanspruch des Kindes decken zu können".
27 BGH, Beschl. v. 7.2.2001 – XII ZB 2/01, FamRZ 2001, 1363 = NJW 2001, 1646; Scholz, in: Wendl/Staudigl, Das Unterhaltsrecht in der familienrichterlichen Praxis, § 6 Rn. 30.

gegner einen Prozesskostenvorschussanspruch wegen der ihm im Scheidungsverfahren entstehenden Kosten geltend macht, da die Klärung der statusrechtlichen Fragen auf Antragsgegnerseite keine Erfolgsaussichtenprüfung verlangt.[28]

- Eine vereinzelt gebliebene Auffassung des KG:[29] Prozesskostenvorschuss für Ehescheidungsverfahren nur dann, wenn ein Fall der Härte nach § 93a Abs. 1 Satz 2 ZPO vorliege, da anderenfalls der Grundsatz der Kostenaufhebung gegeneinander unterlaufen werde. Dieser Entscheidung des 16. ZS ist der 18. ZS ausdrücklich entgegengetreten und hat einen Prozesskostenvorschussanspruch nicht wegen Unbilligkeit versagt.[30]

- Umstritten für die Frage, ob der zweite Ehegatte den Prozess seines Ehegatten gegen den früheren Ehegatten wegen vermögensrechtlicher Ansprüche aus der beendeten Ehe bezahlen muss;[31] dem zweiten Ehegatten sei die Zahlung eines Prozesskostenvorschusses für eine Klage seines Ehepartners gegen dessen geschiedenen Ehepartner auf Steuerausgleich zumutbar.[32]

- Billigkeit bejaht, für Prozesskostenvorschuss betr. die Berufung gegen ein Urteil, mit dem er zur Zahlung von Unterhalt verurteilt wurde, wenn die Unterhaltsberechtigte den Vorschussanspruch aus Vermögen erfüllen kann (OLG Zweibrücken, FamRZ 1999, 1149 f.).

- Umstritten für Verfahren auf Anfechtung der Vaterschaft.[33] Die Befürworter stellen darauf ab, dass der Inanspruchgenommene in

---

28 Borth, in: Schwab, Handbuch des Scheidungsrechts, IV Rn. 79 m.w.N.
29 FamRZ 1995, 680.
30 FamRZ 2003, 773.
31 Scholz, in: Wendl/Staudigl, Das Unterhaltsrecht in der familienrichterlichen Praxis, § 6 Rn. 30.
32 OLG Hamm, FamRZ 1989, 277f.
33 Scholz, in: Wendl/Staudigl, Das Unterhaltsrecht in der familienrichterlichen Praxis, § 6 Rn. 30 m.w.N.

rechtlicher Hinsicht Vater sei und auch einen Erstattungsanspruch gegen den „tatsächlichen" Vater habe. Die Gegner weisen darauf hin, dass das Kind selbst geltend mache, sein rechtlicher Vater sei nicht sein leiblicher Vater. Der Erstattungsanspruch des rechtlichen Vaters gegen den leiblichen Vater sei in aller Regel wirtschaftlich nicht durchsetzbar.

g) Zeitpunkt des Vorschussverlangens bzw. der -zahlung

711 Ein Anspruch auf Zahlung eines Prozesskostenvorschusses kann nicht mehr nach dem Ende der Instanz erstmals verlangt werden. Dies ergibt sich bereits daraus, dass es sich um einen Vorschuss handelt und nicht um einen Erstattungsanspruch.

Die Rechtsprechung lässt den Streit über einen Prozesskostenvorschussanspruch aber auch nach Beendigung der Instanz noch zu, wenn das Vorschussverlangen rechtzeitig zuvor geltend gemacht wurde.[34] Diese Auffassung ist allerdings nicht unbestritten.

> **Hinweis:**
>
> Im Hinblick auf die zeitlichen Grenzen eines Prozesskostenvorschussanspruches sollte der Rechtsanwalt rechtzeitig an einen Prozesskostenvorschussanspruch denken.
>
> Vertritt er denjenigen, der Ansprüche auf nachehelichen Ehegattenunterhalt bzw. auf Zugewinnausgleich geltend machen will, sollte bedacht werden, dass kein Anspruch zwischen geschiedenen Ehegatten besteht, so dass die Frage, ob diese Ansprüche im Scheidungsverbund oder isoliert nach der Scheidung geltend gemacht werden sollen, auch im Hinblick auf den Prozesskostenvorschussanspruch zu überlegen sind.

Das Gericht kann einer Partei, die rechtzeitig vor der Scheidung der Ehe PKH beantragt hat, diese nach erfolgter Scheidung nicht mit der Be-

---

34   OLG Karlsruhe, FamRZ 2000, 431.

gründung verweigern, die Partei hätte einen Prozesskostenvorschussanspruch geltend machen müssen.[35]

h) Maßnahmen des „potentiell" Verpflichteten

Der potentiell Prozesskostenvorschusspflichtige wird – wenn er auch po-   712
tentiell Zugewinnausgleichsverpflichteter ist – dem Ehegatten einen Vor-
abbetrag auf den Zugewinnausgleich zahlen, aus dem dieser die Prozesskosten selbst bestreiten kann.

3. Rückforderung

Da es sich bei dem Prozesskostenvorschussanspruch nur um einen „Vor-   713
schuss" handelt, kann dieser zurückgefordert werden, wenn die Voraussetzungen für ihn nicht mehr bestehen. Dies kann der Fall sein,

* weil sich die **wirtschaftlichen Verhältnisse** auf Seiten des Empfängers **wesentlich verbessert** haben. Der BGH[36] führt hierzu aus: „Er
  muss den empfangenen Vorschuss zurückgewähren, wenn die Voraussetzungen, die ihn berechtigen, den Vorschuss zu verlangen,
  nicht mehr gegeben sind. So ist es insbesondere, wenn sich seine
  wirtschaftlichen Verhältnisse wesentlich gebessert haben, so dass er
  in der Lage ist, dass Empfangene zurückzugewähren, ohne dadurch
  seinen oder seiner Familie notwendigen Unterhalt zu gefährden.
  Wenn die Ehe aufgelöst ist und der Empfänger des Vorschusses gegen den anderen Ehegatten einen Anspruch auf Zugewinnausgleich
  hat, kann der zugewinnausgleichspflichtige Ehegatte gegenüber diesem Anspruch mit seinem Anspruch auf Rückzahlung des gewähr-
  ten Prozesskostenvorschusses aufrechnen."

* wenn die Rückforderung aus anderen Gründen der Billigkeit entspricht. Ein Unterliegen des Empfängers im Prozess reicht als solches
  hierfür nicht aus;[37] eine gegen den Empfänger gerichtete Kosten-

---

35 Kalthoener/Büttner/Wrobel-Sachs, Prozesskostenhilfe und Beratungshilfe, Rn. 358 m.w.N.
36 BGHZ 56, 92, 96 f.
37 BGHZ 56, 92, 97.

grundentscheidung im Prozess[38] führt ohne Hinzutreten weiterer Umstände nicht einmal dazu, dass die Vollstreckung aus einem zuvor ergangenen Titel auf Zahlung eines Prozesskostenvorschussanspruches unzulässig wird;[39]

- wenn die gesetzlichen Voraussetzungen für einen Prozesskostenvorschussanspruch von vornherein nicht vorlagen.[40]

> **Hinweis:**
>
> Da die Rechtsprechung den Prozesskostenvorschussanspruch entsprechend dem Wortlaut nur als „Vorschuss" ansieht, sollte die Frage einer Rückforderung mit bedacht und geregelt werden, wenn die Parteien sich über die Folgen der Trennung und Scheidung einigen.

4. Verhältnis des Prozesskostenvorschussanspruches zur Kostengrundentscheidung

714 Der Prozesskostenvorschussanspruch und die Frage, welche Kosten der Partei nach der vom Gericht getroffenen Kostengrundentscheidung zu erstatten sind, stehen grds. nebeneinander. Es handelt sich um **unterschiedliche Regelungsbereiche**. Gleichwohl kann nicht verkannt werden, dass die beiden Ansprüche eine Schnittstelle bei der Frage haben, welche Kosten der bisher auf Zahlung eines Prozesskostenvorschusses in Anspruch genommene, der diesen auch gezahlt hat, dem Gegner ggf. nach einem gewonnenen Verfahren noch erstatten muss.

715 Der Ausgleich kann dergestalt herbeigeführt werden, dass gegen den im Rechtsstreit Unterliegenden, der bereits den Prozesskostenvorschuss

---

38 BGHZ 94, 316, 317 f.
39 BGHZ 94, 316, 318.
40 BGHZ 110, 246 ff.: tituliert im Wege einer einstweiligen Anordnung; AStin hatte behauptet, das monatliche Nettoeinkommen des AG läge bei 5.000 DM; AG war vor Erlass nicht gehört worden und war nicht anwaltlich vertreten; tatsächlich betrug der Gesamtjahresgewinn zwischen 16.469 DM und 2.340 DM. Das mtl. Nettoeinkommen der AStin lag bei 2.000 DM. Kein Ausschluss der Rückzahlung auch bei gutem Glauben an den eigenen Vortrag.

gezahlt hat, nur noch die Kosten festgesetzt werden, die den Prozesskostenvorschuss übersteigen. Die Gerichte formulieren daher: „Ein
unterhaltsrechtlicher Prozesskostenvorschuss ist im Fall einer Entscheidung, die die Kosten nach Quoten verteilt, auf den Kostenanspruch des
Vorschussempfängers nur anzurechnen, wenn und soweit die Summe
aus Erstattungsbetrag und Vorschuss den Gesamtbetrag der den Vor-
schussempfänger treffenden Kosten übersteigt."[41]

II. Verfahrensrechtliche Kostenerstattungsansprüche

Auch die Kostengrundentscheidungen in ehe- und familienrechtlichen   716
Streitigkeiten folgen den allgemeinen Kostenerstattungsregelungen der
§§ 91 ff. ZPO. Insoweit kann auf die Kommentare zur ZPO und zum
verfahrensrechtlichen Kostenerstattungsrecht verwiesen werden. Es sollen nur einzelne Besonderheiten in familienrechtlichen Sachverhalten
angesprochen werden.

1. Isolierte ZPO-Verfahren

a) §§ 91, 92 ZPO

Für den Familienrechtler ergeben sich zum Teil besondere Fragen nach   717
dem Verhältnis des Obsiegens zum Unterliegen bzw. des Teilobsie-
gens/Teilunterliegens bei **Unterhaltsklagen.** Hier geht es um die Frage, wie wird der **Prozentsatz des Teilobsiegens zum Teilunterliegen**
ermittelt.

In Betracht kommt, diese nach dem Verhältnis zu verteilen, in dem die   718
Gebührenstreitwerte zueinander stehen. Nach diesen Werten sind Kosten entstanden.

Mit einer solchen Verteilung würde aber unbeachtet bleiben, dass der
Unterhaltsrückstand ggf. völlig ungleichgewichtig zu seiner Bedeutung
mit in die Berechnung fällt.

---

41   OLG Bamberg, FamRZ 1999, 724 f. m.w.N.; OLG Hamm, FamRZ 1999, 728.

Beispiel:

Die Parteien haben über ein Jahr hinweg versucht, die Unterhaltsfrage miteinander zu regeln. Nach einem Jahr stellen sie fest, dass diese Bemühungen gescheitert sind. Es wird Klage auf Zahlung eines monatlichen Betrages eingereicht. Zwischen den Parteien ist streitig, ob der Unterhaltsverpflichtete bei Beginn der Verhandlungen wirksam in Verzug gesetzt worden ist. Die Unterhaltsberechtigte klagt daher einen Rückstand für ein Jahr mit monatlich 500 € sowie einen laufenden Unterhalt von 500 € ein. Der Streitwert der Klage beträgt 12.000 € (6.000 € für den Rückstand und 6.000 € für den laufenden Unterhalt). Die Unterhaltsberechtigte kann die Voraussetzungen des Verzuges nicht beweisen und unterliegt daher mit dem Rückstand, gewinnt aber in voller Höhe wegen des laufenden Unterhaltes.

719   Eine Verteilung ausschließlich nach dem Streitwert führt dazu, dass die Klägerin zur Hälfte unterliegt und das Gericht die Kosten daher gegeneinander aufheben oder jeder der Parteien zur Hälfte auferlegen wird.

720   Tatsächlich wird aber die Entscheidung des Gerichts zum laufenden Unterhalt voraussichtlich die Verhältnisse der Parteien für die nächsten Jahre bestimmen. Eine Abänderung ist nach der Regelung in § 323 ZPO sogar nur bei einer wesentlichen Veränderung in den Verhältnissen der Parteien möglich. Nimmt man diesen Gesichtspunkt mit ins Blickfeld, ist der Unterhalt für die Zukunft aber mit einem höheren Anteil zu gewichten.

721   Das OLG München[42] nimmt daher die **Kostenverteilung** wie folgt vor: Die im Zeitpunkt der letzten mündlichen Verhandlung bereits fällig gewordenen Unterhaltsbeträge werden getrennt nach dem Obsiegen und Unterliegen addiert und um den zwölffachen Monatsbetrag des zuerkannten bzw. abgewiesenen Zukunftsunterhalts erhöht (soweit nicht eine kürzere Geltungsdauer des Titels zu erwarten ist). Die Kosten werden im Verhältnis der sich so ergebenden Beträge des Obsiegens und Unterliegens verteilt.

---

42   FamRZ 1997, 762 f.

Die Kostenquote hängt bei dieser Art der Verteilung daher unter anderem davon ab, wie lange das Verfahren bis zur letzten mündlichen Verhandlung gedauert hat.

Eine noch anderes Ergebnis zeigt sich, wenn quasi als Prognose geschaut   722
wird, für welche Dauer in der Zukunft dieser Titel voraussichtlich gelten wird. Dies ist ein Gesichtspunkt, der aus den Streitwertbemessungen beim Trennungsunterhalt bereits bekannt ist. Er findet sich außerdem in § 42 Abs. 1 GKG, bei dem er jedoch aus sozialen Gründen auf einen Jahresbetrag gekappt ist, um die Streitwerte nicht übermäßig anwachsen zu lassen. Diese **Prognose** könnte z.b. dazu führen, einen längeren Zeitraum als ein Jahr anzusetzen, etwa auch 2 Jahre, 3 Jahre oder 3 1/2 Jahre (wie ansonsten in § 9 ZPO bei wiederkehrenden Leistungen).

Legt man im Beispielsfall eine Dauer des Zukunftsunterhalts von drei   723
Jahren zugrunde, ergibt sich ein Verhältnis von 1/4 zu 3/4.

b) Aufhebung von § 91 Abs. 2 Satz 2 ZPO

Die Änderungen in der Postulationsfähigkeit und die Rechtsprechung   724
des BGH[43] zur Erstattungsfähigkeit von Reisekosten haben dazu geführt, die Regelung in § 91 Abs. 2 Satz 2 ZPO überflüssig zu machen. Diese wurde daher folgerichtig durch das Kostenrechtsmodernisierungsgesetz aufgehoben. Die Frage, ob die Reisekosten erstattungsfähig sind oder nicht, richtet sich daher nur danach, ob es sich um notwendige Kosten der Rechtsverfolgung handelt oder nicht. Da in Ehe- und Familiensachen häufig persönliche Besprechungen stattfinden müssen, da die Rechtsmaterie für die davon Betroffenen vor allem im Hinblick auf Unterhaltsfragen, Güterrecht etc. schwierig sind, ist es nicht zu beanstanden, wenn die Partei einen Rechtsanwalt mit Sitz an ihrem Wohnsitz beauftragt.

---

43   Beschl. v. 16.10.2002 – VIII ZB 30/02, JurBüro 2003, 202 = Rpfleger 2003, 98 ff. und Beschl.
      v. 12.12.2002 – I ZB 29/02, JurBüro 2003, 205 (keine Kostenerstattung, wenn die in ihrem eigenen Wohn- oder Geschäftssitz verklagte Partei einen auswärtigen Rechtsanwalt beauftragt und zwar auch dann nicht, wenn dieser bereits vorprozessual tätig gewesen ist).

c) § 93d ZPO

725 § 93d enthält eine gegenüber den §§ 91 – 93, 269 Abs. 3 ZPO vorrangige Sondervorschrift.

Sie gilt sowohl in isolierten Klagverfahren als auch im Verbund.[44]

726 Danach können dem **Unterhaltspflichtigen** auch dann **nach billigem Ermessen** die Kosten des Verfahrens auferlegt werden, wenn er Anlass zum Verfahren dadurch gegeben hat, dass er eine von ihm verlangte **Auskunft nicht rechtzeitig erteilt** hat. Hierbei kommt es nicht darauf an, ob er die von ihm verlangte Auskunft nicht rechtzeitig erteilt hat. Ausreichend ist auch, wenn er die Auskunft nur unvollständig erteilt hat[45] und deswegen **Anlass zur Klage** bestand.[46]

727 In die Billigkeitsabwägung sind nicht die Erfolgsaussichten der Leistungsklage einzubeziehen, sondern nur die Frage, ob es dem Unterhaltsberechtigten möglich gewesen wäre, die Auskunft rechtzeitig und vollständig zu erteilen.

2. Isolierte FGG-Verfahren

728 In den isolierten FGG-Verfahren richtet sich die Kostenerstattung ausschließlich nach § 13a FGG.[47]

729 Danach werden die Kosten gegeneinander aufgehoben, es sei denn, dass eine andere Verteilung der Billigkeit entspricht. Davon wird jedoch nur in Ausnahmefällen Gebrauch gemacht, etwa wenn die Rechtsverfolgung oder Rechtsverteidigung einer Seite erkennbar aussichtslos war, wenn das Verfahren schuldhaft verursacht wurde, wenn materiell-rechtliche Erstattungsgründe diese nahe legen oder wenn die persönlichen und wirtschaftlichen Verhältnisse dafür sprechen.

---

44 Sedemund-Treiber, in: Johannsen/Henrich, Eherecht, § 93d ZPO Rn. 2.
45 OLG Naumburg, FamRZ 2003, 239; OLG Brandenburg, FamRZ 2003, 239 f.; OLG Nürnberg, FamRZ 2001, 1381.
46 Hartmann, in: Baumbach/Lauterbach/Albers/Hartmann, ZPO, § 93d Rn. 5.
47 OLG München, OLGreport München 2001, 138 = FamRZ 2001, 434 f.

Weil im Grundsatz die Kosten gegeneinander aufgehoben werden, muss   730
jede davon abweichende Entscheidung im Beschluss in aller Deutlich-
keit zum Ausdruck kommen. Dies gilt auch dann, wenn eine Erstattung
von Auslagen vorgesehen ist, die eine Seite an die Staatskasse gezahlt
hat.[48]

Die Kosten und Auslagen eines isolierten FGG-Verfahrens betreffend die   731
elterliche Sorge und/oder den Umgang, die bei Gericht anfallen, können eine Höhe erreichen, die weit oberhalb der entstehenden Rechtsanwaltskosten liegen. Von Bedeutung sind hier vor allem die Kosten für
Sachverständigengutachten. Bei der Frage, wem diese auferlegt werden
können, ist danach zu differenzieren, ob es sich um ein von den Eltern
betriebenes Verfahren handelt oder ob es sich um ein von Amts wegen
eingeleitetes Verfahren nach den §§ 1666, 1666a BGB handelt. Seit dem
1.7.1998 ist das Verfahren auf Übertragung der elterlichen Sorge nach
§ 1671 Abs. 3 BGB als reines Antragsverfahren ausgestaltet. Stellen daher beide Parteien wechselseitige Anträge auf Übertragung der elterlichen Sorge, sind beide als Antragsteller anzusehen. Ist einem von ihnen beiden PKH bewilligt worden und hat die andere Seite die gesamte Vergütung des Sachverständigen als Auslagenersatz an die Staatskasse
gezahlt, scheidet gleichwohl ein Anspruch auf Kostenfestsetzung gegen
den PKH-Berechtigten aus.[49]

3. Ehescheidungsverfahren einschließlich Verbundverfahren

Die Kosten des Scheidungsverfahrens einschließlich der Kosten der Fol-   732
gesachen sollen nach § 93a ZPO grds. gegeneinander aufgehoben werden. Davon werden jedoch Ausnahmen zugelassen, wenn die Parteien
eine abweichende Vereinbarung treffen oder wenn eine andere Regelung nach Billigkeit getroffen werden kann, insbesondere weil die Kostenverteilung im Hinblick darauf als unbillig erscheint, dass ein Ehegat-

---

48   OLG München, FamRZ 2001, 434, 435.
49   OLG München, FamRZ 2001, 434 f.

te in Folgesachen der in § 621 Abs. Nr. 4, 5 und 8 ZPO bezeichneten Art ganz oder teilweise unterliegt. Letzterem wird häufig zu wenig Beachtung geschenkt, weil der Grundsatz der Kostenaufhebung in aller Munde ist.

733 Wird der Scheidungsantrag verfrüht gestellt, und obsiegt der Antragsteller im Berufungsverfahren, weil zwischenzeitlich das Trennungsjahr abgelaufen ist, sind ihm gleichwohl in aller Regel die Kosten nach § 97 ZPO aufzuerlegen. Etwas anderes kann dann gelten, wenn auch der Antragsgegner verfrüht den Scheidungsantrag gestellt hat.

4. Gütliche Einigung

734 Bei einer gütlichen Einigung ist § 98 ZPO zu beachten. Danach werden die Kosten grds. gegeneinander aufgehoben. Einigen sich die Parteien statt dessen über die Gerichtskosten, sollte zuvor überlegt werden, bei wem welche Kosten angefallen sind. Dies kann vor allen Dingen im Zusammenhang mit Mandaten um den **Stichtag 1.7.2004** bei den beteiligten Rechtsanwälten zu unterschiedlich hohen Gebühren führen.

735 Ein besonderes Augenmerk ist der **Differenzverfahrensgebühr** nach Nr. 3101 Nr. 2 VV zu widmen. Da diese auch anfällt, wenn die Parteien nur Verhandlungen vor Gericht über nicht rechtshängige Ansprüche führen, ist umstritten, ob sie zu den Kosten des Rechtsstreits oder des Vergleichs gehört.[50]

Hinweis:

Differenzieren die Parteien daher zwischen diesen beiden Positionen hinsichtlich der Quote, sollte klargestellt werden, ob die Differenzverfahrensgebühr zu den Kosten des Rechtsstreits oder der Einigung zählt.

---

50   Schneider, in: Gebauer/Schneider, RVG, Nr. 3101 VV Rn. 118 m.w.N.

H. Mediation[1]

I. Allgemeines zur Mediation

Mediation hat als eigenständige Konfliktlösungsform einen immer wei-   736
teren Verbreitungskreis. § 18 BORA stellt klar, dass der Rechtsanwalt, der
als Vermittler, Schlichter oder Mediator tätig wird, den Regeln des Berufsrechts unterliegt. Damit ist noch nichts darüber ausgesagt, welche
Vergütung der Rechtsanwalt erhält, wenn er an einem Mediationsverfahren beteiligt ist.

Der Rechtsanwalt kann in unterschiedlicher Funktion am Mediations-   737
verfahren beteiligt sein. Es kommen hier Tätigkeiten als Mediator oder
als Bevollmächtigter und Berater einer Partei, mithin als Vertreter eines
Medianten in Betracht. In seinen unterschiedlichen Funktionen wird er
auch unterschiedlich vergütet.

II. Der Rechtsanwalt als Vertreter eines Medianten

Ist der Rechtsanwalt als Berater oder Vertreter einer Partei tätig, die sich   738
an einem Mediationsverfahren beteiligt, besteht Einigkeit, dass sich seine Vergütung nach dem RVG und damit auch nach den im Vergütungsverzeichnis im Einzelnen aufgeführten Gebührentatbeständen
richtet. Maßgebend für die einzelnen Gebührentatbestände ist daher
wiederum der dem Rechtsanwalt erteilte Auftrag.

Die Mediationsverfahren werden in aller Regel **außergerichtlich** be-   739
trieben. Insoweit sind die Gebührentatbestände des Teil 2 VV maßgebend. Welcher der Gebührentatbestände eingreift, hängt wiederum
vom erteilten Auftrag ab.

Der Rechtsanwalt kann sich darauf beschränken, den Medianten zu be-   740
raten. Die Termine als solche nimmt der Mediant allein wahr. Er sucht
den Rechtsanwalt nur auf mit der Bitte, ihn über die Rechtslage zu be-

---

1   S. auch Schneider, in: Hansens/Braun/Schneider, Praxis des Vergütungsrechts, Teil 9
     Rn. 332 ff.

raten und mitzuteilen, was für ihn empfehlenswert sei. Auf der Grundlage dieser Informationen führt er die Gespräche beim Mediator allein und schließt dort ggf. auch allein eine Vereinbarung mit dem Gegner ab.

741 In diesem Fall wird ein Auftrag zur Beratung nach Teil 2 Abschnitt 1 VV vorliegen. Für den Rechtsanwalt entsteht mithin eine Beratungsgebühr nach Nr. 2100 VV mit einem Gebührenrahmen von 0,1 bis 1,0. Die Tätigkeit ist nach dem Gegenstandswert abzurechen.

Beschränkt sich die Beratung auf ein erstes Beratungsgespräch, greift bei der Beratung eines Verbrauchers[2] die Kappungsgrenze nach Nr. 2102 VV mit einem Höchstbetrag von 190 € zzgl. USt. Der Höchstbetrag von 190 € wird dabei häufig nicht angemessen sein. Um sich einen Überblick über den Sachverhalt zu verschaffen, wird der Rechtsanwalt seinen Mandanten in aller Regel nahezu den gesamten Inhalt der Mediationssitzung schildern lassen. Sind Unterlagen vorhanden und/oder ausgetauscht worden, wird sich der Rechtsanwalt auch diese Unterlagen vorlegen lassen. Er wird darüber hinaus vom Medianten gefragt werden, ob zusätzliche Punkte zu bedenken sind und zum Gegenstand der Mediation gemacht werden sollen.[3] Dem Rechtsanwalt ist daher in diesem Fall zu raten, eine Vergütungsvereinbarung abzuschließen.

---

2 In familienrechtlichen Sachverhalten wird der Mandant praktisch immer Verbraucher sein. S. hierzu auch die Ausführungen in Kap. B Rn. 309 ff.

3 Von den Betroffenen wird häufig übersehen, dass im Zusammenhang mit der Übernahme des Mietverhältnisses durch einen von ihnen geklärt werden sollte, ob auch die Rechte an der Kaution übertragen werden sollen; ob dem seinerzeitigen Zahler ein Erstattungsanspruch zustehen soll; wer eine Nebenkostennachzahlung leistet oder -erstattung erhält. Im Zusammenhang mit der Übernahme einer KfZ-Versicherung wird häufig übersehen, dass ggf. auch über einen finanziellen Ausgleich nachgedacht werden kann, wenn eine Partei aufgrund des Schadenfreiheitsrabatts in Zukunft wesentlich günstigere Prämien zahlt als die andere Partei. Im Zusammenhang mit der Absicherung zukünftiger Unterhaltsansprüche vor den „Risiken des Lebens" kann darüber nachgedacht werden, ob eine Risiko-Lebensversicherung auf das Leben des Unterhaltsverpflichteten abgeschlossen werden soll. All dies sind nur Beispiele, die zeigen, dass eine umfassende Beratung eines an einer Mediation Beteiligten den Rechtsanwalt vor eine schwierige Aufgabe stellt. Dies gilt um so mehr, als er nicht selbst an den Sitzungen teilnimmt, sondern es sogar noch erreichen muss, dass sein Mandant versteht, welche Punkte zu regeln sind und dies anschließend selbst vortragen kann.

Neben der Beratungsgebühr nach Nr. 2100 VV kann auch noch die Einigungsgebühr nach Nr. 1000 VV anfallen. Dazu muss der Rechtsanwalt an der Einigung mitwirken. Dies ist der Fall, wenn er in irgendeiner Weise mitursächlich für das Zustandekommen der Vereinbarung ist, z.B. wenn ihm eine geplante Vereinbarung der Parteien vorgelegt wird und das mit der Bitte um Beratung, ob diese Vereinbarung so abgeschlossen werden kann, verbunden wird. Rät er in diesem Fall dazu, die Vereinbarung abzuschließen, bzw. diese mit Modifikationen abzuschließen, leistet auch der Rechtsanwalt einen Beitrag zum Zustandekommen der Vereinbarung und erhält die Einigungsgebühr.

Vertritt der Rechtsanwalt den Medianten auch in den Mediationssitzungen oder fertigt er Schriftstücke, die in der Mediationssitzung vorgelegt werden sollen, oder fertigt er parallel zum Mediationsverfahren Schreiben an den Gegner, liegt ein Fall **außergerichtlicher Vertretung** vor. Es entsteht die Geschäftsgebühr nach Nr. 2400 VV. Der Gebührenrahmen beträgt 0,5 bis 2,5. Da die Tätigkeit in der Mediation sich nicht darauf beschränkt, den Medianten zu den Sitzungen zu begleiten, sondern zudem entsprechende Zeiten der Vor- und Nachbereitung mit dem Mandanten und auch ohne diesen anfallen, ist die Tätigkeit in aller Regel sowohl schwierig als auch umfangreich[4] und zwar unabhängig davon, ob Schriftwechsel zu führen ist oder nicht.   742

Daneben kann wiederum die **Einigungsgebühr** nach Nr. 1000 VV entstehen, bzw. auch eine solche nach Nr. 1003 VV, wenn der Rechtsanwalt an einer Einigung mitwirkt. Es mag seltsam anmuten, dass auch eine Einigungsgebühr nach Nr. 1003 VV in Betracht kommen kann, wenn der Rechtsanwalt doch außergerichtlich tätig ist. Dies erschließt sich aber aus dem Wortlaut der Nr. 1003 VV. Danach entsteht die Einigungsgebühr nur i.H.v. 1,0, wenn über den „Gegenstand" des Vertrages ein anderes gerichtliches Verfahren als ein selbständiges Beweisverfahren anhängig ist. Diese Situation kann zunehmend in Verfahren   743

---

4   Bischof, in: Bischof/Jungbauer/Podlech-Trappmann, RVG, § 34 Rn. 25; Brieske, Mediation, § 12 Rn. 76.

betreffend elterliche Sorge und Umgang auftreten. Diese Verfahren können von den Parteien ohne Anwaltszwang selbst bei Gericht anhängig gemacht werden. Zahlreiche Gerichte arbeiten inzwischen mit Institutionen zusammen, die eine gerichtsnahe Mediation anbieten. Wird in diesen Fällen das gerichtliche Verfahren zum Ruhen gebracht und versuchen die Parteien den Konflikt durch eine Mediation zu lösen, ist gleichwohl über den Gegenstand der Einigung immer noch ein gerichtliches Verfahren anhängig, so dass nur die reduzierte Gebühr anfällt.

744 Scheitert die Mediation und vertritt der Rechtsanwalt den Mandanten auch in dem nachfolgenden Prozess, ist nach Vorbem. 3 Abs. 4 VV die Hälfte der Geschäftsgebühr, jedoch höchstens mit einem Gebührensatz von 0,75, auf die spätere Verfahrensgebühr des gerichtlichen Verfahrens anzurechnen. Hier ist zu überlegen, ob diese Anrechnung dem Arbeitsaufwand, der mit der Mediation verbunden ist, angemessen ist. Ist dies nicht der Fall, kann nur durch eine Vergütungsvereinbarung, in der die Anrechnung ausgeschlossen wird, Abhilfe geschaffen werden.

745 Gebührentatbestände des Teil 3 VV können nur eingreifen, wenn der Rechtsanwalt einen Auftrag zur **Vertretung im Prozess** erhalten hat. Eine solche Fallgestaltung liegt vor, wenn der Rechtsanwalt die Partei bereits im gerichtlichen Verfahren vertritt. Im Rahmen des gerichtlichen Verfahrens regen Gerichte zunehmend an, eine Mediation durchzuführen. Vielfach wird diese dann auch von den mit der Sache bereits befassten Richtern oder von anderen Richtern des gleichen Gerichts durchgeführt.[5] In diesen Fällen hat der Rechtsanwalt einen Auftrag zur Tätigkeit im Prozess. Aufgrund der Einreichung von Schriftsätzen, die auch Sachvortrag enthalten, erhält der Rechtsanwalt die Verfahrensgebühr von 1,3 nach Nr. 3100 VV.

746 Nimmt der Rechtsanwalt an der Mediationssitzung teil, erhält er auch die Terminsgebühr nach Nr. 3104 VV. Diese entsteht, da die Vorausset-

---

5 Auf die sich hieraus ergebenden Probleme für das Mediationsverfahren als solches ist an dieser Stelle nicht einzugehen.

zungen nach Vorbem. 3 Abs. 3 3. Alt. VV vorliegen. Danach erhält der Rechtsanwalt die Terminsgebühr für die Mitwirkung an Besprechungen mit dem Ziel der Erledigung des Verfahrens. Problematisch könnte werden, ob die Terminsgebühr auch dann anfällt, wenn die Mediationssitzung vor Gericht stattfindet, etwa weil der beteiligte Richter über eine Ausbildung als Mediator verfügt. Bedenken werden insoweit geäußert, weil es in Vorbem. 3 Abs. 3 3. Alt. VV heißt: „ohne Beteiligung des Gerichts". Unabhängig davon, wie diese Frage bei einer Tätigkeit im Prozess entschieden wird, stellt sie sich für die Beteiligung an einer Mediationssitzung. Das Gericht tritt den Parteien in der Mediationssitzung nicht als Gericht gegenüber, sondern beansprucht für sich eine Rolle als Mediator. Das Gericht selbst will den Konflikt nicht in den starren Bahnen der ZPO lösen, sondern die Parteien dazu bewegen/befähigen oder „beflügeln", ihren Konflikt selbst zu lösen.

III. Der Rechtsanwalt als Mediator

Das RVG enthält in § 34 RVG einen Tatbestand für die Vergütung des Mediators. In § 34 RVG heißt es:　747

„Für die Tätigkeit als Mediator soll der Rechtsanwalt auf eine Gebührenvereinbarung hinwirken. Wenn keine Vereinbarung getroffen worden ist, bestimmt sich die Gebühr nach den Vorschriften des bürgerlichen Rechts."

Der Gesetzgeber gibt mithin in kluger Absicht keine konkrete Vergütung　748 vor. Er unterstellt die Vergütung für die Tätigkeit als Mediator aber auch nicht den Gebührentatbeständen des VV und beendet damit die bisherigen Streitfragen darüber, welche Gebührentatbestände beim Mediator verwirklicht worden sein könnten. Damit sind die unter der Geltung der BRAGO höchst streitigen Fragen,[6] ob es sich bei der Tätigkeit des Mediators überhaupt um anwaltliche Tätigkeit handelt und ob damit

---

6 Brieske, in: Henssler/Koch, Mediation in der Anwaltspraxis, Kapitel 9: Haftungs- und Honorarfragen in der Mediation; Enders, JurBüro 1998, 57 ff. und 114 ff.

die BRAGO überhaupt eingreift,[7] welche Gebührentatbestände anfallen können (nur § 20 BRAGO[8] oder § 118 BRAGO; wenn § 118 BRAGO, ob dann auch die Besprechungsgebühr anfallen kann, da an dem Verfahren an und für sich kein Dritter beteiligt ist, sondern nur die Medianten und der Mediator; ob der Mediator eine Vergleichsgebühr nach § 23 BRAGO erhalten kann, wenn er am Abschluss der Vereinbarung, insbesondere an deren Formulierung mitwirkt; wegen der Einzelheiten unter der Geltung der BRAGO) und nach welchen Grundsätzen die Streitwerte ermittelt werden sollen, obsolet geworden.

749 Dies bedeutet des Weiteren, dass ein **gesetzliches Honorar** nicht feststellbar ist. Dies wiederum hat Auswirkungen auf die Formanforderungen, die an die Vergütungsvereinbarung gestellt werden.[9] Da kein gesetzliches Honorar feststellbar ist, kann die Vereinbarung auch nicht zu einem höheren als dem gesetzlichen Honorar führen. Damit gelten die strengen Formvorschriften des § 4 Abs. 1 RVG nicht.

> **Hinweis:**
>
> Auch wenn die strengen Formvorschriften des § 4 Abs. 1 RVG nicht gelten, sollte die Vergütungsvereinbarung schriftlich abgefasst werden, um allen Beteiligten Klarheit zu verschaffen und Streitigkeiten um die Vergütung zu vermeiden. Vorsorglich kann innerhalb der Vereinbarung zwischen dem Mediator und den Medianten auch inhaltlich und optisch zwischen den Vereinbarungen zur Vergütung und den sonstigen Vereinbarungen unterschieden werden. Empfehlenswert ist es aber auch hier, die Vereinbarungen zur Vergütung vollständig von den anderen Vereinbarungen zu trennen. Da das Medi-

---

7   Nach § 18 BerufsO unterliegt der Rechtsanwalt den Regeln des Berufsrechts, wenn er als Mediator tätig war. Damit ist aber noch nicht die Frage beantwortet, ob für die Tätigkeit des Mediators unter Berücksichtigung der §§ 1 und 2 BRAGO auch die BRAGO einschlägig war. S. hierzu: Brieske, in: Henssler/Koch, Mediation in der Anwaltspraxis, Kap. 9 Rn. 81 ff.; für die Tätigkeit des Mediators: bejahend: OLG Hamm, MDR 1999, 836 = JurBüro 1999, 584; verneinend: Enders, JurBüro 1999, 584 f.

8   OLG Hamm, MDR 1999, 836 = JurBüro 1999, 584 m. Anm. Enders. Dies wiederum hätte zur Folge gehabt, dass die Kappungsgrenze für eine erste Beratung nach § 20 Abs. 1 Satz 2 BRAGO zu beachten gewesen wäre, wenn die Mediation mit einer Sitzung beendet war.

9   Brieske, in: Henssler/Koch, Mediation in der Anwaltspraxis, § 12 Rn. 83.

ationsverfahren von Transparenz getragen ist, sollte dies bereits bei den Vereinbarungen zur Vergütung beginnen.

Die inhaltliche Ausgestaltung der Vereinbarung ist eine Frage des Einzelfalles. Sie sollte anhand einer Checkliste ausgearbeitet werden.   750

Hinweis:

Brieske[10] empfiehlt dem Rechtsanwalt das Nachdenken über folgende Aspekte:

* Abrechnung nach Zeiteinheiten und nicht nach Pauschalen, da der Vertrag jederzeit nach § 627 BGB gekündigt werden kann;

* Bestätigung der geleisteten Stunden durch die Medianten auf einem Stundenzettel;

* Abrechnung von Vor- und Nachbereitungszeiten zu den einzelnen Sitzungen;

* Regelung der Intervalle, zu denen eine Zwischenabrechnung erfolgen soll;

* Festlegung der Honorarvolumen, bei denen die Auftraggeber informiert werden wollen, um entscheiden zu können, ob diese weiteres Geld in die Mediation investieren wollen;

* Sockelbetrag für die Einarbeitung in den Sachverhalt und die damit verbundenen rechtlichen Fragen;

* Auslagen und sonstige Kosten, die zusätzlich zum Honorar zu zahlen sind;

* Vergütung der Reisetätigkeit (Aufwendungsersatz und Vergütung der aufgewendeten Zeit);

* Zahlungspflichtigkeit eines oder beider Auftraggeber;

* gesamtschuldnerische Haftung gegenüber dem Mediator;

* Ratenzahlungsplan; Fälligkeitsregelungen;

* unverzichtbares Recht der Auftraggeber, die Angemessenheit der Vergütung gerichtlich überprüfen zu lassen.

---

10 Brieske, in: Henssler/Koch, Mediation in der Anwaltspraxis, § 12 Rn. 85.

> Weitere Regelungen, wie z.B. die **Frage der Kündbarkeit des Vertrages** werden nicht in der Vergütungsvereinbarung, sondern im Mediationsvertrag selbst geregelt.

Der Rechtsanwalt, der zunächst als Mediator für beide Parteien tätig geworden ist, kann später für keine der Parteien wegen eines Gegenstandes, der auch Gegenstand der Mediation war, in anwaltlicher Funktion als einseitiger Interessenvertreter tätig werden. Er wurde dann gegen das Verbot der Vertretung widerstreitender Interessen nach § 43a Abs. 4 BRAO verstoßen. Die Einhaltung dieses Verbots steht auch nicht im Belieben der Parteien, so dass der Rechtsanwalt nicht dadurch entlastet wird, dass die Parteien mit der nachfolgenden Tätigkeit einverstanden sind und diese nach zwischenzeitlicher streitiger in eine von beiden Parteien gewollte Trennungs- und Scheidungsfolgenvereinbarung mündet.[11] Da mithin eine nachfolgende Tätigkeit unzulässig ist, stellt sich die Frage, ob eine Vergütung aus der Tätigkeit als Mediator auf eine spätere Tätigkeit anzurechnen ist, nicht.

IV. Erstattung der Kosten einer Mediation durch Dritte?

751 Bei der Frage, ob der Mandant die Kosten eines Mediationsverfahrens ganz oder teilweise durch Dritte erstattet verlangen kann, ist zwischen den Kosten für den Mediator selbst und den Kosten für den sog. „Außenanwalt" zu unterscheiden.

752 Für den **„Außenanwalt"** kommt eine Vergütung über Beratungshilfe in Betracht, da es sich um eine außergerichtliche Angelegenheit handelt. Da das Mediationsverfahren selbst kein gerichtliches Verfahren ist, scheidet die Bewilligung von PKH hierfür an und für sich aus. Etwas anderes kann gelten, wenn der Rechtsanwalt den Medianten bereits in einem gerichtlichen Verfahren vertritt und ihm im Wege der PKH beigeordnet

---

11   OLG Karlsruhe, FamRZ 2002, 37 ff.

ist. Wird dieses Verfahren zur Durchführung der Mediation unterbrochen oder wird die Mediation durch das Gericht selbst durchgeführt, kommt hierfür auch die Abrechnung mit der Staatskasse in Betracht.

Ein Anspruch auf Erstattung der Kosten des **Mediators** im Wege der PKH   753
besteht nicht. Bei der Mediation handelt es sich nicht um ein gerichtliches Verfahren und auch nicht um einen Prozess. Eine Mediationskostenhilfe gibt es nicht.

Die Frage, ob der Mandant einen Anspruch gegen seine Rechtsschutz-   754
versicherung auf Erstattung der Kosten eines Mediationsverfahrens hat, stellt sich im Familienrecht in aller Regel nicht, da für familienrechtliche Sachverhalte nur selten Deckungsschutz angeboten wird.

I. Von der BRAGO zum RVG (Übergangsrecht)

1. Allgemeines zu den Übergangsvorschriften

Das RVG enthält mit den §§ 60 und 61 zwei Regelungen zu Über-   755
gangsvorschriften. Während § 60 RVG zukünftige Gesetzesänderungen
betrifft, befasst sich § 61 RVG mit den Vorschriften aus Anlass des In-
Kraft-Tretens des RVG. Kurze Zeit nach In-Kraft-Treten des RVG sollen
daher zunächst nur die Fragen im Zusammenhang mit § 61 RVG erörtert werden.

§ 61 RVG enthält verschiedene Anknüpfungspunkte. Danach ist die   756
BRAGO in der bis zum 30.6.2004 geltenden Fassung anzuwenden,
wenn

- der unbedingte Auftrag zur Erledigung derselben Angelegenheit
  i.S.d. § 15 RVG vor dem 1.7.2004 erteilt worden ist;

- der Rechtsanwalt vor dem 1.7.2004 gerichtlich bestellt oder beigeordnet worden ist;

- der Rechtsanwalt vor dem 1.7.2004 ein Rechtsmittel einlegt, wenn
  er in derselben Angelegenheit und, wenn ein gerichtliches Verfahren anhängig ist, er in demselben Rechtszug bereits tätig war;

- bei einer Abrechnung nach zusammengesetzten Gegenstandswerten auch nur für einen Gegenstand das bisherige Recht anzuwenden ist;

- die Vergütungsvereinbarung vor dem 1.7.2004 getroffen wurde.

II. Anknüpfung an den unbedingten Auftrag

Der für den Alltag bedeutsamste Anknüpfungspunkt ist die Erteilung des   757
unbedingten Auftrags zur Erledigung derselben Angelegenheit
i.S.d. § 15 RVG. Insoweit besteht allerdings in der Kommentarliteratur
Streit, ob es für die Abgrenzung der Angelegenheiten auf die Definition
derselben in den §§ 16 ff. RVG[1] ankommt oder ob es sich insoweit um

---

1   Schneider, in: Gebauer/Schneider, RVG, § 61 Rn. 21.

ein Versehen des Gesetzgebers handelt, so dass auf § 13 BRAGO[2] und die Abgrenzung der Angelegenheiten unter der Geltung der BRAGO abzustellen ist. Dieser Streit wirkt sich für den Familienrechtler in der Praxis allerdings nur dann aus, wenn er erstmals nach dem 1.7.2004 mit der Vertretung in einem **einstweiligen** oder **vorläufigen Anordnungsverfahren** beauftragt wird, dass nach den bis zum 30.6.2004 geltenden Vorschriften keine eigenständige gebührenrechtliche Angelegenheit darstellte oder wenn er in einem einstweiligen Anordnungsverfahren mit der **Aufhebung** oder **Abänderung einer einstweiligen Anordnung** befasst wird und die Frage der Streitwertaddition nach § 18 Nr. 1 und Nr. 2 RVG zu beantworten ist.

Hinweis:

Der Rechtsanwalt hat daher zunächst zu prüfen, wann ihm der unbedingte Auftrag zur Vertretung in der gebührenrechtlichen Angelegenheit erteilt wurde. In aller Regel ist dies der Zeitpunkt, in dem er den Auftrag annimmt. Dieser Zeitpunkt und der Auftragsinhalt sollten dokumentiert werden.

Vom Auftrag ist die vom Mandanten unterzeichnete Vollmacht zu unterscheiden. Bei der Vollmacht handelt es sich nur um die Urkunde, mit der der Rechtsanwalt sich nach außen hin für den Mandanten legitimieren kann. Sie kann im günstigsten Fall ein **Indiz für den Inhalt des erteilten Auftrages** sein. Auf den Zeitpunkt der Unterzeichnung der Vollmacht kommt es daher nicht an.[3] Hängt der Auftrag noch davon ab, dass **Bedingungen** eintreten sollen, ist der Zeitpunkt des Bedingungseintritts maßgebend.

Sind **mehrere Anwälte an einer Auseinandersetzung beteiligt** (z.B. Kläger-RA und Beklagten-RA, Unterbevollmächtigter und Haupt-

---

2   Jungbauer, in: Bischof/Jungbauer/Podlech-Trappmann, RVG, § 61 Rn. 4 ff.; Goebel, in: Goebel/Gottwald, RVG, § 61 Rn. 19.
3   Schneider/Gebauer, RVG, § 61 Rn. 5 m.w.N.; Jungbauer, in: Bischof/Jungbauer, Podlech-Trappmann, RVG, § 61 Rn. 37 m.w.N.

bevollmächtigter), prüft jeder Rechtsanwalt für sich, wann er den unbedingten Auftrag zur Vertretung in dieser Angelegenheit erhalten
hat. Dementsprechend kann für die verschiedenen an einem Rechtsstreit beteiligten Rechtsanwälte unterschiedliches Gebührenrecht
gelten.

Werden **die Kosten eines Rechtsstreits durch Vergleich geregelt,**
sollte sich der Rechtsanwalt vor der Vereinbarung der Kostenquote
darüber informieren, welcher Rechtsanwalt nach welchen Gebühren
abrechnet.

Diese Prüfung ist für jede einzelne gebührenrechtliche Angelegen-
heit vorzunehmen (z.b. außergerichtliche Tätigkeit im Verhältnis zur
Hauptsache; jedes gerichtliche Verfahren; einstweilige Anordnung im
Verhältnis zur Hauptsache).

Da § 61 RVG – anders als § 60 RVG – nicht nur von der Vergütung   758
spricht, sondern davon, dass die BRAGO in der bisherigen Fassung für
die dort genannten Fälle weiter anzuwenden ist, sind auch Auslagen,
die erst nach dem 1.7.2004 entstehen, nach der BRAGO zu berechnen,
wenn für den Auftrag ansonsten noch die BRAGO gilt.[4] Gleiches gilt für
Verfahrensvorschriften wie z.B. den Vergütungsfestsetzungsantrag nach
§ 11 RVG.[5]

Folgende Fallgruppen kommen in der Praxis häufig vor:

1. Bedingungseintritt nach dem Stichtag

Der Rechtsanwalt wird mit mehreren hintereinander gestaffelten Tätig-   759
keiten beauftragt. Der unbedingte Auftrag zur ersten Tätigkeit wird vor
dem Stichtag erteilt. Die Bedingung für die weitere Tätigkeit geht erst

---

4   Goebel, in: Goebel/Gottwald, RVG, § 61 Rn. 25.
5   Schneider, in: Hansens/Braun/Schneider, Praxis des Vergütungsrechts, Teil 19 Rn. 84; a.A.
    Schneider, in: Gebauer/Schneider, RVG, § 61 Rn. 251f., nach dessen Auffassung § 61 RVG
    inhaltlich nur auf Vergütungsvorschriften zugeschnitten sei.

nach dem Stichtag ein. Ein typischer Fall liegt in der Kombination außergerichtlicher und gerichtlicher Tätigkeit. Der Rechtsanwalt wird beauftragt, den Gegner zunächst außergerichtlich aufzufordern, die von ihm geforderte Leistung zu erbringen. Sollte die außergerichtliche Tätigkeit erfolglos bleiben, soll der Rechtsanwalt Klage bei Gericht einreichen.

760 Hier liegt ein unbedingter Auftrag zur außergerichtlichen Vertretung und ein durch die Erfolglosigkeit der außergerichtlichen Tätigkeit bedingter Auftrag zur Vertretung im Prozess vor.

Beispiel:

Der Rechtsanwalt wird im Mai 2004 beauftragt, den Gegner außergerichtlich aufzufordern, Auskunft zur Berechnung des Minderjährigenunterhalts zu erteilen und entsprechend der erteilten Auskunft beginnend mit Mai 2004 Unterhalt zu zahlen. Mit Schreiben vom 24.6.2004 wird der Gegner aufgefordert, einen monatlichen Unterhalt von 307 € zu zahlen. Ihm wird für den Ausgleich des Rückstandes und die Vorlage einer Jugendamtsurkunde zur Anerkennung des Unterhalts eine Frist bis zum 4.7.2004 gesetzt. Nachdem die Frist fruchtlos verstreicht, erhebt der Rechtsanwalt für den Gläubiger am 5.7.2004 Klage.

*Hier wurde der unbedingte **Auftrag zur außergerichtlichen Tätigkeit** im Mai 2004 erteilt. Daher ist die außergerichtliche Tätigkeit nach der BRAGO abzurechnen.*

*Der **Auftrag zur Tätigkeit im Prozess** war aufschiebend bedingt. Die Bedingung liegt im erfolglosen Ablauf der Frist. Die Bedingung ist erst am 4.7.2004 eingetreten. Damit liegt ein unbedingter Auftrag zur Tätigkeit im Prozess erst nach dem 1.7.2004 vor. Die Tätigkeit im Prozess ist daher nach dem RVG abzurechnen.*

Damit ergibt sich folgende Rechnung:

I. außergerichtliche Tätigkeit

Streitwert: 3.684 € (§ 17 Abs. 1 GKG a.F.: 12 x 307 €)

7,5/10 Geschäftsgebühr nach den §§ 11, 118 Abs. 1 Ziff. 1 BRAGO	*183,75 €*
Postgebührenpauschale nach § 26 BRAGO	*20,00 €*
Summe netto	***203,75 €***

II. Tätigkeit im gerichtlichen Verfahren

Streitwert: 4.605 € (nach § 42 Abs. 1 und
Abs. 5 GKG: 15 x 307 €)

1,3 Verfahrensgebühr nach Nr. 3100 VV	391,30 €
1,2 Terminsgebühr nach Nr. 3104 VV	361,20 €
Postgebührenpauschale nach Nr. 7002 VV	20,00 €
Summe netto	**772,50 €**

III. Anrechnung der außergerichtlichen Tätigkeit auf die Tätigkeit im gerichtlichen Verfahren

Es ist streitig,[6] in welcher Weise die Anrechnung der außergerichtlichen Tätigkeit auf die Tätigkeit im gerichtlichen Verfahren vorzunehmen ist, da § 118 Abs. 2 BRAGO eine vollständige Anrechnung der Geschäftsgebühr auf die spätere Tätigkeit im gerichtlichen Verfahren vorsah, während nach Teil 3 Vorbem. 3 Abs. 4 VV die Geschäftsgebühr nur zur Hälfte, max. mit 0,75 angerechnet wird. Das RVG enthält hierzu keine ausdrücklichen Regelungen.

Folgende Auffassungen werden zu diesem Streit vertreten:

• Nach einer Meinung soll die Geschäftsgebühr **nur zur Hälfte angerechnet werden.**[7]

Die Frage der Anrechnung einer außergerichtlich entstandenen Gebühr stelle sich erst dann, wenn der Rechtsanwalt einen Auftrag zu einer Tätigkeit in einem gerichtlichen Verfahren übernehme. Hierzu sei er grds. aber nicht verpflichtet. Dogmatisch gehöre die Anrechnung daher zu den Gebühren des gerichtlichen Verfahrens.

Dies gelte um so mehr, als die neue Struktur der Anwaltsvergütung nach dem RVG darauf abstelle, dass die außergerichtlich entstandene Geschäftsgebühr nicht vollständig angerechnet werde. Das RVG solle auch zu einer Erhöhung der anwaltlichen Gebühren führen.

In diesem Fall würden in vorstehendem Beispiel von der außergerichtlich entstandenen Geschäftsgebühr nur 91,88 € angerechnet.

---

6   Jungbauer, in: Bischof/Jungbauer/Podlech-Trappmann, RVG, § 61 Rn. 14 ff.; Schneider, in: Hansens/Braun/Schneider, Praxis des Vergütungsrechts, Teil 19 Rn. 14 f.
7   Jungbauer, in: Bischof/Jungbauer/Podlech-Trappmann, RVG, § 61 Rn. 20.

> *Für den Rechtsanwalt würden aus außergerichtlicher und gerichtlicher Tätigkeit insgesamt Gebühren entstehen i.H. v. 884,37 €.*

- *Nach einer zweiten Meinung soll die Geschäftsgebühr **voll angerechnet werden**.*[8]

> *Derjenige, der noch unter der Geltung der BRAGO einen Auftrag erteile, erwerbe sozusagen ein „Anrechnungsguthaben".*
>
> *In Teil 3 Vorbem. 3 Abs. 4 VV sei nur die Rede von einer Anrechnung einer Geschäftsgebühr nach den Nrn. 2400 – 2403 VV. Von § 118 Abs. 2 BRAGO sei dort nicht die Rede. In diesem Fall würde die außergerichtlich entstandene Geschäftsgebühr in vollem Umfang mit 183,75 € angerechnet.*
>
> *Für den Rechtsanwalt würden aus außergerichtlicher und gerichtlicher Tätigkeit insgesamt Gebühren entstehen i.H.v. 792,50 €.*
>
> *M.E. ist dieser Weg der Anrechnung zu bevorzugen. Bei einer rein zivilrechtlichen Betrachtung haben zwar auch die Argumente derjenigen Auffassung, die die Geschäftsgebühr nur zur Hälfte anrechnen wollen, viel für sich. Sie würde aber dazu führen, dass in anderen Rechtsbereichen (z.B. im Verwaltungsrecht) außergerichtlich entstandene Geschäftsgebühren, für die bisher keine Anrechnung vorgesehen war, angerechnet werden könnten.*

761 Andere Fälle, in denen häufig ein unbedingter Auftrag mit einem bedingten Auftrag kombiniert werden, sind:

- Geltendmachung des Anspruches im Mahnverfahren und Vertretung im streitigen Verfahren, nachdem der Antragsgegner Widerspruch gegen den Mahnbescheid oder Einspruch gegen den Vollstreckungsbescheid eingelegt hat.

- Auftrag in der Zwangsvollstreckung, wobei in aller Regel der erste Vollstreckungsauftrag bedingt ist bis ein Titel vorliegt, aus dem die Vollstreckung betrieben werden kann und der Gegner nicht zahlt. Alle weiteren Aufträge in der Zwangsvollstreckung sind bedingt durch die Erfolglosigkeit der vorausgegangenen Vollstreckungsmaßnahme.[9] Die praktische Bedeutung dieser Frage liegt zwar nicht in

---

8   Hansens, RVGreport 2004, 242, 244.
9   Schneider, in: Hansens/Braun/Schneider, Praxis des Vergütungsrechts, Teil 19 Rn. 102.

der Höhe der Verfahrensgebühr. Diese betrug nach § 57 Abs. 1 BRA-
GO 3/10 und beträgt nach Nr. 3309 VV 0,3. Sie liegt aber in der Ver-
änderung der Einigungsgebühr, die sich insbesondere in der
Zwangsvollstreckung auswirkt.[10]

2. Verschiedene gebührenrechtliche Angelegenheiten

Für jede einzelne gebührenrechtliche Angelegenheit ist zu prüfen, wann   762
der unbedingte Auftrag hierzu erteilt wird. Dieser Gesichtspunkt ist vor
allem bei familienrechtlichen Sachverhalten sorgfältig zu prüfen, da aufgrund des Nebeneinanders von einstweiligen/vorläufigen Anordnungen, isolierten Verfahren und Verfahren im Verbund eine Vielzahl von
Angelegenheiten gegeben sein können.

Beispiel:

*Der Rechtsanwalt wird im Mai 2004 beauftragt, einen Scheidungsantrag ein-
zureichen. Das Gericht stellt diesen erst im August 2004 an den Antragsgegner
zu. Dieser stellt daraufhin sofort jegliche Unterhaltszahlungen ein. Nunmehr wird
der Rechtsanwalt damit beauftragt, einen Antrag auf Erlass einer einstweiligen
Anordnung auf Zahlung von Ehegattenunterhalt nach § 620 ZPO bei Gericht
einzureichen. Zuvor war keine einstweilige Anordnung nach § 620 ZPO in diesem Verfahren beantragt worden.*

*Hier wird das Scheidungsverfahren für den Rechtsanwalt des Antragstellers nach
der BRAGO abgerechnet, wohingegen die Tätigkeit im Verfahren über den Antrag auf Erlass der einstweiligen Anordnung nach dem RVG abgerechnet wird.*

3. Änderung in Bezug genommener Vorschriften/gespaltenes Streitwertrecht

Die BRAGO verweist in § 8 Abs. 1 für die Tätigkeit in gerichtlichen Ver-   763
fahren auf die Vorschriften des GKG. Auch das RVG verweist in § 23
Abs. 1 für die Tätigkeit in gerichtlichen Verfahren auf die Vorschriften
des GKG. Da auch die Vorschriften des GKG in zahlreichen Bestim-

---

10   S. hierzu oben Kap. B Rn. 372.

mungen mit Wirkung zum 1.7.2004 geändert worden sind, stellt sich die Frage, welche Fassung des GKG nunmehr maßgebend ist. Diese Frage ist in zwei Konstellationen von Bedeutung:

- der Rechtsanwalt erhält den unbedingten Auftrag vor dem Stichtag; das gerichtliche Verfahren wird aber erst nach dem Stichtag anhängig[11] oder

- die Sache war vor dem Stichtag gerichtlich anhängig; der Rechtsanwalt des Beklagten/Antragsgegners wird erst nach dem Stichtag beauftragt.

764 Die Lösung dieses Problems ist umstritten:

- Nach einer Auffassung ist für jeden Rechtsanwalt das Streitwertrecht maßgebend, dass im Zeitpunkt der Auftragserteilung an ihn gegolten hat. Da nach § 61 Abs. 1 Satz 1 RVG auch die in Bezug genommenen Bestimmungen in der Fassung gelten, in der sie im Zeitpunkt der Auftragserteilung gegolten haben,[12] kommt es nicht darauf an, welcher Streitwert für das Gericht maßgebend ist.

- Nach anderer Auffassung[13] sollen die Bestimmungen, nach denen der vom Gericht festgesetzte Wert auch für die Rechtsanwaltsgebühren maßgebend ist (§§ 23, 33 RVG; §§ 8, 9 BRAGO) vorgehen. Dieser Weg wäre in der praktischen Handhabung einfacher, da sowohl sämtliche am Verfahren beteiligten Rechtsanwälte als auch das am Verfahren beteiligte Gericht den gleichen Streitwert zugrunde legen würden.

Diese Streitigkeit hat für die Rechtsanwälte im Familienrecht große praktische Bedeutung, da die Änderungen des Streitwertes für den Versorgungsausgleich sämtliche Verfahren mit den vorgenannten Konstellationen betreffen.

---

11 Nach § 61 RVG gilt für den Rechtsanwalt die BRAGO und nach § 72 GKG n.F. für das Gericht neues Gebührenrecht, da hinsichtlich der Gerichtsgebühren auf die Anhängigkeit des Verfahrens abgestellt wird.

12 Schneider, in: Gebauer/Schneider, RVG, § 61 Rn. 68.

13 Madert, in: Gerold/Schmidt/von Eicken/Madert, RVG, § 60 Rn. 38; Jungbauer, in: Bischoff/Jungbauer/Podlech-Trappmann, RVG, § 61 Rn. 35 ff.

Beispiel:

Im Ehescheidungsverfahren erhält der Rechtsanwalt der Antragstellerin den Auftrag vor dem Stichtag. Aufgrund von Verzögerungen im Postverkehr geht der Scheidungsantrag erst am 2.7.2004 bei Gericht ein. Der Scheidungsantrag wird am 6.8.2004 zugestellt. Der Rechtsanwalt des Antragsgegners wird am 12.8.2004 mit der Vertretung im Scheidungsverfahren beauftragt.

Der Wert der Ehesache beträgt 7.200 €.

Im Versorgungsausgleich werden vom Rentenkonto des Ehemannes bei der BfA monatliche Anwartschaften von 138 € auf das Rentenkonto der Ehefrau bei der BfA übertragen. Zusätzlich werden zum Ausgleich der unverfallbaren Betriebsrente des Ehemannes im Wege des erweiterten Splittings weitere 10,20 € von seinem Rentenkonto bei der BfA auf das Rentenkonto der Ehefrau bei der BfA übertragen.

Der Streitwert des Versorgungsausgleichs beträgt nach § 19 GKG a.F. 1.778,40 € (148,20 € x 12). Nach § 49 GKG n.F. beträgt dieser nunmehr 2.000 €.

Dies bedeutet für den Rechtsanwalt der Antragstellerin, der nach der BRAGO abrechnet,

- *bei einer Abrechnung nach altem Streitwertrecht: Wert: 8.978,40 €*

10/10 Prozessgebühr nach den §§ 11, 31 Abs. 1 Ziff. 1 BRAGO (8.978,40 €)	*449 €*
10/10 Verhandlungsgebühr nach den §§ 11, 33 Abs. 1 BRAGO (8.978,40 €)	*449 €*
10/10 Beweisgebühr nach den §§ 11, 31 Abs. 1 Ziff. 3 BRAGO (7.200,00 €)	*412 €*
Postgebührenpauschale nach Nr. 7002 VV	*20 €*
Summe netto	**1.330 €**

- *bei einer Abrechnung nach neuem Streitwertrecht: Wert: 9.200,00 €*

10/10 Prozessgebühr nach den §§ 11, 1 Abs. 1 Ziff. 1 BRAGO (9.200 €)	*486 €*
10/10 Verhandlungsgebühr nach den §§ 11, 33 Abs. 1 BRAGO (9.200 €)	*486 €*
10/10 Beweisgebühr nach den §§ 11, 31 Abs. 1 Ziff. 3 BRAGO (7.200 €)	*412 €*

Postgebührenpauschale nach Nr. 7002 VV   *20 €*

Summe netto   **1.404 €**

Für den Rechtsanwalt des Antragsgegners, der nach dem RVG abrechnet, bedeutet dies

- *bei einer Abrechnung nach altem Streitwertrecht:*
  (das aber für den Rechtsanwalt des Antragsgegners
  in diesem Fall nicht festgehalten werden kann   *8.978,40 €*

  1,3 Verfahrensgebühr nach Nr. 3100 VV   *573,80 €*

  1,2 Terminsgebühr nach Nr. 3104 VV   *538,80 €*

  Postgebührenpauschale nach Nr. 7002 VV   *20,00 €*

  Summe   **1.132,60 €**

- *bei einer Abrechnung nach neuem Streitwertrecht:*   *9.200,00 €*

  1,3 Verfahrensgebühr nach Nr. 3100 VV   *631,80 €*

  1,2 Terminsgebühr nach Nr. 3104 VV   *583,20 €*

  Postgebührenpauschale nach Nr. 7002 VV   *20,00 €*

  Summe   **1.235,00 €**

765   Praktische Auswirkungen sind auch in den Fällen gegeben, in denen gespaltenes Streitwertrecht wegen einer einstweiligen Anordnung in Bezug auf die Nutzung der Ehewohnung und die Nutzung des Hausrates in Betracht kommt.

4. Beteiligung mehrerer Rechtsanwälte

766   Jeder Rechtsanwalt hat zu prüfen, wann er unbedingt zur Vertretung in der konkreten Angelegenheit beauftragt wurde. Hierdurch kann es vorkommen, dass mehrere an einem Verfahren beteiligte Rechtsanwälte nach unterschiedlichem Gebührenrecht abrechnen.

Beispiel:

Rechtsanwalt A vertritt den Unterhaltsberechtigten in einem isolierten Klagverfahren vor einem weit entfernt liegenden Gericht. Der Gegenstandswert beträgt 6.000 €. Er ist im Januar 2004 mit der Tätigkeit beauftragt worden. Mit der Ver-

tretung des Klägers im Termin zur mündlichen Verhandlung wird im August 2004 der ortsansässige Rechtsanwalt C beauftragt. Nach Antragstellung ergeht streitiges Urteil.

Die beteiligten Rechtsanwälte rechnen wie folgt ab:

Rechtsanwalt A

Streitwert: 6.000 €

10/10 Prozessgebühr nach §§ 11, 31 Abs. 1 Nr. 1 BRAGO	*338 €*
5/10 Verhandlungsgebühr nach §§ 11, 33 Abs. 3 BRAGO[14]	*169 €*
Postgebührenpauschale nach § 26 BRAGO	*20 €*
Summe netto	**527 €**

Rechtsanwalt C

Streitwert: 6.000 €

0,65 Verfahrensgebühr nach Nrn. 3100, 3401 VV	*219,70 €*
1,2 Terminsgebühr nach Nrn. 3104, 3402 VV	*405,60 €*
Postgebührenpauschale nach Nr. 7002 VV	*20,00 €*
Summe netto	**645,30 €**

Eine gleiche Situation, in der die an einem Verfahren beteiligten Rechtsanwälte nach unterschiedlichem Gebührenrecht abrechnen, kann auftreten, wenn im Ehescheidungsverfahren der Rechtsanwalt der Antragstellerin vor dem Stichtag, der Rechtsanwalt des Antragsgegners aber nach dem Stichtag beauftragt wurde.   767

Beispiel:

Rechtsanwalt A wird im Mai 2004 beauftragt, für die Antragstellerin die Scheidung der Ehe und die Durchführung des Versorgungsausgleichs zu beantragen. Das Gericht stellt den Scheidungsantrag Mitte Juli 2004 zu. Der Antragsgegner beauftragt Ende Juli 2004 seinerseits Rechtsanwalt B. Die Ehe hat 2,5 Jahre bestanden. Beide Parteien erhalten lediglich Sozialhilfe. Das Gericht setzt daher den Wert der Ehesache auf 2.000 € fest. Im Versorgungsausgleich werden mo-

---

14   Beachte für Abrechnungen nach dem RVG, dass § 33 Abs. 3 BRAGO ersatzlos entfallen ist.

natliche Anwartschaften von 6,21 € übertragen. Das Gericht setzt daher den Wert für Rechtsanwalt A auf 500 € und für Rechtsanwalt B auf 1.000 € fest.

Die beteiligten Rechtsanwälte rechnen wie folgt ab:

Rechtsanwalt A:

Streitwert: 2.000 € Ehesache; 500 € Versorgungsausgleich

10/10 Prozessgebühr nach den §§ 11, 31 Abs. 1 Nr. 1 BRAGO	*161 €*
10/10 Verhandlungsgebühr nach den §§ 11, 31 Abs. 1 Nr. 2 BRAGO	*161 €*
10/10 Beweisgebühr nach den §§ 11, 31 Abs. 1 Nr. 3 BRAGO (2.000 €)	*133 €*
Postgebührenpauschale nach § 26 BRAGO	*20 €*
Summe netto	**475 €**

Rechtsanwalt B:

Streitwert: 2.000 € Ehesache; 1.000 € Versorgungsausgleich

1,3 Verfahrensgebühr nach Nr. 3100 VV	*245,70 €*
1,2 Terminsgebühr nach Nr. 3104 VV	*226,80 €*
Postgebührenpauschale nach Nr. 7002 VV	*20,00 €*
Summe netto	**492,50 €**

5. Für einen von mehreren Gegenständen ist die BRAGO anzuwenden

768 Ist auch nur auf einen von mehreren Gegenständen die BRAGO anzuwenden, gilt die BRAGO für sämtliche Gegenstände. Da die Scheidungssache und die Folgesachen eine Angelegenheit darstellen (§ 7 Abs. 3 BRAGO/§ 16 Nr. 4 RVG; für die Lebenspartnerschaft entsprechend in § 7 Abs. 3 BRAGO/§ 16 Nr. 5 RVG) gilt die BRAGO auch für alle Folgesachen, zu denen der unbedingte Auftrag zur Geltendmachung im Verbund nach dem Stichtag erteilt wird.

Beispiel:

Der Auftrag zur Vertretung im Ehescheidungsverfahren wird im Mai 2004 erteilt. Der Wert der Ehesache beträgt 9.000 €. Der Wert der im Versorgungsausgleich

340

übertragenen monatlichen Anwartschaften beträgt 230 €. Im Januar 2005 wird der Auftrag erteilt, nacheheliche Ehegattenunterhaltsansprüche von monatlich 500 € im Verbund geltend zu machen. Da der Antragsgegner als Selbständiger tätig ist, holt das Gericht ein Sachverständigengutachten über verschiedene Positionen seiner Betriebskosten ein. Im Juli 2007 wird der Rechtsanwalt beauftragt, den Zugewinnausgleich i.H.v. 50.000 € als Folgesache anhängig zu machen. Im Verfahren über den Zugewinnausgleich wird ein Sachverständigengutachten über den Wert des Unternehmens des Antragsgegners eingeholt. Im Dezember 2010 werden sämtliche Folgesachen entschieden und die Ehe geschieden.

Die Abrechnung lautet wie folgt:

Streitwert: 67.760 € (9.000 € Ehesache; 2.760 € Versorgungsausgleich; 6.000 € nachehelicher Ehegattenunterhalt; 50.000 € Zugewinnausgleich)

10/10 Prozessgebühr nach §§ 11, 31 Abs. 1 Nr. 1 BRAGO	*1.200 €*
10/10 Verhandlungsgebühr nach §§ 11, 31 Abs. 1 Nr. 2 BRAGO	*1.200 €*
10/10 Beweisgebühr nach §§ 11, 31 Abs. 1 Nr. 3 BRAGO[15]	*1.200 €*
Postgebührenpauschale nach § 26 BRAGO	*20 €*
Summe	**3.620 €**

Gleiches gilt, wenn in Verfahren, für die der Rechtsanwalt nach der BRAGO abrechnet,   769

• die Klage nach dem Stichtag erweitert wird;

• nach dem Stichtag eine Widerklage erhoben wird;

• in Verfahren über den Antrag auf Erlass einer einstweiligen Anordnung, die in § 41 BRAGO unter einem Buchstaben genannt waren, Aufträge zu weiteren einstweiligen Anordnungen erteilt werden (insbesondere also einstweilige Anordnungen nach § 620 ZPO, etwa wenn vor dem Stichtag eine einstweilige Anordnung wegen eines Prozesskostenvorschusses für das Scheidungsverfahren beantragt

---

15   Es ist umstritten, ob die Beweisgebühr auch nach dem Wert des Versorgungsausgleichs entstanden ist oder nicht.

wurde und nach dem Stichtag einstweilige Anordnungen wegen des Unterhalts beauftragt werden).

6. Abtrennung und Verbindung

770 Werden Verfahren nach § 628 ZPO abgetrennt, wird der Gebührenverbund aufrechterhalten. Dies bedeutet, dass auch für die abgetrennten Verfahrensteile (z.B. den Versorgungsausgleich) weiter die BRAGO gilt, wenn der unbedingte Auftrag zur Vertretung vor dem 1.7.2004 auch nur für einen Verfahrensteil erteilt worden ist.[16]

771 Umstritten ist die Rechtslage, wenn es sich um eine Abtrennung handelt, durch die die Verfahrensteile verselbständigt werden. Ein solcher Fall ist bei der Abtrennung nach § 623 ZPO gegeben. Hier wird die Auffassung vertreten, auch in diesem Fall bleibe es bei der BRAGO, wenn der Auftrag zur Vertretung im Verbundverfahren vor dem Stichtag erteilt worden sei. Die Abtrennung führe nicht dazu, dass es sich um einen neuen, eigenständigen Auftrag handele.[17]

772 Es bestehen jedoch Bedenken gegen diese Auffassung, da die Abtrennung in diesen Fällen dazu führt, dass es sich um rechtlich selbständige Verfahren handelt. Der „neue" Auftrag liegt in diesem Fall darin, die Abtrennung zu beantragen. Er führt dazu, eine neue Angelegenheit im gebührenrechtlichen Sinn zu beginnen.

773 Werden Verfahren nach dem Stichtag miteinander verbunden, ist für das Verfahren nach Verbindung insgesamt das bisherige Recht anzuwenden, wenn dieses auch nur für einen der verbundenen Teile anwendbar war.[18]

Beispiel:

Die Parteien haben vor dem Stichtag bereits über die elterliche Sorge gestritten. Nach dem Stichtag wird das Scheidungsverfahren eingeleitet und die elterliche

---

16 Auf die bereits bekannte Problematik der PKH-Bewilligung bei einer Abtrennung nach § 623 ZPO ist daher besonders zu achten.
17 Schneider, in: Hansen/Braun/Schneider, Praxis des Vergütungsrechts, Teil 19 Rn. 78.
18 Schneider, in: Gebauer/Schneider, RVG, § 61 Rn. 61.

Sorge automatisch in den Verbund mit einbezogen. In diesem Fall gilt auch für das Verbundverfahren nunmehr das alte Recht.

Wird sodann ein Antrag auf Abtrennung des Verfahrens betreffend die elterliche Sorge gestellt, schließt sich die vorstehend gestellt Frage an, wie im Falle der Abtrennung nach § 623 ZPO zu verfahren ist.

7. Mehrere Auftraggeber

Erteilen mehrere Auftraggeber den Auftrag gleichzeitig, liegt ein ein-   774
heitlicher Zeitpunkt vor, so dass entweder einheitlich die BRAGO oder
das RVG gilt.

Fraglich ist aber, was geschehen soll, wenn ein Auftraggeber den un-   775
bedingten Auftrag vor dem Stichtag und ein weiterer Auftraggeber den
unbedingten Auftrag nach dem Stichtag erteilt. Die Lösung dieser Frage war in der Vergangenheit umstritten.

Beispiel:

*Die Kindesmutter erteilt am 3.5.2004 den Auftrag, für sie nacheheliche Ehegat-
tenunterhaltsansprüche von 450 € monatlich geltend zu machen. Im Juli 2004
kündigt der Unterhaltpflichtige an, ab sofort auch keine Kindesunterhaltsansprüche mehr zahlen zu können. Die Kindesmutter, der im Scheidungsverfahren
die elterliche Sorge allein übertragen worden war, klagt nunmehr im gleichen
Verfahren für das Kind als dessen gesetzliche Vertreterin auf Zahlung eines monatlichen Unterhaltes i.H.v. 135 % des jeweiligen Regelbetrages der jeweiligen
Altersstufe nach § 1 Regelbetragsverordnung.*

Der Rechtsanwalt rechnet einheitlich nach BRAGO ab. Da der bisherige   776
Auftrag nur für die weiteren Auftraggeber erweitert wird, handelt es sich
nach wie vor um dieselbe Angelegenheit.[19]

Etwas anderes würde gelten, wenn die Kindesunterhaltsansprüche nicht   777
mit in das Verfahren auf Zahlung von Ehegattenunterhalt einbezogen
werden, sondern als gesondertes Verfahren geführt würden. In dieser

---

19   Schneider, in: Gebauer/Schneider, RVG, § 61 Rn. 34.

Konstellation lägen zwei unterschiedliche Aufträge und zwei unterschiedliche Angelegenheiten vor. Für jede der Angelegenheiten würde darauf abgestellt, wann der unbedingte Auftrag zur Tätigkeit in der jeweiligen Angelegenheit erteilt worden ist.

III. Gerichtliche Beiordnung/Prozesskostenhilfe

778 Für Fälle der **gerichtlichen Beiordnung** bleibt es nach § 61 Abs. 1 Satz 1 2. Halbs. RVG bei der Anwendung der BRAGO, wenn der Rechtsanwalt bereits vor dem 1.7.2004 gerichtlich bestellt oder beigeordnet wurde. Die h.M. sieht den Zugang des Beiordnungsbeschlusses beim Rechtsanwalt als Zeitpunkt der Beiordnung an und nicht den Zeitpunkt, zu dem der Beschluss auf Beiordnung erlassen wird.[20]

> **Hinweis:**
>
> Hat der Rechtsanwalt den Beiordnungsbeschluss vor dem 1.7.2004 erhalten, gilt die BRAGO.
>
> Sofern der Rechtsanwalt den Beiordnungsbeschluss erst nach dem 1.7.2004 erhalten hat, ist die Rechtslage umstritten.

779 Geht der Beiordnungsbeschluss erst nach dem 1.7.2004 beim Rechtsanwalt ein, ist zu fragen, auf welchen Zeitpunkt abgestellt werden soll. Diese Frage stellt sich, da in Fällen der PKH-Bewilligung zusätzlich auch noch ein Auftrag durch den Mandanten zur Vertretung im Prozess erteilt werden muss.

780 In Betracht kommen

- der unbedingte Auftrag zur Vertretung im PKH-Bewilligungsverfahren;

- der unbedingte Auftrag zur Vertretung im Klagverfahren,

    – wenn der Auftrag von Anfang an unbedingt erteilt wird;

---

20   Hartmann, KostG, § 60 Rn. 13.

- – wenn der Auftrag zur Durchführung des Klagverfahrens von der Bewilligung von PKH abhängig gemacht wird;
- • der Zugang des PKH-Bewilligungsbeschlusses.

Hinweis:

Bei PKH-Mandaten liegen mit dem Zeitpunkt der Erteilung des unbedingten Auftrages zur Vertretung im PKH-Bewilligungsverfahren und dem Eingang des Beiordnungsbeschlusses unterschiedliche Zeitpunkte vor. Die Frage des Anknüpfungspunktes ist umstritten.

Noch nahezu einhellig wird die Auffassung vertreten, es komme auf den   781
ersten Zeitpunkt an.[21] Gleichwohl ergeben sich unterschiedliche Lösungen für die vorgenannten Fallgruppen. Die unterschiedlichen Lösungen beruhen auf einem unterschiedlichen Verständnis des erteilten Auftrags und der Rechtslage, dass das PKH-Verfahren und das Verfahren, für das PKH beantragt wird, nach § 37 BRAGO zum Rechtszug gehörten und nach § 16 Nr. 2 RVG dieselbe Angelegenheit darstellen.

Diejenigen, die auf den ersten Zeitpunkt (unbedingter Auftrag oder   782
PKH-Beschluss) abstellen und die Verfahren als eine Angelegenheit ansehen, kommen noch zur Anwendung der BRAGO, wenn der Auftrag – auch der unbedingte Auftrag zur Vertretung im PKH-Bewilligungsverfahren und der durch die PKH-Bewilligung bedingte Auftrag zur Vertretung im Prozess – dem Rechtsanwalt vor dem 1.7.2004 erteilt wurde.[22] Zur Begründung wird darauf hingewiesen, dass das PKH-Bewilligungsverfahren und das Hauptsacheverfahren dieselbe Sache sind.

Insoweit wird aber auch die Auffassung vertreten, es komme auf den   783
unbedingten Auftrag zur Vertretung im Klagverfahren an.[23] Erteilt mit-

---

21 Madert, in: Gerold/Schmidt/von Eicken/Madert/Müller-Rabe, RVG, § 60 Rn. 29; Hartmann, KostG, § 60 Rn. 6; Schneider, in: Gebauer/Schneider, RVG, § 61 Rn. 39.
22 Schneider, in: Gebauer/Schneider, RVG, § 61 Rn. 39.
23 Madert, in: Gerold/Schmidt/von Eicken/Madert/Müller-Rabe, RVG, § 60 Rn. 39.

hin der Mandant den Auftrag, ihn unbedingt im PKH-Bewilligungsverfahren und nur für den Fall der PKH-Bewilligung auch im Klagverfahren zu vertreten, liegt hinsichtlich des Klagverfahrens erst mit Eingang der Beiordnung ein unbedingter Auftrag vor. Der Zeitpunkt der gerichtlichen Beiordnung und der Zeitpunkt des unbedingten Auftrags würden dann zusammenfallen.

784   Unstreitig ist, dass es allein auf den Auftrag zur Vertretung im Klagverfahren ankommt, wenn dieser von Anfang an unbedingt erteilt wird und die Klage nicht von der Bewilligung von PKH abhängig gemacht wird.

IV. Einlegung eines Rechtsmittels

785   Für die Einlegung eines **Rechtsmittels** enthält § 61 Abs. 1 Satz 2 RVG eine Sondervorschrift, wenn der Rechtsanwalt in derselben Angelegenheit in demselben Rechtszug bereits tätig war. In diesem Fall wird darauf abgestellt, ob das Rechtsmittel vor oder nach dem Stichtag eingelegt wurde.

786   Wird der Rechtsanwalt erstmals mit dem Sachverhalt befasst, kommt es darauf an, wann er den unbedingten Auftrag zur Vertretung im Rechtsmittelverfahren erhalten hat. Schneider[24] hält die Vorschrift für unsinnig. Dies kann jedoch nicht dazu führen, die Vorschrift nicht anzuwenden.

V. Vergütungsvereinbarung

787   Für **Vergütungsvereinbarungen** stellt § 61 Abs. 2 RVG darauf ab, ob die Willenserklärungen beider Parteien nach dem 1.7.2004 abgegeben wurden. In diesem Fall gilt das RVG. Da der Inhalt der Vereinbarung in diesen Fällen ohnehin zwischen Rechtsanwalt und Mandant ausgehandelt wird, ist die Frage des anwendbaren Rechts vor allen Dingen eine Frage der formellen Voraussetzungen an eine wirksame Vergütungsvereinbarung.

---

24   Schneider, in: Gebauer/Schneider, RVG, § 61 Rn. 7 ff.

J. Notarkosten

Im Rahmen dieses Werkes sollen nicht die letzten Zweifelsfragen bei der   788
Abrechnung familienrechtlicher Sachverhalte nach der KostO gelöst
werden. Es sollen vielmehr vor allem dem im Familienrecht tätigen
Rechtsanwalt die Grundzüge dargestellt werden, um dem Mandanten
überschlägig die Kosten für häufig vorkommende Urkundsgeschäfte
mitteilen zu können.

Dabei erscheinen die Abrechnungen auf den ersten Blick schwierig, weil
in vielen Fällen der als „Ehevertrag" betitelte Vertrag eine Vielzahl von
Fragen regelt. Zerlegt man den Vertrag für die Abrechnung aber in die
einzelnen Regelungen und arbeitet diese einzeln und nacheinander ab,
ist eine erste Übersicht einfach zu erlangen.

I. Gebührentatbestand

Die KostO enthält für **Verträge § 36 Abs. 2 KostO** als **Gebührentat-**   789
bestand. Danach fallen 20/10 der vollen Gebühr an.

Nur dann, wenn die notarielle Urkunde daneben auch einseitige Wil-   790
lenserklärungen der Parteien enthalten sollte, ist auf diese einseitigen Erklärungen § 36 Abs. 1 KostO anzuwenden. Daraus ergibt sich eine
10/10-Gebühr.

Soweit die Urkunde auch letztwillige Verfügungen enthält, ist § 46 KostO   791
zu beachten. Nach § 46 Abs. 1 KostO fallen an:

- für ein einseitiges Testament: 10/10
- für ein gemeinschaftliches Testament: 20/10
- für einen Erbvertrag: 20/10.

Wird der Erbvertrag gleichzeitig mit einem Ehevertrag beurkundet, so
wird die Gebühr nur einmal berechnet, und zwar nach dem Vertrag, der
den höchsten Geschäftswert hat (§ 46 Abs. 3 KostO). Der Wortlaut dieser Regelung ist ernst zu nehmen. Die Anrechnung greift nur beim Erb-

vertrag ein und nicht auch dann, wenn ein gemeinschaftliches Testament mitbeurkundet wird.

792 Der **Wert der letztwilligen Verfügungen** ist nach § 46 Abs. 4 KostO zu ermitteln.

II. Wertvorschriften

793 Viele notarielle Verträge, die mit dem Begriff „Ehevertrag" überschrieben sind, enthalten im Nachfolgenden eine Vielzahl von Regelungen zum Güterrecht und zu Unterhaltsfragen, zur Regelung der elterlichen Sorge etc. Maßgebend für die Bewertung eines Ehevertrages sind die Bestimmungen der KostO.[1]

794 Nach § 39 Abs. 3 KostO bestimmt sich der Wert eines Ehevertrages nach dem zusammengerechneten Wert der gegenwärtigen Vermögen beider Ehegatten und, wenn der Ehevertrag nur das Vermögen eines Ehegatten betrifft, nach diesem. Bei der **Ermittlung des Wertes** werden die Schulden abgezogen. Betrifft der Ehevertrag nur bestimmte Gegenstände, so ist deren Wert maßgebend.

795 Mit dem Begriff des Ehevertrages ist hierbei nur der Ehevertrag i.S.d. § 1408 BGB gemeint, mithin ausschließlich die güterrechtliche Regelung als solche. Das **Nettovermögen** ist zunächst für jeden der Ehegatten isoliert zu ermitteln, da jeder der Ehegatten Regelungen zu seinem Vermögen trifft.

Ist einer der Ehegatten überschuldet, während der andere Ehegatte Vermögen hat, werden mithin die Werte nicht saldiert.

Beispiel:

Der Ehemann hat Schulden i.H.v.   *500.000 €.*
Die Ehefrau hat ein Vermögen i.H.v.   *500.000 €.*

---

1   S. zu den Werten im Einzelnen die Auflistung im Streifzug durch die KostO, Stichwort eherechtliche Vereinbarungen.

Bewertung Ehemann: *0 €*

Bewertung Ehefrau: *500.000 €*

Wert des Ehevertrages: 500.000 € (und nicht 0 € !!).

Auch für notarielle Verträge gilt, dass die Werte der einzelnen Gegen- 796
stände zu ermitteln sind. Diese werden sodann addiert. Für **Unterhaltsvereinbarungen** ist § 24 KostO einschlägig. Hier gilt für Notare
nach § 24 Abs. 3 KostO eine Begrenzung auf maximal den fünffachen
Jahresbetrag.

Die Bewertung von Kindesunterhaltsansprüchen richtet sich nach § 24 797
Abs. 4 KostO, wenn es sich um einen Unterhaltsanspruch nach den
§§ 1612a – 1612c BGB handelt. Diese Begrenzung greift jedoch nicht
ein, wenn die Eltern hinsichtlich des Kindesunterhalts Freistellungsver-
einbarungen untereinander vereinbaren.[2]

§ 55a KostO greift bei der Beurkundung durch Notare nicht ein.[3]

---

2   Streifzug durch die Kostenordnung, Rn. 206.
3   Wie vor.

K. Gerichtskosten und Kostenrechtsmodernisierung

Durch das Kostenrechtsmodernisierungsgesetz wurde das **Pauschalge-**   798
bührensystem auch für die Ehesachen, bestimmte Lebenspartnerschaftssachen und Folgesachen eingeführt (Teil 1 Hauptabschnitt 3 KV-
GKG)

Dementsprechend hat der **Antragsteller** für das **Scheidungsverfahren**   799
nunmehr den **Gerichtskostenvorschuss** für das Verfahren i.H.v. 2,0 Gerichtskosten nach dem Wert der **Ehesache** einzuzahlen. Eine Einzahlung
nach dem Wert der Folgesachen ist nicht erforderlich. Da mit dem Gerichtskostenvorschuss für die Ehesache auf diese Weise in aller Regel
mehr als die Hälfte der für das Verfahren insgesamt anfallenden Gerichtskosten eingezahlt sind, stellt sich der Antragsteller spätestens am
Ende des Verfahrens die Frage, ob er **Teile des von ihm eingezahlten
Vorschusses** ganz oder teilweise von irgend jemandem **zurückerhalten**
kann. Hierfür kommen folgende Varianten in Betracht:

- Der Antragsteller einigt sich mit dem **Antragsgegner auf eine Erstattung,** die ihm der Antragsgegner sodann auch zahlt. Ein förm-
liches Verfahren ist damit nicht mehr notwendig. Allenfalls könnte
der Antragsgegner auf den Gedanken kommen, einen Nachweis
über die erbrachte Zahlung zu verlangen, damit er diese im Rahmen
seiner Steuererklärung nach § 33a EStG ansetzt.

- Der Antragsgegner ist nicht zu einer außergerichtlichen Zahlung bereit. In diesem Fall wird der Antragsteller einen **Antrag auf Festsetzung der Kosten nach §§ 104 ff. ZPO bei Gericht** einreichen.

- Eine Sondersituation ergibt sich, wenn dem Antragsgegner PKH bewilligt wurde. In diesem Fall wird er weder Willens noch in der Lage
sein, die Kosten aus eigenen Mitteln zu zahlen. Eine Festsetzung gegen den Antragsgegner wird in aller Regel ausscheiden. Es bleibt der
Anspruch auf Erstattung gegen die Staatskasse, der sich aus § 31
Abs. 3 GKG ergibt. Der Gesetzgeber hat damit die Rechtsprechung
des BVerfG zur Erstattung von Gerichtskostenvorschüssen aus der
Staatskasse übernommen. In Übereinstimmung mit der bisherigen

Rechtsprechung des BVerfG greift diese Erstattung aber nur ein, wenn der Antragsgegner auch „**Entscheidungsschuldner**" ist. Ihm müssen dazu durch gerichtliche Entscheidung (§ 29 Nr. 1 GKG) die Kosten auferlegt worden sein. Die Regelung greift nicht ein, wenn der Antragsgegner die Kosten durch Vereinbarung mit dem Antragsteller übernommen hat (**Übernahmeschuldner**).[1]

Um hier Risiken in der Frage vorzubeugen, ob der Antragsgegner Kosten durch Vereinbarung übernommen hat oder ob ihm diese durch eine gerichtliche Entscheidung auferlegt wurden, sollte der Antragsgegner sich auch bei einer Einigung über die Folgesachen eine **Entscheidung über die Gerichtskosten** erbitten. Da durch das Kostenrechtsmodernisierungsgesetz in Nr. 1311 Nr. 4 KV-GKG auch die Möglichkeiten, unter denen bei einem Beschluss nach § 91a ZPO die Gerichtskosten ermäßigt werden können, erweitert hat, bieten sich hier weitergehende Vereinbarungsmöglichkeiten an. Zu beachten ist aber, dass ein Beschluss nach § 91a ZPO nicht in jedem Fall zur Ermäßigung der Gerichtskosten führt.

800   Für **Berufungsverfahren** wurde die pauschale Verfahrensgebühr auf 4,0 angehoben (Nr. 1220 KV-GKG). Für Scheidungsverfahren und Folgesache beträgt die Gebühr für Berufung und Beschwerden in Folgesachen nach § 629a ZPO i.V.m. § 661 Abs. 2 ZPO 3,0 Gerichtsgebühren (Nr. 1320 KV-GKG).

801   Der **Vergleich nicht anhängiger Ansprüche** löst eine 0,25 Gerichtsgebühr nach dem überschießenden Vergleichswert aus (Nr. 1900 KV-GKG). Für einen Vergleich im PKH-Bewilligungsverfahren wurde klargestellt,[2] dass keine Gerichtsgebühr erhoben wird (Anm. zu Nr. 1900 KV-GKG).

---

1   Mayer, in: Mayer/Kroiß/Teubel, Das neue Gebührenrecht, § 31 Rn. 30; der bei Abschluss eines Vergleichs eine Erstattung jedoch zulässt, wenn sich aus dem Protokoll ergibt, dass das Gericht den Vergleich vorgeschlagen hat; m.w.N.

2   Keske, FuR 2004, 193, 198.

Für **einstweilige Anordnungen** fällt eine 0,5 Entscheidungsgebühr an   802
(Nrn. 1420 ff. KV-GKG). Dies gilt nach Vorbem. 1.4.2.1. KV-GKG auch
dann, wenn mehrere Entscheidungen in einem Verfahren unter einer
der dort genannten Nummern getroffen werden.

Auch das GKG hat die Möglichkeit des Gerichts, einer Partei eine **Ver-**   803
zögerungsgebühr aufzuerlegen, beibehalten (§ 38 GKG). Der praktische Anwendungsbereich dieser Norm ist jedoch gering.[3]

---

3   Wegen der Einzelheiten s. Mayer, in: Mayer/Kroiß/Teubel, Das neue Gebührenrecht, § 38.

L. Rechtsschutzversicherung

Die Auffassung, der Familienrechtler habe mit der Rechtsschutzversi-   804
cherung nichts oder nur wenig zu tun, weil „diese ja im Familienrecht
sowieso nicht eintrete", ist in dieser pauschalen Fassung nicht richtig.

Falls für den Mandanten eine Rechtsschutzversicherung besteht und der   805
Mandant die Prüfung des Deckungsschutzes und/oder die Einholung
der Kostendeckungszusage durch den Rechtsanwalt wünscht, sind vielmehr die folgenden Fragen zu bedenken:[1]

- Will der Mandant den Auftrag nur erteilen, wenn die Rechtsschutzversicherung eintritt?

- Will der Rechtsanwalt seine Tätigkeit im Zusammenhang mit der Einholung der Kostendeckungszusage als eigenständige Angelegenheit
  abrechnen?

- Besteht für die gewünschte Tätigkeit Deckungsschutz? Sind etwaige
  Wartefristen abgelaufen?

Hinweis:

Wünscht danach der Mandant eine Tätigkeit des Rechtsanwalts in
Bezug auf die Kostendeckungszusage, muss sich der Rechtsanwalt
zunächst darüber informieren, welche Leistungsarten versichert sind
und welche Rechtsangelegenheiten ausgeschlossen sind. Hierzu ist
es unbedingt notwendig, die dem Versicherungsvertrag des Mandanten zugrunde liegenden Versicherungsbedingungen zu prüfen.

---

1   Darauf, dass die Einholung der Kostendeckungszusage und/oder die Korrespondenz
     mit der RSV eine eigene gebührenrechtliche Angelegenheit darstellen kann, die die Ge-
     schäftsgebühr nach Nr. 2400 VV nach dem Wert der Kosten auslöst, und unter wel-
     chen Voraussetzungen diese nach der aktuellen Rechtsprechung vom Mandanten zu
     zahlen sind, soll hier nicht näher eingegangen werden. Es sei jedoch darauf hingewie-
     sen, dass der Rechtsanwalt angesichts verschiedener gerichtlicher Entscheidungen gut
     beraten ist, den Mandanten darauf hinzuweisen, dass er für seine Tätigkeit im Zu-
     sammenhang mit der Einholung der Kostendeckungszusage Gebühren berechnen wird.
     Dies entspricht auch einem transparenten Gebührenverhalten im Verhältnis zum Man-
     danten.

806 Da die Versicherungsbedingungen bereits seit 1994 nicht mehr vom Bundesaufsichtsamt für das Versicherungswesen genehmigt werden, existieren unterschiedliche Versicherungsbedingungen und Individualvereinbarungen auf dem Markt. Es werden daher nicht immer die ARB 94 bzw. 2000 oder die den einzelnen Verträgen noch zugrunde liegenden früheren Fassungen der ARB vereinbart. Oft werden in den Verträgen pauschale Beteiligungen an den Kosten, die Übernahme der Kosten des Scheidungsverfahrens mit zum Teil erheblichen Wartezeiten; die Übernahme der Kosten für isolierte Verfahren etc. vereinbart. Einzelne Deckungskonzepte waren nur zeitweise auf dem Markt und werden inzwischen nicht mehr vertrieben. Da nicht auf alle verschiedenen Versicherungsbedingungen eingegangen werden kann, sollen nur Ausführungen zu einigen häufig anzutreffenden Klauseln gemacht werden.

807 Soweit die ARB 94 oder ARB 2000 zugrunde liegen (entsprechende Bestimmungen aus den ARB 75 sind jeweils in Klammern erwähnt) sind insbesondere folgende Gesichtspunkte zu bedenken:

808 Rechtsangelegenheiten aus dem Bereich des Familienrechts sind nach § 3 Abs. 2 lit. g ARB 2000 **ausgeschlossen, soweit nicht Beratungs-Rechtsschutz nach § 2 lit. k ARB 2000** besteht.

Damit sind nur Rechtsangelegenheiten ausgeschlossen, die überwiegend dem Bereich des Familienrechts zuzuordnen sind. Folglich sind insbesondere auch Angelegenheiten betreffend die Ehescheidung, den Unterhalt zwischen Verwandten, die elterliche Sorge und das Umgangsrecht, güterrechtliche Auseinandersetzungen etc. ausgeschlossen.

809 Der Ausschluss greift jedoch nicht, wenn Auseinandersetzungen zwischen Ehegatten, ehemaligen Ehegatten oder sonstigen Verwandten bestehen, die ihren Grund nicht überwiegend im Familienrecht haben, z.B. bei einer Vermögensauseinandersetzung zwischen Ehegatten.

Hinweis:

Ob eine Angelegenheit dem Bereich des Familienrechts zuzuordnen ist oder nicht, wird nach dem materiellen Recht und nicht nach den prozessrechtlichen Bestimmungen beurteilt. Es kommt daher nicht darauf an, ob die Angelegenheit nach § 23b GVG vor den Familiengerichten geltend zu machen ist.[2]

Der **Beratungs-Rechtsschutz** nach § 2 lit. k ARB 2000 ist im Privat-Rechtsschutz für Selbständige (§ 23 ARB 2000), Privat- und Berufs-Rechtsschutz für Nichtselbständige (§ 25 ARB 2000) und dem Privat-, Berufs- und Verkehrs-Rechtsschutz für Nichtselbständige mit versichert.

810

Er umfasst die Kosten für den Rat oder die Auskunft eines in Deutschland zugelassenen Rechtsanwaltes in familien- und erbrechtlichen Angelegenheiten, wenn diese nicht mit einer anderen gebührenpflichtigen Tätigkeit des Rechtsanwalts zusammenhängen. Damit sind ausschließlich Beratungstätigkeiten versichert, die nicht mit einer anderen gebührenpflichtigen Tätigkeit zusammenhängen. In Betracht kommen daher nur Gebühren nach Nr. 2100 VV, ggf. gekappt nach Nr. 2102 VV auf die Gebühr für ein erstes Beratungsgespräch. Weitergehende Tätigkeiten sind bei diesem Wortlaut des § 2 lit. k ARB 2000 nicht versichert. Weder die Geschäftsgebühr nach Nr. 2400 VV noch die Gebühren für eine Vertretung im Prozess nach Teil 3 VV sind über den Beratungsrechtsschutz versichert.

Hinweis:

Einzelne Versicherer stellen jedoch statt der Beratungsgebühr eine **Pauschale** zur Verfügung, unabhängig davon, um welche Art von Tätigkeit es sich handelt.

---

2   Harbauer, Rechtsschutzversicherung, § 4 ARB 75 Rn. 82; Mathy, Rechtsschutz-Alphabet, S. 262 f.

> Zu prüfen ist auch, ob die Versicherungsbedingungen eine Begren-
> zung der Leistungen für eine Beratung der Höhe nach vorsehen, ob
> etwa nur die Gebühren für ein erstes Beratungsgespräch versichert
> sind.

Im Zusammenhang mit der Aufhebung des festen Gebührenrahmens für die Beratungsgebühr mit Wirkung zum 1.7.2006 ist mit einer Änderung der Versicherungsbedingungen zu rechnen.

811 Wird der Rechtsanwalt zeitlich nach der Beratung in einer Angelegenheit, in der er ursprünglich nur eine Beratung durchgeführt hat, mit einer weitergehenden Vertretung beauftragt und hat er die Beratungskosten bereits von der Rechtsschutzversicherung erhalten, ist er nicht verpflichtet, die erhaltenen Gebühren an die Rechtsschutzversicherung zu erstatten. Er hat diese aufgrund eines Anspruches gegen den Mandanten erhalten. Der Versicherer hat nur aufgrund seiner Leistungspflicht im Verhältnis zu seinem Versicherungsnehmer entsprechende Leistungen erbracht. Lediglich aus Gründen der Vorsicht – um sich nicht dem Vorwurf auszusetzen, es sei von Anfang an ein weitergehender Auftragsinhalt ins Auge gefasst gewesen – könnte es angezeigt sein, den Rechtsschutzversicherer im Einverständnis mit dem Mandanten über die nachfolgende weitergehende Tätigkeit zu informieren. Das Einverständnis des Mandanten zu dieser Information sollte eingeholt werden, da die Rechtsschutzversicherung nicht Partner des Anwaltsvertrags ist. Erteilt der Mandant das Einverständnis nicht, kann sich der Rechtsanwalt noch überlegen, ob er das weiterführende Mandat annehmen will.

812 Für den Anspruch des Mandanten auf die Versicherungsleistung muss ein **Versicherungsfall** vorliegen. Nach § 4 Abs. 1 lit. b ARB 2000 ist dieser für den Beratungs-Rechtsschutz in Familiensachen von dem Ereignis an gegeben, das die Änderung der Rechtslage des Versicherungsnehmers oder einer mitversicherten Person zur Folge hat. Wann diese Voraussetzungen in Familiensachen erfüllt sind, ist in vielen Fällen umstritten. Die Lektüre der Entscheidungen erweckt jedoch den Eindruck,

dass hier Juristen sehr feinziseliert Begrifflichkeiten auseinandernehmen, obwohl die Auslegung der ARB aus der Sicht des Verbrauchers vorgenommen werden müsste.

Vor diesem Hintergrund ist die Diskussion um die Frage, ob Versicherungsschutz für eine Beratung über die Scheidung bereits vor Ablauf des Trennungsjahres besteht oder erst nach Ablauf des Trennungsjahres oder bereits vor Ablauf aber nur in den Fällen der streitigen Härtescheidung oder aber unabhängig vom Vorliegen der Scheidungsvoraussetzungen bereits nach der Trennung in Gestalt einer ersten Orientierung, für den Verbraucher kaum nachvollziehbar.[3]

813

---

3   Zum Diskussionsstand s. Harbauer, Rechtsschutzversicherung, Vor § 21 ARB 75 Rn. 167 m.w.N.

Anhang: Auszug aus BT-Drucks. 15/1971

Der Wegfall der Beweisgebühr als gesonderter dritter Gebühr im Ehe-scheidungsverfahren ist besonders von den Familienrechtlern kritisiert worden. In nahezu allen familienrechtlichen Kanzleien haben die Ge-bühren des Ehescheidungsverfahrens die oftmals unzureichende Vergü-tung in den isolierten Sorge- und Umgangsangelegenheiten und bei der Anpassung von Unterhaltsansprüchen, Auseinandersetzungen um Haus-rat etc. kompensiert.

814

Wie sich aus der Gesetzesbegründung ergibt, folgt der Gesetzgeber in-soweit jedoch nicht einer plötzlichen Eingebung, sondern einer seit lan-gem diskutierten Auffassung, wonach die Gebühren in Scheidungssa-chen als zu hoch kritisiert worden seien.

Um die Überlegungen des Gesetzgebers und seine Auffassung, der Ver-lust der Beweisgebühr werde auch im Familienrecht durch die geän-derte Struktur aufgefangen, nachvollziehen zu können, sollte jeder Fa-milienrechtler einmal die Zeit investieren, zumindest die Ausführungen zu den Gebühren in Familiensachen in der Gesetzesbegründung nach-zulesen. Zu diesem Zweck sind diese daher nachfolgend als Auszug ab-gedruckt:

„6. Gebühren in Familiensachen

Die Gebühren in Scheidungssachen sind in der Vergangenheit immer wieder als zu hoch kritisiert worden. Der Bundesrat hat diese Auffassung bereits in seiner Stellungnahme zu dem Entwurf eines Gesetzes zur Än-derung von Kostengesetzen im Jahre 1986 zum Ausdruck gebracht (Bundestagsdrucksache 10/5113, S. 44). Nach dem eingangs erwähn-ten Forschungsbericht „Das Zeitbudget der Rechtsanwältinnen und Rechtsanwälte in Scheidungs- und Folgesachen" von Prof. Dr. Homme-rich hat der durchschnittliche Zeitaufwand für die Scheidung ohne die Folgesachen 129 Minuten betragen. Da die Justizstatistik die Schei-dungssachen nur mit dem Versorgungsausgleich gemeinsam erfasst, muss für eine Überprüfung der Gebührenhöhe der für den Versorgungs-

ausgleich erbrachte durchschnittliche Zeitaufwand von 51 Minuten hinzugerechnet werden. Hierbei muss noch der Zeitaufwand für die Vorfeldberatung eingerechnet werden, die nach dem Forschungsbericht 146 Minuten betragen hat. In dem für die Vorfeldberatung ermittelten Zeitaufwand sind jedoch auch die sonstigen Folgesachen enthalten, die wohl einen nicht unerheblichen Teil des insoweit angefallenen Zeitaufwands beanspruchen. Im Ergebnis lässt sich jedoch feststellen, dass der durchschnittliche Zeitaufwand für die Scheidung einschließlich Versorgungsausgleich und dazugehörender Vorfeldberatung in einer Größenordnung von etwa 4 Stunden liegen dürfte. Will man die nach geltendem Recht anfallenden Gebühren in diesem Bereich in eine Relation zu dem Zeitaufwand setzen, kommt ein Vergleich mit den Gebühren in Betracht, die aus dem nach der Justizstatistik von 1998 ermittelten durchschnittlichen Streitwert in Höhe von rund 7 700 Euro anfallen. Dabei ist jedoch zu beachten, dass dieser Wert ausschließlich aus solchen Verfahren ermittelt worden ist, in denen keine weiteren Folgesachen anhängig waren. Aus dem genannten Streitwert entstehen nach geltendem Recht drei Gebühren (Prozess-, Verhandlungs-/Erörterungs- und Beweisgebühr) in Höhe von jeweils 412 Euro (= 1 236 Euro). Hierbei ist jedoch zu berücksichtigen, dass bei Prozesskostenhilfe (immerhin ca. 39 % der Fälle) Gebühren nur in einer Höhe von insgesamt 702 Euro entstehen, was einem Stundenbetrag von ca. 175,50 Euro entspricht. Betrachtet man entsprechend die Scheidungssachen, mit denen weitere Folgesachen verbunden waren, liegt der Zeitaufwand des Anwalts bereits bei mehr als 7 Stunden. Der durchschnittliche Streitwert in diesen Verfahren beträgt rund 10 800 Euro. Drei Gebühren aus diesem Wert betragen 1 578 Euro, bei Prozesskostenhilfe 738 Euro. Dies entspricht für jede Stunde einer Gebühr von 225 Euro bzw. 105,42 Euro (PKH). Da nicht in allen Folgesachen eine Beweisgebühr anfällt, dürfte das tatsächliche Entgelt für eine Stunde noch etwas niedriger liegen.

Bei den aus dem Untersuchungsergebnis zu ziehenden Konsequenzen muss mit Bedacht vorgegangen werden, weil zahlreiche Kanzleien ihr Schwergewicht auf Familiensachen gelegt haben. Die mit dem Entwurf des RVG vorgeschlagene neue Gebührenstruktur (Verfahrensgebühr von 1,3 und Terminsgebühr von 1,2) führt in diesem Bereich zu einer Gebührenreduzierung. Für die betroffenen Anwälte wird eine weitgehende Kompensierung der hierdurch bedingten Einnahmeausfälle im Wesentlichen durch zwei Änderungen erreicht:

a) Änderung der Anrechnungsvorschriften bei Übergang von der vorgerichtlichen Vertretung zum gerichtlichen Verfahren und

b) Erhöhung im Bereich der isolierten Verfahren.

Die Zusammenfassung der derzeitigen Geschäftsgebühr und der Besprechungsgebühr (§ 118 Abs. 1 Nr. 1 und 2 BRAGO) für die vorgerichtliche Vertretung zu einer Gebühr mit einem Gebührenrahmen von 0,5 bis 2,5 macht eine Änderung der Anrechnungsvorschriften erforderlich. Während nach geltendem Recht die Geschäftsgebühr vollständig auf die Prozessgebühr anzurechnen ist (§ 118 Abs. 2 Satz 1 BRAGO), soll sie künftig nur noch zur Hälfte, höchstens mit einem Gebührensatz von 0,75 auf die Verfahrensgebühr angerechnet werden (vgl. Teil 3 Vorbemerkung 3 VV RVG-E). Dies hat für den Rechtsanwalt um so günstigere Auswirkungen, je aufwändiger seine vorgerichtliche Tätigkeit ist. Da in Familiensachen der Zeitaufwand im vorgerichtlichen Bereich häufig sehr hoch ist, wird es in diesen Fällen zu einer spürbaren Verbesserung der Vergütung für die außergerichtliche Tätigkeit kommen.

	Scheidung mit Folgesachen	Isolierte Familiensachen
Scheidung	129 min	
Versorgungsausgleich	51 min	
Unterhalt	120 min	231 min
Sorge- und Umgangsrecht	93 min	195 min
Güterrecht	157 min	182 min
Ehewohnung und Hausrat	64 min	94 min

Folgesachen insgesamt	159 min
Vorfeldberatung	159 min
Gesamtaufwand	434 min

Bei der Überprüfung der Gebühren musste auch das Verhältnis des Zeitaufwands für Folgesachen zu dem Zeitaufwand für isolierte Verfahren berücksichtigt werden. Der in der Untersuchung ermittelte durchschnittliche Zeitaufwand stellt sich wie folgt dar:

Die Übersicht zeigt, dass der Zeitaufwand bei den isolierten Familiensachen deutlich über dem Zeitaufwand der entsprechenden Folgesache liegt. Zum Teil erfordern die isolierten Familiensachen sogar den doppelten Zeitaufwand. Bei den isolierten Familiensachen, in denen sich das Verfahren nach der ZPO richtet (Unterhalt, Güterrecht) wird schon nach geltendem Recht eine angemessene Honorierung dadurch erreicht, dass durch den Wegfall der bei Folgesachen vorzunehmenden Wertaddition und damit der Degressionswirkung der Gebührentabelle höhere Gebühren anfallen. Der Wegfall der Degressionswirkung macht sich bei den sonstigen Familiensachen zwar auch bemerkbar, allerdings fallen in den Verfahren nach dem Gesetz über die Angelegenheiten der freiwilligen Gerichtsbarkeit (FGG) Gebühren mit niedrigeren Gebührensätzen an, denen jedoch zum Teil ein höherer Wert zugrunde zu legen ist. In isolierten Verfahren zum Sorge- und Umgangsrecht erhält der Rechtsanwalt die Gebühren nach § 118 BRAGO. Danach entsteht jeweils eine Gebühr von 5/10 bis 10/10 als Geschäfts-, Verhandlungs- und – sofern Beweis erhoben wird – als Beweisgebühr. Im Regelfall wird in der Praxis die Mittelgebühr von 7,5/10 zugrunde gelegt. Der Gegenstandswert beträgt in der Regel 3 000 Euro (§ 30 KostO). Unter Berücksichtigung von drei 7,5/10-Gebühren erhält der Rechtsanwalt in einem solchen Verfahren 425,25 Euro. Bei dem erforderlichen Zeitaufwand von durchschnittlich mehr als drei Stunden beträgt das Entgelt für jede Stunde rund 130 Euro, mithin deutlich weniger als im Scheidungsverfahren. In Verfahren nach der Verordnung über die Behandlung der Ehewohnung und des Hausrats vom 21. Oktober 1944 (RGBl. I S. 256) erhält der Rechtsanwalt die Gebühren nach den gleichen Grundsätzen wie in ZPO-Verfahren, allerdings nur zur Hälfte (§ 63 Abs. 3 BRAGO).

Nach der vorgeschlagenen neuen Gebührenstruktur soll der Rechtsanwalt auch in diesen Verfahren die allgemein üblichen Gebühren (Verfahrensgebühr 1,3 und Terminsgebühr 1,2) erhalten. Dies führt in Sorge- und Umgangsrechtsverfahren zu Einnahmeverbesserungen von fast 90 %. In Hausratssachen erhöhen sich die Gebühren von 15/10 (einschließlich Beweisgebühr) auf 2,5.

Die Ergebnisse der Untersuchung zeigen, dass es gerechtfertigt ist, wenn für einstweilige Anordnungen besondere Gebühren anfallen. Der durchschnittliche Zeitaufwand ist zum Teil beträchtlich:

Unterhalt	*125 min*
Sorge- und Umgangsrecht	*177 min*
Wohnung und Hausrat	*88 min*

Für die Justizhaushalte der Länder führen die in Familiensachen vorgeschlagenen Änderungen zu Einsparungen, weil die Gebühren in Ehesachen durch den Wegfall der Anhörungsgebühr reduziert werden. Diese Einsparungen werden durch die Verbesserung der Vergütung in selbstständigen Familiensachen nur zum Teil aufgezehrt. Die Änderung der Vorschriften über die Anrechnung der Geschäftsgebühr auf die Verfahrensgebühr hat auf die Justizhaushalte der Länder keine Auswirkung."

Stichwortverzeichnis

Die Zahlen beziehen sich auf die Randnummern.